执行法律适用方法

与常见实务问题 327 例

邵长茂 著

人民法院出版社

图书在版编目（ＣＩＰ）数据

执行法律适用方法与常见实务问题327例 / 邵长茂著
. -- 北京 ：人民法院出版社，2024.1
ISBN 978-7-5109-3979-2

Ⅰ．①执⋯ Ⅱ．①邵⋯ Ⅲ．①法院－执行(法律)－法
律适用－中国 Ⅳ．①D920.5

中国国家版本馆CIP数据核字(2023)第246419号

执行法律适用方法与常见实务问题 327 例
邵长茂　著

责任编辑	张　奎	
执行编辑	白　鸽	
封面设计	东合社	
出版发行	人民法院出版社	
地　　址	北京市东城区东交民巷 27 号(100745)	
电　　话	(010)67550662(责任编辑)　67550558(发行部查询)	
	65223677(读者服务部)	
客 服 QQ	2092078039	
网　　址	http://www.courtbook.com.cn	
E - mail	courtpress@sohu.com	
印　　刷	保定市中画美凯印刷有限公司	
经　　销	新华书店	
开　　本	787×1092 毫米　1/16	
字　　数	494 千字	
印　　张	29.25	
版　　次	2024 年 1 月第 1 版　2024 年 1 月第 1 次印刷	
书　　号	ISBN 978 - 7 - 5109 - 3979 - 2	
定　　价	108.00 元	

本书系最高人民法院 2022—2023 年度司法案例研究课题
"执行案件法律适用疑难问题案例研究"成果

序言

我在执行局办了几年案件，这本书是办案过程中的"副产品"。对于执行，我是"半路出家"，加之末学质庸、学识谫陋，不得不边学习边办案。于是养成一个习惯，就是将经常遇到的、有分歧的、容易出错的疑难问题搜集起来，把向优秀的执行同行们学到的知识和智慧记录下来，以便日后遇到类似问题时复用。所以这本书的内容实际上是我的学习笔记。也正因为源于过往的日积月累，本书从编辑约稿（2023年8月）到最终交稿（2023年11月）只用了两个多月里的"业余时间"，所做的工作也不过是把学习笔记中的内容略作归拢。① 当然，既然是学习笔记，就一定不权威，对疑难问题的解析不见得是唯一解，更不见得是最优解，仅供感兴趣的读者参考。

本书取名"执行法律适用方法与常见实务问题"，初衷是把执行实务中的常见问题放在执行与法律的关系这个分析框架中破题。执行的使命在于捍卫法律的权威，让法律从纸面上的"应然"变成生活中的"实然"。但执行本身的"法治化"水平，甚至"法制化"水平，并没有期待中的那么高。这固然是因为执行法律规则的供给严重不足，千呼万唤的民事强制执行法尚未出台，更为重要的是，长期以来，执行工作的专业性被严重低估，投入到专业

---

① 由于是学习笔记，文中很多内容直接来自最高人民法院的指导性案例、裁判文书、对司法解释的理解适用，最高人民法院执行局的法官会议纪要、执行信箱、《执行工作指导》，以及执行同行、专家学者的研究成果。这些内容更权威，对于执行人员办理案件更有参考价值，采取"拿来主义"比个人再去阐述更有价值。在本书整理过程中，尽可能规范引注。如有遗漏，望见谅并联系作者补正。

问题的资源严重不足。意大利有一位学者在谈到这个问题时说，执行法是法律学生的噩梦，是律师的雷区，是法官无限挫败感的源头。说的就是执行的专业性、复杂性和极具挑战性。我一直以来也有一个观点，法律适用难是执行难的一部分，不解决因缺少清晰、明确、系统的法律规则导致的法律适用难，就不可能全面、彻底地解决执行难。这些经常出现的难点问题已经成为办理执行案件过程中的"堵点"，让执行办案这个本应高度标准化、程式化的过程时常"卡顿"，极大影响着执行案件的办理效率。而效率，恰恰是执行的生命线。在进入执行程序之前，当事人已经走过了漫长的争讼之路，因争议而破坏的经济社会关系也长久地处于非正常状态，对高效执行的需求尤为迫切。全国法院每年千万体量的执行案件，每一名执行人员需要年均办理几百个案件，也必须高效执行。所以，我们不得不考虑，靠什么能够把每年千万量级的案件高效地办理出来，并且具有相对稳定的质效。答案一定是多方面的，政策的、制度的、人力的、科技的因素无一可缺，但在这些因素仅能有限变动甚至反面约束的条件下，拥有一套科学的办案流程尤其是行之有效的法律适用方法，动态消除导致执行程序"卡顿"的难点问题，至关重要。说到底，案件是执行工作的细胞，而每个案件的办理过程在很大程度上就是一个反复地把法律大前提适用于事实小前提，使法律所预设的效果在案件中呈现出来的过程。这个过程很具体、很琐碎、专业性很强，离不开"绣花功夫"和"工匠精神"，但正是这些微观尺度中的基础性工作让更为宏大的公正、权利、高效叙事成为可能。

基于这种考量，本书对执行案件的法律适用方法进行了专题研究，提炼为"执行案件法律适用方法"，把执行案件的法律适用过程分解为找法时的选择法律、找到法律后的解释法律、找不到法律时的续造法律，以及最终的引用法律。与这一进程相对应，执行案件的法律适用方法包括法律选择方法、法律解释方法（有法时）、法律续造方法（无法时）、法律引用方法。在此基础上，对执行领域常见的法律适用问题进行了实例运用，总计327例。

当然，这些探索总体上还是初步的和粗浅的，但这并不妨碍自认为意义非凡。在我看来，执行案件的法律适用是一门科学：它让法律适用过程具有最大限度的确定性，让全国法院每年千万量级执行案件的办理过程标准化并具有稳定的质效，让执行的结果能预期、可接受，而这有赖于现代化的理念、手段、方法和流程，所以专业很重要。执行案件的法律适用也是一门艺术：找到并沿着法律的纹理续接法律裂痕，发现并遵循法律的真意熨平法律褶皱，在案件中无止境地以及无限地接近和实现正义，离不开精益求精的执行工匠精神，所以热爱更重要。但最终的最终，执行案件的法律适用是一门通识：高深的理论固然引人入胜，适法的技艺也许精妙绝伦，但最终还是要回到真实、发现规律、贴近人们朴素的情感，在熨平法律褶皱的同时抚平人心的波澜，让文本法成为人民群众的内心法，所以良知最重要。

　　是为序

邵长茂

2024 年 1 月 8 日

凡例

Explanatory
Notes

一、法律规范

（一）简称

叙述法律规范时加书名号。名称中的"中华人民共和国"省略，其余一般不作略称。例如，《中华人民共和国民事诉讼法》略为《民事诉讼法》。

《中华人民共和国民事强制执行法（草案）》略为《民事强制执行法（草案）》，专指 2022 年 6 月全国人大常委会审议并向全社会公开征求意见的法律草案。

为使读者辨别、查找方便，司法解释均使用全称，不作简化处理。

（二）年份和文件号

由于《民事诉讼法》等法律、司法解释近年来修改频繁，序号易乱，一般在法律、司法解释名称后标明施行或者修改年份。例如，《民事诉讼法》（2023 年修正）。

引用中央文件和司法解释以外的规范性文件，一般标明制定机关和文件号，文件号中的年份加六角括号。例如，《中央全面依法治国委员会关于加强综合治理从源头切实解决执行难问题的意见》（中法委发〔2019〕1 号）。

（三）条文序号

为简省行文篇幅，条、款、项等均使用阿拉伯数字。

（四）款项标识

全文引用法律条文时，一个条文的各个款、项之间不分段、不分行，每款用一个双引号。

二、机构名称

国家机构使用规范名称。例如，最高人民法院、最高人民法院执行局、全国人大常委会法制工作委员会。

三、案例

援引的参考案例原则上来自中国裁判文书网；最高人民法院发布的指导性案例，只注明指导性案例序号；《最高人民法院公报》上的案例，一般只援引公报内容，不再引用裁判文书。

原则上援引最高人民法院的案例，个别情况也引用地方人民法院案例。

案例主要使用裁判文书的"本院认为"部分原文，因此引用的也是当时的法律规范，请细加辨别。

四、数据

有关执行的数据，来自官方统计、学者调研以及对公开信息的分析，主要来源于《最高人民法院公报》《中国法律年鉴》《中国统计年鉴》《执行工作指导》以及官方网站、媒体公开报道。

五、引注

引注体例遵循通行的《法学引注手册》。

简目

Concise
Catalogue

上部　执行案件法律适用方法

下部　执行实务常见问题

详目

Detailed
Catalogue

上部　执行案件法律适用方法

下部　执行实务常见问题

执行案件法律适用方法

上部

对执行而言，法律是执行的基本依据，合乎法律是对执行的基本要求，法律适用是执行的基本活动。不仅办理执行异议、复议、监督等审查类案件需要适用法律，办理执行实施案件在很大程度上也是一个法律适用过程。甚或说，执行就是一个反复地把法律规范大前提适用于案件事实小前提，从而使法律所预设的效果在案件中得以呈现的过程。《民事诉讼法》（2023 年修正）第 7 条规定的"以事实为根据，以法律为准绳"，就是对这个三段论过程的高度概括。

执行案件法律适用的过程可以具体分解为找法时的选择法律、找到法律后的解释法律、找不到法律时的续造法律，以及最终的引用法律。与这一过程相对应，执行案件的法律适用方法包括法律选择方法、法律解释方法（有法时）、法律续造方法（无法时）、法律引用方法。以下分述之。[①]

一、法律选择方法

为了解决具体案件，必须获得作为大前提的法律规范。我国的执行法律规范是"散装"的，截至 2023 年，它主要分布在 16 部法律、90 部司法解释、101 部规范性文件、30 篇指导性案例、105 篇请示答复中。[②] 由于"散装"，对同一个问题，不免存在冲突。比如，2005 年施行并于 2020 年修正的《最高人民法院关于人民法院民事执行中拍卖、变卖财产的规定》第 13 条第 2 款规定："顺序相同的多个优先购买权人同时表示买受的，以抽签方式决定买受人。"2017 年施行的《最高人民法院关于人民法院网络司法拍卖若干问题的规定》第 21 条第 3 款规定："顺序相同的优先购买权人以相同价格出价的，拍卖财产由出价在先的优先购买权人竞得。"两个司法解释分别确立了"抽签

---

① 本部分主体部分发表于《法律适用》2023 年第 11 期。

② 邵长茂：《执行案件常见法律适用问题解析》，载《中国应用法学》2023 年第 3 期。

确定法"和"最先出价法",应该适用哪个规定,这就是法律选择问题。按照《立法法》的规定,并结合法理,当发生法律冲突时,应当遵循的法律适用规则如下。

(一)选择高位阶法,但存在变通法的例外

这是下位法与上位法冲突时的适用规则。法律有位阶高下之分,根据《立法法》(2023年修正)第99条至第102条的规定,法律、行政法规、地方性法规、规章的效力依次递减。办理执行案件不能引用规章,但可以引用司法解释。[①] 因此,执行案件可以引用的法律规范,依序为法律、行政法规、地方性法规、自治条例和单行条例、司法解释。需要同时引用不同位阶法律规定的,一般应当先引用高位阶法,后引用低位阶法。下位法与上位法在内容上发生"抵触"的,应当选择适用上位法。比如,当司法解释与法律、行政法规、地方性法规、自治条例和单行条例冲突时,人民法院应当尊重立法权,优先适用法律、行政法规、地方性法规、自治条例和单行条例;法院内部上下级制定的规则不一致的,一般应当适用上级法院制定的规则。以"申请参与分配的截止日"问题为例,《最高人民法院关于适用〈中华人民共和国民事诉讼法〉的解释》(2022年修正)第507条第2款规定:"参与分配申请应当在执行程序开始后,被执行人的财产执行终结前提出。"假设某高院制定的《执行局长座谈会纪要》规定:"若执行标的物为货币类财产,以案款到达主持分配法院的账户之日作为申请参与分配的截止日。"一般认为,"案款到达主持分配法院的账户",该财产执行并未终结,后续还有执行活动,因此该会议纪要的规定,与作为上位法的司法解释的规定相抵触。此时无须分辨哪个合法有效,[②] 而应径直选择高位阶法,也就是《最高人民法院关于适用〈中华人民共和国民事诉讼法〉的解释》(2022年修正)第507条第2款的规定。

选择高位阶法规则的例外情形是变通法。《立法法》(2023年修正)第

---

① 具体理由在本文的第四部分"法律引用方法"处专述。

② 当然,司法解释规定的"被执行人的财产执行终结前",可能造成参与分配程序复杂多变、过分拖延,并且由于该时间点可以被人为控制,存在道德风险。为解决相关问题,2022年6月,全国人大常委会第一次审议的《民事强制执行法(草案)》第176条第1款规定:"申请分配的,应当在分配方案送达第一个当事人之日前提交申请书。"但这是从立法论上分析和改进的。在法律规定未变之前,仍应严格遵循,否则构成违法执行。

101 条规定："自治条例和单行条例依法对法律、行政法规、地方性法规作变通规定的，在本自治地方适用自治条例和单行条例的规定。""经济特区法规根据授权对法律、行政法规、地方性法规作变通规定的，在本经济特区适用经济特区法规的规定。"两种类型的变通法，即便与上位法相抵触，在其射程之内，亦应选择适用变通法。这是因为，自治条例、单行条例和经济特区法规的立法变通权本身就是宪法和法律所授权的，并且遵循了报批或者报备等法定程序。办理涉及民族自治地区、经济特区的执行案件，需要注意变通法的特殊适用规则。比如 2020 年出台的《深圳经济特区个人破产条例》，对参与分配程序的相关规定作出变通，此时就不能用上位法优于下位法的规则对变通法予以否定。

（二）选择新法，但限于同一机关制定的规定

这是旧法与新法冲突时的适用规则。《立法法》（2023 年修正）第 103 条规定："……新的规定与旧的规定不一致的，适用新的规定。"之所以"新法优于旧法"，是因为新的规定反映了制定机关的最新意图，更符合当下的实际情况。执行中适用该规则，需要准确把握什么是"新法"。一般来说，由于存在施行日期，对新旧法的判断比较容易。但是，法律、司法解释被修订、修正的，情况会变得复杂。比如，2005 年施行的《最高人民法院关于人民法院民事执行中拍卖、变卖财产的规定》，于 2020 年被修正。修正后的第 13 条第 2 款，与 2017 年施行的《最高人民法院关于人民法院网络司法拍卖若干问题的规定》第 21 条规定，哪个是新法？这就要把握"修订""修正"的区别。法律的修改形式包括"修订"和"修正"两类。采用修订模式的，须公布新的法律文本，重新确定施行日期，全部的法律文本均为新法。采用修正模式的，有的通过修正案修改，有的通过修改决定修改，后者也会根据修改决定重新公布法律文本，但不改变原法律的施行日期，只有修改的条文为新法。①比如，2023 年 9 月 1 日，第十四届全国人大常委会第五次会议对《民事诉讼法》进行了"修正"，对《行政复议法》进行了"修订"。修正后的《民事诉讼法》，只有修改的条文为新法；修订后的《行政复议法》重新确定了施行日期，不论条文是否修改，全部为新法。同理，2005 年施行的《最高人民法院关于人民法院民事执行中拍卖、变卖财产的规定》，尽管于 2020 年被修正，

---

① 参见全国人大常委会法制工作委员会《立法技术规范（试行）（一）》第四部分。

但第 13 条第 2 款的内容没有修改，相对于 2017 年施行的《最高人民法院关于人民法院网络司法拍卖若干问题的规定》第 21 条而言，仍然是旧法。

需要注意的是，只有"同一机关"制定的法律规定之间才存在新旧之别。① 比如，前述《最高人民法院关于人民法院民事执行中拍卖、变卖财产的规定》（2005 年施行）第 13 条第 2 款，与《最高人民法院关于人民法院网络司法拍卖若干问题的规定》（2017 年施行）第 21 条，均属于最高人民法院制定的司法解释，前者为 2005 年制定，是旧法；后者为 2017 年制定，是新法。二者规定的内容不一致时，应当适用 2017 年的规定。但如果并非"同一机关"所制定，不能适用"新法优于旧法"的规则。比如，2022 年 6 月，全国人大常委会第一次审议的《民事强制执行法（草案）》第 120 条第 2 款规定："顺位相同的优先购买权人以相同价格出价的，拍卖的不动产由出价在先的优先购买权人竞得。"这一条文如果最终正式施行，由于该规定为全国人大常委会制定，相对于最高人民法院制定的司法解释，并非"新的规定"，不适用新法优于旧法的规则。

（三）选择当时有效的法律，例外情况下适用现行有效的法律

这个规则是针对跨法的事实和行为而言的。执行案件中的事实和行为往往跨度较大，在这个过程中，法律规范有可能发生变化。那么，对于跨法的事实和行为，适用"当时有效的法律"，还是"现行有效的法律"？《立法法》（2023 年修正）第 104 条②规定了法律不溯及既往的原则。"昨天的行为不能适用今天的法律"，执行中寻找法律，应当选择"当时有效的法律"，从而把待处理的事件和行为与当时的法律规定（而非现在的法律规定）对应起来。以迟延履行利息的计算为例进行说明。1991 年《民事诉讼法》第 232 条③首次规定了迟延履行利息制度，但加倍支付迟延履行期间的债务利息的标准是什么，是一倍还是多倍，是法定利息还是约定利息，是存款利息还是贷款利

---

① 参见《立法法》（2023 年修正）第 103 条："同一机关制定的法律、行政法规、地方性法规、自治条例和单行条例、规章，特别规定与一般规定不一致的，适用特别规定；新的规定与旧的规定不一致的，适用新的规定。"

② 该条规定："法律、行政法规、地方性法规、自治条例和单行条例、规章不溯及既往，但为了更好地保护公民、法人和其他组织的权利和利益而作的特别规定除外。"

③ 该条规定："被执行人未按判决、裁定和其他法律文书指定的期间履行给付金钱义务的，应当加倍支付迟延履行期间的债务利息。被执行人未按判决、裁定和其他法律文书指定的期间履行其他义务的，应当支付迟延履行金。"

息，均有解释空间，实践中莫衷一是。最高人民法院先后发布过三个司法解释明确了三个标准。1992 年 7 月 14 日起施行的《最高人民法院关于适用〈中华人民共和国民事诉讼法〉若干问题的意见》（法发〔1992〕22 号）第 294 条确定了"在按银行同期贷款最高利率计付的债务利息上增加一倍"的标准，2009 年 5 月 18 日起施行的《最高人民法院关于在执行工作中如何计算迟延履行期间的债务利息等问题的批复》将标准修改为"中国人民银行规定的同期贷款基准利率的 2 倍"，2014 年 8 月 1 日起施行的《最高人民法院关于执行程序中计算迟延履行期间的债务利息适用法律若干问题的解释》第 1 条第 3 款明确："加倍部分债务利息的计算方法为：加倍部分债务利息 = 债务人尚未清偿的生效法律文书确定的除一般债务利息之外的金钱债务 × 日万分之一点七五 × 迟延履行期间。"假设在 2023 年办理一个执行案件，计算 2003 年到 2023 年的迟延履行利息，直接适用现行有效的《最高人民法院关于执行程序中计算迟延履行期间的债务利息适用法律若干问题的解释》是错误的，因为设例中的迟延履行是一个跨法事实，而且可以分割。在这种情况下，应当适用当时有效的法律规定分段计算，然后加总。

但在以下三种情形下，可以例外地适用现行有效而非当时有效的法律规定：一是适用现行有效的法律规定对各方当事人更有利的。《立法法》《刑法》分别规定了"从旧兼有利""从旧兼从轻"原则。与刑法相比，由于民事法律通常涉及双方、多方当事人权益，甚至还涉及社会公共利益，哪些情况下可以有利溯及较为复杂。最高人民法院在起草《关于适用〈中华人民共和国民法典〉时间效力的若干规定》时，对于民事法律有利溯及的标准，起草小组经反复研究论证，最终以不破坏当事人行为预期、不减损当事人既存权利、不冲击既有社会秩序为出发点，将"三个更有利于"作为判断有利溯及的标准，[①] 可以在办理执行案件时参照。二是旧法没有规定而新法有规定的情形下，可以适用新法。新法的规定弥补已有立法空白，使其所规范的法律行为有明确的规范依据，新法的规定可以溯及适用于新法之前发生的行为或者事件。司法解释的形式分为"解释""规定""规则""批复"和"决定"

[①] 第 2 条规定："民法典施行前的法律事实引起的民事纠纷案件，当时的法律、司法解释有规定，适用当时的法律、司法解释的规定，但是适用民法典的规定更有利于保护民事主体合法权益，更有利于维护社会和经济秩序，更有利于弘扬社会主义核心价值观的除外。"由此在司法解释中明确了有利溯及的标准。参见最高人民法院研究室编著：《最高人民法院民法典时间效力司法解释理解与适用》，人民法院出版社 2021 年版，第 36 页。

五种。执行领域的司法解释多为"规定",而"规定"针对的是法律尚未规定,但为了解决办案需要根据立法精神制定的规则。所以,执行类司法解释很多都属于旧法没有规定而新法有规定的情形。三是"持续性"事件或行为可以适用新法。如果某个事件或者行为,开始于新法生效之前,结束于新法施行之后,跨越两部法律,该事件或者行为具有持续性、继续性,并且不能分割处理,则应当适用新法的规定。①

(四)程序从新,除非有法律上的相反规定

这是程序性新法与程序性旧法冲突时的适用规则。实体法和程序法是法律形式上的一个基本分类。就两类法律的溯及力问题,法谚云:"实体从旧,程序从新。"所谓"实体从旧",是指实体法不能溯及既往;所谓"程序从新",是指新法颁布之后的诉讼法律行为或者事件适用新法。对于程序应否"从新",存在不小的争论。② 实务中最大的障碍在于没有任何一条法律规则明确了程序从新。但是,实际上,程序从新规则是能够从《立法法》规定的法不溯及既往原则推导出来的。与实体法的调整对象是民事法律行为(或事件)不同,程序法的调整对象是民事诉讼行为(或事件),讨论其溯及力问题亦应针对诉讼法律行为(或事件)。对于新程序法实施后的诉讼法律行为(或事件),当然应当适用新程序法。正如有论者指出的,对于溯及力问题,之所以出现"实体从旧、程序从新"的分野,根本在于实体法以民事法律行为或者事件发生的时点为判断标准,新法实施之后的民事法律行为或者事件适用

① 域外对于持续性行为的法律适用,主要有三种模式:第一种"维持旧法效力"模式,法律事实持续过程中法律发生变更的,新法对其施行后发生的法律事实不发生影响。第二种是"即行适用"模式,法律事实持续过程中法律发生变更的,新法对其施行前已经发生的法律效果不予改变,但是对施行后发生的法律效果予以改变。第三种是"过渡模式",法律事实持续过程中法律发生变更的,新法对其施行前已经发生的法律效果不予改变,对施行后未来发生的法律效果予以改变,但是规定一个过渡期。参见最高人民法院研究室编著:《最高人民法院民法典时间效力司法解释理解与适用》,人民法院出版社2021年版,第24页。

② 在我国法学理论界,该原则大致可归纳出三种不同的意见:第一,肯定论。"实体法以不溯及既往为原则之一……但程序法无此原则,与此相反的是,在新程序法生效时尚未处理的案件,均应采取程序从新原则,依照新程序法处理。"第二,否定论。"就实体问题而言,从旧体现了不溯及既往原则。就程序问题而言,处理法律问题之时当然适用现行有效的程序规范,不可能适用旧的程序规范,因而仅仅是现行法律的适用问题,不存在是否溯及既往的问题。"第三,折中论。"实体从旧、程序从新原则不是法不溯及既往原则之外的新的原则,更不是对法不溯及既往原则的否定;相反,实体从旧、程序从新原则是法不溯及既往原则适用于实体法和程序法的具体体现,是对法不溯及既往原则的进一步阐释"。参见郭晓明:《关于程序法从新原则的几个问题》,载《重庆大学学报(社会科学版)》2015年第3期。

新法，之前的适用旧法，即不溯及既往；程序法以诉讼法律行为或者事件为判断标准，新法实施之后的诉讼法律行为或者事件适用新法，新法实施之前依照旧法已经完成的诉讼程序依然有效，仍然是不溯及既往。[①]

基于程序从新规则，执行中，如果新法规定了不同于旧法的程序，应当与新法保持一致。以 2018 年 10 月 1 日施行的《最高人民法院关于公证债权文书执行若干问题的规定》第 22 条[②]为例，在该司法解释施行前，被执行人主张公证债权文书的内容与事实不符，根据《最高人民法院关于适用〈中华人民共和国民事诉讼法〉的解释》的规定应当立"执异"字案件，通过不予执行程序审查处理。但新解释施行后，根据第 22 条，被执行人主张上述事由的，应当向执行法院提起异议之诉，请求法院判决不予执行。实践中遇到这样一个案件，被执行人在新解释施行前提出了不予执行请求，某高院在复议审查过程中新解释施行，那么，复议案件是继续审查被执行人"不予执行"的主张，还是应当终结审查，由被执行人另行提起异议之诉？对此，有不同的看法。一种观点认为，本案公证债权文书作出时和异议审查过程中，新解释尚未实施，某中院适用原解释的规定对双方争议的实体事由进行审查，在程序上符合法律规定。虽然某高院在复议审查过程中新解释开始施行，但根据法不溯及既往原则，复议法院继续适用之前的规定进行审查亦无不当。另外一种观点认为，按照"实体从旧，程序从新"规则，某高院未依照新解释规定的程序进行审查，属于程序适用错误，应予撤销。最高人民法院法官会议多数意见认为，对于申请人提出的不予执行的实体事由，依照新解释的规定，通过诉讼程序进行审查能够更好保障各方当事人的实体权利，也能够更好发挥人民法院对公证的监督作用，故最终采第二种观点。[③]

当然，如果有明确的相反规定的，不适用程序从新规则。比如 2007 年修

[①] 详见郭锋、陈龙业、贾玉慧、牛晓煜：《〈最高人民法院关于适用《中华人民共和国民事诉讼法》的解释〉修改内容及其理解与适用》，载《法律适用》2022 年第 5 期。

[②] 该条规定："有下列情形之一的，债务人可以在执行程序终结前，以债权人为被告，向执行法院提起诉讼，请求不予执行公证债权文书：（一）公证债权文书载明的民事权利义务关系与事实不符；（二）经公证的债权文书具有法律规定的无效、可撤销等情形；（三）公证债权文书载明的债权因清偿、提存、抵销、免除等原因全部或者部分消灭。""债务人提起诉讼，不影响人民法院对公证债权文书的执行。债务人提供充分、有效的担保，请求停止相应处分措施的，人民法院可以准许；债权人提供充分、有效的担保，请求继续执行的，应当继续执行。"

[③] 参见邵长茂、刘海伟：《在执行复议过程中新的司法解释生效的应当适用该司法解释规定的程序进行审查》，载最高人民法院执行局编：《执行工作指导》2021 年第 4 辑，人民法院出版社 2023 年版，第 42 页。

正的《民事诉讼法》，在第 202 条创设了执行行为异议程序。按照程序从新规则，符合条件的案件应当通过该条规定的程序办理。但是，2008 年 11 月 28 日，最高人民法院发布《关于执行工作中正确适用修改后民事诉讼法第 202 条、第 204 条规定的通知》（法明传〔2008〕1223 号），明确："当事人、利害关系人根据民事诉讼法第 202 条的规定，提出异议或申请复议，只适用于发生在 2008 年 4 月 1 日后作出的执行行为；对于 2008 年 4 月 1 日前发生的执行行为，当事人、利害关系人可以依法提起申诉，按监督案件处理。"由此排除了程序从新规则的适用。

二、法律解释方法

在多数执行案件中，通过法律规范大前提与案件事实小前提得出结论的法律三段论，是一个"物理"过程，直截了当、明确无疑。在这个过程中，司法者不生产法律，而只是法律的搬运工。然而，也有相当一部分案件，能够适用的法律规范并非确定无疑，司法者对法律条文"生吞活剥"会导致难以接受的结果。比如，2022 年 1 月 1 日起施行的《最高人民法院关于人民法院司法拍卖房产竞买人资格若干问题的规定》第 1 条规定："人民法院组织的司法拍卖房产活动，受房产所在地限购政策约束的竞买人申请参与竞拍的，人民法院不予准许。"这个看起来非常明确的条文，在个案适用过程中不见得就是确定无疑。2023 年 10 月 16 日，杭州市发布《优化调整房地产市场调控措施的通知》，明确"本市住房限购范围调整为上城区、拱墅区、西湖区、滨江区"，这就意味着，法院拍卖这四个区的房产，竞买人需要符合限购政策。但通知还规定："参与本市限购范围内住房司法拍卖的竞买人，取消'须符合本市住房限购政策'限制。"如此一来，受房产所在地限购政策约束的竞买人，到底能不能参加拍卖，不无疑问。此时，就需要改"生吞活剥"为"吃透法律的精神"，探寻立法真意，让法律规范和案件事实之间发生"化学反应"，实现情、理、法的统一。这就是法律解释的使命。

（一）法律解释方法是一个技术体系、规则体系、价值体系

法律解释方法首先是一个技术体系。一般认为，法律解释方法有广义和狭义之分，狭义的法律适用方法分为文义解释、论理解释、比较法解释、社会学解释等。论理解释又进一步分为体系解释、法意解释、扩张解释、限缩

解释、当然解释、目的解释、合宪性解释等。把这些方法组合起来的目的，是形成一套可供办案时按图索骥的技术体系。法律解释方法也是一个规则体系。法律解释方法的运用需要遵循以下规则：依附于制定法，不得超越法律；不得创设抽象规则，就事论事，以解决个案为目标；遵循方法之间的位阶和顺序；符合每种方法本身的规则和程序要求。法律解释方法还是一个价值体系。法律创设执行权的根本目的并不在于"公正地"解决纷争、确认权利和义务，而在于"高效地"实现生效法律文书所确认的权利义务关系。因此，与审判的"公正为本、兼顾效率"不同，对于执行来说，效率价值具有优先性，然后才是其他价值。对执行程序的相关规则进行解释时，应充分体现效率要求。比如，为达到迅速执行之目的，执行机关应依据格式化、标准化、普适性、形式主义的标准识别责任财产，"可执行的客体满足形式要求即可"[1]。因此，对于哪些财产属于被执行人的责任财产，在执行程序中，基于法定的权利公示方法所具有的权利推定效力，执行机关采取与实体法上的物权公示原则、权利外观主义相一致的"外观调查原则"。[2]只要该财产具有属于债务人所有的外观，执行机关进行初步认定即可实施强制执行，无须调查该财产实体上是否为债务人所有。[3]

既然法律解释方法是一个体系，办理执行案件就不必用一种方法"单打独斗"，而应当注重多方法协作。比如，根据《最高人民法院关于民事执行中变更、追加当事人若干问题的规定》（2020 年修正）第 17 条[4]的规定，可以将"未缴纳或未足额缴纳出资的股东"变更、追加为被执行人。近年来实践中遇到的问题集中在能否追加未届出资期限的公司股东为被执行人，这就涉及"未届出资期限的公司股东"是否属于"未缴纳或未足额缴纳出资的股东"。仅从文义上看，既可以理解为不属于，因为没到期限，就没有缴纳义务，也就不存在"未缴纳"的情形；也可以略微牵强地理解为属于，因为不管到没到期，客观上就是"未缴纳或者未足额缴纳"。但是，从我国执行变更、追加制度的发展脉络来看，能否在执行程序中将某一类第三人变更、追

---

① ［德］奥拉夫·穆托斯特：《德国强制执行法》，马强伟译，中国法制出版社 2019 年版，第 7 页。

② 赖来焜：《强制执行法总论》，我国台湾地区元照出版有限公司 2007 年版，第 418 页。

③ 参见张登科：《强制执行法》，我国台湾地区三民书局 2012 年版，第 102 页。

④ 该条规定："作为被执行人的营利法人，财产不足以清偿生效法律文书确定的债务，申请执行人申请变更、追加未缴纳或未足额缴纳出资的股东、出资人或依公司法规定对该出资承担连带责任的发起人为被执行人，在尚未缴纳出资的范围内依法承担责任的，人民法院应予支持。"

加为被执行人，除了符合基本法理之外，往往是立法者基于程序与实体公正利益衡量的结果。虽然《最高人民法院关于民事执行中变更、追加当事人若干问题的规定》（2016 年施行）出台时我国公司资本认缴制已实行多年，但由于《最高人民法院关于适用〈中华人民共和国公司法〉若干问题的规定（三）》在 2014 年修正时，未对其第 13 条第 2 款的"未履行或者未全面履行出资义务的股东"是否包括认缴但未届缴资期限的股东予以明确，《最高人民法院关于民事执行中变更、追加当事人若干问题的规定》（2016 年施行）亦不宜在其第 17 条中对该问题亮明态度，而只是使用了"未缴纳或未足额缴纳出资的股东"这一比较含糊的表述。但是，在《全国法院民商事审判工作会议纪要》（法〔2019〕254 号）第 6 条已承认出资加速到期的情况下，有必要将未届缴资期限的股东涵盖在《最高人民法院关于民事执行中变更、追加当事人若干问题的规定》第 17 条的"未缴纳或未足额缴纳出资的股东"中。上述解释过程综合使用了文义解释、体系解释、法意解释三种方法。

（二）哪种法律解释方法能够探寻法律真意就用哪种方法

尽管法律解释方法是一个体系，但将林林总总的解释方法分门别类以及体系化，本身就是一道解释学上的难题；如何在案件中具体应用这些方法，更是难上加难。有人建议构建一种"固定不变的位阶关系"，有人认为可以"有大致的顺序"，有人则创制了"解释规则"。[①] 不论如何，都是为了提供一套可以直接使用的解释技术，但效果并不明显。实际上，如何使用这些法律解释方法，并不存在一个可以放之四海而皆准的公式。但司法与立法的分工决定了，司法活动的任务是探寻法律真意，并将其在具体的案件中显现出来。方法服务于目标，方法的选择服从于能否达成目标。因此，执行中，哪种方法能够探寻法律真意，就应该选择适用哪种法律解释方法，而不必反过来从顺序上看轮到使用哪个方法。

比如，《最高人民法院关于限制被执行人高消费及有关消费的若干规定》（2015 年修正）第 1 条第 2 款规定，纳入失信被执行人名单的被执行人，人民法院应当对其采取限制消费措施。第 3 条第 2 款规定，限制企业法人消费的，应当限制法定代表人用公司财产进行消费。但被执行人的法定代表人很可能发生更换，到底应该限制哪个法定代表人消费呢？是债权债务发生时的，诉

---

① 参见梁慧星：《论法律解释方法》，载《比较法研究》1993 年第 1 期。

讼时的，执行时的，还是可以一并限制呢？回答这个问题，不是从文义上看"法定代表人"的通常理解，而是看法律本意。司法解释限制法定代表人消费的本意，并非制裁，而是避免不当消耗被执行人公司财产，影响履行能力，因此，原则上只能限制现法定代表人。

回到房屋限购政策的例子。《最高人民法院关于人民法院司法拍卖房产竞买人资格若干问题的规定》（2022 年施行）第 1 条要求执行中的把握的标准与各地的政策标准相一致，本意在于尊重各地的房屋限购政策。虽然杭州市对司法拍卖竞买人的资格作出了特别规定，反而造成"不一致"，但从法律本意的角度看，应当尊重当地的政策。

（三）不仅要探寻法律真意，而且要尽量使法律真意能够回应社会需求

对于司法者而言，探寻法律真意并将其呈现到所办理的案件中，是最为重要的工作。但是，我们总会在一些案件中发现，由于时代的发展和情况的变化，一些社会现实和社会关系脱离了立法者原来的预设。最典型的就是信息技术引发的变化。比如，《民事诉讼法》（2012 年修正）第 238 条第 2 款（2023 年修正后为第 249 条第 2 款）规定，公证债权文书确有错误的，人民法院裁定不予执行。2015 年《最高人民法院关于适用〈中华人民共和国民事诉讼法〉的解释》增设第 480 条对"确有错误"进行了细化，未"到场"公证属于情形之一。① 本意是要求被执行人到"公证处现场"进行公证。但是，随着互联网时代的来临，线上公证广为流行，技术上也能保障真实性，如果还要求被执行人必须到公证处现场，无异于刻舟求剑。此时就需要根据时代的发展，让法律真意适当地延展。

又如，《最高人民法院关于人民法院强制执行股权若干问题的规定》（2022 年施行）施行之前，根据《最高人民法院、国家工商总局关于加强信息合作规范执行与协助执行的通知》（法〔2014〕5 号）第 11 条的规定，冻结非上市公司股份，需要向目标公司送达冻结手续才发生冻结效力。但是，后来施行的《商业银行股权管理暂行办法》（2018 年施行）、《商业银行股权托管办法》（2019 年施行）要求，商业银行股权应当进行托管，而且商业银行应当将股东名册交付托管机构，并由托管机构负责办理质押、锁定、冻结。

---

① 2018 年《最高人民法院关于公证债权文书执行若干问题的规定》第 12 条予以沿用。

这就脱离了第 11 条规定的预设。此时，就需要把向托管中心送达冻结手续，解释为向目标公司送达了冻结手续，产生冻结效力。

还有一个典型的例子是消极执行能否适用《民事诉讼法》（2023 年修正）第 236 条规定的问题。《民事诉讼法》高度重视权利救济问题，执行程序编在首条之后，用了第 236 条、第 237 条、第 238 条三条，分别规定了对违法执行、消极执行、不当执行情形的救济途径。所以，对消极执行行为，法律真意是通过第 237 条的督促程序解决。第 236 条规定的行为异议，针对的是作为行为、积极的行为。正是基于这个法律真意，2023 年 1 月施行的《最高人民法院关于办理申请执行监督案件若干问题的意见》（法发〔2023〕4 号）第 2 条规定："申请执行人认为人民法院应当采取执行措施而未采取，向执行法院请求采取执行措施的，人民法院应当及时审查处理，一般不立执行异议案件。""执行法院在法定期限内未执行，申请执行人依照民事诉讼法第二百三十三条①规定请求上一级人民法院提级执行、责令下级人民法院限期执行或者指令其他人民法院执行的，应当立案办理。"但是，第 237 条规定的期限为 6 个月，时间太长，向上一级法院寻求救济的途径又过于正式和复杂，经过十几年（从 2007 年修正《民事诉讼法》增设本条起算）实践的检验，确实无法解决消极执行行为问题。从现实的社会需求看，随着解决执行难的工作不断推进，执行外部环境有了很大改善，执行内部的规范化建设也成效显著，人民群众的主要意见集中在消极执行上。近年来对执行工作的申诉信访，消极执行情形占比长期稳居 70% 以上。这就表明，实践的发展脱离了法律的预设，法律上需要作出调整。正因为如此，2022 年 6 月全国人大常委会第一次审议的《民事强制执行法（草案）》第 32 条建立了对未实施执行行为的"申请"制度，申请后仍不回应的，通过异议程序审查处理。但在立法正式出台之前，实际上可以通过类推适用等法律解释技术达到同样的效果。具体解释过程是：由于对应当作为而不作为的违法状态，法律上没有有效的救济制度，为了回应社会需求，根据充分保障权利的立法真意，类推适用第 236 条规定的程序。

---

① 2023 年修正后为第 237 条。

实践中已经出现了相关案例。①

（四）检验法律解释方法正确与否的唯一标准是结论的可接受性

司法工作的根本目标，是"努力让人民群众在每一个司法案件中感受到公平正义"。办理执行案件，法律解释方法用没用对，关键在于结论的可接受性。如果执行的结果表面上符合法律条文，推理过程也严丝合缝，形式上没有任何问题，但与社会普遍接受的价值、情感、观念相左，那就需要检讨和矫正选择的法律解释的方法。这是因为，合法不等于正确。在法律框架之内，执行路径和方法往往不止一个，依法执行只是最低要求。正因为如此，最高人民法院近年来要求践行善意文明执行理念，善意文明执行不是对依法执行的否定，而是在依法执行前提下，对执行工作提出了更高的要求，从而大幅提升执行工作可接受性。

所以，办理案件，不仅要通过规范的过程导向良好的结果，还要以结果为准反向选择正确的方法。比如，《企业破产法》（2006 年施行）第 19 条规定："人民法院受理破产申请后……执行程序应当中止。"就已经变现完毕尚未发放申请执行人的款项是否作为破产财产处理问题，《最高人民法院关于执行案件移送破产审查若干问题的指导意见》（法发〔2017〕2 号）第 17 条②以及〔2017〕最高法民他 72 号函明确："人民法院裁定受理破产申请时已经扣划到执行法院账户但尚未支付给申请人执行的款项，仍属于债务人财产，人民法院裁定受理破产申请后，执行法院应当中止对该财产的执行。"实践发现，机械地执行这个规则会导致难以接受的结果。在某案件中，法院执行被执行人的银行存款，扣划至法院账户进行发放，指令银行支付，但款项未划付成功被退回。在再次发放前，法院裁定受理破产申请。那么，该款项的执行应否中止？如果严格按照"尚未支付给申请人执行的款项，仍属于债务人财产"的字面规则办理，债权人必定接受不了，社会公众也不能理解。从结

---

① 比如在（2017）最高法执复 58 号执行裁定书中，最高人民法院认为："该案的争议焦点为：民生银行三亚分行作为申请执行人对执行法院未予发放案款的行为提出异议，是否属于执行行为异议，应否纳入异议、复议程序予以审查的问题。《中华人民共和国民事诉讼法》第二百二十五条规定，'当事人、利害关系人认为执行行为违反法律规定的，可以向负责执行的人民法院提出书面异议'。该法条规定的'执行行为'并未限定为执行法院在执行程序中的积极作为。"

② 该条规定："执行法院收到受移送法院受理裁定时，已通过拍卖程序处置且成交裁定已送达买受人的拍卖财产，通过以物抵债偿还债务且抵债裁定已送达债权人的抵债财产，已完成转账、汇款、现金交付的执行款，因财产所有权已经发生变动，不属于被执行人的财产，不再移交。"

果反推，这种解释方法存在重大缺陷，需要调整。

正因为结论的可接受性至关重要，所以在法律解释过程中要注重释法说理。尤其在以下情形中，要进行充分的说理：一是当事人对案件法律适用存有争议的，二是存在复数解释的，三是对法律的解释与字面含义明显不一致的，四是对不确定概念和一般条款作具体化解释的，五是存在法律规范竞合或者冲突的。

三、法律续造方法

执行中，通过漏洞填补、利益衡量、价值取舍等方法，在既有法条之下或之外，形成更有针对性、更符合实际情况甚至全新的规则，以维护整个法秩序的续行，这就是法律续造。在一些国家，尤其是普通法系国家，法律续造被认为是法律解释的一种。但在其他国家则相反，比如长于理论构造的德国法学界对法律适用方法的研究更为细致耐心，在他们的阐发下，法律续造被从法律解释中区别出来，成了司法过程中与法律解释相并列的一种法律适用方法。[①] 比较而言，法律解释以法律规范文字本身所具有的意义范围为界，而法律续造则是在文义之外对法规范和法秩序的全新理解和表达。

司法的法律续造功能根植于制定法固有的局限性，以及法院不能拒绝裁判和执行的制度预设。法律有限而案件无穷，在完全没有法律规范可用的情况下如何办理案件，是一个客观存在和无法回避的问题。尤其在执行领域，《民事诉讼法》尽管专编规定了执行程序，但只有 35 个条文，与人民法院近年来每年办理的近 1000 万件执行案件相比，以及与对执行工作严格依法进行的要求相比，严重不相适应。因此，执行领域的法律续造的需求更加强烈。

（一）通过参照适用实体法律的续造

这是从执行法与实体法的关系来看的。执行中，如何对待实体法规定？一般来说，执行活动不应改变或者虚置已有的实体规则。这是因为，实体规则往往经过了立法上的充分研究论证，以及实践中的反复检验，往往是对当事人权利义务最为妥当的安排。所以，办理执行案件时，要有实体法意识，

---

① 参见梁兴国：《法律续造：正当性及其限制》，载《法律方法与法律思维》2007 年第 4 辑。

做到执行的结果与实体法安排一致。正因为如此，在无法可依的情况下，参照适用实体法，是法律续造的一个重要方法。

比如，金钱债权在执行程序中的给付内容包含本金、一般债务利息，以及加倍部分债务利息。加倍部分利息根据《最高人民法院关于执行程序中计算迟延履行期间的债务利息适用法律若干问题的解释》（2014 年施行）第 4 条①的规定，为最后清偿，这一点明确无疑。目前理论和实践中存在争议的是本金和一般债务利息的清偿顺序问题。对此，有三种观点：第一种观点认为，应当"先息后本"，即先清偿一般债务利息再清偿本金；第二种观点认为，应当"先本后息"，即先清偿本金利息再清偿一般债务；第三种观点则主张，应当"本息并还"。对此，《民事诉讼法》和司法解释均未规定，但《民法典》第 561 条②对利息和主债务的顺序作出了安排，可资参照适用。需要注意的是，《民法典》第 561 条的规定并不能在执行中直接适用，因为它规定的是合同履行而非判决执行问题。

（二）通过参照适用民事法律的续造

这是从民事执行与刑事、行政执行的关系来看的。执行法律规范一般是以民事执行为原型制定的，由此造成除了有限的几个专门性司法解释以外，刑事、行政执行往往处于无法律可以适用的境况。允许参照适用民事执行领域最相类似的法律规定，也是法律续造的一个重要方面。

比如，市场监管机构对某公司作出行政处罚决定，进入执行后，能否根据《最高人民法院关于民事执行中变更、追加当事人若干问题的规定》（2020 年修正）第 17 条的规定追加未缴纳出资的股东为被执行人？《行政诉讼法》（2017 年修正）第 101 条的规定："人民法院审理行政案件，关于期间、送达、财产保全、开庭审理、调解、中止诉讼、终结诉讼、简易程序、执行等，以及人民检察院对行政案件受理、审理、裁判、执行的监督，本法没有规定的，适用《中华人民共和国民事诉讼法》的相关规定。"据此，如果是行政判决的执行，由于《最高人民法院关于民事执行中变更、追加当事人若干问题

---

① 该条规定："被执行人的财产不足以清偿全部债务的，应当先清偿生效法律文书确定的金钱债务，再清偿加倍部分债务利息，但当事人对清偿顺序另有约定的除外。"

② 该条规定："债务人在履行主债务外还应当支付利息和实现债权的有关费用，其给付不足以清偿全部债务的，除当事人另有约定外，应当按照下列顺序履行：（一）实现债权的有关费用；（二）利息；（三）主债务。"

的规定》既是根据《民事诉讼法》而制定，又是对《民事诉讼法》执行程序编的解释，可以理解为是《民事诉讼法》的一部分，所以可以适用第17条的规定予以追加。这种情况属于"法定类推"。但如果是非诉执行，法律上没有规定可以参照适用，但根据《最高人民法院关于加强和规范裁判文书释法说理的指导意见》（法发〔2018〕10号）第7条规定的"民事案件没有明确的法律规定作为裁判直接依据的，法官应当首先寻找最相类似的法律规定作出裁判"，《最高人民法院关于民事执行中变更、追加当事人若干问题的规定》（2020年修正）第17条为最相类似的法律规定，因此也可以参照适用。

（三）通过征得立法机关同意的续造

对于法律上作了安排，但由于缺少配套规定造成的法律漏洞，在进行法律续造时，要充分尊重立法机关的意见。

比如，因银行业金融机构违反审慎经营规则，金融监管机关根据《银行业监督管理法》（2006年修正）第37条的规定，责令控股股东转让股权。控股股东拒绝执行的，金融监管机关无制裁措施或其他措施予以保障。[①]在这种情况下，能否申请人民法院执行？这要看《行政诉讼法》《行政强制法》和其他法律的规定。《行政诉讼法》（2017年修正）第97条规定："公民、法人或者其他组织对行政行为在法定期限内不提起诉讼又不履行的，行政机关可以申请人民法院强制执行，或者依法强制执行。"《行政强制法》（2021年施行）第13条第2款进一步规定："法律没有规定行政机关强制执行的，作出行政决定的行政机关应当申请人民法院强制执行。"从两部法律的关系上看，在这个问题上，《行政强制法》是特别法和后法，应当以《行政强制法》的规定为准。而《行政强制法》（2021年施行）第3条第3款的规定："行政机关采取金融业审慎监管措施、进出境货物强制性技术监控措施，依照有关法律、行政法规的规定执行。"将金融业审慎监管措施排除在《行政强制法》的适用范围之外。也就是说，申请执行金融业审慎监管措施，需要在《行政强

---

① 《银行业监督管理法》（2006年修正）第46条规定："银行业金融机构有下列情形之一，由国务院银行业监督管理机构责令改正，并处二十万元以上五十万元以下罚款；情节特别严重或者逾期不改正的，可以责令停业整顿或者吊销其经营许可证；构成犯罪的，依法追究刑事责任：……（六）拒绝执行本法第三十七条规定的措施的。"该条仅明确了对银行业金融机构可以采取的措施，对其股东则没有相关规定。

制法》之外的法律、行政法规中寻找依据，有依据才能申请法院执行。但是目前其他法律、行政法规中并无规定。在这种情况下，应当在立法层面进一步予以明确。立法层面明确之前的案件如何办理，应当征求立法机关的意见。

（四）需要在法秩序内进行法律续造

法律续造是一种法律适用方法，而非"司法造法"。因此，法律续造虽然可以在法律规定的框架之内甚至之外"大展拳脚"，但不能脱离整体的法秩序。

比如，《最高人民法院关于人民法院办理执行异议和复议案件若干问题的规定》（2020 年修正）第 28 条、第 29 条规定了符合条件的商品房消费者可以基于物权期待权排除执行。那么，案外人依据以房抵债协议，能否参照这两个司法解释的规定排除执行？这要从物权期待权的立法意旨进行分析。物权期待权是指，对于签订买卖合同的买受人，在已履行合同部分义务的情况下，虽尚未取得合同标的物所有权，但赋予其类似所有权人的地位，其物权的期待权具有排除执行等物权效力。根据《民法典》物权编的规定，不动产物权变动以登记为生效要件。房屋转移登记至案外人以前，买受人尚未取得房屋的所有权，只享有要求被执行人交付房屋的请求权，该请求权仅为债权，无法对抗被执行人的其他债权人提出的受偿要求。但是，考虑到我国现行房地产开发和登记制度不完善等现实情况，以及不动产作为人民群众基本生活资料的重要地位等方面的因素，司法解释引入买受人物权期待权理论，对不动产买受人作出优先保护的安排。对商品房消费者的特殊保护，决定了以房抵债情形不能类推适用，否则就是对法秩序的破坏。

四、法律引用方法

《最高人民法院关于裁判文书引用法律、法规等规范性法律文件的规定》第 1 条规定："人民法院的裁判文书应当依法引用相关法律、法规等规范性法律文件作为裁判依据……"这是关于法律引用的规定。办理执行案件须依法进行，这是对执行的基本要求；哪些法律可以成为执行的依据，这是执行法的渊源问题。从制定机关看，执行法的渊源包括三类：（1）立法机关制定的宪法、法律、地方性法规、自治条例、单行条例、立法解释；（2）行政机关制定的行政法规、行政规章、行政规范性文件；（3）人民法院制定的司法解释、指导性文件、会议纪要、各审判业务庭的答复意见，人民法院与有关部门联合下发的文件、指导性案例。上述法源又具体分为可以作为依据的法源，以及不能作为依据但能够据以说理的法源。

（一）可以引用法律、地方性法规、自治条例、单行条例、立法解释，但不能引用宪法

根据《立法法》（2023 年修正）的规定，全国人大及其常委会根据宪法规定行使国家立法权，有权制定宪法和法律（第 10 条），作出立法解释（第48 条）；省、自治区、直辖市和设区的市、自治州的人大及其常委会，有权制定地方性法规（第 81 条）；民族自治地方的人大有权依照当地民族的政治、经济和文化的特点，制定自治条例和单行条例（第 85 条）。人民法院办理执行案件，可以引用法律、地方性法规、自治条例、单行条例、立法解释作为依据，但不能引用宪法。

通说认为："宪法是国家的根本大法，其解释和监督实施机关为全国人大及其常委会，人民法院不受理宪法诉讼案件，也不以宪法作为裁判依据。"[①]另有观点认为，"宪法关于公民基本权利义务的规定，是一切公民均应遵守的行为规则，但宪法并不规定公民犯罪时如何定罪量刑，不规定合同的有效、无效和如何追究违约责任，不规定结婚、离婚的条件及分割财产的标准，因此宪法不是裁判规则——因为宪法条文不符合裁判规则的逻辑结构。裁判规则的逻辑结构是：构成要件—法律效果"。正因为如此，《人民法院民事裁判文书制作规范》（法〔2016〕221 号）中明确要求："裁判文书不得引用宪法。"

执行法律文书中涉及宪法，有三种情况：（1）出现在当事人的主张中，这通常与法院观点没有直接的关系；（2）出现在法院的说理过程中；（3）作为裁定、决定的依据。不得"引用"宪法，首先指的是第三种情况，即不能作为裁定、决定的依据；同时也包括第二种情况，即不能作为说理的依据。也就是说，所谓的"不得引用宪法"，指的是执行法律文书的主文处、说理处，均不得引用宪法。《人民法院民事裁判文书制作规范》（法〔2016〕221

---

① 吴兆祥：《〈关于裁判文书引用法律、法规等规范性法律文件的规定〉的理解与适用》，载《人民司法》2009 年第 23 期。

号）关于"裁判文书不得引用宪法……但其体现的原则和精神可以在说理部分予以阐述"的表述，并不意味着可以引用宪法进行说理。道理很简单，禁止引用宪法裁判案件的理由在于解释宪法、监督宪法实施的合宪性审查权专属于全国人大及其常委会，引用宪法裁判涉及宪法解释和违宪审查问题，引用宪法说理同样涉及。从检索情况看，截止到 2023 年 10 月，在中国裁判文书网中，执行裁判文书中包含"宪法"一词的有 2929 篇文书，其中绝大多数是第一种情况，但也零星可见第二种情况，比如（2016）某执异 15 号执行裁定中的"本院认为，履行人民法院生效裁判是宪法和法律规定的法定义务"，（2022）某 0705 执异 8 号执行裁定中的"本院认为……我国宪法明确规定尊重和保障人权的原则，因此在执行中必须贯彻生命权、生存权重于债权的观念，给予被执行人一定的生活保障"等。实际上，例举的两个裁定均非必须引用宪法进行说理，而仅作强化之用。所以，实务中应禁止直接引用宪法进行裁判和说理。

（二）可以引用行政法规，但不能引用行政规章、行政规范性文件

根据《立法法》（2023 年修正）的规定，行政机关享有行政立法权，具体包括：国务院根据宪法和法律，制定行政法规（第 72 条）；国务院部门和地方政府制定行政规章（第 91 条、第 93 条）；各级行政机关均可制定行政规范性文件。人民法院办理执行案件，原则上应引用立法机关制定的法律。而之所以可以例外地引用行政法规[①]，是因为从行政法规的构成看，除了大量的行政管理规范以外，还包括少量的调整民事关系的规范。办理执行案件可以引用的行政法规，根据《立法法》（2023 年修正）第 72 条[②]的规定，一是国务院为执行民事法律而制定的行政法规。此类行政法规是为执行民事法律基本制度而由行政法规进行细化而制定的，实际上是对民事法律的补充。二是全国人大及其常委会授权国务院制定的本属于应当制定法律的民事事项的行

---

① 《最高人民法院关于裁判文书引用法律、法规等规范性法律文件的规定》（2009 年施行）第 4 条规定："民事裁判文书应当引用法律、法律解释或者司法解释。对于应当适用的行政法规、地方性法规或者自治条例和单行条例，可以直接引用。"

② 《立法法》（2023 年修正）第 72 条第 2 款规定："行政法规可以就下列事项作出规定：（一）为执行法律的规定需要制定行政法规的事项；（二）宪法第八十九条规定的国务院行政管理职权的事项。"第 3 款规定："应当由全国人民代表大会及其常务委员会制定法律的事项，国务院根据全国人民代表大会及其常务委员会的授权决定先制定的行政法规，经过实践检验，制定法律的条件成熟时，国务院应当及时提请全国人民代表大会及其常务委员会制定法律。"

政法规，此类行政法规实质上代行民事法律职能。

　　行政规章和行政规范性文件不能直接引用作为依据，但根据办理案件的需要，经审查认为合法有效的，可以作为说理的依据。对此需要注意三点：第一，与既不能引用宪法裁判也不能引用宪法说理不同，行政规章和行政规范性文件虽然不能作为裁判依据，但可以作为说理依据。第二，作为说理依据的前提是经过审查，并认为合法有效，不能未经审查直接作为说理依据。第三，审查后认为不合法或者无效的，法院不能在个案中直接作出认定，只能不予适用。仍以前述房屋限购政策为例，司法拍卖未遵循当地的房屋限购政策，是否构成违法执行？一般而言，房屋限购政策往往是以通知、意见等规范性文件形式制定的。而规范性文件并非执行的法律依据，司法拍卖未遵守当地的房屋限购政策，并不当然构成违法执行。但是，2022年1月1日起施行的《最高人民法院关于人民法院司法拍卖房产竞买人资格若干问题的规定》第1条规定："人民法院组织的司法拍卖房产活动，受房产所在地限购政策约束的竞买人申请参与竞拍的，人民法院不予准许。"在该司法解释施行之后，司法拍卖未遵循当地的房屋限购政策，因违反该司法解释的规定而构成违法执行。

　　（三）可以引用司法解释，但不能引用指导性文件、会议纪要、各审判业务庭的答复意见和人民法院与有关部门联合下发的文件、指导性案例

　　尽管这些规范均系最高人民法院或者上级法院作出，但办理执行案件时，仅可引用司法解释作为依据。对于司法解释以外的司法文件，经审查合法有效的，可以作为说理的依据。

　　实践中遇到这样一个案例。2017年，某中院制定了《关于参与分配具体适用的指导意见》，其中第4条第1款规定："参与分配申请应当在执行程序开始之后提出，若执行标的物为货币类财产，以案款到达主持分配法院的账户之日作为申请参与分配的截止日。"2020年，该中院辖区某基层法院在办理执行案件过程中作出执行财产分配方案，载明：从被执行人甲处执行到位的案款于2019年11月15日到达法院账户，法院收到乙、丙等人的申请参与分配的时间均在此之后。依据《关于参与分配具体适用的指导意见》第4条第1款规定，认定乙、丙等人的参与分配申请超过了分配截止日，故不予分配。该案中，中院不应制定《关于参与分配具体适用的指导意见》，执行法院也不

能引用该指导意见办理案件。对此，2012 年 1 月 18 日，最高人民法院、最高人民检察院下发的《关于地方人民法院、人民检察院不得制定司法解释性质文件的通知》（法发〔2012〕2 号）明确予以禁止。①

---

① 该通知第 1 条规定："……自本通知下发之日起，地方人民法院、人民检察院一律不得制定在本辖区普遍适用的、涉及具体应用法律问题的'指导意见'、'规定'等司法解释性质文件，制定的其他规范性文件不得在法律文书中援引。"

执行实务常见问题

下部

一、总　则

（一）执行主体

1. 未入额的执行员能否独立办理执行实施案件？

解析：在我国，执行员是办理执行事项的唯一法定主体。中华人民共和国成立初期，在国家层面尚未统筹和规范的情况下，各地法院在执行组织上曾有两种不同的做法。期初，大部分法院都设有讼事科、执行科、执行组等专门机构或专职执行人员，但在司法改革运动中，有人批判这种"审执分开"是"旧法观点"，所以多数法院转而实行"审执合一"，即审判人员自审自执。[①] 1954 年《人民法院组织法》实施后，执行员制度正式建立。该法第 38 条规定："地方各级人民法院设执行员，办理民事案件判决和裁定的执行事项，办理刑事案件判决和裁定中关于财产部分的执行事项。"这个条文非常重要，它是我国执行员制度的源头，明确由执行员负责办理裁判的全部执行事项，但不负责诉讼文书的送达，在职责上与国外的执行官、执达吏等执行人员，以及中华人民共和国成立之前的承发吏和执达员均有不同。据此，执行员应是设于地方各级人民法院，但独立于法院和审判员，专司执行事务或执行权的"其他人员"。[②] 虽然 1982 年施行的《民事诉讼法（试行）》改变《人民法院组织法》的规定，允许书记员和法警参加执行工作，但从 1991 年《民事诉讼法》正式颁行以来，虽几经修正，始终要求"执行工作由执行员进行"。也就是说，在法律上，执行员是办理执行案件唯一的适格主体。

[①]　参见江浩：《民事执行中几个问题的研究》，载《法学研究》1957 年第 1 期。

[②]　参见百晓锋：《论执行权向执行员的"回归"》，载《华东政法大学学报》2022 年第 5 期。

然而，从实践情况看，执行员制度已经名存实亡。由于长期存在的重审判轻执行、重法官轻其他类别人员的倾向，执行员制度并没有真正建立起来。执行机构的法官、执行员、法官助理、书记员、司法警察等各类人员，本应分类管理、各司其职，但实际上，各类人员均可办理执行实施事项，特别是法官可以独立办理所有的事项。《最高人民法院关于执行权合理配置和科学运行的若干意见》（法发〔2011〕15号）明确：执行实施权由执行员或法官行使，执行审查权由法官行使。据此，执行员似乎已经可有可无。2018年《人民法院组织法》修订，删除了原有"执行员"的条款。① 虽然全国人大内务司法委员会在修订草案对此作了说明，即"党的十八届四中全会提出，推动实行审判权和执行权相分离的体制改革试点。目前，审判权和执行权如何分离，尚未达成共识，还在调研论证。人民法院的执行权主要规定在民事诉讼法中，现行人民法院组织法对法院的执行权也未作规定，草案维持现行人民法院组织法的规定，不影响法院的执行工作"。②但实际上产生了影响。2019年修订的《法官法》删除了执行员参照《法官法》管理的条款。最高人民法院在《关于深化人民法院司法体制综合配套改革的意见——人民法院第五个五年改革纲要（2019—2023）》（法发〔2019〕8号）中提出"推行以法官为核心的执行团队办案模式"，这一模式突出了法官在执行程序中的主导性作用，但对于是否保留执行员以及执行员在执行团队中承担何种职能语焉不详。"法官+法官助理（执行员）+法警+书记员"的团队化改革，明确了法官在执行机构里的主导地位，而员额制改革又明确了只有进入员额的法官才有资格独立办理案件。由此导致执行员制度名存实亡。学界有学者批评："法官代替执行员，代行执行员权限的现象大行其道，这是当前审执不分的根源所在。"③

可以说，执行员的存废问题以及更为根本的审执分离问题，已经到了非议不可的时候。当前，民事强制执行法正在制定过程中。关于执行人员身份

① 在《人民法院组织法（修订草案）》审议过程中，有代表提出从有利于解决执行难的角度出发，应当保留"执行员"甚至增加规定执行机构、执行职责等。参见万紫千：《体现时代要求 巩固司改成果——十三届全国人大常委会第三次会议分组审议人民法院组织法修订草案纪实》，载《人民法院报》2018年6月21日。

② 王胜明：《关于〈中华人民共和国人民法院组织法（修订草案）〉的说明——2017年8月28日在第十二届全国人民代表大会常务委员会第二十九次会议上》，载中国人大网，http：//www. npc. gov. cn/zgrdw/npc/xinwen/2018－10/26/content_ 2064482. htm，最后访问时间：2023年8月15日。

③ 参见百晓锋：《论执行权向执行员的"回归"》，载《华东政法大学学报》2022年第5期。

定位、执行人员的任职标准、职权范围以及待遇问题等问题，应在深化司法改革和强制执行立法过程中，作为重点问题进行研究论证。依《民事强制执行法（草案）》的思路，执行中的裁判事项由法官负责，执行实施事项由其他辅助人员负责，司法警察为执行工作提供警务保障。执行员制度有望重新塑造。

研析认为，即便在制度重塑之前，未入额的执行员也可以独立办理执行实施案件。主要理由是：第一，有法律的明确规定。根据《民事诉讼法》（2023 年修正）第 239 条的规定，执行工作由执行员进行。第二，符合司法责任制要求。权责一致是司法责任制的首要要求。大多数法院执行局只有一两名入额法官，只允许把案件分给入额法官，会导致名实不符、权责不一致。第三，员额制改革要求的未入额不得办案，针对的是审判类案件，不适用于执行实施程序。

参考案例：在河北省石家庄市中级人民法院（2019）冀 01 执复 2 号案件中，复议申请人提出，未入额人员（非审判员）的执行员孙英英出具的河北省辛集市人民法院（2017）冀 0181 执 1079 号执行裁定书（拍卖），不符合最高人民法院关于未入额人员（非审判员）不得独立办案的规定，执行行为违法，应当撤销执行程序。河北省高级人民法院在裁定中认为：依据《人民法院组织法》第 40 条第 1 款之规定："地方各级人民法院设执行员，办理民事案件判决和裁定的执行事项，办理刑事案件判决和裁定中有关财产部分的执行事项"。依据《民事诉讼法》关于"执行工作由执行员进行"的规定，法院执行人员不必须具有法官资格，亦无需遴选入额。中央要求的"未入额法官不得独立办案"所限制的为案件审判人员，其目的在于实现法官责任终身制，加强法院管理制度，将最优秀的人才吸引到办案一线，该要求并不适用于本案所涉及的执行程序要求，本案执行程序合法。

2. 执行人员执行公务时是否需要出示"双证"？

解析：不需要。所谓"双证"指的是工作证和执行公务证。工作证是人民法院工作人员的证件，而执行公务证是专门针对执行工作制作的证件。1998 年施行的《最高人民法院关于人民法院执行工作若干问题的规定（试行）》第 8 条规定："执行人员执行公务时，应向有关人员出示工作证和执行公务证，并按规定着装。必要时应由司法警察参加。""执行公务证由最高人民法院统一制发。"当时作此规定，"是出于工作规范化、严肃性和尊重相对人以取得工作便利的考虑"。"因为在实践中，由于行为人往往以不了解执行人员的身份为由拒绝履行义务，抗拒执行人员的执行行为，引起双方的对立冲突，甚至造成严重后果。此外，也存在少数冒充人民法院执行人员侵犯行为人权利的情况。因此，为保障程序的公正合法，保护被执行人及其他人员的合法权益，执行人员执行公务时，应向有关人员出示工作证和执行公务证。"①

实践中，关于执行公务时是否必须同时出示工作证和执行公务证，素有争议。2020年12月29日发布的《最高人民法院关于修改〈最高人民法院关于人民法院扣押铁路运输货物若干问题的规定〉等十八件执行类司法解释的决定》，将《最高人民法院关于人民法院执行工作若干问题的规定（试行）》原第8条"出示工作证和执行公务证"修改为"出示工作证件"，取消了需要同时出示"双证"的法律规定。主要考虑是，随着近几年执行规范化的提升和协助执行环境的改善，要求执行公务时同时出示"双证"已无必要。实际上，在最高人民法院和相关部委联合下发的通知中对"双证"的要求已经有所改变。例如，2014年最高人民法院、国家工商总局联合下发的《关于加强信息合作规范执行与协助执行的通知》（法〔2014〕251号）第9条和第11条规定，执行人员到工商行政管理机关查询、冻结股权或投资权益时，应当出示工作证或者执行公务证。

3. 人民陪审员能否参与办理执行实施案件？

解析：不能。人民陪审员制度是普通群众参加人民法院审判活动的制度，人民陪审员在法律规定的范围内依法参加审判活动。《人民陪审员法》（2018年施行）第2条规定："公民有依法担任人民陪审员的权利和义务。""人民陪审员依照本法产生，依法参加人民法院的审判活动，除法律另有规定外，同法官有同等权利。"据此，人民陪审员参加的活动限于"审判活动"。而按照通常理解，执行并不属于审判活动范畴，人民陪审员不能参与办理执行案件。最高人民法院政治部编著的《〈中华人民共和国人民陪审员法〉条文理解与适用》一书对此亦明确：实践中，信访案件、执行案件不是人民法院审判活动范畴，不应由人民陪审员参与其中，特别是对于其中组成合议庭审理的需要出具执行裁定的执行案件不得适用，因为，这些案件都是以生效裁判为基础

---

① 唐德华主编：《执行法律及司法解释条文释义》，人民法院出版社2006年版，第108页。

的审判行为，和重审案件的性质是一样的，不宜由人民陪审员参加。同理，申请国家赔偿案件、撤销仲裁裁决和不予执行仲裁裁决案件，也不宜适用陪审制审理。[①] 2020 年 8 月，最高人民法院、司法部在联合印发的《〈中华人民共和国人民陪审员法〉实施中若干问题的答复》（法发〔2020〕29 号）中指出："根据《人民陪审员法》，人民陪审员参加第一审刑事、民事、行政案件的审判。人民法院不得安排人民陪审员参加案件执行工作。"这是官方的正式意见。需要注意的是，人民陪审员不能参与办理执行实施案件，不意味着完全不能参与执行工作。实践中，大型集中执行和重点案件执行，以及涉及婚姻家庭、邻里纠纷之类的执行案件，人民法院经常会邀请人民陪审员以监督或调解方式参与执行工作。对此，最高人民法院也是认可的。《最高人民法院关于进一步加强和规范执行工作的若干意见》（法发〔2009〕43 号）中就提出："探索人民陪审员和执行监督员参与执行工作的办法和途径，提高执行的公信力。"

依据：《最高人民法院、司法部关于印发〈《中华人民共和国人民陪审员法》实施中若干问题的答复〉的通知》（法发〔2020〕29 号）第 11 问

4. 人民陪审员能否参与办理执行异议、 复议等审查类案件？

解析： 不能。之所以会有这个问题，最根本在于，执行局法官数量不够。全国法院执行法官数量不到 2 万人，而每年需要办理的案件数量近 1000 万件，年均 500 余件。执行程序中的重大事项，依法应由三位以上法官组成合议庭合议决定，而参与合议的法官不能再参与该案件衍生的执行异议、复议等案件的审查。这样一来，法官就尤其紧缺。于是，不少地方打起了人民陪审员的主意。

最高人民法院、司法部在《〈中华人民共和国人民陪审员法〉实施中若干问题的答复》（法发〔2020〕29 号）中明确："根据《人民陪审员法》，人民陪审员参加第一审刑事、民事、行政案件的审判。人民法院不得安排人民陪审员参加案件执行工作。"这里的"执行工作"自然包括执行实施案件中的合议事项，比如拍卖相关事项、以物抵债、暂缓执行、终结本次程序等。但是，执行异议、复议案件更接近审判类案件，是否属于不得安排人民陪审员参与

---

① 最高人民法院政治部编著：《〈中华人民共和国人民陪审员法〉条文理解与适用》，人民法院出版社 2018 年版，第 27 页。

的执行工作，不无疑问。这个疑问提供了一个操作上的空间。

由于实践中存在需求，规范上似乎也有解释余地，有观点认为，至少在应然层面，应当允许人民陪审员参与办理执行异议和复议案件。[①] 主要理由是：第一，执行审查类案件，在理论上到底是审判活动还是执行活动本身就存在争议。在一些执行实施工作由其他机关负责的国家，执行审查类案件往往也由法院负责。第二，我国的债务人异议、刑事涉财产部分执行中的案外人异议、变更追加被执行人等程序等本身就是代行审判职能，与诉讼案件处理的事项并无区别。仅仅因为立法上没有规定债务人异议之诉、刑事涉财产部分执行案件没有申请执行人无法提起案外人异议之诉等原因，就说这些案件的审查不能使用人民陪审员，至少说服力不足。第三，我国的执行审查类案件之所以使用听证程序，主要是因为法律并没有规定此类案件适用何种程序，而开庭审理又被认为仅适用于审判程序。实际上，不少法院实行的听证程序非常正式，与开庭只有"名义"上的差别。第四，组成合议庭作出执行裁定的"案件都是以生效裁判为基础的审判行为，和重审案件的性质是一样的，不宜由人民陪审员参加"的理由可能不能成立。如果说不予执行涉及执行依据，类似重审的话，执行行为异议、债务人异议、案外人异议、变更追加程序的审查内容都与重审行为存在很大差别。

但是，从现行要求看，最高人民法院和司法部的意见是非常明确的，所谓的操作空间实际上并不存在。最高人民法院政治部、司法部人民参与和促进法治局负责人，就《人民陪审员法》实施两周年工作情况及《〈人民陪审员法〉实施中若干问题的答复》重点内容答记者问时指出："从调研情况看，个别地方把'人民陪审员'当成'人民调解员'，有的地方让人民陪审员参与执行、送达、化解信访、执纪、监督、法治宣传等多项工作。今天，我们再次强调，人民陪审员履行的是法定审判职责，不具有送达、执行、接访等业外职能，人民陪审员法的宗旨是保障公民依法参加审判活动，上述做法不仅与人民陪审员制度的设计初衷相违背，还损害了人民陪审员制度的公信力和严肃性。在《答复》起草过程中，有意见提出人民陪审员可以参加案件执行实施工作和执行异议案件的处理，我们认为，人民陪审员不应参加案件执行工作。主要考虑如下：第一，从职能职权来看，人民陪审员法明确规定人

---

① 王赫：《人民陪审员能否参与执行异议、异议之诉案件办理》，载微信公众号"赫法通言"，2023年2月22日。

民陪审员的法定职责是参加第一审案件审判，执行不属于第一审案件审判活动。文书送达、庭审记录、案件执行等都不是人民陪审员的法定职责。第二，从履职具体方式来看，人民陪审员是通过开庭和合议履行职责，而非书面审查和听证。《陪审司法解释》明确规定人民陪审员不参加'不需要开庭审理的案件'，执行实施和执行异议审查中，人民法院组成合议庭实行书面审查或者听证，不能等同于开庭审理第一审案件。第三，并非组成合议庭的案件均可适用人民陪审员制度。为充分发挥人民陪审员实质参审作用，更要严格按照人民陪审员法及司法解释的规定确定参审案件范围。第四，在设定参审数上限的前提下，不宜随意扩大参审范围。《陪审司法解释》明确人民陪审员年度参审上限一般不超过30件，这是破除'驻庭陪审'现象的有力抓手，有利于法院把有限的资源用到真正能发挥陪审员作用的案件上。另外，需要明确传达一种认识，即人民陪审员不是解决'人案矛盾'的手段。"

可见，这个问题的答案是非常明确的，实践中不应再出现不同做法。

依据：《最高人民法院政治部与司法部人民参与和促进法治局负责人就人民陪审员法实施两周年工作情况及〈《人民陪审员法》实施中若干问题的答复〉重点内容答记者问》（2020年10月19日）

参考案例：在（2020）鄂01执复345号执行裁定书中，湖北省武汉市中级人民法院认为：《最高人民法院关于适用〈中华人民共和国人民陪审员法〉若干问题的解释》第5条规定："人民陪审员不参加下列案件的审理：（一）依照民事诉讼法适用特别程序、督促程序、公示催告程序审理的案件；（二）申请承认外国法院离婚判决的案件；（三）裁定不予受理或者不需要开庭审理的案件。"《人民陪审员法》的宗旨是保障公民依法参加审判活动，人民陪审员不具有执行职责。本案中，经开区法院在审查异议案件过程中，由人民陪审员组成合议庭明显违反了上述规定精神，属于程序违法，应予以纠正。

5. 审判人员办理案件后，能否参与该案件后续的执行实施或者执行审查工作？

解析：可以但不宜。

之所以说可以，是因为没有法律上的明确禁止。《最高人民法院关于适用〈中华人民共和国民事诉讼法〉的解释》（2022年修正）第45条规定："在一个审判程序中参与过本案审判工作的审判人员，不得再参与该案其他程序的审判。""发回重审的案件，在一审法院作出裁判后又进入第二审程序的，原第二审程序中审判人员不受前款规定的限制。"该规定仅限于审判程序，不涉及执行程序。

之所以说不宜，是因为审执分离的大背景和大原则。在我国，执行工作在很长一个时期都依附于审判工作，甚至采取"谁审判谁负责执行"模式，深受诟病。执行工作的跨越式发展源于审执分离理念的确立，以及形成了符合执行规律、有别于审判程序的执行体制机制。如今，审执分离也是中央的明确要求和改革项目。审执分离包含了机构分离、人员分离、程序分离几个方面。在这样的大背景下，尽管没有法律的明确禁止，也不宜让该案的审判人员参与到后续的执行实施或审查程序中。

参考案例：在（2017）最高法执监341号执行裁定书中，最高人民法院认为，本案执行法院海南省海口市中级人民法院（以下简称海口中院）按照《民事诉讼法》第225条规定进行执行行为异议审查，审查内容是法院作出的执行行为是否违反法律规定，并非针对审判程序中形成的执行依据本身是否存在错误进行评价，不属于《最高人民法院关于审判人员在诉讼活动中执行回避若干制度若干问题的规定》第3条规定的"其他程序的审判"。金海安公司关于海口中院张某法官应予回避的主张不能成立，本院不予支持。

6. 执行实施案件的办案人员能否参与该案件后续的执行异议、复议、案外人异议等审查类案件？

解析：不能。对这个问题的认识有一个发展的过程。《最高人民法院关于审判人员在诉讼活动中执行回避制度若干问题的规定》（2011年施行）第3条规定："凡在一个审判程序中参与过本案审判工作的审判人员，不得再参与该案其他程序的审判。但是，经过第二审程序发回重审的案件，在一审法院作出裁判后又进入第二审程序的，原第二审程序中合议庭组成人员不受本条规定的限制。"但该规定限于"审判程序"，执行领域并不适用，也没有明确要求参照适用。实践中的做法也没有按照这个规定执行。比如，在（2014）执复字第22号执行裁定书中，最高人民法院认为："现行法律法规并无参与执行实施的法官回避执行异议审查的相关规定，申请复议人提出山西高院执行异议审查阶段与执行实施阶段的合议庭成员有一名成员重合违反回避原则的理由，于法无据。"

但这种情况在2015年发生了变化。是年，《最高人民法院关于人民法院办理执行异议和复议案件若干问题的规定》颁行。其第11条第3款规定：

"办理执行实施案件的人员不得参与相关执行异议和复议案件的审查。"在该条的理解与适用中，最高人民法院执行局指出，《民事诉讼法》（2012 年修正）第 40 条第 2 款（2023 年修正后为第 41 条第 3 款）规定：发回重审的案件，原审人民法院应当按照第一审程序另行组成合议庭。该条第 3 款（2023 年修正后为第 41 条第 4 款）规定：审理再审案件，原来是第一审的，按照第一审程序另行组成合议庭；原来是第二审的或者是上级人民法院提审的，按照第二审程序另行组成合议庭。为了防止异议审查人员先入为主，使审查流于形式，实现执行审查权对执行实施权的监督，规定了办理实施案件的执行员不得参与执行异议和复议案件的审查。同样道理，对于发回重新审查的案件，则应另行组成合议庭审查。该司法解释施行后，执行实施人员参与异议审查被认为构成严重违反法定程序。

依据： 最高人民法院执行局编著：《最高人民法院关于人民法院办理执行异议和复议案件若干问题规定理解适用》，人民法院出版社 2015 年版，第 154 页。

参考案例： 在（2017）最高法执监 161 号执行裁定书中，最高人民法院认为，执行异议程序系针对执行实施行为的救济程序，需要对执行实施行为的合法性进行独立审查判断，执行实施人员如果参与异议程序审查，不利于避免审查判断上的先入为主，难以取信于当事人。

（二） 执行依据

7. 确认之诉、 形成之诉判决是否有执行力？

解析： 当事人基于生效法律文书所享有的，可请求执行机关或者其他国家机关实现法律文书确定内容的权利，被称为生效法律文书的执行力。[①] 根据诉讼请求的性质和内容，可以将诉讼分为给付之诉、确认之诉和形成之诉。[②] 确认之诉，是要求法院确认其主张的法律关系或者法律事实存在或者不存在的诉讼；[③] 给付之诉，是要求法院裁判被请求方履行一定义务的诉讼；形成之

---

① 参见［日］伊藤真：《民事诉讼法》（第四版补订版），曹云吉译，北京大学出版社 2019 年版，第 399 页。

② 张卫平：《民事诉讼法》，法律出版社 2019 年版，第 188 页。

③ 江伟、肖建国主编：《民事诉讼法》，中国人民大学出版社 2018 年版，第 27 页。

诉，是要求法院裁判变动既有法律关系的诉讼。这三类诉讼中，只有给付之诉的判决才有执行力，确认之诉和形成之诉的判决均没有执行力。[①] 形式上，是因为确认之诉和形成之诉的判决都没有给付内容；实质上，是因为确认之诉和形成之诉的判决一经生效，当事人的诉讼目的就已经实现，自然也无须强制执行。

正因如此，我国司法解释明确将"生效法律文书具有给付内容"作为受理强制执行申请的条件。根据《最高人民法院关于人民法院执行工作若干问题的规定（试行）》（2020年修正）第16条第1款第3项之规定，人民法院受理执行案件的条件包括"申请执行的法律文书有给付内容，且执行标的和被执行人明确"。《最高人民法院关于适用〈中华人民共和国民事诉讼法〉的解释》（2022年修正）第461条第1款规定，当事人申请人民法院执行的生效法律文书应当给付内容明确。据此，没有给付内容的判决不能作为执行依据，债权人依据此类判决申请执行的，人民法院不应受理。

但是，实践中经常会出现，当事人取得确认之诉、形成之诉的胜诉判决后，仍无法实现其目的的问题。最主要的原因在于，大陆法系民事诉讼传统理论的诉讼类型三分法以及确认判决、形成判决无执行力之说，与我国国情不甚相符。以股权为例，德国、法国、日本、意大利、韩国等传统大陆法国家对于公司登记机关采取法院主管模式，但我国则采取行政主管模式。在法院主管模式下，股权确认判决与确认之后的变更登记机关均为法院，当事人股权状态得到确认后，直接持判决请求法院的登记局等部门办理股权登记变更，属于同一国家机构内部的职责协调，一般不会有过多障碍。在行政机关主管模式下，股权确认判决作出后，另一国家机关是否承认该判决即直接对当事人申请予以变更登记，就可能存在障碍，行政机关是否服从法院判决，具有或然性。为了解决这个问题，《最高人民法院关于人民法院强制执行股权若干问题的规定》（2022年施行）第17条规定："在审理股东资格确认纠纷案件中，当事人提出要求公司签发出资证明书、记载于股东名册并办理公司登记机关登记的诉讼请求且其主张成立的，人民法院应当予以支持；当事人未提出前述诉讼请求的，可以根据案件具体情况向其释明。""生效法律文书仅确认股权属于当事人所有，当事人可以持该生效法律文书自行向股权所在

---

① ［德］奥拉夫·穆托斯特：《德国强制执行法》，马强伟译，中国法制出版社2019年版，第63页。

公司、公司登记机关申请办理股权变更手续；向人民法院申请强制执行的，不予受理。"①

当然，还需要注意的是，司法实务中有些诉讼并非单纯的确认之诉、给付之诉或者形成之诉，而是两者甚至三者结合。为充分维护当事人的合法权益，节约司法资源，在确定某个判决是否有明确的给付内容时，人民法院除依据裁判主文外，还可以适当结合当事人的诉讼请求、裁判事实及理由。例如，分割共有物诉讼中，原告仅请求分割，未请求交付分割所得财产，人民法院亦未判决交付的，虽然裁判主文未明言给付内容，但亦应认可此类判决具有执行力。又如，原告仅请求确认合同无效，未请求对方为其他给付，人民法院亦未判决给付的，如果裁判事实及理由中已认定对方基于无效合同取得财产，则权利人得基于该判决申请强制执行，请求对方返还相应财产。②

参考案例： 在（2021）最高法执监411号执行裁定书中，最高人民法院认为，申请执行人毛某申请执行的执行依据系新疆维吾尔自治区高级人民法院伊犁哈萨克自治州分院（以下简称伊犁州分院）（2015）伊州民三初字第47号民事判决书的主文第二项，即关于毛某与伊犁台联会兴建的伊犁台联大厦的产权，毛某按原合同约定享有一层楼房的80%产权，享有负一层及二层、三层、四层的61.12%产权，享有第五层的76.4%产权。此判项仅确定毛某对台联大厦享有相应比例的产权，并未直接判令毛某可对台联大厦哪些房屋主张产权并办理过户，该判项属于确认权属的判项，没有可执行的具体内容，故伊犁州分院驳回毛某的执行申请有事实和法律依据。

在（2021）最高法执监520号执行裁定书中，最高人民法院认为，内蒙古自治区苏尼特右旗人民法院（2014）苏右商初字第2号民事判决，确认赵某武为盛利公司股东，出资比例为该公司注册资本的6%，并没有明确具体的给付内容及权利义务主体。按照《最高人民法院关于适用〈中华人民共和国民事诉讼法〉的解释》第463条及1998年施行的《最高人民法院关于人民法院执行工作若干问题的规定（试行）》第18条第1款第4项规定，本案不具备立案执行的条件，立案后应驳回执行申请。因此，内蒙古自治区锡林郭勒盟中级人民法院（2020）内25执36号执行裁定驳回赵某武的执行申请并无不当。

---

① 最高人民法院执行局编著：《〈最高人民法院关于人民法院强制执行股权若干问题的规定〉理解与适用》，人民法院出版社2023年版，第299~311页。

② 王赫：《执行实施部分问题解答》，载最高人民法院执行局编：《执行工作指导》2020年第4辑，人民法院出版社2021年版，第195页。

8. 据以作出判决的事实在判决前已经发生变化，执行案件如何处理？

解析： 设例如下：生效判决将申请执行人安置在某房产，但该房产在判决时已登记在他人名下且进行了抵押，执行案件应当如何处理？

研析认为，人民法院在审理涉及交付特定物、恢复原状、排除妨碍等案件时，应当查明标的物的状态。特定标的物已经灭失或者不宜恢复原状、排除妨碍的，应告知当事人可申请变更诉讼请求。执行依据判决将被拆迁人安置在某房产，但该房产在判决时已经不属于被告所有，客观上无法自觉履行，也不能强制执行。在这种情况下，执行法院应秉持执行有据原则，除非当事人协商一致另择他址安置，否则不得擅自突破执行依据确定的内容。对于执行案件，可终结执行。

那么，申请执行人能否依照《最高人民法院关于民事执行中变更、追加当事人若干问题的规定》（2020 年修正）申请变更或追加当事人呢？不能。变更、追加执行当事人遵循法定主义原则，只有在法律有明确规定的情况下才能进行。设例所述情形不符合追加、变更情形。

总之，据以作出判决的事实在判决作出前已经发生变化，应通过审判监督程序或其他法律途径寻求救济。

参考案例： 在（2021）最高法执监 210 号案件中，珠海威瀚公司与海渔公司、南海集团拍卖合同纠纷一案审理期间，海南省国资委批准将海渔公司整体注入南海集团。海渔公司名下土地使用权变更登记到南海集团名下，并注明由海渔公司作价入股，但海渔公司未登记为南海集团的股东，南海集团承认接受海渔公司资产时其未向海渔公司支付对价。后海南省高级人民法院判决海渔公司将包含上述土地使用权在内的资产交付给珠海威瀚公司。执行过程中，珠海威瀚公司以海渔公司已通过公司重组的方式将案涉资产转移到南海集团名下为由，请求追加南海集团为被执行人。最高人民法院认为，民事诉讼审理期间发生被告的财产依行政命令被无偿调拨、划转给第三人的情形，生效判决仍将该财产作为被告财产予以处置，致使生效法律文书的判项无法执行的，申请执行人应通过审判监督程序或者其他法律途径寻求救济，而不能依照《最高人民法院关于民事执行中变更、追加当事人若干问题的规定》第 25 条规定申请变更或追加当事人。

9. 执行依据确定的给付内容附对待给付义务，能否直接申请执行？

解析：执行依据涉及对待给付的，申请执行人履行自己承担的给付义务，是其申请人民法院强制执行对方所承担的对待给付义务的前提。换言之，在申请执行人没有履行自己承担的给付义务的情况下，人民法院不能对对方所负的对待给付义务予以强制执行。否则，就意味着隔断了对待给付义务之间的牵连关系，让对方丧失了用对待给付义务担保、督促申请执行人履行自己所负义务的重要保障，有失公允。对此，《人民法院办理执行案件规范》（第二版）第38条明确，执行依据涉及对待给付义务的，在申请执行人没有履行自己承担的给付义务的情况下，人民法院不能对对方所负的对待给付义务予以强制执行。[①]

参考案例：在（2020）最高法执监275号执行裁定书中，最高人民法院认为，案涉判决第一项判项为王某弟于该判决生效后5日内搬离案涉停车场，新开公司按照双方签订的《承包停车场合同书》第6条的约定给予王某弟相应补偿。上述两义务存在明显的牵连关系，彼此互为对待给付。在新开公司没有履行该项补偿义务之前，不能通过执行程序单方面强制王某弟搬离案涉停车场。

10. 就执行依据确定的违约金产生争议，依何种程序解决？

解析：执行中，申请执行人和被执行人因违约金计算问题产生争议的情况并不鲜见。主要争议类型及其处理方式如下：

一是执行依据确定的违约金计算标准不清晰、不明确。比如，执行依据为一份继续履行合同义务的调解书，确定的给付内容为一方支付购房款、另一方交付不动产，在违约金部分确定一方如果迟延支付购房款或者交付不动产的，应该按照双倍同期贷款利率支付违约金。执行中，因为一方迟延交付不动产，申请执行人申请执行并要求对方支付违约金。根据调解书确定的违约金条款，虽然确定了违约金计算利率，但交付不动产的违约金本金如何计算并不明确，因此，这种情况下，违约金计算争议问题，本质上是因为执行

---

① 最高人民法院执行局编：《人民法院办理执行案件规范》（第二版），人民法院出版社2022年版，第23页。

依据不够具体明确导致的。《最高人民法院关于适用〈中华人民共和国民事诉讼法〉的解释》（2022 年修正）第 461 条第 1 款规定："当事人申请人民法院执行的生效法律文书应当具备下列条件：（一）权利义务主体明确；（二）给付内容明确。"《最高人民法院关于人民法院执行工作若干问题的规定（试行)》（2020 年修正）第 16 条第 1 款规定："人民法院受理执行案件应当符合下列条件：（1）申请或移送执行的法律文书已经生效；（2）申请执行人是生效法律文书确定的权利人或其继承人、权利承受人；（3）申请执行的法律文书有给付内容，且执行标的和被执行人明确；（4）义务人在生效法律文书确定的期限内未履行义务；（5）属于受申请执行的人民法院管辖。"该条第 2 款规定："人民法院对符合上述条件的申请，应当在七日内予以立案；不符合上述条件之一的，应当在七日内裁定不予受理。"《最高人民法院关于执行案件立案、结案若干问题的意见》（法发〔2014〕26 号）第 20 条规定："执行实施案件立案后，经审查发现不符合《最高人民法院关于人民法院执行工作若干问题的规定（试行)》第 18 条规定的受理条件，裁定驳回申请的，以'驳回申请'方式结案。"根据上述规定，对于执行依据确定的给付内容不明确，执行法院在受理后才发现的，可以裁定驳回执行申请。

二是执行依据确定的违约金计算标准明确，但对履行过程中是否违约存在争议。就请求被执行人给付违约金而言，申请执行人需要证明违约事实的存在。理论上，这属于附条件的执行依据的执行问题。这里所说的附条件是指附生效条件或者附停止条件。《德国民事诉讼法》第 726 条第 1 款规定，依判决的内容，判决的执行，除债权人应提供担保外，尚须由债权人证明另一事实的成就者，必须有公文书或公证证书的证明，始得发给有执行力的正本。《日本强制执行法》第 27 条第 1 款规定，依强制执行应予实现的请求与债权人应证明的事实的到来相关时，债权人提出证明该事实已到来的文书时，付与执行文。因此，在德国、日本，通过发出执行条款或者执行文的程序解决条件是否成就问题。债权人或者债务人对条件是否成就有异议的，可以通过发出执行条款之诉、反对发出执行条款之诉或者执行文付与之诉、对执行文付与的异议之诉等程序解决。我国台湾地区"强制执行法"第 4 条第 2 款规定，执行名义附有条件、期限或须债权人提供担保者，于条件成就、期限届至或提供担保后，始得开始强制执行。由于我国台湾地区没有执行文制度，债权人或者债务人对条件是否成就有异议的，由当事人另行诉请裁判进行认定。我国目前的法律、司法解释没有明确规定附条件执行依据的执行问题。

《人民法院办理执行案件规范》（第二版）第 34 条第 1 款规定："当事人申请执行应当符合下列条件：（一）申请执行的法律文书已经生效且该文书确定的履行义务所附的条件已经成就或者所附的期限已经届满……"① 根据该款第 1 项规定，附条件执行依据所附条件已经成就，是立案受理的条件。可以参照前述执行依据确定的给付内容是否明确的相关程序处理。详言之，执行法院在立案时可以进行形式审查，如果认为不符合形式要求裁定不予受理的，债权人可以向上一级人民法院提出上诉或者申请复议；如果认为符合形式要求予以立案执行的，债务人可以依据《民事诉讼法》（2023 年修正）第 236 条规定提出执行异议。但是，《民事诉讼法》（2023 年修正）第 236 条规定主要审查程序性事项，如果条件是否成就非常复杂、实体争议很大的，通过执行异议程序予以审查，可能存在以执代审嫌疑，会损害当事人的基本诉权。实践中，亦有法院让当事人通过另行诉讼的方式予以解决。

三是执行依据确定的违约金计算标准明确，违约事实清楚，但对何时结束存在争议。理论上，这也可以视为是一个附条件的执行依据的执行问题。这里所说的附条件是指附解除条件。就请求被执行人给付违约金而言，通常申请执行人需要证明违约事实的存在，被执行人需要证明违约事实不存在。因此，所附解除条件成就与否，一般应该由被执行人承担举证责任。被执行人一旦主张执行依据所附解除条件成就，意味着主张存在消灭申请执行人的请求权的事由。这种情况下，关于所附解除条件是否成就的争议，在德国、日本，一般通过债务人提起异议之诉的方式解决。我国现行法律及司法解释没有规定债务人异议之诉制度。《最高人民法院关于人民法院办理执行异议和复议案件若干问题的规定》（2020 年修正）第 7 条第 2 款规定："被执行人以债权消灭、丧失强制执行效力等执行依据生效之后的实体事由提出排除执行异议的，人民法院应当参照民事诉讼法第二百二十五条规定进行审查。"根据该条规定，所附解除条件是否成就的争议，可以通过《民事诉讼法》（2023 年修正）第 236 条规定的异议程序解决。如前所述，如果条件是否成就非常复杂、实体争议很大的，通过让当事人另行诉讼的方式解决，更加有利于保护各方的合法权益。

---

① 最高人民法院执行局编：《人民法院办理执行案件规范》（第二版），人民法院出版社 2022 年版，第 20 页。

依据： 最高人民法院执行局 2020 年 12 月 23 日法官会议纪要：①

（1）法律问题。执行中违约金计算终期争议的程序解决。

（2）基本案情。甲与乙股权转让合同纠纷案中，执行依据主要内容为：①甲乙签订的股权转让合同有效，各方应当继续履行；②甲于本判决生效后 10 日内，将其持有的丙公司 15% 股权变更工商登记至乙名下；③本判决生效后 10 日内，甲将其占有的丙公司的公司法人章、财务章、合同专用章、营业执照正副本原件、组织机构代码证原件交予乙管理；④甲向乙支付自 2009 年 12 月 16 日至判决生效之日，甲未完成争议地块上房屋拆迁和重新与土地管理部门签订土地出让合同的违约金及至甲完成该两项合同义务之日止的违约金（按乙已付款人民币 1.2 亿元，每日万分之五计算）。

因甲未履行生效法律文书确定的义务，乙向执行法院申请执行。2011 年 7 月 14 日，执行法院将判决第二项、第三项涉及的丙公司股权和全部印章、证照交付给乙。2011 年 9 月 20 日，乙以丙公司名义与丁就争议地块拆迁补偿等事宜签订了协议书。2011 年 11 月 18 日，乙以丙公司、戊公司名义与土地管理部门签订了出让争议地块的补充协议，约定将土地使用权受让方由丙公司调整为戊公司。2012 年 5 月 9 日，执行法院发还乙 3000 万元，并对剩余违约金部分中止执行。2016 年 4 月 13 日，不动产登记机关向丁出具核准注销通知书，对丁争议地块的不动产登记予以注销。

甲乙双方就执行依据第四项内容的执行产生争议。执行法院执行机构曾就该执行依据是否明确征求审判部门意见，审判部门认为第四项判决没有问题，如果乙可以证明两项合同义务由乙实际履行而非甲实际履行，那么违约金可以一直计算。

（3）不同意见。第一种意见：违约金计算终期，执行实施部门有权结合相关情况（当事人举证或执行调查）直接认定。因房屋拆迁完成日在重新与土地管理部门签订土地出让合同日（2011 年 11 月 18 日）之后，执行实施部门对争议地块上房屋拆迁完成的日期的有关证据进行核查，以该认定日期作为甲承担违约金的计算终期。

第二种意见：违约金计算终期，需双方协商一致或通过诉讼进行确认，即执行实施部门无权认定违约金计算终期。主要原因有：一是导致执行越权，

---

① 邵长茂、薛圣海：《执行中违约金计算终期争议的解决程序》，载最高人民法院执行局编：《执行工作指导》2020 年第 4 辑，人民法院出版社 2021 年版，第 54 页。

侵害当事人诉权。在丙公司的证照、印章等依判决执行，由甲控制变为由乙完全控制的法律事实形成后，该事实是否对甲继续履行合同产生影响？例如，甲是否有能力继续履行、是否怠于履行等；该事实形成后，乙是否扩大了损失、提高了违约金？这类问题的认定对甲应承担违约金的数额有着直接影响，而这类问题均须在新的诉讼程序中予以确认。二是有失公允。2011年7月，公司证照、印章全部交给乙后，甲难以通过丙公司名义继续完成两项合同义务，如依审判部门意见，由甲方一直负担违约金，与常理判断相悖，有失公允。

（4）法官会议纪要。生效判决确定被执行人给付违约金的终期为被执行人履行完毕相应合同义务之日，判决生效后，该合同义务的实际履行主体和方式发生了变化的，对于被执行人是否履行完毕以及何时履行完毕合同义务问题，涉及比较复杂的实体争议，可以由当事人协商解决；协商不成的，在执行程序中难以径行认定，宜由当事人通过另行诉讼的方式予以解决。

参考案例：在（2014）执监字第80号执行裁定书中，最高人民法院认为，当事人双方在履行生效调解书过程中是否违约以及违约程度等，属于与案件审结后新发生事实相结合而形成的新的实体权利义务争议，并非简单的事实判断，若在执行程序中直接加以认定，则缺乏程序的正当性和必要的程序保障。为更加有效地保障各方当事人的合法权益，应允许当事人通过另行提起诉讼的方式予以解决。该案的调解书中约定了四个条款的违约责任，双方对违约责任存在重大争议。

在（2015）执复字第14号执行裁定书中，最高人民法院认为，执行程序中双方在履行调解书的过程中就是否构成违约以及违约责任如何承担产生的争议，不属于执行异议复议案件的审理范围，违约金的支付可以通过另行诉讼以实现其权利救济。该案调解书确认鑫恒公司以铝锭代黄河公司偿还宇通公司欠款，由宇通公司自提铝锭并由鑫恒公司提供增值税发票，若鑫恒公司拒绝履行则应支付违约金，双方对违约责任存在重大争议。

在（2017）最高法执监341号执行裁定书中，最高人民法院认为，在调解书作为执行依据的情况下，人民法院有权对调解书中确定的履行条件是否明确、是否成就等进行审查。如果当事人对此存在重大争议，而这些情况属于与案件审结后新发生的事实相结合而形成的新的实体权利义务争议，则执行程序中不宜直接作出认定，应当允许当事人通过另行提起诉讼的方式予以解决，以便给予当事人更充分的程序保障。该案调解书包含"任何一方违反协议条款导致履约迟延的，每逾期一日应支付 1 万元的违约金直至协议履行完毕"的约定，双方对违约责任存在重大争议。

在（2019）最高法执监 24 号执行裁定书中，最高人民法院认为，《最高人民法院关于人民法院民事调解工作若干问题的规定》第 19 条第 1 款明确规定，调解书确定的担保条款条件或者承担民事责任的条件成就时，当事人申请执行的，人民法院应当依法执行。根据上述规定精神，人民法院可以在执行程序中对当事人履行调解书的情况及承担民事责任的条件是否成就予以审查。但由于对承担民事责任的条件是否成就的认定，需要审查调解书生效后新发生事实，相关问题属于新的实体权利义务争议，在案情复杂、当事人双方争议较大的情况下，为更充分保障当事人程序权利，人民法院一般不宜在执行程序中直接审查认定，而宜由当事人通过另诉等方式主张权利。沈阳金法开关厂提出，其已经按时安装完设备，辽宁宝立房产公司应履行支付工程款等义务；因辽宁宝立房产公司在履行民事调解书过程中违约在先，导致其无法按照民事调解书履行其他应承担的义务。而辽宁宝立房产公司认为，沈阳金法开关厂违约在先，未按照民事调解书约定的时限按时供电，该公司不应支付其工程款；根据调解书约定，沈阳金法开关厂在现场安装的所有供电设备、电缆应归其所有并赔偿其经济损失 100 万元。由于对支付工程款的条件是否成就及当事人之间权利义务确定等问题，双方当事人之间争议较大，且属于在履行民事调解书过程中产生的新的实体权利义务争议，不宜在执行程序中直接作出判断，当事人可以另行通过诉讼等程序寻求救济。

11. "执行中"发现执行依据确定的给付内容不明确的，如何处理？

解析：执行前发现执行依据确定的给付内容不明确的，依据《最高人民法院关于人民法院执行工作若干问题的规定（试行）》（2020 年修正）第 16 条的规定，对于不符合"申请执行的法律文书有给付内容，且执行标的和被执行人明确"条件的案件，人民法院裁定不予受理。但执行中发现执行依据确定的给付内容不明确的，如何处理，没有明确规定。

研析认为，忠实遵守执行依据进行执行，是执行程序的基本原则，这被概括为执行有据原则。执行中，发现执行依据内容不明确的，执行人员应运用文义解释、系统解释、目的解释等方法来确定其具体的给付内容。《最高人民法院关于人民法院立案、审判与执行工作协调运行的意见》（法发〔2018〕

9号）第15条第1款规定："执行机构发现本院作出的生效法律文书执行内容不明确的，应书面征询审判部门的意见。审判部门应在15日内作出书面答复或者裁定予以补正……"据此，若仍无法确定的，则应通过书面征询程序，提请执行依据作出的裁判机构解释说明，在此期间，执行程序应当暂缓执行。如裁判机构无正当理由不予补正说明，或经解释说明仍不能明确的，根据《最高人民法院关于人民法院执行工作若干问题的规定（试行）》（2020年修正）第16条第1款第4项规定之精神，应裁定驳回执行申请。

参考案例：在（2014）执申字第33号执行裁定书中，最高人民法院认为，在当事人对执行依据判项存在不同理解的情况下，执行部门应当先行征询终审法院民事审判合议庭意见，请其对争议事项作出正式解释，再依据该解释实施执行行为，而不应由执行部门对存在巨大争议的民事判项径行作出解释。

12. 仲裁裁决事项不明的，执行机构能否函询仲裁机构确定？

解析：《最高人民法院关于人民法院立案、审判与执行工作协调运行的意见》（法发〔2018〕9号）第15条规定："执行机构发现本院作出的生效法律文书执行内容不明确的，应书面征询审判部门的意见。审判部门应在15日内作出书面答复或者裁定予以补正。审判部门未及时答复或者不予答复的，执行机构可层报院长督促审判部门答复。""执行内容不明确的生效法律文书是上级法院作出的，执行法院的执行机构应当层报上级法院执行机构，由上级法院执行机构向审判部门征询意见。审判部门应在15日内作出书面答复或者裁定予以补正。上级法院的审判部门未及时答复或者不予答复的，上级法院执行机构层报院长督促审判部门答复。""执行内容不明确的生效法律文书是其他法院作出的，执行法院的执行机构可以向作出生效法律文书的法院执行机构发函，由该法院执行机构向审判部门征询意见。审判部门应在15日内作出书面答复或者裁定予以补正。审判部门未及时答复或者不予答复的，作出生效法律文书的法院执行机构层报院长督促审判部门答复。"该规定是为了明确人民法院内部分工协作的工作职责，促进立案、审判与执行工作的顺利衔接和高效运行。从表述上看，并不包括与仲裁机构的沟通协调问题。因此，当仲裁裁决事项不明确时，无法根据该意见函询仲裁机构。

实践中，对于仲裁裁决事项不明情形，执行法院以往存在两种做法：一种是对执行内容不明确具体的案件，均裁定驳回申请；另一种是在执行中对仲裁裁决直接作出解释，但由于于法无据，极有可能出现执行自由裁量权过大的问题。为了解决这个问题，《最高人民法院关于人民法院办理仲裁裁决执行案件若干问题的规定》（2018年施行）第3条对仲裁裁决事项不明如何处理进行了明确规定。该条规定："仲裁裁决或者仲裁调解书执行内容具有下列情形之一导致无法执行的，人民法院可以裁定驳回执行申请；导致部分无法执行的，可以裁定驳回该部分的执行申请；导致部分无法执行且该部分与其他部分不可分的，可以裁定驳回执行申请。（一）权利义务主体不明确；（二）金钱给付具体数额不明确或者计算方法不明确导致无法计算出具体数额；（三）交付的特定物不明确或者无法确定；（四）行为履行的标准、对象、范围不明确；仲裁裁决或者仲裁调解书仅确定继续履行合同，但对继续履行的权利义务，以及履行的方式、期限等具体内容不明确，导致无法执行的，依照前款规定处理。"从规定内容看，并没有函询仲裁机构的选项。

尽管如此，我们认为，从减少当事人讼累和节约司法资源的角度考虑，实践中可以参照《最高人民法院关于人民法院立案、审判与执行工作协调运行的意见》（法发〔2018〕9号）第15条规定的程序，对仲裁裁决事项不明的，由执行机构函询仲裁机构确定。

13. 公证债权文书执行案件的执行依据是执行证书吗？

解析：与判决、仲裁裁决等法律文书不同，赋强公证程序中存在执行证书这一特殊制度。《最高人民法院、司法部关于公证机关赋予强制执行效力的债权文书执行有关问题的联合通知》（司发通〔2000〕107号）要求债权人凭公证书和执行证书向人民法院申请强制执行，开创了执行证书制度。2006年，司法部颁行《公证程序规则》（司法部令第103号），规定的内容与《最高人民法院、司法部关于公证机关赋予强制执行效力的债权文书执行有关问题的联合通知》（司发通〔2000〕107号）大体一致，并强调执行证书应当在法律规定的执行期限内出具。于是，产生了如下问题：关于公证债权文书执行案件的执行依据是公证债权文书还是执行证书，抑或两者共同构成执行依据。对此，实务界及理论界素有争议。

在《最高人民法院关于公证债权文书执行若干问题的规定》（2018年施行）起草过程中，对该问题进行了重点研究，并在第1条规定："本规定所称公证债权文书，是指根据公证法第三十七条第一款规定经公证赋予强制执行效力的债权文书。"该条对执行程序所涉公证债权文书进行界定，主要包含两个方面内容：一是作为公证债权文书执行案件的执行依据，限定为经公证赋予强制执行效力的债权文书，不含其他经公证证明的债权文书；二是执行依据仅为公证债权文书本身，不含执行证书。

之所以作如此限定，理由主要是：第一，执行依据的确定需要遵循法定原则。执行依据属于民事诉讼基本事项，而《民事诉讼法》及《公证法》都只规定一方当事人不履行公证债权文书，即可申请强制执行，未涉及执行证书。第二，从程序要求上，执行证书不足以作为执行依据。与出具公证债权文书相比，公证机构出具执行证书并没有达到《公证法》所规定的程序要求，对债务履行情况进行核实的方式也主要遵从当事人约定，实践中较多情形下未实际向债务人核实债务履行情况，导致一些执行证书载明的履行情况与事实不符，当事人双方对执行证书的内容往往争议较大，将执行证书作为执行依据缺乏程序保障。第三，域外公证债权文书执行制度中不存在执行证书的概念，并不影响公证债权文书作为执行依据。

14. 既然执行证书不是执行依据，为什么要求申请执行人提供？

解析：在《最高人民法院关于公证债权文书执行若干问题的规定》（2018年施行）起草过程中，有观点认为，执行证书不是执行依据，出具程序也不严格，因此不应将执行证书作为受理条件，债权人未提交执行证书的，人民法院仍应受理执行。

经审慎研究论证，《最高人民法院关于公证债权文书执行若干问题的规定》（2018年施行）仍将提交执行证书作为受理条件之一，主要出于三方面考虑：第一，执行证书虽不是执行依据，但经长期实践，已形成较为成熟的体系，实际运行过程中亦未出现明显问题，以保持现状为宜；第二，公证机构在出具执行证书时对债务履行情况进行了核实，也审核了公证债权文书载明的强制执行条件是否成就等问题，有助于法院确定执行内容，了解债务履行情况；第三，公证机构出具执行证书时通常会进行督促、调解，对促使债务人主动履行债务具有一定积极意义，一定程度上也能减少公证债权文书执行案件数量，减轻法院负担。总之，虽然公证债权文书执行案件的执行依据为公证债权文书，不含执行证书，但考虑到长期的执行实践中，执行证书在核实债务履行情况方面起到了一定作用，故执行证书虽不作为执行依据，但为尊重现状，《最高人民法院关于公证债权文书执行若干问题的规定》（2018年施行）第3条仍要求债权人在申请执行时一并提交执行证书，作为证明履行情况等内容的证据。同时，《最高人民法院关于公证债权文书执行若干问题的规定》（2018年施行）第5条规定："债权人申请执行公证债权文书，有下列情形之一的，人民法院应当裁定不予受理；已经受理的，裁定驳回执行申请：……（四）债权人未提交执行证书；……"

15. 给付内容在执行证书中明确即可，还是需要在公证债权文书中明确？

解析：根据《公证程序规则》（2020年修正）第42条规定，公证书包括公证证词以及公证证词证明的文书。实践中，部分公证机构在赋强公证时未对债权文书的内容进行审慎审核，仅出具格式公证词并将债权文书全文附后。同时，公证机构也存在一些误解，认为公证债权文书中无需明确给付标的，执行证书中明确即可。为避免公证债权文书载明的履行内容不清，执行实施中当事人就执行内容产生争议，也为了促进公证机构规范赋强公证程序，切实履行公证职责，《最高人民法院关于公证债权文书执行若干问题的规定》（2018年施行）第4条明确规定公证机构在出具公证债权文书时，不单单将债权文书全文附在其后，还应当在公证证词中列明权利义务主体、给付内容等关键内容。如公证证词未载明上述关键内容，导致公证债权文书载明的权利义务主体不明确或者给付内容不明确的，依照《最高人民法院关于公证债权文书执行若干问题的规定》（2018年施行）第5条的规定，人民法院应当裁定不予受理；已经受理的，裁定驳回执行申请。

16. 能否对担保债务单独赋予强制执行效力？

解析：对担保合同是否可以赋予强制执行效力，是公证债权文书执行中最具争议的问题之一。《最高人民法院、司法部关于公证机关赋予强制执行效力的债权文书执行有关问题的联合通知》（司发通〔2000〕107号）第2条规定了赋予强制执行效力的公证债权文书的范围，包括借款合同、借用合同、无财产担保的租赁合同等，在该条规定的六种合同类型中，并不包括担保合同。该通知对借用合同和其他债权文书相关的担保是否属于公证执行范围，即公证效力是否及于担保人、担保物没有明确。2003年，最高人民法院执行工作办公室出具的《关于中国银行海南省分行质押股权异议案的复函》（〔2000〕执监字第126号）又认为，"追偿债款、物品的文书"不包括担保协议，公证机构对抵押协议赋予强制执行效力，不符合法律规定。但这些规定并没有解决公证担保债权是否具有强制执行效力问题，理论界和实践界争议较大。一种观点认为，公证担保债权文书是债权文书的一种，既然公证机构赋予其强制执行效力，人民法院就应当依法予以执行。也有观点认为，一切有担保的债权均不属于公证执行范围，人民法院对赋予强制执行效力的担保债权文书裁定不予执行，并无不当。还有观点认为，对于连带保证可以出具强制执行公证文书，一般保证、抵押合同和质押合同不属于公证执行范围。

为了解决这个争议，《最高人民法院关于人民法院办理执行异议和复议案件若干问题的规定》（2020年修正）第22条规定："公证债权文书对主债务和担保债务同时赋予强制执行效力的，人民法院应予执行；仅对主债务赋予强制执行效力未涉及担保债务的，对担保债务的执行申请不予受理；仅对担保债务赋予强制执行效力未涉及主债务的，对主债务的执行申请不予受理。""人民法院受理担保债务的执行申请后，被执行人仅以担保合同不属于赋予强制执行效力的公证债权文书范围为由申请不予执行的，不予支持。"

在《最高人民法院关于公证债权文书执行若干问题的规定》（2018年施行）起草过程中，对该问题再次进行了研究。反对观点认为，仅对担保债务赋强的，因主债务人不是公证当事人，公证机构无法对主债务进行核实，此外，也可能出现担保人未能行使主债务人的履行抗辩等问题，故不应允许对担保债务单独赋强。最终该解释第6条规定："公证债权文书赋予强制执行效力的范围同时包含主债务和担保债务的，人民法院应当依法予以执行；仅包含主债务的，对担保债务部分的执行申请不予受理；仅包含担保债务的，对主债务部分的执行申请不予受理。"仍然延续了《最高人民法院关于人民法院办理执行异议和复议案件若干问题的规定》第22条的规定，允许担保债务单独赋强并予以执行。如果确实存在主债务无法查明等情形的，可以适用《最高人民法院关于公证债权文书执行若干问题的规定》（2018年施行）第5条，认定为给付内容不明确，通过驳回执行申请来解决。

17. 赋强公证后，相关主体能否就实体争议直接提起诉讼？

解析：赋强公证后，相关主体能否就实体争议直接提起诉讼，在《最高人民法院关于公证债权文书执行若干问题的规定》（2018年施行）起草过程中存在争议。主要有三种观点：第一种观点认为，赋强公证后，债权人、债务人都不能再直接起诉，只有在法院裁定不予受理、驳回执行申请、不予执行，或者公证机构不予出具执行证书等情形下，才能起诉；第二种观点认为，债权人的诉权应受到限制，但应当允许债务人直接提起诉讼；第三种观点认为，债权人、债务人及利害关系人的诉权均不受影响，都可以直接提起诉讼。

司法解释最终采纳了第三种观点，分别规定在《最高人民法院关于公证债权文书执行若干问题的规定》（2018年施行）第22条和第24条，明确了可以提起诉讼的具体情形。主要考虑是：第一，允许当事人、公证事项的利害关系人就实体争议提起诉讼，符合《民事诉讼法》《公证法》的明确规定。《公证法》（2017年修正）第40条规定，当事人、公证事项的利害关系人对公证书的内容有争议的，可以就该争议向人民法院提起民事诉讼。该条对相关主体提起诉讼的权利作了明确规定。《民事诉讼法》（2023年修正）第249条第2款规定，公证债权文书确有错误的，人民法院裁定不予执行，并将裁定书送达双方当事人和公证机关。该款规定亦未限制相关主体就实体争议提起诉讼的权利。第二，公证是一种证明活动，而不是一种纠纷解决方式。赋强公证旨在证明当事人的债权债务关系和给付内容，并赋予强制执行效力，如同"先予仲裁"一样，赋强公证之际，纠纷并未发生，因此，赋强公证仍然只是一种证明，而非纠纷解决方式，不能最终认定民事权利义务关系，公证债权文书亦不具有既判力。即使经过赋强公证的债权债务关系，一旦发生纠纷，相关主体仍有权提起诉讼。第三，不予执行程序不能替代诉讼的功能和价值。不予执行程序去除的只是公证债权文书的执行力，并不认定实体权利义务关系。在裁定不予执行之后才允许诉讼的体例下，裁定不予执行后，当事人、利害关系人仍需通过诉讼解决纠纷，不但增加司法成本，也不利于相关主体及时通过诉讼进行救济。而如果被裁定驳回不予执行申请，债务人则丧失了就实体争议提起诉讼的权利，显然不利于对其实体权益的保护。实际上，最高人民法院近年来的相关案例，已经突破了裁定不予执行公证债权文书后才能提起诉讼的限制。对这种实践中发展出来的好经验、好做法，应当在司法解释中吸收。

18. 判决中能否增加执行通知条款？

解析：《民事诉讼法》（2023年修正）第251条规定："执行员接到申请执行书或者移交执行书，应当向被执行人发出执行通知，并可以立即采取强制执行措施。"这一规定，改变了之前执行立案后，向被执行人发出执行通知，责令其在指定的期间履行，逾期不履行的再强制执行的做法。但由于被执行人规避执行的时间有可能更早，为此，有的地方探索将执行通知程序前置于审判阶段，将执行程序中执行通知书内容作为判决主文的一个条款，判决送达即视为当事人已知悉执行通知内容。一般认为，这样做的好处是：第一，维护判决的权威性。判决书中明确履行的责任和义务，在判决生效后，法院无须另行通知当事人履行，使得当事人自动履行判决义务成为应有之义，有助于提高判决权威性。第二，督促债务人及时履行债务。在判决中告知当事人履行义务内容和不履行的责任，有利于督促当事人按照判决确定的时间和方式履行义务，有助于提高自动履行率。第三，减少送达环节，提高效率。在送达判决时一并将执行通知书的内容告知当事人，消除了在执行阶段再行送达的问题，对于减少执行环节、节约执行时间、提高执行效率有重要作用。

但是，这种做法与现行规定相冲突：第一，按照《民事诉讼法》（2023年修正）第235条的规定，债权人有执行管辖选择权。这种做法依职权明确了执行法院，限制了债权人的执行管辖选择权。第二，按照《民事诉讼法》（2023年修正）第247条的规定，执行实行的是债权人申请制，例外情况下实行移送制度。这种做法与第247条的规定相冲突。因与法冲突，这类改革不建议推行。

19. 提取存款时是否需要附执行依据?

解析：该问题源于1998年施行的《最高人民法院关于人民法院执行工作若干问题的规定（试行）》第35条的规定，即"作为被执行人的公民，其收入转为储蓄存款的，应当责令其交出存单。拒不交出的，人民法院应当作出提取其存款的裁定，向金融机构发出协助执行通知书，并附生效法律文书，由金融机构提取被执行人的存款交人民法院或存入人民法院指定的账户"。据此，提取存款时是否需要附生效法律文书。

但实践中逐渐发现，这个要求并无必要。2018年《最高人民法院、中国银行业监督管理委员会关于进一步推进网络执行查控工作的通知》（法〔2018〕64号）第6条规定，现场扣划参照网络查控进行，仅需提供执行裁定书和协助执行通知书，未要求附生效法律文书。这种改变符合执行法院和协助执行单位的职责划分。有鉴于此，2020年《最高人民法院关于人民法院执行工作若干问题的规定（试行）》修正时，删除了原第35条（修正后为第28条）"并附生效法律文书"的内容。

（三）执行当事人

20. 已决债权的受让人能否以及如何通过执行程序实现其权利？

解析：债权受让人能否申请执行涉及执行力的主观范围问题。所谓执行力的主观范围，是指执行力所及的主体界限，亦即基于具体的执行名义，哪些人可以申请强制执行，可以对哪些人进行强制执行，通常情况下，只有执行名义载明的债权人可以申请强制执行，只能对执行名义中载明的债务人申请强制执行。就执行力主观范围是否以既判力主观范围为限，在理论上还存在争议。"肯定说"认为既判力的主观范围与执行力主观范围是一致的，确定执行当事人适格的范围必须以既判力主观范围的射程为准。我国有学者基于既判力与执行力制度分别发挥着不同的作用和功能，既判力和执行力在执行依据中的分布不同，执行力对第三人的扩张存在有别于既判力扩张的实质性、正当性要素，既判力与执行力扩张的内容不同等理由而持"否定说"，认为既判力和执行力分别发挥着不同的作用与功能，不能混淆二者的界限。执行力的主观范围，需要考虑执行债权实现的迅速与经济、权利人对特定债务人享有权利的高度盖然性、实体权利义务的依存性或实体利益归属的一致性、第三人获得程序保障的必要性等因素，这些因素对于强调前诉与后诉关系的既判力而言是毋庸考量的，因此执行力主观范围可以大于既判力主观范围。[1]

就债权而言，无论在诉讼程序之外，还是诉讼程序、执行程序中，均可依法转让。对于已决债权，即已经生效法律文书确认的债权，除了特殊情况对债权转让、债务履行情况可以提出异议外，在债权实现阶段，债务人对已决债权本身在法律上已经不能再行争执。因此，在已决债权转让后，债务人应向债权受让人履行义务，一般来说，没有必要再通过诉讼进行确认。如果受让人受让权利后只能通过诉讼获得判决才能执行，必然影响权利实现的效率。因此，理论和实务上，均认为生效法律文书确定的权利人转让债权，受让人在获得实体权利的同时也获得实现该权利的程序性权利，并支持在执行程序开始后，实体权利主体发生变更时，可以通过执行程序变更权利主体的方式解决，使受让人在获得受让的实体权利的同时，便获得相应的强制执行

---

[1] 张卫平、黄茂醌：《民事执行法：争点与分析》，载《法治研究》2023年第4期。

的申请权以及在执行过程中变更为申请执行人的权利。而对债务人可能存在的抗辩事由，通过相关执行异议、复议程序处理。确有争议的特殊情况可以通过诉讼解决。

具体而言，在不同阶段，适用不同程序实现其债权：

第一，生效法律文书确定的权利人在进入执行程序前合法转让债权的，债权受让人即权利承受人可以作为申请执行人直接申请执行，无需执行法院作出变更申请执行人的裁定。依据是《最高人民法院关于人民法院执行工作若干问题的规定（试行）》（2020 年修正）第 16 条，该条第 2 项规定："人民法院受理执行案件应当符合下列条件：……（2）申请执行人是生效法律文书确定的权利人或其继承人、权利承受人……"据此，申请执行前取得债权的受让人，可以直接向人民法院申请执行。这一规则亦为最高人民法院第 34 号指导性案例所重申。在接到申请后，人民法院应当进行形式审查，其提供的材料能够证明其为受让人的，对其执行申请予以受理。受理后，被执行人提出异议的，按照行为异议案件审查处理。

第二，进入执行程序后发生债权转让，受让人在符合一定条件的情形下可申请变更为申请执行人。《最高人民法院关于民事执行中变更、追加当事人若干问题的规定》（2020 年修正）第 9 条规定："申请执行人将生效法律文书确定的债权依法转让给第三人，且书面认可第三人取得该债权，该第三人申请变更、追加其为申请执行人的，人民法院应予支持。"

第三，无论上述哪种情况，人民法院在审查时，要注意债权受让人的主体资格。如果受让人不具有法定资格的，对其执行申请或者变更、追加其为申请执行人的申请，不应予以支持。比如，《财政部关于进一步规范金融资产管理公司不良债权转让有关问题的通知》（财金〔2005〕74 号）第 3 条规定，国家公务员、金融监管机构工作人员、政法干警、资产公司工作人员、原债务企业管理层以及参与资产处置工作的律师、会计师等中介机构人员等关联人，不得购买或变相购买不良资产。如果受让人属于所禁止的范围，人民法院不应支持其申请。

参考案例： 在最高人民法院第 34 号指导性案例中，执行依据作出时间为 2012 年 1 月 11 日。而在执行依据作出前的 2011 年 6 月 8 日，执行依据确定的债权人就将该债权转让给了第三人李某玲、李某裕。2012 年 4 月 19 日，上述二人向福建省高级人民法院申请执行。4 月 24 日，该院向执行依据确定的债务人送达执行通知。作为债务人之一的厦门海洋实业（集团）股份有限公司不服该执行通知，以执行通知中直接变更执行主体缺乏法律依据等为由，提出异议。福建省高级人民法院认为，该院在执行通知中直接将本案受让人作为申请执行主体，未作出裁定变更，程序不当，裁定撤销该执行通知。李某玲不服，向最高人民法院申请复议。

最高人民法院认为，变更申请执行主体是在根据原申请执行人的申请已经开始了的执行程序中，变更新的权利人为申请执行人。根据《最高人民法院关于人民法院执行工作若干问题的规定（试行）》（以下简称《执行规定》）第18条、第20条的规定，权利承受人有权以自己的名义申请执行，只要向人民法院提交承受权利的证明文件，证明自己是生效法律文书确定的权利承受人的，即符合受理执行案件的条件。这种情况不属于严格意义上的变更申请执行主体，但二者的法律基础相同，故也可以理解为广义上的申请执行主体变更，即通过立案阶段解决主体变更问题。最高人民法院〔2009〕执他字第1号《关于判决确定的金融不良债权多次转让人民法院能否裁定变更申请执行主体请示的答复》的意见是，《执行规定》第18条可以作为变更申请执行主体的法律依据，并且认为债权受让人可以视为该条规定中的权利承受人。本案中，生效判决确定的原权利人投资2234中国第一号基金公司在执行开始之前已经转让债权，并未作为申请执行人参加执行程序，而是权利受让人李某玲、李某裕依据《执行规定》第18条的规定直接申请执行。因其申请已经法院立案受理，受理的方式不是通过裁定而是发出受理通知，债权受让人已经成为申请执行人，故并不需要执行法院再作出变更主体的裁定，然后发出执行通知，而应当直接发出执行通知。实践中有的法院在这种情况下先以原权利人作为申请执行人，待执行开始后再作出变更主体裁定，因其只是增加了工作量，而并无实质性影响，故并不被认为程序上存在问题。但不能由此反过来认为没有作出变更主体裁定是程序错误。

21. 借款合同、撤销权纠纷的原告胜诉后是否具备申请执行人的主体资格？

解析：设例如下：针对某借款合同、撤销权纠纷，法院支持原告甲公司的请求，判令被告乙公司偿还借款，并撤销被告乙公司与被告丙公司股权置换的行为，判令乙丙相互返还股权。甲申请执行后，乙丙提出执行异议，认为履行"乙丙相互返还股权"义务的主体为乙丙，甲无申请强制执行的主体资格。

根据《最高人民法院关于人民法院执行工作若干问题的规定（试行）》（2020年修正）第16条的规定，执行依据确定的权利人或其继承人、权利承受人可以作为申请执行人。因此，判断甲是否适格，应当看甲是否是真正的权利人。设例中，相互返还这一判决结果不是基于乙丙之间的争议，而是基于甲的诉讼请求。丙向乙返还股权，不仅是对乙的义务，而且实质上主要是对胜诉债权人甲的义务。故甲有权利向人民法院申请强制有关义务人履行该判决确定的义务。总之，债权人撤销权诉讼的生效判决撤销了债务人与受让人的财产转让合同，并判令受让人向债务人返还财产，受让人未履行返还义务的，债权人可以债务人、受让人为被执行人申请强制执行。

参考案例： 最高人民法院通过第118号指导性案例明确了以下裁判要点：（1）债权人撤销权诉讼的生效判决撤销了债务人与受让人的财产转让合同，并判令受让人向债务人返还财产，受让人未履行返还义务的，债权人可以债务人、受让人为被执行人申请强制执行。（2）受让人未通知债权人，自行向债务人返还财产，债务人将返还的财产立即转移，致使债权人丧失申请法院采取查封、冻结等措施的机会，撤销权诉讼目的无法实现的，不能认定生效判决已经得到有效履行。债权人申请对受让人执行生效判决确定的财产返还义务的，人民法院应予支持。

22. 能否追加配偶为被执行人？

解析： 对于该问题，存在一定争议。在一个时期，最高人民法院的观点也不一致。比如，在（2015）执复字第3号执行裁定书中，最高人民法院认为，福建高院依照《最高人民法院关于适用〈中华人民共和国婚姻法〉若干问题的解释（二）》第24条的规定，认定吴某琳应当对婚姻关系存续期间林某达个人债务承担清偿责任的结论具有事实和法律依据。从结果来看，认可了福建省高级人民法院追加被执行人配偶为被执行人的做法。而在（2015）执申字第111号执行裁定书中，最高人民法院认为，追加被执行人必须遵循法定主义原则，即应当限于法律和司法解释明确规定的追加范围，既不能超出法定情形进行追加，也不能直接引用实体法裁判规则进行追加。

2016年施行的《最高人民法院关于民事执行中变更、追加当事人若干问题的规定》第1条规定："执行过程中，申请执行人或其继承人、权利承受人可以向人民法院申请变更、追加当事人。申请符合法定条件的，人民法院应予支持。"由此确立了变更、追加执行当事人的法定主义原则。执行程序中追加被执行人，属于生效法律文书执行力的扩张，意味着直接通过执行程序确定由生效法律文书列明的被执行人以外的人承担实体责任，对有关主体的实体和程序权利将产生极大影响。因此，追加被执行人须遵循法定主义原则，即应当限于法律和司法解释（《民事诉讼法》《最高人民法院关于适用〈中华人民共和国民事诉讼法〉的解释》《最高人民法院关于民事执行中变更、追加当事人若干问题的规定》）明确规定的追加范围，既不能超出法定情形进行追加，也不能直接引用有关实体裁判规则进行追加。从现行法律和司法解释的规定看，并无关于在执行程序中可以追加被执行人配偶或原配偶为共同被执行人的规定，因此，执行中不能追加配偶为被执行人。

参考案例：在（2015）执申字第111号执行裁定书中，最高人民法院认为，申请执行人上海瑞新根据《婚姻法》及其司法解释等实体裁判规则，以王某军前妻吴某霞应当承担其二人婚姻关系存续期间之共同债务为由，请求追加吴某霞为被执行人，甘肃省高级人民法院因现行法律或司法解释并未明确规定而裁定不予追加，并无不当，上海瑞新的申诉请求应予驳回。但是，本院驳回上海瑞新的追加请求，并非对王某军所负债务是否属于夫妻共同债务或者吴某霞是否应承担该项债务进行认定，上海瑞新仍可以通过其他法定程序进行救济。

23. 未成年人侵权，长大（具备完全的民事行为能力）后能否追加为被执行人？

解析：对于该问题，司法实践中存在不小的争议和不同的做法。在有的案件中，债权人因未成年人侵权造成了较大伤害，未成年人的监护人无力承担，但未成年人长大后有财产，能否执行其财产，颇费纠结。一种观点认为，任何人都应当对自己的行为负责，侵权人成年后承担责任符合公平正义原则，也符合社会公众的普遍认知，并且从《民法典》（2021年施行）第1188条第2款的规定看，法律上并未免除未成年人的财产责任。另一种观点认为，执行依据明确的是"监护人责任"，追加没有法律依据。

研析认为，尽管在个案中难免会有不追加有失公允的情况，但追加为被执行人，实体法上、程序法上均无依据。

从实体法看，《民法典》（2021年施行）第1188条规定："无民事行为能力人、限制民事行为能力人造成他人损害的，由监护人承担侵权责任。监护人尽到监护职责的，可以减轻其侵权责任。""有财产的无民事行为能力人、限制民事行为能力人造成他人损害的，从本人财产中支付赔偿费用；不足部分，由监护人赔偿。"据此，作为无民事行为能力人、限制民事行为能力人的未成年人实施具体的侵权行为，造成了被侵权人的人身、财产损害，承担侵权责任的不是造成损害的未成年人，而是未成年人的监护人。由监护人替代未成年人承担侵权责任，这是典型的替代责任。该条确实也规定，行为人自己有财产的，应当先从他自己的财产中支付赔偿费用，但这不是未成年人的责任。在未成年人具备完全民事行为能力后将其追加为被执行人，实际上变成了未成年人的责任，于法无据。

从程序法上看，《最高人民法院关于民事执行中变更、追加当事人若干问题的规定》（2020 年修正）第 1 条规定："执行过程中，申请执行人或其继承人、权利承受人可以向人民法院申请变更、追加当事人。申请符合法定条件的，人民法院应予支持。"执行程序中追加被执行人，意味着直接通过执行程序，确定由生效法律文书列明的被执行人以外的人承担实体责任，对有关主体的实体和程序权利将产生极大影响，所以，追加被执行人须遵循法定主义原则，即仅限于法律和司法解释明确规定的追加范围，既不能超过法定情形进行追加，也不能直接引用有关实体裁判规则进行追加。

总之，《民法典》（2021 年施行）第 1188 条第 1 款非常明确地限定了由监护人承担侵权责任，在诉讼时不是诉讼当事人，也就成为不了被执行人，从变更、追加被执行人的角度寻求解决方案，是完全没有空间的。第 2 款尽管明确了"有财产的无民事行为能力人、限制民事行为能力人造成他人损害的，从本人财产中支付赔偿费用"，但严格来说，此处的财产限于未成年人当时的财产，而非以后的财产。对其财产的支付，也是通过对其监护人的执行实现的。当然，如果"不严格地说"，第 2 款似乎也有一个解释的余地，不排除可以把以后的财产涵盖在内，以解决法益严重失衡问题。对此，实践中可以探索，但应当进一步确立规则。

参考案例：在（2019）最高法执监 637 号执行裁定书中，最高人民法院认为，人民法院依当事人的申请予以强制执行，应按照执行依据确定的内容进行。田某华为案件的当事人，且生效判决明确了田某华为实际侵权人，但因考虑田某华在实施侵权行为时系限制民事行为能力人，判项中仅判令由其法定代理人田某平承担民事责任。现执行过程中田某华已成年，已非限制民事行为能力人，能否对田某华予以执行，该执行内容不明确，应书面征询审判部门的意见。

24. 执行中能否变更、追加参加诉讼但未判决承担实体义务的当事人为被执行人？

解析：设例如下：甲公司与乙公司、丙分公司（为乙公司的分公司）借款合同纠纷一案，法院判决乙公司不承担赔偿责任，丙公司承担赔偿责任，由丙分公司经营管理的财产承担。进入执行后，丙分公司已无财产可供执行，甲公司依据《最高人民法院关于民事执行中变更、追加当事人若干问题的规定》（2020年修正）第15条的规定申请追加乙公司为本案被执行人。

第一种意见认为，本案不能追加乙公司为被执行人。判决明确乙公司不承担赔偿责任，如追加乙公司为被执行人，则与判决主文相悖，系改变判决内容。即使判决存在问题，也应当通过审判监督程序处理。

第二种意见认为，本案可以追加乙公司为被执行人。变更、追加执行当事人的法理基础是执行力主观范围的扩张，该扩张系在法定和有限原则的前提下，对执行依据主体范围的突破。即法院在执行程序中可以依据《最高人民法院关于民事执行中变更、追加当事人若干问题的规定》（2020年修正）变更、追加执行依据所载当事人以外的第三人为申请执行人或被执行人。该规定第15条第1款规定："作为被执行人的法人分支机构，不能清偿生效法律文书确定的债务，申请执行人申请变更、追加该法人为被执行人的，人民法院应予支持。法人直接管理的责任财产仍不能清偿债务的，人民法院可以直接执行该法人其他分支机构的财产。"据此，作为被执行人的法人，直接管理的责任财产不能清偿生效法律文书确定债务的，人民法院可以执行该法人分支机构的财产。本案中，丙分公司本身不具有法人独立资格，在其不能清偿生效法律文书确定的债务时，追加乙公司为被执行人符合法律规定，也符合一般法律原则。虽然生效判决明确"乙公司不承担赔偿责任"，但在执行程序中追加其为被执行人，针对的是法人应承担分支机构不能清偿的补充清偿责任，而非赔偿责任。两种责任的请求权基础不同。《民法典》（2021年施行）第74条明确："法人可以依法设立分支机构。法律、行政法规规定分支机构应当登记的，依照其规定。""分支机构以自己的名义从事民事活动，产生的民事责任由法人承担；也可以先以该分支机构管理的财产承担，不足以承担的，由法人承担。"因此，本案可以依据《最高人民法院关于民事执行中变更、追加当事人若干问题的规定》（2020年修正）第15条的规定追加乙公司为被执行人。

研析认为，第二种意见更可采。主要理由如下：

第一，追加乙公司为被执行人有明确的法律依据。法人分支机构的民事责任由法人承担，其独立承担民事责任的能力是相对的、有限的。《公司法》（2018年修正）一贯明确，分公司不具有企业法人资格，其民事责任由公司承担。考虑到依法设立的法人分支机构有一定的组织机构和财产，具有一定的独立承担民事责任的能力，司法解释赋予其民事诉讼主体资格，因而也就可能被判决独自承担责任并成为被执行人。而在分支机构经营管理的财产不足以清偿判决确定的债务时，基于分支机构民事责任由法人承担的原则和规定，就可以依申请变更法人为被执行人，相关司法解释对此予以明确。《民法典》第74条第2款肯定相关做法并予以立法明确。故追加乙公司为被执行人有明确的法律依据。

第二，追加乙公司为被执行人是执行主体的变更而非判决内容的改变。追加乙公司作为被执行人，是由其承担生效判决确定的其分支机构丙分公司的责任，不存在对生效判决确定的权利义务变更的情形，也就不存在与判决主文相悖或者改变判决内容的问题。

第三，最高人民法院对此问题此前已有明确意见。在《关于人民法院在执行程序中能否将已参加过诉讼、但生效裁判未判决其承担实体义务的当事人追加或变更为被执行人的问题的答复》（〔2007〕执他字第5号）中，最高人民法院明确，即使诉讼程序中债权人对第三人主张过权利，生效裁判未判决其承担实体义务，但只要追加、变更该当事人的事实和理由在诉讼过程中未曾涉及，执行程序中仍然可以作出变更、追加其为被执行人的裁定。当然，在作出变更、追加裁定时，仍须遵循《最高人民法院关于民事执行中变更、追加当事人若干问题的规定》（2020年修正）的规定，并符合法定情形。

25. 被执行人死亡的，执行案件如何进行？

解析：2016年施行的《最高人民法院关于民事执行中变更、追加当事人若干问题的规定》原第10条第1款规定："……继承人放弃继承或者受遗赠人放弃受遗赠，又无遗嘱执行人的，人民法院可以直接执行遗产。"据此，因无相关主体可列为被执行人，人民法院可以直接执行原被执行人的遗产。但这种情况在《民法典》施行后发生了变化。《民法典》（2021年施行）第1145条至第1148条规定了遗产管理人制度。《民法典》（2021年施行）第1145条规定了遗产管理人的选任："继承开始后，遗嘱执行人为遗产管理人；

没有遗嘱执行人的，继承人应当及时推选遗产管理人；继承人未推选的，由继承人共同担任遗产管理人；没有继承人或者继承人均放弃继承的，由被继承人生前住所地的民政部门或者村民委员会担任遗产管理人。"第1147条规定了遗产管理人的职责，包括清理遗产并制作遗产清单、处理被继承人的债权债务等。根据遗产管理人的选任和职责，其可以成为申请执行人或被执行人，而且与遗嘱执行人相比，前者的内涵完全包含了后者。2023年，《民事诉讼法》修改，专节规定指定遗产管理人案件。据此，只要继承开始后，无论如何都存在遗产管理人。即使全部继承人放弃继承或者受遗赠人放弃受遗赠，又无遗嘱执行人的，也将由被继承人生前住所地的民政部门或者村民委员会担任遗产管理人，此时，仍应将遗产管理人变更为被执行人。

为此，最高人民法院于2020年修正《最高人民法院关于民事执行中变更、追加当事人若干问题的规定》的有关规定，在原第2条、原第10条的变更、追加主体中，以"遗产管理人"取代了"遗嘱执行人"，并且删除了原第10条直接执行遗产的规定。其中第10条第1款规定："作为被执行人的自然人死亡或被宣告死亡，申请执行人申请变更、追加该自然人的遗产管理人、继承人、受遗赠人或其他因该自然人死亡或被宣告死亡取得遗产的主体为被执行人，在遗产范围内承担责任的，人民法院应予支持。"据此，作为被执行人的自然人死亡或被宣告死亡，没有遗嘱执行人且继承人也未推选遗产管理人的，执行法院可以依据申请执行人的申请变更、追加其继承人为被执行人，要求其在继承的财产范围内承担责任，而不得超出继承范围执行继承人名下的其他财产。继承人放弃继承的，执行法院可根据申请执行人的申请变更被执行人的其他遗产管理人为被执行人。

总之，被执行人（自然人）死亡的，未经变更、追加被执行人程序，不得直接执行遗产。

26. 申请执行人在另案中为被执行人时，能否转让债权并变更申请执行人？

解析：在《最高人民法院关于民事执行中变更、追加当事人若干问题的规定》（2020年修正）起草过程中，对该问题进行了研究，并在第9条规定，可以变更、追加的条件是"申请执行人将生效法律文书确定的债权依法转让给第三人"。这里的"依法"，可以排除通过债权转让损害他人合法权益的情形。也就是说，在同一当事人既有作为申请执行人的案件，又有作为被执行人的案件情况下，执行法院应当注意采取冻结债权的措施，禁止其将申请执行的案件债权转让给第三人，以维护其作为被执行人的案件债权人利益。当然，这里存在一个问题，即在同一法院个案中，如未明确采取冻结债权的措施，当事人将其申请执行的案件债权转让给第三人，受让人要求变更申请执行人的，审查中可以考虑相关案件受理和执行的情况、当事人将债权转让给第三人的时间和具体情况、执行法院对相关案件在程序上或技术上的控制情况等，认定执行法院对其作为申请执行人的案件债权是否存在可视为或相当于已经冻结的因素，并据此决定是否予以裁定变更申请执行人。

但也需要注意的是，转让债权并不必然损害债权人的利益，关键在于转让债权是否有充分的对价。同时，即便执行法院在审查时因不清楚申请执行人是否对外负债、转让债权是否损害第三人利益而作出变更裁定，申请执行人的债权人也可以根据《民法典》（2021 年施行）第 538 条至第 542 条的规定提起债权人撤销诉讼解决。

27. 债权转让未通知（或未适当通知）债务人的，是否影响变更、追加申请执行人？

解析： 对此存在争议。第一种观点认为，不能变更、追加为申请执行人。主要理由是：根据《民法典》（2021 年施行）第 546 条第 1 款的规定，债权人转让债权，未经通知债务人的，该转让对债务人不发生效力。在未通知债务人的情况下，受让人不得对债务人主张权利，自然也不能申请变更、追加自己为申请执行人。第二种观点则认为，能变更、追加为申请执行人。主要理由是：受让人申请变更、追加为申请执行人，依据的是其与申请执行人之间的债权转让合同，这与要求债务人向其履行有所区别，并不直接涉及债务人的利益，因此不以通知债务人为必要。

研析认为，第一种观点不当地否定了受让人以诉讼或申请强制执行的方式通知债务人的可能性。虽然理论界对此仍存在不同观点，[1] 但司法实践中多认为，在债权转让未通知债务人的情况下，受让人依然可以原告的身份对债

---

[1] 王利明教授认为，以诉讼形式作出通知是不妥当的。参见王利明：《合同法研究（第二卷）》（修订版），中国人民大学出版社 2011 年版，第 219 页。相反观点可参见崔建远：《债法总论》，法律出版社 2013 年版，第 235 页。

务人提起诉讼，因为起诉已足以完成对债务人的通知。① 并且，让与通知并不限于债权让与人所为，受让人亦可通知。② 债权受让人对于债务人主张让与事实，同时行使债权的，应当认为同时有通知的效力。③ 我国台湾地区亦有案例主张，"债权之让与，依'民法'第297条第1项之规定，非经让与或受让人通知债务人，对于债务人固不生效力，惟法律设此规定之本旨，无非使债务人知有债权让与之事实，受让人对于债务人主张受让事实行使债权时，既足使债务人知有债权让与之事实，即应认为兼有通知之效力"。④

第二种观点认为变更、追加申请执行人仅解决债权让与人与受让人之间的关系，但是，由于强制执行程序已经启动，受让人一旦被变更、追加为申请执行人，就直接取得要求被执行人清偿债务的权利。换言之，变更、追加申请执行人实际上要解决的是，债权受让人是否有权向被执行人求偿。根据《民法典》（2021年施行）第546条第1款，通知债务人显然是必要的。此外，由于债务人对受让人除了主张其对让与人的抗辩外，⑤ 还可能主张债权转让合同无效等抗辩——如执行债权本身不具有可转让性，而在债权转让合同无效的情形下，受让人根本不是债权人。⑥ 如果在债权受让人申请变更、追加其为申请执行人时，不给被执行人抗辩的机会，也可能使得并非真实债权人的主体成为申请执行人。为避免上述情况发生，也有必要通知债务人，给债务人提出抗辩的机会。

因此，一种折中的观点可能更为妥当。一方面，人民法院裁定变更申请执行人之前，应当以保证债务人知悉的方式将债权让与的事实通知债务人；

① 参见最高人民法院（2015）民二终字第14号民事判决书。相同观点可参见《最高人民法院公报》2005年第12期所载佛山市顺德区太保投资管理有限公司与广东中鼎集团有限公司债权转让合同纠纷案。

② 我国与德国不同，并未明确只能由债权让与人为通知。日本及我国台湾地区通说也认为，应当允许受让人为通知。参见韩海光、崔建远：《论债权让与和对抗要件》，载《政治与法律》2003年第6期。

③ 参见孙森焱：《民法债编总论》，法律出版社2006年版，第790页；邱聪智：《新订民法债编通则》（下），中国人民大学出版社2004年版，第426页。

④ 参见最高人民法院执行裁判规则研究小组：《执行债权转让与变更申请执行人问题裁判规则》，载最高人民法院执行局编：《执行工作指导》2020年第1辑，人民法院出版社2020年版，第8～17页。

⑤ 《民法典》（2021年施行）第548条。

⑥ 参见［德］迪尔克·罗歇尔德斯：《德国债法总论》，沈小军、张金海译，中国人民大学出版社2014年版，第399页；陈自强：《民法讲义Ⅱ契约之内容与消灭》，我国台湾地区新学林出版股份有限公司2007年版，第333页。

另一方面，通知并不以受让人在申请变更、追加之前已完成为限，只要被执行人实际知悉生效法律文书确定债权已经转让，就不应以债权人对通知义务的不适当履行为由否定债权转让和申请执行人变更的法律效力。实际上，债权受让人申请变更、追加其为申请执行人时，申请书中必然包括有关债权让与的事实陈述。因此，执行法院向被执行人实际送达变更、追加申请书的，被执行人已经知悉债权转让的事实，不必另行通知。①

参考案例： 在（2016）最高法执复 47 号执行裁定书中，最高人民法院认为，对于债权转让通知的形式，法律未作明确规定，债权人可自主选择通知形式，但应保证能够为债务人及时、准确地获知债权转让的事实。本案中，某京民主支行在《沈阳晚报》刊登债权转让公告，该方式并不能确保债务人及时、准确的获知债权转让的事实。但是，从结果来看，某州公司已实际知悉了债权转让的事实，客观上达到了通知义务的效果。在此情况下，不应以债权人对通知义务不适当履行为由否定债权转让和申请执行人变更的法律效力。某州公司认为债权人的不适当履行损害了其合法权益，可依法通过其他途径救济。

28. 债权经过多次转让的，能否直接申请变更最后一个受让人为申请执行人？

解析： 根据《民法典》（2021 年施行）第 546 条第 1 款的规定，债权转让合同订立，债权归属就发生变动，未通知债务人仅对债务人不生效力。因此，在债权多次转让的情况下，最后的受让人在其与前手达成债权转让合意后就已经取得债权。此时，只要通知债务人或者债务人知悉了债权转让的事实，② 人民法院就可以通过变更程序，直接变更最后的受让人为被执行人，而不需要逐次进行变更。

当然，需要注意的是，债权多次转让的过程应当是明确、清晰、连续的，这对于被执行人和人民法院均具有重要意义。根据《民法典》（2021 年施行）第 549 条的规定，债务人接到债权转让通知时，债务人对让与人享有债权，且债务人的债权先于转让的债权到期或者同时到期的，可以向受让人主张抵

---

① 参见最高人民法院执行裁判规则研究小组：《执行债权转让与变更申请执行人问题裁判规则》，载最高人民法院执行局编：《执行工作指导》2020 年第 1 辑，人民法院出版社 2020 年版，第 8～17 页。

② 参见史尚宽：《债法总论》，中国政法大学出版社 2000 年版，第 727 页。

销。在连环转让的情况下，如果债务人不了解整个转让过程，其就无法基于对中间环节的受让人享有适格的债权而向最后的受让人主张抵销。对于人民法院而言，如前所述，由于执行程序不宜对债权转让的实体问题进行审查，《最高人民法院关于民事执行中变更、追加当事人若干问题的规定》（2020年修正）第9条明确将申请执行人书面确认第三人取得执行债权作为变更、追加第三人为申请执行人的要件。只有债权多次转让的过程是明确、清晰、连续的，人民法院才能确保多次转让中的当事人均对债权归属无争议，变更最后的受让人为申请执行人。

总之，在生效法律文书确定的债权多次转让的情况下，债权最后的受让人可以直接申请变更为申请执行人，但要求每次转让的出让人均认可债权已转让给其后手。例如，甲为生效法律文书确认的债权人，申请执行后，甲将该债权转让给乙，乙又转让给丙，丙转让给丁。丁申请变更自己为申请执行人的，需要分别提供甲确认债权转让给乙、乙确认债权转让给丙、丙确认债权转让给丁的书面材料。①

参考案例：在（2009）执他字第1号案件中，最高人民法院认为，《最高人民法院关于金融资产管理公司收购、处置银行不良资产有关问题的补充通知》（法发〔2005〕62号）第3条明确规定："金融资产管理公司转让、处置已经涉及诉讼、执行或者破产等程序的不良债权时，人民法院应当根据债权转让协议和转让人或者受让人的申请，裁定变更诉讼或者执行主体。"在债权连续转让的情况下，只要债权转让的过程是明确的连续的，则执行法院直接裁定变更最后受让人为申请人，亦符合最高人民法院上述补充通知的精神。

29. 执行当事人对债权转让不认可的，对变更、追加申请如何处理？

解析：《最高人民法院关于民事执行中变更、追加当事人若干问题的规定》（2020年修正）第9条规定："申请执行人将生效法律文书确定的债权依法转让给第三人，且书面认可第三人取得该债权，该第三人申请变更、追加其为申请执行人的，人民法院应予支持。"这是债权转让后变更、追加执行当

① 参见最高人民法院执行裁判规则研究小组：《执行债权转让与变更申请执行人问题裁判规则》，载最高人民法院执行局编：《执行工作指导》2020年第1辑，人民法院出版社2020年版，第8～17页。

事人的法律依据。

执行当事人包括申请执行人和被执行人。如果申请执行人对债权转让不予认可，说明申请执行人对第三人是否已承受生效法律文书确定的债权存在争议，而这些争议涉及双方实体权利义务，且未经生效法律文书确定，在执行程序中不宜直接审查认定。第三人主张已受让债权的，可以通过诉讼等途径进行救济。(2016) 最高法执复 26 号案件即为适例。该案中，生效法律文书确定的债权人井某华在执行过程中，与岳某公司签订《债权转让协议书》。此后，岳某公司以其为执行债权受让人为由向执行法院申请变更该公司为申请执行人。执行法院则认为，井某华与岳某公司之间就债权转让存在争议，应当通过实体程序进行确认，不能确定岳某公司已成为生效法律文书项下的"权利承受人"，进而驳回了岳某公司的申请。岳某公司不服，向最高人民法院申请复议。最高人民法院认为，关于执行过程中变更申请执行人的问题，现行法律和司法解释并无明确规定。《最高人民法院关于人民法院执行工作若干问题的规定（试行）》(1998 年施行) 第 18 条 (2020 年修正后为第 16 条) 规定："人民法院受理执行案件应当符合下列条件……(2) 申请执行人是生效法律文书确定的权利人或其继承人、权利承受人……"第 20 条 (2020 年修正后为第 18 条) 规定："申请执行，应当向人民法院提交下列文件和证件…… (4) 继承人或权利承受人申请执行的，应当提交继承或者承受权利的证明文件……"参照上述规定，执行过程中，生效法律文书确定的权利人的权利承受人，可以申请将其变更为申请执行人，但应当提交承受权利的证明文件，以证明其确为权利承受人。本案中，生效判决确定的权利人是井某华，其已依照生效判决申请强制执行，内蒙古自治区高级人民法院立案执行并采取了相应的执行措施。岳某公司持与井某华签订的《债权转让协议书》申请变更该公司为申请执行人，但井某华对此不予认可，说明双方对岳某公司是否已承受生效法律文书确定的债权存在争议，这些争议涉及双方实体权利义务，且未经生效法律文书确定，在执行程序中不宜审查认定。在井某华对债权转让不予认可的情况下，岳某公司仅提交尚有争议的《债权转让协议书》，不足以证明其系生效法律文书确定的权利人的权利承受人，执行法院不能直接依据双方存在争议的《债权转让协议书》，否定原申请执行人井某华的主体资格，变更岳某公司为申请执行人。岳某公司主张已受让债权的，可以通过诉讼等途径进行救济。该案裁定作出时，《最高人民法院关于民事执行中变更、追加当事人若干问题的规定》尚未施行，但裁判规则与该解释第 9 条的规定一致。根据该解释第9条规定，只有申请执行人书面认可第三人取得该债权时，人民法院才应支持第三人的变更、追加申请。这样规定的主要原因是，债权转让合同本身并未经过生效法律文书确认，其效力状态尚不明确。在申请执行人与第三人之间没有争议的情况下，人民法院变更、追加第三人为申请执行人，既有利于节约司法资源，也有利于提升执行效率。但如果在双方已经存在争议的情况下，执行法院继续审查变更追加问题，将不可避免地对债权转让合同的成立、生效、内容、履行情况等实体问题进行判断，反而不如直接交由诉讼程序一并解决。质言之，第三人向执行法院申请变更、追加自己为申请执行人时，申请执行人主张该转让合同无效、让与条件尚未达成，或者不愿出具确认书，则执行法院均不应变更、追加受让人为申请执行人。

如果被执行人对此不予认可，由于《最高人民法院关于民事执行中变更、追加当事人若干问题的规定》（2020年修正）第9条强调的是"依法转让"，在被执行人实际知悉生效法律文书确定的债权已经转让的情况下，不应仅以债权人对通知义务的不适当履行为由否定债权转让和申请执行人变更的法律效力。[①]

参考案例：在（2021）最高法执复59号案件中，摩根信通公司以武威公司权利承受人身份向法院申请执行。立案执行后，武威公司对摩根信通公司申请执行主体资格提出异议，并以自己名义申请执行。执行法院认为，摩根信通公司的权利承受人身份尚未得到武威公司的书面确认，驳回了摩根信通公司的执行申请。摩根信通公司遂申请复议，请求确认其已经取得对生效判决申请强制执行的主体资格。对此，最高人民法院认为，根据《最高人民法院关于人民法院执行工作若干问题的规定（试行)》第16条第1款规定，人民法院受理执行案件应当符合下列条件：（1）申请或移送执行的法律文书已经生效；（2）申请执行人是生效法律文书确定的权利人或其继承人、权利承受人；（3）申请执行的法律文书有给付内容，且执行标的和被执行人明确；（4）义务人在生效法律文书确定的期限内未履行义务；（5）属于受申请执行的人民法院管辖。本案主要涉及上述第2项，即摩根信通公司是否为生效法

---

① 参见最高人民法院执行裁判规则研究小组：《执行债权转让与变更申请执行人问题裁判规则》，载最高人民法院执行局编：《执行工作指导》2020年第1辑，人民法院出版社2020年版，第8~17页。

律文书的权利承受人。通常情况下，当事人对债权转让合同效力发生争议，原则上应当通过另行提起诉讼解决，执行程序不是审查判断和解决该争议的适当程序。基于此考虑，为避免执行程序因申请执行人主体资格发生争议，《最高人民法院关于民事执行中变更、追加当事人若干问题的规定》第9条规定，第三人申请变更、追加其为申请执行人时，在生效法律文书确定的债权依法转让给第三人的条件下，又增加了申请执行人必须书面认可第三人取得该债权这一条件。本案中，尽管债权受让人摩根信通公司不是在执行程序中申请变更申请执行人，而是以债权受让人的身份直接申请执行，但二者的法律基础是相同的，可以理解为广义上的申请执行主体变更，即通过立案阶段解决主体变更问题。在武威公司对摩根信通公司取得案涉债权持有异议的情况下，湖北省高级人民法院以摩根信通公司的权利承受人身份尚未得到武威公司的书面确认为由，依照《最高人民法院关于人民法院执行工作若干问题的规定（试行）》第16条第1款而非第1项规定驳回其执行申请并无不当。

30. 债权转让因原申请执行人注销而无书面认可的，对变更申请是否一律驳回？

解析：《最高人民法院关于民事执行中变更、追加当事人若干问题的规定》（2020年修正）第9条规定："申请执行人将生效法律文书确定的债权依法转让给第三人，且书面认可第三人取得该债权，该第三人申请变更、追加其为申请执行人的，人民法院应予支持。"据此，变更申请执行人需要同时满足两个条件：一是申请执行人将生效法律文书确定的债权依法转让给第三人；二是申请执行人书面认可第三人取得该债权。实践中，如果提交了债权转让协议等证明债权转让证明材料，又无其他相反证据证明债权转让虚假，且申请执行人书面认可，即可认定债权已转让给第三人，从而变更该第三人为申请执行人。被执行人或他人如有异议可依法再进行救济。但如果存在申请执行人已经被注销等特殊情形，从形式上已无法满足第二个条件，一概认定缺乏"申请执行人书面认可"的法定要件，不免有机械适用法律之嫌。在这种情况下，法院应综合相关证据对申请执行人是否认可作出更为实质的判断。

参考案例：在（2021）最高法执监158号执行裁定书中，最高人民法院认为：作为债权人的中建和公司及其股东邯郸杰隆公司均已注销，在深德公司提供了其与中建和公司的债权转让协议，且由邯郸杰隆公司的股东作出债权承继说明的情况下，辽宁省抚顺市中级人民法院及辽宁省高级人民法院可召开听证会，听取各方当事人的意见，根据相关事实证据判断债权转让协议是否可能为虚假以及中建和公司与其股东邯郸杰隆公司注销后权利义务承继问题。深德公司申请变更其为申请执行人的主张，涉及各方实体权益，执行异议、复议裁定仅以债权转让协议真伪难以确定以及证据不足为由，驳回其申请确有不当。

31. 仅将债权转让情况提供给法院，能否产生变更申请执行人的效力？

解析： 变更当事人虽然发生在执行程序中，但实际上是一个"小诉讼"或者"准诉讼"，应当严格按照法定事由、遵循法定程序进行。《最高人民法院关于民事执行中变更、追加当事人若干问题的规定》（2020年修正）第9条规定："申请执行人将生效法律文书确定的债权依法转让给第三人，且书面认可第三人取得该债权，该第三人申请变更、追加其为申请执行人的，人民法院应予支持。"从该条文表述看，债权转让后申请变更申请执行人的，应正式提出申请，并由人民法院作出裁定。仅将债权转让情况提供给法院，不能产生变更申请执行人的效力。

参考案例： 在（2020）最高法执监506号执行裁定书中，最高人民法院认为，广州海事法院（2015）广海法执字第159号执行案件的执行依据将电白二建和坤龙公司共同明确为债权人，之后，电白二建与坤龙公司共同申请执行。（2015）广海法执字第159号执行案件从立案直至其结案的一系列法律文书载明，电白二建始终居于申请执行人地位。在该执行案件中，在粤垦公司将执行案款交付到广州海事法院后，广州海事法院要求电白二建和坤龙公司提交付款申请书。根据广州海事法院的要求，坤龙公司提交了付款申请书，明确电白二建已将债权转让给坤龙公司，并提供了收款账户等信息；电白二建提交了《情况说明》，明确其已将债权转让给坤龙公司，请法院将案款支付给坤龙公司。电白二建系根据广州海事法院要求其提交付款申请书的通知，提交了《情况说明》，但未同时提交债权转让合同等相关证据材料。根据《最高人民法院关于民事执行中变更、追加当事人若干问题的规定》第9条规定，申请变更申请执行人的主体是受让债权的一方。坤龙公司提交了《付款申请书》，亦未明确申请将其变更为申请执行人。广州海事法院在收到《情况说明》后，将其视为付款申请书，根据该《情况说明》将案款汇入坤龙公司账户，并在后续法律文书中仍将电白二建列为申请执行人，并明确系根据申请执行人的付款申请将案款汇入申请执行人指定账户。因此，电白二建的《情况说明》和坤龙公司的《付款申请书》，不足以证明电白二建已经退出执行程序。即便《情况说明》中所述电白二建与坤龙公司之间的债权转让真实存在，但因当事人并未在执行程序中通过变更、追加当事人程序对执行当事人的身份地位进行变更，并不能在执行程序中产生变更申请执行人的效力。在执行程序中，电白二建始终是原执行案件的申请执行人。申诉人的该项主张成立，依法应予支持。

32. 企业法人分支机构承担保证无效的民事赔偿责任时，能否追加企业法人为被执行人？

解析： 生效判决明确分支机构承担保证无效的民事赔偿责任，并且还明确了法人不承担赔偿责任的情形，在执行中，还能否追加法人为被执行人，实务中不无疑问。最主要的困惑来自执行程序能否变更执行依据确定的内容。

实际上，追加法人公司为被执行人，是由其承担生效判决确定的其分支机构的责任，不存在对生效判决确定的权利义务变更的情形，也就不存在与判决主文相悖或者改变判决内容的问题。执行变更、追加程序执行当事人的法理基础是执行力主观范围的扩张，该扩张系在法定和有限原则的前提下，对执行依据主体范围的突破。即法院在执行程序中可以依据《最高人民法院关于民事执行中变更、追加当事人若干问题的规定》（2020 年修正）变更、追加执行依据所载当事人以外的第三人为申请执行人或被执行人。该规定第15 条第 1 款规定："作为被执行人的法人分支机构，不能清偿生效法律文书确定的债务，申请执行人申请变更、追加该法人为被执行人的，人民法院应予支持。法人直接管理的责任财产仍不能清偿债务的，人民法院可以直接执行该法人其他分支机构的财产。"

对此也是有实体法依据的。法人分支机构的民事责任由法人承担，其独立承担民事责任的能力是相对的、有限的。《公司法》一贯明确，"分公司不具有企业法人资格，其民事责任由公司承担"。考虑到依法设立的法人分支机构有一定的组织机构和财产，具有一定的独立承担民事责任的能力，司法解释赋予其民事诉讼主体资格，因而也就可能被判决独自承担责任并成为被执行人。而在分支机构经营管理的财产不足以清偿判决确定的债务时，基于分支机构民事责任由法人承担的原则和规定，就可以依申请变更法人为被执行人，相关司法解释对此予以明确。《民法典》（2021 年施行）第 74 条第 2 款肯定相关做法并予以立法明确。

这个问题从分支机构的性质和地位来看会更清楚。原《民法通则》及其实施意见并无分支机构性质和地位的规定，但《公司法》（2018年修正）第14条对分公司的法律地位作出了规定，依据这些规定并结合司法实践，分支机构在行为能力上类似于限制行为能力人，在责任能力上则类似于合伙。而原《民法总则》第74条规定（该规定为《民法典》所延续），分支机构从事的行为就是法人的行为，改变了此前有关分支机构法律地位的规定。《民法总则》施行前的分支机构的法律地位，可以从两个层面进行说明：一是在行为能力方面，法人的分支机构可以以自己的名义从事民事活动，但是其不具有法人资格，不具备完全的行为能力，例如分支机构对外提供担保需经法人授权。二是在责任能力方面，分支机构不具有独立的主体资格，不能独立承担民事责任，分支机构从事民事活动产生的民事责任应由法人承担责任。至于法人承担的是直接责任、连带责任还是补充责任，理论和实践中均存在争议，我们认为，从法理上说，法人承担补充责任是比较合适的。但鉴于对分支机构性质和地位认识的不同，实践中不论判令其承担连带责任、直接责任还是补充责任均无不可，但不论如何，都不能仅判令分支机构承担责任，而法人不承担责任。

鉴于对分支机构性质和地位认识的不同，就分支机构对外提供担保而言，《最高人民法院关于适用〈中华人民共和国民法典〉有关担保制度的解释》（2021年施行）与《最高人民法院关于适用〈中华人民共和国担保法〉若干问题的解释》（已废止）也存在根本区别。具体来说，一方面，《最高人民法院关于适用〈中华人民共和国担保法〉若干问题的解释》（已废止）认为分支机构只有在获得法人书面授权后才能提供担保，但未规定须经决议程序；分支机构未经法人书面授权提供的担保属于效力待定，在案件处理过程中则应当认定无效。《最高人民法院关于适用〈中华人民共和国民法典〉有关担保制度的解释》（2021年施行）则规定，分支机构对外提供担保适用公司对外担保的有关规则，不再存在需要法人书面授权的问题，但需要有决议程序。另一方面，在应否区别企业法人的分支机构和金融机构的分支机构对外担保问题上，《最高人民法院关于适用〈中华人民共和国担保法〉若干问题的解释》（已废止）对此缺乏明确规定，导致实践中尺度并不统一。《最高人民法院关于适用〈中华人民共和国民法典〉有关担保制度的解释》（2021年施行）则采双重区别说，对此作出了明确规定。一是在决策程序上，企业法人的分支机构对外提供担保原则上需要决议，金融机构的分支机构无须决议但需要授权；二是在担保方式上，金融机构的分支机构对外提供担保要进一步区分出具保函与提供个别担保两种情形，而企业法人的分支机构对外提供担保则不存在前述区分问题。

33. 受理破产申请后，还能否追加未依法履行出资义务的股东、出资人为被执行人？

解析：《企业破产法》（2007年施行）第35条规定："人民法院受理破产申请后，债务人的出资人尚未完全履行出资义务的，管理人应当要求该出资人缴纳所认缴的出资，而不受出资期限的限制。"根据该规定，法院受理被执行人的破产申请后，股东、出资人尚未缴纳的出资应当作为被执行人的财产由破产管理人向股东、出资人进行追索，并由破产法院分配后供全体债权人受偿，不宜再通过执行中的变更、追加程序要求未依法履行出资义务的股东、出资人承担责任。此种情形下，申请执行人依据《最高人民法院关于民事执行中变更、追加当事人若干问题的规定》（2020年修正）第17条至第19条规定申请追加被执行人的股东、出资人为被执行人，应不予支持。

34. 若债务系增资前形成，执行中能否追加抽逃增资的公司股东为被执行人？

解析：对这一问题，实务中存在截然相反的两种观点。第一种观点认为，根据《最高人民法院执行工作办公室关于股东因公司设立后的增资瑕疵应否对公司债权人承担责任问题的复函》（〔2003〕执他字第33号，以下简称33号复函）的规定，债务形成于增资前，债权人对公司责任能力的判断应以其当时的注册资金为依据，而公司能否偿还债务与此后的增资是否到位并无直接的因果关系。虽然33号复函已经废止，但精神仍可参照，抽逃增资与增资前的债务不能清偿不存在因果关系，不应追加。第二种观点认为，33号复函已经废止，不应再适用。根据《最高人民法院关于民事执行中变更、追加当事人若干问题的规定》（2020年修正）第18条的规定，抽逃增资的股东应予追加，并不区分债务形成时间与抽逃增资之间有无因果关系。公司是一个组织体，应以全部资产对债权人承担责任，抽逃增资影响公司资产和对外偿债能力。而且，抽逃增资损害债权人利益的基础理论并非侵权一种解释，从债权人代位权的角度，抽逃增资股东对公司负有补足增资的债务，债权人基于代位权也可以向抽逃增资的股东主张承担补充赔偿责任，无需考虑侵权的因果关系要件。

研析认为，第二种观点更可采，即若债务系增资前形成，执行中能追加抽逃增资的公司股东为被执行人。主要理由是：第一，正确理解公司责任财产和信赖利益（预期）。33号复函的核心观点是将公司的责任财产和信赖利益（预期）以增资为界限进行二分法划段，增资前的债权人对股东增资形成的责任财产不享有信赖（利益）预期，认为无论该增资行为是否存在瑕疵或者抽逃行为，均不会对增资前公司债权人的债权清偿产生实质性影响，增资前的债权人对该债权不能要求增资股东在瑕疵和抽逃范围内承担补充赔偿责任。实际上，这种观点是对公司责任财产和信赖利益（预期）的误读。从商事活动的基本特征看，商事活动是动态的持续经营活动，财产状态也是持续变动状态。公司是从事商事活动的经营性主体，其责任财产因经营活动始终处于持续变化状态，这种变化状态导致无法以债权形成的时间为标准，将债权形成时对应的责任财产作为债权人的合理信赖利益（预期）而以此为底线对公司债权人承担责任。从公司法的制度设计看，公司作为持续商事活动的责任主体，是以其全部财产（不区分形成时间先后）对其全部债权概括性平等地承担责任（优先债权除外，普通债权原则不区分形成时间先后），股东或者高管对责任财产的不当减少负有法律责任的，应当在相应范围内承担连带责任。因此，公司债权人对公司某一时刻资本和资产的信赖利益（预期），不能构成对该时刻资本和资产的优先债权，仍然是普通债权，遵循债权平等和平等清偿原则。增资瑕疵和抽逃增资股东的补充赔偿责任对象，包括公司的全体债权人，不能对增资前和增资后的债权人区别对待。

第二，避免债务清偿过程中出现违背常理和法理的结果。按照33号复函的观点，被执行人的股东在抽逃增资的情况下，增资前的公司债权人不能要求抽逃出资股东承担补充赔偿责任，但如果被执行人股东没有抽逃出资，则该出资作为公司财产，公司可以用来偿付增资前的公司债权人。这就形成抽逃出资的股东可以不承担赔偿责任，而没有抽逃出资的股东却要以其出资承担相应责任的结果，导致股东抽逃出资行为不会受到追责，而如实出资股东却要承担不利后果，有违基本常理和法理。

第三，2014年最高人民法院出台的《关于适用〈中华人民共和国公司法〉若干问题的规定（三）》第14条第2款明确规定："公司债权人请求抽逃出资的股东在抽逃出资本息范围内对公司债务不能清偿的部分承担补充赔偿责任、协助抽逃出资的其他股东、董事、高级管理人员或者实际控制人对此承担连带责任的，人民法院应予支持；抽逃出资的股东已经承担上述责任，其他债权人提出相同请求的，人民法院不予支持。"结合该解释第13条规定，该条所称出资包括增资。该条显然没有以债权形成先后为标准，否定增资前公司债权人对抽逃出资股东补充赔偿责任的请求权。2016年最高人民法院出台《关于民事执行中变更、追加当事人若干问题的规定》，该规定第17条和第18条实际上对33号复函回答的问题进行了重新规定，基本原则与《最高人民法院关于适用〈中华人民共和国公司法〉若干问题的规定（三）》第13条、第14条精神保持一致，即凡是公司债权人作为申请执行人申请变更、追加抽逃出资股东为被执行人的，不区分增资前的债权人和增资后的债权人，一律支持。

35. 公司作为被执行人时，能否追加未届出资期限的公司股东为被执行人？

解析：《最高人民法院关于民事执行中变更、追加当事人若干问题的规定》（2020年修正）第1条明确了执行变更、追加当事人的法定原则，即非因法律明确规定，不得在执行程序中变更、追加第三人为被执行人。该原则的重要意义在于防止执行变更、追加向第三人任意扩张，"以执代审"损害第三人合法权益。具体到股东出资加速到期问题，《全国法院民商事审判工作会议纪要》（法〔2019〕254号）出台后，对于能否在执行变更、追加程序中适用纪要第6条的规定，形成了两种截然相反的裁判结论。

否定说认为，在执行程序中变更、追加被执行人必须具有明确的法律依据，在法律规定不明确时，应当作出更有利于被追加人的解释。《最高人民法院关于民事执行中变更、追加当事人若干问题的规定》出台时，我国已实行公司注册资本认缴制，只要股东按照公司章程按期缴纳出资，即不属于《最高人民法院关于民事执行中变更、追加当事人若干问题的规定》（2020年修正）第17条规定的"未缴纳或未足额缴纳出资"的情形，执行法院不得依据该条规定变更、追加未届实缴期限的股东为被执行人。并且，《全国法院民商事审判工作会议纪要》（法〔2019〕254号）是审判程序的指导意见，未经审理程序直接在执行阶段依据该纪要要求股东出资加速到期，有违审执分离基本原则。

肯定说则认为，在《全国法院民商事审判工作会议纪要》（法〔2019〕

254 号）已经认可股东出资加速到期的情况下，在法律适用上执行变更、追加程序应与诉讼程序保持一致。在公司无力清偿债务濒临破产的情况下，认缴出资的股东已不具有期限利益，应当将其认定为《最高人民法院关于民事执行中变更、追加当事人若干问题的规定》（2020 年修正）第 17 条规定的"未缴纳或未足额缴纳出资"的股东。

研析认为，在执行变更、追加程序中适用加速到期，符合立法本意和实践需求，因此，能追加未届出资期限的公司股东为被执行人。主要理由为：

第一，从我国执行变更、追加制度的发展脉络来看，能否在执行程序中将某一类第三人变更、追加为被执行人，除了符合基本法理之外，往往是立法者基于程序与实体公正利益衡量的结果。与认定股东是否缴足已届缴资期限的出资相比，认定股东认缴的出资是否已届实缴期限更为容易。在《最高人民法院关于民事执行中变更、追加当事人若干问题的规定》（2020 年修正）第 17 条已明确可以将未缴足出资的股东变更、追加为被执行人，且《全国法院民商事审判工作会议纪要》（法〔2019〕254 号）第 6 条已承认出资加速到期的情况下，没有理由将加速到期规则排除在执行变更、追加程序之外。

第二，《全国法院民商事审判工作会议纪要》（法〔2019〕254 号）第 6 条规定的未届缴资期限的股东系对"公司不能清偿的债务承担补充赔偿责任"，一般认为，这种清偿不能的确定需要借助先诉抗辩权的手段加以认定。也即，公司债权人必须就公司的财产申请强制执行，在其财产确实不足以清偿时，才可以向作为补充债务人股东主张权利。显然，在这一方面执行法院更有发言权，更容易判断公司是否不能清偿案涉债务。

第三，虽然《最高人民法院关于民事执行中变更、追加当事人若干问题的规定》出台时我国公司资本认缴制已实行多年，但由于《最高人民法院关于适用〈中华人民共和国公司法〉若干问题的规定（三）》在 2014 年修正时，未对其中第 13 条第 2 款的"未履行或者未全面履行出资义务的股东"是否包括认缴但未届缴资期限的股东予以明确，《最高人民法院关于民事执行中变更、追加当事人若干问题的规定》亦不宜在其第 17 条中对该问题亮明态度，而只是使用了"未缴纳或未足额缴纳出资的股东"这一比较含糊的表述。但是，在目前《全国法院民商事审判工作会议纪要》（法〔2019〕254 号）第 6 条已经作出明确规定的情况下，有必要对《最高人民法院关于民事执行中变更、追加当事人若干问题的规定》第 17 条的"未缴纳或未足额缴纳出资的股东"作扩大解释，将认缴但未届缴资期限的股东涵括在内。

36. 公司股东因未履行出资义务对公司债务承担补充赔偿责任，在其财产被查封后，能否偿还公司另案债权并排除本案执行？

解析： 根据法律及司法解释的规定，未履行或者未全面履行出资义务的股东在未出资本息范围内对公司债务不能清偿的部分承担补充赔偿责任，但股东在应承担责任范围内已承担相应责任的，人民法院不得责令其重复承担责任。那么，在对多个案件负有履行义务的情况下，股东能否在本案执行法院已在先查封其财产后，在另案中以和解及债务抵销的方式先行履行对公司债务的补充赔偿责任，以此排除对本案的履行？

对此存在不同观点。第一种意见认为，因股东仅在未出资的限额内对公司债务承担补充赔偿责任，也就意味着，在有多个债权人的情况下，股东对不同案件债权人的履行存在一定的相互排斥关系。如果在本案已经在先查封股东财产的情况下，允许其在另案通过所谓案外和解的方式履行股东对公司债务的补充赔偿责任，将导致被执行人可随意突破查封及清偿顺序，架空现有制度安排，损害其他债权人的利益。因此，应禁止其自主选择偿还另案债权。

第二种意见认为，虽然对股东的财产采取了查封措施，但尚未实际执行查封财产。该查封的效力仅是限制股东对查封标的行使相应的处分权，不足以限制其用法院查封以外的财产清偿其他债务。股东在另案中以和解及债务抵销的方式履行债务，改变了履行的先后顺序，但这是相关债权人与债务人协商，作出有利于自身债权的安排。这种履行安排在事实上虽然损害了其他债权人的利益，但并不违背法律规定。

研析认为，第一种意见可采。主要理由是：《最高人民法院关于适用〈中华人民共和国公司法〉若干问题的规定（三）》（2020 年修正）第 13 条第 2 款规定了公司债权人的"直索权"。"直索责任"的规定赋予了公司债权人越过公司直接要求股东在未出资本息范围内对自己进行清偿的地位。其功能在于鼓励各方，包括《最高人民法院关于适用〈中华人民共和国公司法〉若干问题的规定（三）》（2020 年修正）第 13 条所规定的公司、股东、债权人，发现未完全出资或抽逃出资的问题，对首先发现问题并提出请求的公司债权人赋予受偿的优先性，对基于时间顺序上的在先利益给予承认、尊重并施以保护。同时，按照《最高人民法院关于适用〈中华人民共和国公司法〉若干问题的规定（三）》（2020 年修正）的规定，股东对抽逃出资的补充出资责任带有两个特点：第一，这是一个数额确定的股东义务之债；第二，在上述数额之内，先行主张的债权人优先受偿并排斥之后的债权主张人。如果本案在"债的确定"和"物的查封"这两个时点上，均先于另案，这两个时点上的在先性决定了本案在"直索责任"下确定的债权在清偿顺序上的优先性。目前，我国就股东对公司债务的补充赔偿责任，法律层面并未明确规定先予起诉或判决案件下的"债"优先于后予起诉或判决案件下的"债"在执行上的优先性，执行方面需要依据民事诉讼法的一般规则。在债务人存在多个债权人时，《最高人民法院关于人民法院执行工作若干问题的规定（试行）》（2020年修正）第55条规定了对同一执行标的物按照采取执行措施先后顺序受偿的顺序性要求。该规定虽然仅针对同一执行标的物的受偿问题，未一般性地赋予先判案件之"债"在执行上的优先性，但对先后顺序的尊重是法律秩序能够得以建立并稳定运行的前提。否则将有违"直索权"的制度初衷，也破坏了法院执行层面基于顺序的系统逻辑基础，导致执行上的随意性与不确定性。

参考案例：在（2019）最高法执监270号执行裁定书中，最高人民法院认为，因《最高人民法院关于适用〈中华人民共和国公司法〉若干问题的规定（三）》第13条第2款规定，公司债权人请求未履行或者未全面履行出资义务的股东在未出资本息范围内对公司债务不能清偿的部分承担补充赔偿责任的，人民法院应予支持；未履行或者未全面履行出资义务的股东已经承担上述责任，其他债权人提出相同请求的，人民法院不予支持。在追加被执行人的裁定作出后，一建公司作为被执行人，其如果通过向本案以外的债权人清偿债务而履行补充义务，则会导致其向本案债权人的债权清偿落空，从而损害本案债权人的利益。一建公司在本案对其采取强制执行措施后，对自身应承担的还款义务以及责任性质均是明知的情况下，仍在另案中达成和解协议，所提交的其与中瑞路桥公司、顾某祥之间的协议书签订于2017年5月16日，晚于本案追加被执行人裁定作出的时间，显然是选择性履行。现以此对抗本案执行，缺乏事实、法律依据。

37. 能否追加继受股东为被执行人？

解析：《最高人民法院关于民事执行中变更、追加当事人若干问题的规定》（2020年修正）第17条规定："作为被执行人的营利法人，财产不足以清偿生效法律文书确定的债务，申请执行人申请变更、追加未缴纳或未足额缴纳出资的股东、出资人或依公司法规定对该出资承担连带责任的发起人为被执行人，在尚未缴纳出资的范围内依法承担责任的，人民法院应予支持。"这里的股东是指对公司负有出资义务的原始股东（如发起股东等）。按照法定主义原则，公司债权人向继受股东主张连带责任的，应当通过诉讼方式，不得在执行程序中直接追加继受股东为被执行人。

比如，在（2017）最高法执监 106 号执行裁定书中，最高人民法院认为，按照《最高人民法院关于人民法院执行工作若干问题的规定（试行）》（1998年施行）第 80 条以及《最高人民法院关于民事执行中变更、追加当事人若干问题的规定》（2016 年施行）第 17 条的规定，公司财产不足以清偿生效法律文书确定的债务，如果股东未缴纳或未足额缴纳出资，可以追加股东为被执行人，在尚未缴纳出资的范围内依法承担责任。本案中，综合澳普尔投资公司企业法人营业执照副本、工商登记档案及其与中信公司之间的股权转让合同，中信公司并非设立澳普尔投资公司的发起股东，而是通过股权转让方式继受成为澳普尔投资公司股东。中信公司受让澳普尔投资公司股权后，澳普尔投资公司注册资本仍为 1 亿元，中信公司并不具有继续缴纳出资义务。因此，中信公司并不属于上述司法解释所规定未缴纳或未足额缴纳出资的股东，不应追加该公司为被执行人。

当然，题述问题存在例外，即在有充分证据证明继受股东知道或应当知道原股东未足额缴纳出资，仍自愿承担该公司的一切法律责任义务时，可以追加其为被执行人。在（2021）最高法民再 218 号民事判决书中，最高人民法院认为：《最高人民法院关于民事执行中变更、追加当事人若干问题的规定》（2016 年施行，以下简称《执行变更追加规定》）主要解决民事执行中变更、追加当事人问题，是执行法院变更、追加执行当事人的程序性法律依据。执行法院依据《执行变更追加规定》第 17 条规定追加股东为被执行人，其实体法基础是未缴纳或未足额缴纳出资的股东依法应当在尚未缴纳出资本息的范围内对公司不能清偿的债务承担补充赔偿责任。由于执行程序对效率的追求，为避免执行程序中对实体权利义务判断与当事人之间的实际法律关系出现明显背离，因此，执行法院在执行程序中追加股东为被执行人，应当以股东承担责任的事实具有外观上的明显性为基础。根据《最高人民法院关于适用〈中华人民共和国公司法〉若干问题的规定（三）》（2014 年修正）第 13条、第 18 条规定精神，有限责任公司的股东未履行或者未全面履行出资义务即转让股权，受让股东对此知道或者应当知道的，受让人应当与转让人就公司债务不能清偿部分向债权人连带承担补充赔偿责任。由于受让人是否知道或者应当知道转让股东未履行或者未全面履行出资义务这一事实，通常不具有外观上的明显性，因此，一般不宜在执行程序中依据《执行变更追加规定》第 17 条规定，由执行法院裁定追加受让股东为被执行人。但是，本案执行法院已经在 2015 年根据有关工商档案查明了情况，华润天能公司承担补充赔偿责任具有明显性。虽然此后工商管理部门作出《撤销决定》，但本院 2017 年 5 月 26 日作出的（2017）最高法民申 933 号民事裁定书仍认为"尚不足以因此即认定华润公司不是禄恒公司股东的事实"。同时，虽然华润天能公司主张禄恒能源公司仍有财产可供执行，但其没有证据证明有关财产可以切实用于实现申请执行人的债权或者申请执行人怠于行使对禄恒能源公司的权利。申请执行人债权至今没有获得全部清偿。由于华润天能公司应承担补充赔偿责任的有关事实有工商档案材料佐证且已经有生效裁判确认，执行法院依据外观上具有明显性的事实，在申请执行人债权未能及时获得清偿的情况下，依法作出书（2015）哈执异字第 6 号以及（2017）黑 01 执异 80 号执行裁定书，追加华润天能公司为被执行人，驳回其异议，执行程序并无明显不当。

总之，如果继受股东"知道或者应当知道"这一事实非常明确、没有争议（比如继受股东自己也认可），确实也没有必要另行诉讼，浪费各方资源，允许执行程序一并解决。但除此之外，由于在执行程序中追加继受股东为被执行人没有法律依据，对于不甚明确、有所争议的情形，应坚持另诉解决（非执行异议之诉）的原则。

38. 继受股东在执行程序中被追加为被执行人后，能否提起执行异议之诉？

解析：实务中，该问题存在争议。一种意见认为，《最高人民法院关于民事执行中变更、追加当事人若干问题的规定》（2020 年修正）第 19 条规定："作为被执行人的公司，财产不足以清偿生效法律文书确定的债务，其股东未依法履行出资义务即转让股权，申请执行人申请变更、追加该原股东或依公司法规定对该出资承担连带责任的发起人为被执行人，在未依法出资的范围内承担责任的，人民法院应予支持。"该规定实际上排除了继受股东。执行法院追加其为被执行人，违反法律规定，也超出了追加被执行人异议之诉的审理范围，应当裁定驳回诉讼申请。

另一种意见认为，应当受理其起诉并进行实体审查。继受股东知道或应当知道原股东未足额缴纳出资的，应认定其对原股东未全面履行出资义务承担相应的责任，可追加该公司为被执行人。理由主要是：追加被执行人的诉讼不应简单审理执行法院追加裁定是否有直接的程序法律依据，而应在实体上判定被追加的人是否应承担责任。与案外人异议诉讼原理类似。相对于执行程序的追加，就追加问题进行的诉讼，就是所要求的"另行诉讼"，这个诉讼应承担最终的认定责任，而不应再要求另外一个诉讼。比如，在（2021）最高法民再218号案件中，最高人民法院认为：本案执行异议之诉程序可以就此进行审理。主要基于以下考虑：第一，在审理追加变更被执行人的异议之诉中，不应简单审理执行法院在执行程序中作出追加裁定是否有直接的程序法律依据，而应在实体上判定被追加的继受股东是否应承担责任。在本案执行异议之诉中，判断华润天能公司受让香港康宏国际投资集团有限公司股权后，是否承担补充赔偿责任，应适用《最高人民法院关于适用〈中华人民共和国公司法〉若干问题的规定（三）》（2014年修正）第18条的规定。第二，在本案执行异议之诉中对相关法律关系及时予以明确，可以提高纠纷解决效率，避免当事人另行诉讼的诉累。从2015年4月15日黑龙江省哈尔滨市中级人民法院（2015）哈执异字第6号执行裁定作出至今，双方当事人之间的争议已经持续了6年多，若还要另行诉讼，将进一步拖延纠纷化解进程。第三，在本案执行异议之诉中审理，并未损害各方当事人的诉讼权利。另行诉讼虽然一般由债权人提起诉讼，但除此之外，不论是本案诉讼还是另行诉讼，并无显著差异，尤其都应当由债权人承担证明责任，举证证明补充赔偿责任成立的各项事实。在本案一、二审诉讼程序中，各方当事人已经围绕华润天能公司是否承担补充赔偿责任进行了举证、质证、辩论，诉讼权利得到了有效保障。

研析认为，《最高人民法院关于民事执行中变更、追加当事人若干问题的规定》（2020年修正）采取严格的法定主义和有限主义，在第19条排除了通过执行审查程序追加恶意的受让人情形，对于这种情况，应当通过另诉解决。执行异议之诉尽管也能进行实体审查，但限于第32条规定的情形。而且两个诉讼对当事人的影响是不一样的，存在分配起诉责任（即由谁起诉）的问题，也存在后续诉讼费用由谁缴纳，以及执行审查程序的判断对后续诉讼产生何种影响等问题。若是将异议之诉与另行诉讼等同，可能产生法定追加情形外的所有情形均可通过执行审查程序前置判断，然后再通过异议之诉保障当事人诉讼权利，但如此可能对执行依据外的当事人产生过大影响（比如可能使其承担本不应承担的起诉责任，支付额外的诉讼费或律师费等），也不符合执行审查程序的功能定位。

39. 一人有限责任公司作为被执行人时，能否追加公司股东为被执行人？

解析：《公司法》（2018年修正）第63条规定："一人有限责任公司的股东不能证明公司财产独立于股东自己的财产的，应当对公司债务承担连带责任。"《最高人民法院关于民事执行中变更、追加当事人若干问题的规定》（2020年修正）第20条规定："作为被执行人的一人有限责任公司，财产不足以清偿生效法律文书确定的债务，股东不能证明公司财产独立于自己的财产，申请执行人申请变更、追加该股东为被执行人，对公司债务承担连带责任的，人民法院应予支持。"根据上述规定，诉讼中未要求股东承担连带责任的，债权人也可以在执行阶段申请追加其为被执行人。

公司的有限责任是我国公司制度的基石，旨在减少和控制投资者的风险，并将公司风险与投资者责任严格区分，从而促进市场的蓬勃发展。但实践中，常有股东恶意利用公司的有限责任制度逃避债务，造成公司可以用于履行债务的财产大量减少，损害公司债权人的利益。针对此情况，《最高人民法院关于民事执行中变更、追加当事人若干问题的规定》（2020年修正）第20条引入了公司"法人人格否认"制度。法人人格否认是指，于特定情形下，在公司与特定的第三人之间存在问题的法律关系中，暂时性地否认公司独立人格及股东有限责任，使股东对特定债权承担责任。《公司法》（2018年修正）第20条第3款规定，公司股东滥用公司法人独立地位和股东有限责任，逃避债务，严重损害公司债权人利益的，应当对公司债务承担连带责任。这是对公司人格否认的一般规定。一人有限责任公司使原本普通有限责任公司所拥有的复数股东之间相互制约、相互监督的关系不复存在，也让复数股东之共同意思形成公司意思的机能形同虚设。这是由一人有限责任公司股东的唯一性决定的，既然唯一股东之意思便是公司的意思，则容易造成一人有限责任公司业务与股东其他业务的多方面混同，诸如经营业务的完全一致，公司资本与股东财产的混杂使用，公司营业场所与股东居所合一等。由此使公司相对人难以分清与之交易的对象是公司还是股东个人，也无法保证公司之财产的完整性，最终导致公司债权人承担较大的交易风险。同时，由于一人有限责任公司生产经营的混同性，导致企业所得税与个人所得税的混乱，势必影响国家税收收入，而且公司员工的利益也无法切实得到保障。因此，要求股东的财产应当与公司的财产相分离且产权清晰，这样双方的权责明确，既有利于市场经济的稳健发展，也有利于相对债权人利益的保障。针对一人有限责任公司的特殊情况，为了更好地保护公司债权人的利益，降低交易风险，这一规定是完全必要的，其根本目的就在于强化要求一人有限责任公司的股东必须将公司财产与本人财产严格分离。[①]

在实操上，申请执行人申请追加该公司股东为被执行人对公司债务承担连带责任的，应当由被执行人公司提供公司银行账户流水、每一年度会计报告和审计报告以证明公司财产独立于股东自己的财产。申请执行人可以向执行实施部门申请调取被执行人公司及股东银行账户流水等能够证明被执行人公司财产与股东财产混同的证据。

40. 追加一人有限责任公司股东作为被执行人时，对一人有限责任公司的认定按照形式标准还是实质标准？

解析：一人有限责任公司区别于普通有限责任公司的特别规定在于《公司法》（2018 年修正）第 63 条，该条规定："一人有限责任公司的股东不能证明公司财产独立于股东自己的财产的，应当对公司债务承担连带责任。"即一人有限责任公司的法人人格否认适用举证责任倒置规则。之所以如此规定，原因系一人有限责任公司只有一个股东，缺乏社团性和相应的公司机关，没有分权制衡的内部治理结构，缺乏内部监督。股东既是所有者，又是管理者，个人财产和公司财产极易混同，极易损害公司债权人利益。故通过举证责任倒置，强化一人有限责任公司的财产独立性，从而加强对债权人的保护。据此，在认定被执行人是否构成一人有限公司时，应坚持实质标准。对于形式上、名称上不是一人有限责任公司，但主体构成和规范适用上具有高度相似性，对外承担责任时应与一人有限责任公司适用同样的规则。

一种情况是夫妻二人用共同财产设立并且共同经营的有限责任公司。在（2019）最高法民再 372 号案件中，青曼瑞公司系熊某平、沈某霞两人出资成立，但熊某平、沈某霞为夫妻，青曼瑞公司设立于双方婚姻存续期间，且青曼瑞公司工商登记备案资料中没有熊某平、沈某霞财产分割的书面证明或协议。最高人民法院认为，本案青曼瑞公司由熊某平、沈某霞夫妻二人在婚姻

---

① 最高人民法院执行局编著：《〈最高人民法院关于人民法院强制执行股权若干问题的规定〉理解与适用》，人民法院出版社 2023 年版，第 45～57 页。

关系存续期间设立，公司资产归熊某平、沈某霞共同共有，双方利益具有高度一致性，亦难以形成有效的内部监督。熊某平、沈某霞均实际参与公司的管理经营，夫妻其他共同财产与青曼瑞公司财产亦容易混同，从而损害债权人利益。在此情况下，应参照《公司法》第63条规定，将公司财产独立于股东自身财产的举证责任分配给股东熊某平、沈某霞。综上，青曼瑞公司与一人有限责任公司在主体构成和规范适用上具有高度相似性，二审法院认定青曼瑞公司系实质意义上的一人有限责任公司并无不当。

另一种情况是自然人与其独资公司设立的有限责任公司。在（2018）最高法民申178号案件中，重庆蓝宇公司系由股东蓝某泽与蓝东房产公司共同出资设立，但蓝东房产公司为蓝某泽一人独资控股的公司。最高人民法院认为，在雷某桦等四人提出重庆蓝宇公司与蓝某泽存在财产混同抗辩的情况下，蓝某泽应对其个人财产与公司财产没有混同的事实承担举证责任。因蓝某泽未完成相应举证责任，原审法院认定蓝某泽与重庆蓝宇公司之间存在财产混同，并无不当。本案系执行异议之诉，需审查案涉执行标的物和执行行为是否正当，原审法院在庭审中出示执行部门调取的材料，并组织质证和审查，不违反法律规定。重庆蓝宇公司虽注册为有限责任公司，但其实质是蓝某泽个人独资。又因重庆蓝宇公司与蓝某泽之间存在财产混同，故原审法院适用《最高人民法院关于民事执行中变更、追加当事人若干问题的规定》（2016年施行）第13条规定，认定本案可以直接执行重庆蓝宇公司财产，亦无不妥。

可见，无论从理论上分析，还是实践成例，均支持采用实质标准。

41. 被执行人未经"依法"清算即注销的，能否追加股东、董事等主体为被执行人？

解析：《最高人民法院关于民事执行中变更、追加当事人若干问题的规定》（2020年修正）第21条规定："作为被执行人的公司，未经清算即办理注销登记，导致公司无法进行清算，申请执行人申请变更、追加有限责任公司的股东、股份有限公司的董事和控股股东为被执行人，对公司债务承担连带清偿责任的，人民法院应予支持。"这里的"未经清算"是否包括"未经依法清算"的情形，实务中存在争议。

一种观点认为，不应将"未经依法清算"视为"未经清算"。该条的适用需要同时具备"未经清算即办理注销登记"和"导致公司无法进行清算"两个要件，只要公司办理注销登记形式上进行了清算，即不属于该条规定调整范围，除非满足《最高人民法院关于民事执行中变更、追加当事人若干问题的规定》（2020 年修正）第 23 条规定的情形，否则不应支持申请执行人追加清算义务人为被执行人的申请。

另一种观点认为，"未经依法清算"应当视为"未经清算"，能否支持申请执行人追加清算义务人为被执行人的申请，取决于是否"导致公司无法进行清算"。首先，根据《公司法》（2018 年修正）第 180 条、第 183 条、第 188 条的规定，公司申请注销公司登记前制作清算报告是法定程序。其次，无论是"未经清算"与"未经依法清算"，在公司据以进行清算的财产、账册、重要文件尚未灭失的情况下，即便公司已经办理注销登记，仍可以进行清算；相反，如果导致公司无法进行清算，则均应对公司债务承担连带清偿责任。因此，将"未经清算"与"未经依法清算"进行区分，不具有现实意义。

研析认为，"未经清算"应理解为清算义务人未履行清算义务，不包括不适当履行清算义务的情形。理由如下：第一，《最高人民法院关于民事执行中变更、追加当事人若干问题的规定》（2020 年修正）第 1 条规定："执行过程中，申请执行人或其继承人、权利承受人可以向人民法院申请变更、追加当事人。申请符合法定条件的，人民法院应予支持。"该规定第 21 条、第 23 条分别使用"未经清算"和"未经依法清算"，分别对应《最高人民法院关于适用〈中华人民共和国公司法〉若干问题的规定（二）》（2020 年修正）第 20 条第 1 款的"未经清算"和第 2 款的"未经依法清算"，属于专门进行的区分规定。因此，从字面含义看，"未经清算"应专指完全未履行清算义务的情形，而不包括未适当履行清算义务的情形。

第二，虽然根据我国公司法律规范，清算是公司终止的法定前置程序，公司未经清算不得办理注销登记，但在经济活动中，存在着公司未经清算即办理注销登记的情形，如仅由股东或者第三人书面承诺对被执行人的债务承担清偿责任后，即办理注销登记的简易注销等，这些情形往往会直接导致公司无法进行清算。《最高人民法院关于适用〈中华人民共和国公司法〉若干问题的规定（二）》（2020 年修正）第 20 条第 1 款和第 2 款均意在解决这一情形下相关主体对公司债务所应当承担的清偿责任。因此，从实际情况看，将"未经清算"与"未经依法清算"进行区分，具有现实意义。

第三，在"未经依法清算"的情形下，清算义务人对公司债务所应当承担的是相应赔偿责任。《最高人民法院关于适用〈中华人民共和国公司法〉若干问题的规定（二）》（2020 年修正）第 19 条规定："有限责任公司的股东、股份有限公司的董事和控股股东，以及公司的实际控制人在公司解散后，恶意处置公司财产给债权人造成损失，或者未经依法清算，以虚假的清算报告骗取公司登记机关办理法人注销登记，债权人主张其对公司债务承担相应赔偿责任的，人民法院应依法予以支持。"第11条规定："公司清算时，清算组应当按照公司法第一百八十五条的规定，将公司解散清算事宜书面通知全体已知债权人，并根据公司规模和营业地域范围在全国或者公司注册登记地省级有影响的报纸上进行公告。""清算组未按照前款规定履行通知和公告义务，导致债权人未及时申报债权而未获清偿，债权人主张清算组成员对因此造成的损失承担赔偿责任的，人民法院应依法予以支持。"据此，未经依法清算既包括"以虚假的清算报告骗取公司登记机关办理法人注销登记"，也包括未"将公司解散清算事宜书面通知全体已知债权人"，上述情形未必均会导致无法查明公司办理注销登记时责任财产的结果。因此，认定清算义务人未尽清算义务，造成公司财产损失并导致公司债权人的利益受损害，而承担对债权人的相应赔偿责任时，还需要依法考察清算义务人的过错及其行为与债权人损失之间的因果关系。因此，虽然无论是"未经清算"抑或"未经依法清算"，如果"导致公司无法进行清算"，清算义务人均应对公司债权人承担全部的连带清偿责任，但"未经依法清算"与"未经清算"所导致的后果、所需审查的内容并不完全一致。

第四，根据《最高人民法院关于民事执行中变更、追加当事人若干问题的规定》（2020年修正）的相关规定，与债权人通过诉讼途径救济相比，债权人申请追加当事人为被执行人，具有以下几个特殊效果：（1）申请对清算义务人的财产采取查封、扣押、冻结措施，无需提供行诉前保全的担保；（2）如果清算义务人被追加为被执行人后，未提出异议，则可以直接处分清算义务人的财产；（3）虽然被追加为被执行人的清算义务人提出异议后，人民法院不得对清算义务人争议范围内的财产进行处分，但申请人请求人民法院继续执行并提供相应担保的，人民法院可以准许。以上效果决定了追加当事人为被执行人的救济途径和诉讼途径救济相比具有便捷、高效等特点。但上述的便捷、高效等特点，也同时决定了如果追加错误，也很有可能会构成对清算义务人合法权益的侵害。因此，追加、变更当事人为被执行人，应当属于特殊规定、执行程序的例外规定，属于现实需求迫切、法律关系简单、易于审查判断的情形。在执行程序中审查"清算"程序是否合法，不合法的行为是否"导致公司无法清算"，与损害结果之间是否具有因果关系，进而判断当事人是否应当对债权人承担连带清偿责任，不符合上述"法律关系简单、易于审查判断"的特点，审查不当，容易诱发对清算义务人合法权益的侵害。

综上，虽然"未经依法清算"，清算义务人亦应对因此给债权人造成的损失承担赔偿责任，但债权人应当依据《最高人民法院关于适用〈中华人民共和国公司法〉若干问题的规定（二）》（2020 年修正）第 11 条或者第 19 条的方式寻求救济。以其清算形式不合法，导致公司无法清算为由，依据《最高人民法院关于民事执行中变更、追加当事人若干问题的规定》（2020 年修正）第 21 条申请追加当事人为被执行人的，不予以支持。

42. 执行中，能否变更、追加名为投资实为分立的企业法人为被执行人？

解析：《最高人民法院关于民事执行中变更、追加当事人若干问题的规定》（2020 年修正）第 12 条规定："作为被执行人的法人或非法人组织分立，申请执行人申请变更、追加分立后新设的法人或非法人组织为被执行人，对生效法律文书确定的债务承担连带责任的，人民法院应予支持。但被执行人在分立前与申请执行人就债务清偿达成的书面协议另有约定的除外。"据此，分立属于变更追加当事人的情形，人民法院在执行中有权对是否构成分立进行认定。但是，执行机构在审查过程中，能否根据相关公司以及其股东之间的实质法律关系进行实质认定，不无疑问。

最高人民法院通过系列案例，明确了人民法院可以进行实质审查和认定。在（2017）最高法执复 8 号执行裁定书中，最高人民法院认为，一般来说，企业正常进行资产重组时采取资产转让、转投资或是分立的方式，应当尊重企业自己在交易安排中的定性。但本案的情形是，在其作为被执行人的执行程序开始后，飞虹集团公司于 2009 年 9 月 9 日与内地居民在香港刚刚注册设立的个人独资华盛嘉实公司签订协议，设立飞虹建设公司，且由飞虹集团公司承担大部分出资义务及让出企业资质，将钢结构制造施工设备以及商标、商誉等均转给飞虹建设公司，而债务仍由飞虹集团公司承担；在飞虹建设公司注册成立不足 1 个月的时间内，飞虹集团公司即将其持有的飞虹建设公司股份转让给鑫路通公司、华实公司，后者在支付受让股权对价后又通过第三方将支付的股权受让对价款收回。由此导致飞虹集团公司成为一空壳公司，丧失继续经营能力及偿债能力。上述做法绝不是飞虹集团公司正常的转投资和股权转让行为，将上述行为认定为飞虹集团公司转移财产规避执行行为，是合情合理的结论。上述行为具有诈欺及损害债权人合法权益的目的，对此种行为，人民法院对其交易性质进行与其实质相符的重新认定具有正当性。在该裁定中，最高人民法院从几个方面进行了综合分析判断，最终认定将飞虹建设公司追加为被执行人，对本案执行依据确定的债务承担连带责任，具有事实和法律依据。

质言之，申请变更、追加当事人，本质上是通过诉讼完成的事项。所以，执行机构在办理变更、追加当事人审查类案件时，应进行实体审查。

43. 主债务人和保证人同为被执行人，应否先执行主债务人后执行保证人？

解析： 如保证人提供的担保为连带责任保证，根据《民法典》（2021年施行）第688条第2款的规定，连带责任保证的债务人不履行到期债务或者发生当事人约定的情形时，债权人可以请求债务人履行债务，也可以请求保证人在其保证范围内承担保证责任。因担保人提供保证的相对人是债权人而非债务人，担保的主要目的是保证债权人实现债权，确保经济交易安全。一旦主债务人到期不履行债务，此时债权人可以同时向主债务人和担保人主张权利，也可以单独向担保人主张权利。担保人经人民法院生效判决确认其提供的担保为连带保证，连带保证人承担的责任类型为连带责任，连带债务的任一债务人履行债务都会导致债务全部或部分清偿，因此，连带保证人在执行中与主债务人处于同一顺位。执行程序中，要求对连带责任债务先执行主债务人，在主债务人不能清偿或不足清偿时，再对其他保证人予以执行，于法无据。

但在以下三种情形，应当先执行主债务人后执行保证人：第一，一般保证。根据《民法典》（2021年施行）第687条第2款的规定，一般保证的保证人在主合同纠纷未经审判或者仲裁，并就债务人财产依法强制执行仍不能履行债务前，有权拒绝向债权人承担保证责任。相对于主债务人而言，主债务人是承担第一顺序债务的债务人，一般保证人因享有先诉抗辩权处于第二顺位。[1] 第二，既有人的担保又有主债务人提供物的担保。在没有约定实现债

---

① 根据《民法典》（2021年施行）第687条第2款的规定，有下列情形之一的除外："（一）债务人下落不明，且无财产可供执行；（二）人民法院已经受理债务人破产案件；（三）债权人有证据证明债务人的财产不足以履行全部债务或者丧失履行债务能力；（四）保证人书面表示放弃本款规定的权利。"

权的方式时，根据《民法典》（2021 年施行）第 392 条规定，被担保的债权既有物的担保又有人的担保的，债务人不履行到期债务或者发生当事人约定的实现担保物权的情形，债权人应当按照约定实现债权；没有约定或者约定不明确，债务人自己提供物的担保的，债权人应当先就该物的担保实现债权；第三人提供物的担保的，债权人可以就物的担保实现债权，也可以请求保证人承担保证责任。提供担保的第三人承担担保责任后，有权向债务人追偿。此时保证人也应承担第二顺序的债务，先通过处置债务人的担保物进行清偿。第三，无效保证。《最高人民法院关于适用〈中华人民共和国民法典〉有关担保制度的解释》（2021 年施行）第 17 条规定："主合同有效而第三人提供的担保合同无效，人民法院应当区分不同情形确定担保人的赔偿责任：（一）债权人与担保人均有过错的，担保人承担的赔偿责任不应超过债务人不能清偿部分的二分之一；（二）担保人有过错而债权人无过错的，担保人对债务人不能清偿的部分承担赔偿责任；（三）债权人有过错而担保人无过错的，担保人不承担赔偿责任。""主合同无效导致第三人提供的担保合同无效，担保人无过错的，不承担赔偿责任；担保人有过错的，其承担的赔偿责任不应超过债务人不能清偿部分的三分之一。"此时，无效保证人相对主债务人而言也应承担第二顺位的债务。在上述三种情况下，人民法院应当首先执行主债务人的财产，不够清偿时，再对其他担保人的财产予以执行。

（四）执行程序

※执行立案

44. 债务人登记地与主要办事机构所在地不一致的，如何确定"被执行人住所地"？

解析：设例如下：甲申请执行仲裁裁决，被执行人乙公司现注册地虽在丙法院辖区内，但该公司登记地并非其主要办事机构所在地，且法院未查明其主要办事机构具体所在。甲亦表示自己不清楚乙公司的主要办事机构所在。对该执行申请，法院应如何处理？

研析认为，执行管辖是人民法院行使执行权的基础，是划分不同的人民法院执行职责和权限的依据。《民事诉讼法》（2023 年修正）第 235 条第 2 款规定:"法律规定由人民法院执行的其他法律文书,由被执行人住所地或者被执行的财产所在地人民法院执行。"因此,例案的关键在于,当被执行人住所地债务人登记地与主要办事机构所在地不一致的,如何确定"被执行人住所地"。《民法典》(2021 年施行)第 63 条规定:"法人以其主要办事机构所在地为住所。依法需要办理法人登记的,应当将主要办事机构所在地登记为住所。"第 64 条规定:"法人存续期间登记事项发生变化的,应当依法向登记机关申请变更登记。"第 65 条规定:"法人的实际情况与登记的事项不一致的,不得对抗善意相对人。"据此,法人登记的住所与主要办事机构所在地应该一致。法人登记信息具有公示效力,能够作为确定执行管辖的依据。一方当事人基于法人登记信息确定法人住所地,并据此确定管辖法院寻求司法救济,人民法院应予支持,否则将使人们不得不自力调查法人的各项情况与登记信息是否一致,增加社会成本和当事人负担。此外,申请执行人非因自身过错而不掌握法人实际主要办事机构所在地,依据登记信息确定法人住所,并据此向有管辖权的人民法院申请执行,应该推定其属于善意相对人,对其请求应予支持。《最高人民法院关于适用〈中华人民共和国民事诉讼法〉的解释》(2022 年修正)第 3 条规定:"公民的住所地是指公民的户籍所在地,法人或者其他组织的住所地是指法人或者其他组织的主要办事机构所在地。""法人或者其他组织的主要办事机构所在地不能确定的,法人或者其他组织的注册地或者登记地为住所地。"例案中,乙公司的登记地在丙法院的辖区内,丙法院查明乙公司登记地并非其主要办事机构所在地,但并未查明其主要办事机构具体所在。甲亦表示自己不清楚乙公司的主要办事机构所在。这种情况下,应当认定符合司法解释规定的"法人或者其他组织的主要办事机构所在地不能确定的"情形,以乙公司登记的住所作为公司住所,故丙法院对本案具有管辖权。

参考案例:在(2021)最高法执监 549 号执行裁定书中,最高人民法院认为,本案中,中信恒达公司的登记地在延林中院的辖区内。吉林省延边林区中级法院和吉林省高级人民法院查明中信恒达公司登记地并非其主要办事机构所在地,并未查明其主要办事机构具体所在。申诉人亦表示自己不清楚中信恒达公司的主要办事机构所在。这种情况下,应当认定符合司法解释规定的"法人或者其他组织的主要办事机构所在地不能确定的"情形,应当以中信恒达公司登记的住所作为公司住所,故吉林省延边林区中级法院对本案具有管辖权。

45. 互负履行义务区分主给付义务与附随义务的，是否为必须同时履行的对待给付义务？

解析： 设例如下：甲公司与乙公司建设工程施工合同纠纷一案，A市仲裁委员会作出裁决，内容为：一、甲乙公司之间签订的建设工程施工合同合法有效。二、乙公司于10日内向甲公司支付工程款2亿元。甲公司向乙公司移交按照国家有关规定应当移交的有关施工资料，配合乙公司办理竣工手续。乙公司未在期限内支付工程款，甲公司申请强制执行。乙公司认为法院不应立案，理由是交公司提供的资料不齐全，不具备竣工验收条件。

对此，一种意见认为，本案仲裁裁决内容属于双方互负义务的法律文书。在甲公司未按照裁决书的要求，向乙公司移交按照国家有关规定应当移交的有关施工资料，并配合其办理竣工验收手续的情况下，申请执行甲公司的条件不成就。故应裁定驳回甲公司的执行申请。

另一种意见认为，在仲裁裁决生效后，双方均应自动履行其所负的义务，如果一方不履行义务，另一方有权在法定期限内向人民法院申请执行。甲公司申请执行于法有据。本案中，乙公司并未申请执行，在甲公司申请执行后的执行程序中，以甲公司未履行义务不能申请强制执行为由请求人民法院不予立案，缺乏法律依据。况且，本案在执行中，在乙公司未申请执行的情况下，甲公司提交了一定的施工资料。即便认为仲裁裁决认定的甲公司应当履行的义务内容不明确，导致对该项无法执行，亦应由甲公司对该项的执行行使抗辩权或由乙公司依法通过其他程序解决仲裁裁决的问题，而不能以此认定权利内容明确的权利人甲公司申请执行的条件不成就。

该设例为最高人民法院（2018）最高法执监45号案件的简化版。在该案中，最高人民法院明确了一般不应将附随义务与主给付义务作为必须同时履行的对待给付义务的规则。具体而言：首先，仲裁裁决是基于甲公司的申请作出，裁决的核心内容是确定乙公司支付工程款的义务及具体数额，且对乙公司履行义务的时间专门提出了要求，即应在收到裁决之日起10日之内履行完毕。因此，就乙公司支付工程款这项给付内容而言，仲裁裁决确定的具体数额、时间都是明确的。而在仲裁程序中，乙公司未提起反请求，因此仲裁裁决中关于甲公司应履行义务的内容，并非独立的裁决事项，更不是核心裁决内容。仲裁庭的意见及裁决主文中并未将提交施工资料和配合验收作为乙公司支付工程款的前提条件，仲裁庭意见中指出的是"在乙公司对甲公司已完成的工程据实结算、支付工程款的同时，甲公司应承担已完工程相应资料的移交义务和配合乙公司验收的义务"，实际上首先强调的是乙公司的支付义务。乙公司在申诉书中也认可甲公司移交施工资料和配合验收是其应当履行的附随义务。通常理解上，一般不应将附随义务与主给付义务作为必须同时履行的对待给付义务。因此，甲公司提交施工资料和配合验收的内容是否明确，不应直接影响甲公司对仲裁裁决申请执行的权利。在基于甲公司的申请而启动执行程序后，本案执行应是以强制乙公司履行工程款给付义务为主，甲公司移交施工资料及配合验收的义务可在执行程序中附带解决。即便该项义务内容不明确，导致对该项裁决内容无法执行，亦只应就乙公司对该项内容的执行请求予以驳回，而不应由此直接认定甲公司申请执行的条件不成就，进而驳回其执行申请。

从这个案件可见，判决（或裁决）继续履行但未列明具体履行内容的，在执行程序中未必一定驳回执行申请。如果明确、简单的，可以在执行程序中直接确定。比如在本案中，执行法院的基本处理方式，是与相关行政主管机关沟通并听取双方当事人的意见，确定资料的基本范围并责令被执行人提交。已经提交的资料，如果行政主管机关认为资料不全，根据行政主管机关的要求进一步确定，以达到移交施工资料的目的或效果。当然，如最终无法明确，应依法通过其他程序解决。

46. 生效判决判令互负义务的，申请执行时效如何计算？

解析：《民事诉讼法》（2023年修正）第250条规定："申请执行的期间为二年。申请执行时效的中止、中断，适用法律有关诉讼时效中止、中断的规定。""前款规定的期间，从法律文书规定履行期间的最后一日起计算；法律文书规定分期履行的，从最后一期履行期限届满之日起计算；法律文书未规定履行期间的，从法律文书生效之日起计算。"该条规定及相关司法解释，并未明确在互负债务的情况下，申请执行时效如何计算。

研析认为，法律规定申请执行期限的目的，是督促当事人行使权利，尽快实现法律文书确立的权利义务关系，保证法律文书的严肃性和有效性。申请执行期限的起算，应以当事人享有实体法上的权利为前提条件。这里需要区分互负义务是否有履行顺序。

如果有履行顺序，要看在先义务是否履行。比如，执行依据确定，甲先支付款项，乙后返还房屋义务。对于乙而言，负有的是附条件义务，在条件成就前，乙不负有返还房屋的义务，甲亦不享有请求乙返还房屋的权利，申请执行期限亦无从起算。因此，甲要求乙返还房屋的申请执行期限应当从相关条件成就时起算。

如果没有履行顺序，原则上只有当申请执行的债权人已经履行给付义务或提出给付的，人民法院才可以开始对对方强制执行。故该申请执行人申请执行的，表明其对该判决中确定的己方义务无异议并同意履行，进入执行程序后将导致对方的申请执行时效发生中断的法律效果，且在执行程序中一直处于中断状态。对方申请执行时前一个执行程序尚未终结的，未超过申请执行时效。

参考案例：在（2018）最高法执监455号执行裁定书中，最高人民法院认为，中建一局负有的返还房屋义务，以庄胜公司支付相应款项为条件，在条件成就前，中建一局不负有返还房屋的义务，庄胜公司亦不享有请求中建一局返还房屋的权利，申请执行期限亦无从起算。因此，庄胜公司要求中建一局返还房屋的申请执行期限应当从相关条件成就时起算。

在（2021）最高法执监342号执行裁定书中，最高人民法院认为，本案中，四川省高级人民法院（2013）川民终字第437号民事判决判令宏昌公司向欣祥瑞公司支付工程款及资金利息外，还判令欣祥瑞公司须同时向宏昌公司移交工程资料及部分剩余材料、撤出施工现场等，属于互负债务且没有先后履行顺序，原则上只有当申请执行的债权人已经履行给付义务或提出给付的，人民法院才可以开始强制执行。故欣祥瑞公司于2015年4月8日向四川省绵阳市中级人民法院申请执行上述判决中的支付工程款义务，表明其对该判决中确定的己方义务无异议，进入执行程序后宏昌公司的申请执行时效发生中断的法律效果。

47. 借款及撤销权诉讼原告胜诉后，两个债务人之间自行返还的，原告还能否申请执行？

解析：设例如下：针对某借款合同、撤销权纠纷，法院经审理，判决支持了原告甲公司的请求，判令被告乙公司偿还借款，并撤销了被告乙公司与被告丙公司股权置换的行为，判令乙、丙公司相互返还股权。判决生效后，乙、丙公司在未告知人民法院和债权人的情况下相互返还股权，变更登记到乙公司名下的股权于次日被转移给其他公司。甲公司申请执行后，乙、丙公司主张已经履行完毕，对此法院是否支持？

该设例为最高人民法院第118号指导性案例的简化版。在该案例中，最高人民法院明确，不能认可返还行为的正当性。具体而言，法律设置债权人撤销权制度的目的，在于纠正债务人损害债权的不当处分财产行为，恢复债务人责任财产以向债权人清偿债务。丙公司返还股权、恢复乙公司的偿债能力的目的，是向甲公司偿还其债务。只有在通知胜诉债权人，以使其有机会申请法院采取冻结措施，从而能够以返还的财产实现债权的情况下，完成财产返还行为，才是符合本案诉讼目的的履行行为。任何使甲公司诉讼目的落空的所谓返还行为，都是严重背离该判决实质要求的行为。因此，认定是否构成符合判决要求的履行，都应以该判决的目的为基本指引。尽管在本案诉讼期间及判决生效后，乙公司与丙公司之间确实有运作股权返还的行为，但其事前不向人民法院和债权人作出任何通知，且股权变更登记到乙公司名下的次日即被转移给其他公司，在此情况下，该种行为实质上应认定为规避判决义务的行为。原告申请执行的，人民法院应当受理。

48. 民事调解书的履行是否构成违约、 所造成损失的数额以及违约金的数额等问题， 能否在执行程序中解决？

解析： 调解书作为执行依据且在调解书履行过程中产生了较为复杂的新事实，当事人之间对违约条款的适用等实体问题发生了重大争议，应当允许当事人通过另行提起诉讼的方式解决新的纠纷。近年来，最高人民法院相关案例往往支持调解书履行中产生的实体争议应通过另行诉讼解决。例如，伊宁市华强新型建材有限责任公司申请执行监督一案，最高人民法院作出的（2014）执监字第80号执行裁定书认为，当事人双方在履行生效调解书过程中是否违约以及违约程度等，属于与案件审结后新发生事实相结合而形成的新的实体权利义务争议，并非简单的事实判断，若在执行程序中直接加以认定，则缺乏程序的正当性和必要的程序保障。为更加有效地保障各方当事人的合法权益，应允许当事人通过另行提起诉讼的方式予以解决。该案的调解书中约定了四个条款的违约责任，双方对违约责任存在重大争议。又如，山西祁县宇通碳素有限公司（以下简称宇通公司）与青海鑫恒铝业有限公司（以下简称鑫恒公司）、青海黄河有色金属有限公司（以下简称黄河公司）买卖合同纠纷执行复议一案，最高人民法院作出的（2015）执复字第14号执行裁定书认为，执行程序中双方在履行调解书的过程中就是否构成违约以及违约责任如何承担产生的争议，不属于执行异议、复议案件的审理范围，违约金的支付可以通过另行诉讼以实现其权利救济。该案调解书确认鑫恒公司以铝锭代黄河公司偿还宇通公司欠款，由宇通公司自提铝锭并由鑫恒公司提供增值税发票，若鑫恒公司拒绝履行则应支付违约金，双方对违约责任存在重大争议。再如，海南金海安物业发展有限责任公司、深圳市建筑装饰（集团）有限公司建设工程施工合同纠纷执行监督一案，最高人民法院作出的（2017）最高法执监341号执行裁定认为，在调解书作为执行依据的情况下，人民法院有权对调解书中确定的履行条件是否明确、是否成就等进行审查。如果当事人对此存在重大争议，而这些情况属于与案件审结后新发生的事实相结合而形成的新的实体权利义务争议，则执行程序中不宜直接作出认定，应当允许当事人通过另行提起诉讼的方式予以解决，以便给予当事人更充分的程序保障。该案调解书包含"任何一方违反协议条款导致履约迟延的，每逾期一日应支付1万元的违约金直至协议履行完毕"的约定，双方对违约责任存在重大争议。另如，付某平、国网新疆电力有限公司喀什供电公司建设工程合同纠纷执行监督一案，最高人民法院作出的（2020）最高法执监310号执行裁定书认为，当事人在履行（2017）最高法民再81号民事调解书过程中，对于履行情况是否构成违约产生了争议。对于履行情况是否构成违约、所造成损失的数额以及违约金的数额等问题，属于新发生的争议，新疆维吾尔自治区高级人民法院认为可另行通过审判程序予以确认，本院予以维持。

当然，这也并非绝对的。对于简单、明确的争议，比如仅涉及期限的，不构成执行内容的不明确，可由执行程序直接处理。在（2018）最高法执监455号执行裁定书中，最高人民法院认为，是否自行履行完毕或部分履行，原则上是执行程序判断事项，不属于执行内容不明。但关于迟延履行的违约责任问题，涉及复杂争议的审理判定，指引另诉解决。

49. 撤回执行申请后，能否到其他有管辖权的法院重新申请执行？

解析：《最高人民法院关于执行案件立案、结案若干问题的意见》（法发〔2014〕26号）第5条规定："执行实施类案件类型代字为'执字'，按照立案时间的先后顺序确定案件编号，单独进行排序；但执行财产保全裁定的，案件类型代字为'执保字'，按照立案时间的先后顺序确定案件编号，单独进行排序；恢复执行的，案件类型代字为'执恢字'，按照立案时间的先后顺序确定案件编号，单独进行排序。"第6条规定："下列案件，人民法院应当按照恢复执行案件予以立案：……（五）依照民事诉讼法第二百五十七条的规定而终结执行的案件，申请执行的条件具备时，申请执行人申请恢复执行的。"据此，申请执行人撤回执行申请，执行法院裁定终结执行后，债权人可申请恢复执行。该恢复执行的申请，既然是恢复执行，其仍应向原执行法院申请恢复执行。

之所以作出这样的限定，主要是由于管辖恒定原则。执行管辖恒定，是为了保持执行工作的延续性，避免不同法院衔接导致程序复杂化，避免不同法院信息不对称影响当事人权益，另外在管理层面也不会导致案件重复统计。

但是，对该问题，实践中应当放宽标准。这是因为：第一，从法理上看，撤回执行申请后再次申请执行，属于重新申请执行，而非申请恢复执行。既然是重新申请执行，就不应当受到原行为的限制。第二，从实践需求看，允许到其他法院重新申请执行，有利于发挥财产所在地法院的优势，也有利于破除地方保护主义的影响。鉴于这两点，即便确实有《最高人民法院关于执行案件立案、结案若干问题的意见》（法发〔2014〕26 号）第 5 条、第 6 条的限制，也应当尽量从宽掌握。

50. 二审期间因诉讼外和解撤回上诉的，申请执行一审判决，是否需要符合 "一方当事人不履行或不完全履行和解协议" 的条件？

解析：《最高人民法院关于执行和解若干问题的规定》（2020 年修正）将 "执行和解" 限定为执行中的和解，而只有执行和解可以直接产生中止执行的效力。对于执行外和解，需要由债务人通过执行异议的方式提出抗辩，并由人民法院对其异议予以审查处理。和解协议履行完毕的，裁定终结执行；和解协议约定的履行期限尚未届至或者条件尚未成就的，以及被执行人正按和解协议履行义务的，裁定中止执行。据此，当事人在二审期间达成的诉讼外和解协议，不属于 "执行和解" 的范畴，不能直接产生中止执行的效力。由于二审期间撤回上诉，一审判决生效。只要申请执行人申请，即应执行。可见，当事人因达成和解协议撤回上诉，执行依据仍然是一审判决。权利人申请执行，不必以 "一方当事人不履行或不完全履行和解协议" 为条件。

需要注意的是，对于二审期间当事人达成和解协议的情形，需要审判和执行环节做好衔接配合。二审法院知悉当事人在二审期间达成和解的，可以告知当事人有权申请制作调解书或者由原审原告撤回起诉，① 释明不制作调解书仅撤回上诉的法律后果是一审判决生效并可能据此执行。

参考案例：在第 119 号指导性案例中，最高人民法院认为，执行程序开始前，双方当事人自行达成和解协议并履行，一方当事人申请强制执行原生效法律文书的，人民法院应予受理。被执行人以已履行和解协议为由提出执行异议的，可以参照《最高人民法院关于执行和解若干问题的规定》第 19 条的规定审查处理。

51. 不作为义务的申请执行时效期间从何时起算？

解析：权利人在一定期间内不行使权利，在该期间届满后义务人获得抗辩权，这被概括为诉讼时效制度。这一制度的主要功能是促使权利人及时行使权利、稳定生活秩序、维护法律秩序和交易安全。《民事诉讼法》（2023 年修正）第 250 条规定申请执行的期间为 2 年，申请执行时效的中止、中断，适用法律有关诉讼时效中止、中断的规定。《最高人民法院关于适用〈中华人民共和国民事诉讼法〉执行程序若干问题的解释》（2020 年修正）等司法解释进一步对申请执行时效的中止、中断及不作为义务的起算期间等作了相关规定。其中，《最高人民法院关于适用〈中华人民共和国民事诉讼法〉执行程序若干问题的解释》（2020 年修正）第 21 条规定："生效法律文书规定债务人负有不作为义务的，申请执行时效期间从债务人违反不作为义务之日起计算。"

但是，对于如何理解"债务人违反不作为义务"，实践中存在一定争议。第一种意见认为，结合不作为义务的特殊性，参照《民法典》关于诉讼时效期间的规定，针对违反不作为义务的申请执行时效期间，应当从申请执行人知道或者应当知道被申请执行人违反不作为义务之日起算。第二种意见认为，应当严格按照司法解释的字面含义来理解，针对不作为义务的申请执行期间，应当自被申请执行人违反不作为义务之日起算，不应当附加申请执行人知道或者应当知道的条件。

研析认为，第一种意见更有道理。理由如下：首先，生效法律文书规定债务人负有不作为义务，相较于规定债务人负有作为义务，具有特殊性。比

---

① 法律依据为《最高人民法院关于适用〈中华人民共和国民事诉讼法〉的解释》（2022 年修正）第 336 条。

如，在知识产权纠纷案件中，判决债务人停止侵害的，申请执行人未必能够知悉债务人是否履行判决所确定的不作为义务。申请执行时效的制度功能是督促当事人及时行使权利，但督促应当建立在当事人知道或应当知道权益受到损害的合理基础之上。如当事人确不知道权益受损，却使其承受超过申请执行时效的法律后果，有违申请执行时效的制度目的。为此，从保护申请执行人权利、维护判决权威的角度看，应对申请执行期间起算时点附加申请执行人知道或者应当知道的条件。其次，《民法典》（2021年施行）第188条第2款规定："诉讼时效期间自权利人知道或者应当知道权利受到损害以及义务人之日起计算……"申请执行时效的原理与诉讼时效基本一致，都是为了督促当事人及时行使权利，尽快稳定交易秩序。并且，对于申请执行时效，当事人未提出抗辩的，人民法院不应当主动进行裁判审查，此方面也与诉讼时效规则保持一致。申请执行时效在制度设计方面还参照适用诉讼时效的相关规定。《民事诉讼法》（2023年修正）第250条第1款规定："申请执行的期间为二年。申请执行时效的中止、中断，适用法律有关诉讼时效中止、中断的规定。"申请执行时效期间特别是针对违反不作为义务的申请执行时效期间宜参照适用此规定，自权利人即申请执行人知道或者应当知道被申请执行人违反不作为义务之日起算。

需要注意的是，《民法典》（2021年施行）第188条、第194条、第195条和第196条，沿袭了《民法总则》的相关规定，将普通诉讼时效期间由2年延长为3年，并改变了诉讼时效中止、中断的计算规则，明确规定了请求停止侵权、基于物权的返还请求权等相关请求权不适用诉讼时效。《民法典》（2021年施行）第995条对人格权受侵害时相关请求权不适用诉讼时效问题作了进一步规定。上述规定改变了有关诉讼时效的原有规则，总体上更加体现对债权人民事权利的保护。理论上民事强制执行应适用《民法典》关于诉讼时效的规定。从域外立法例来看，无论是在民事诉讼法典中规定民事强制执行的德国、我国澳门特别行政区等，还是民事强制执行单行立法的日本、韩国等，都未在执行程序中规定申请执行时效，也无指向民法典时效规定的条文。有鉴于此，从立法论上看，有必要根据《民法典》的相关规定和立法精神，对申请执行期限制度作相应调整，对申请执行期限从宽把握。《民事强制执行法（草案）》（2022年6月第一次审议稿）第15条规定："执行依据确定的民事权利，向人民法院请求保护的时效适用《中华人民共和国民法典》等法律有关诉讼时效的规定。但是，法律规定诉讼时效期间不满三年的，执行依据作出后重新起算的时效期间为三年。"但是，《民事诉讼法》（2023 年修正）第 250 条对此有明确规定，且现行有效。《民事诉讼法》的相关规定未作调整，在申请执行期限和起算时间上，仍应适用《民事诉讼法》的规定。

52. 立案审查时能否以"仲裁机构在仲裁过程中未保障当事人申请仲裁员回避、提供证据、答辩等《仲裁法》规定的基本权利"为由裁定不予受理或者驳回执行申请？

解析： 不能。仲裁裁决不予执行的司法审查程序与执行立案审查程序法律依据不同，审查启动方式、审查标准及救济途径也均不相同。根据《最高人民法院关于人民法院办理仲裁裁决执行案件若干问题的规定》（2018 年施行）第 3 条的规定，经审查，仲裁裁决具有权利义务不明、给付标的不明等情形导致无法执行的，人民法院可以裁定驳回执行申请。《最高人民法院关于仲裁机构"先予仲裁"裁决或者调解书立案、执行等法律适用问题的批复》（2018 年施行）有关仲裁机构在仲裁过程中未保障当事人申请仲裁员回避、提供证据、答辩等《仲裁法》规定的基本程序权利的情形，是对《民事诉讼法》第 237 条（2023 年修正后为第 248 条）第 2 款第 3 项规定的"仲裁庭的组成或者仲裁的程序违反法定程序"应裁定不予执行情形的进一步细化。根据《民事诉讼法》（2023 年修正）第 248 条第 2 款的规定，仲裁不予执行审查程序的启动一般应由被执行人申请。以驳回执行申请方式处理应作不予执行审查的案件，不仅有司法过度干预仲裁之嫌，也可能导致申请执行人的胜诉权益被不当剥夺。所以，对于在立案审查程序中，依据《最高人民法院关于仲裁机构"先予仲裁"裁决或者调解书立案、执行等法律适用问题的批复》（2018 年施行）关于仲裁裁决不予执行的规定，作出驳回执行申请的结论，适用法律及程序均不当，所作裁定应予撤销。

53. 对驳回执行申请裁定不服的，申请人应该提出执行异议还是直接申请复议？

解析：《民事诉讼法》（2023 年修正）对驳回执行申请裁定如何救济的问题并无明确规定，但从司法解释的有关规定、实务做法和执行法理论看，由申请执行人向上一级人民法院申请复议比较合适。主要理由是：

第一，作为一个共性问题，《最高人民法院关于人民法院办理仲裁裁决执行案件若干问题的规定》（2018 年施行）第 5 条、《最高人民法院关于公证债权文书执行若干问题的规定》（2018年施行）第7条对该问题在两类案件中如何解决作了明确规定，除非有特殊情况，其他执行依据宜保持一致。

第二，人民法院受理执行申请后，被执行人认为该申请不符合受理条件的，实务观点认为应由被执行人依据《民事诉讼法》（2023年修正）第236条提出异议。人民法院经审查，认为被执行人异议理由成立的，裁定驳回执行申请。对该裁定不服的，根据《民事诉讼法》（2021年修正）第236条的规定可向上一级人民法院申请复议。驳回执行申请裁定的救济方式，不应因该裁定的作出系人民法院依职权启动还是被执行人提出异议而有区别。

第三，从法理上看，进入执行程序后，若执行法院对执行申请是否符合受理条件有疑问，裁定驳回执行申请前一般会先询问申请执行人，并允许其补交证明材料。也就是说，申请执行人在执行法院已经有了表达意见的机会。在执行法院裁定驳回执行申请后，再由该法院审查申请执行人的异议，并不利于节约司法资源和及时救济申请执行人。

54. 申请执行公证债权文书被裁定不予受理或驳回的，能否申请复议？

解析：《最高人民法院关于公证债权文书执行若干问题的规定》（2018年施行）起草过程中，对于不服不予受理、驳回执行申请的裁定能否申请复议的问题，存在两种意见：第一种意见认为，执行程序中，对不予受理、驳回执行申请的裁定不服的，一般均允许提出复议。公证债权文书执行涉及这个问题的，亦应保持一致。第二种意见认为，不能申请复议，但可以直接诉讼，理由是一次救济原则。与判决、仲裁裁决等法律文书不同，公证债权文书的执行申请被裁定不予受理或者驳回后，当事人可以通过诉讼救济，故可不再设置复议的救济。最终司法解释采纳了第一种意见，与有关不予受理及驳回执行申请的一般程序性规定保持一致。《最高人民法院关于公证债权文书执行若干问题的规定》（2018年施行）第7条第1款规定："债权人对不予受理、驳回执行申请裁定不服的，可以自裁定送达之日起十日内向上一级人民法院申请复议。"

需要指出的是，因未提交执行证书而被裁定不予受理的，债权人如取得符合条件的执行证书，可以再次向人民法院申请执行公证债权文书。

55. 对指定执行能否提出管辖权异议？

解析：2007 年《民事诉讼法》修正后，由于法院之间、当事人之间以及法院与当事人之间对被执行人在某地是否有可供执行的财产等问题认识不一，在管辖权问题上产生分歧，执行管辖权争议的情形增多。2008 年，最高人民法院在起草司法解释过程中认为，有必要明确赋予当事人提出管辖权异议的权利，并对管辖权异议的处理程序予以规范。为此，《最高人民法院关于适用〈中华人民共和国民事诉讼法〉执行程序若干问题的解释》（2008 年施行、2020 年修正）第 3 条规定："人民法院受理执行申请后，当事人对管辖权有异议的，应当自收到执行通知书之日起十日内提出。""人民法院对当事人提出的异议，应当审查。异议成立的，应当撤销执行案件，并告知当事人向有管辖权的人民法院申请执行；异议不成立的，裁定驳回。当事人对裁定不服的，可以向上一级人民法院申请复议。""管辖权异议审查和复议期间，不停止执行。"明确规定了执行案件管辖权异议制度，赋予当事人在执行法院管辖上的救济权。

但本条针对的是一般情况，并不包括指定执行的情形。从最高人民法院相关案例看，并不允许当事人就指定执行提起管辖权异议。在（2015）执复字第 27 号执行裁定书中，最高人民法院认为，依照《最高人民法院关于人民法院执行工作若干问题的规定（试行）》（1998 年施行）第 9 条（2020 年修正后为第 8 条）、《最高人民法院关于高级人民法院统一管理执行工作若干问题的规定》（法发〔2000〕3 号）第 1 条、第 8 条的规定，高级人民法院可以依职权或依当事人申请，决定对本院或下级法院的执行案件指定执行。指定执行是上一级人民法院出于方便执行、利于执行、防止地方保护主义等目的，结合辖区内工作整体部署而作出的决定，体现了上一级法院对下一级法院的执行监督权。在指定执行中，被指定法院是依据上级法院的指定获得管辖权。而管辖权异议则是在人民法院受理执行申请后，当事人对该法院的管辖权不服提出的异议。因此，当事人对指定执行不服的，不属于管辖权异议的范围，不能依据《最高人民法院关于适用〈中华人民共和国民事诉讼法〉执行程序若干问题的解释》（2008 年施行）第 3 条的规定提出管辖权异议。该裁定从管辖权的来源角度排除了就指定执行提出管辖权异议的可能性。

由于对指定执行也不能提起执行行为异议（参见问题 118），当事人对该问题似乎陷入了无可奈何境地。我国执行工作实行上级法院统一管理、统一指挥、统一协调的体制机制，提级、交叉、指定执行是实现"三统一"的具体手段，总体上属于内部范畴。但当其发生外化，影响当事人合法权益时，需要配置相应的救济手段。研析认为，至少应当允许当事人对此申请执行监督。

※执行内容的确定

56. 如何确定执行债权金额？

解析：执行案件受理后，首先需要确定执行债权金额。确定执行债权金额须基于执行依据但又不能仅限于执行依据，至少包括以下几个方面：

（1）申请执行人的债权。这部分包括生效法律文书确定的债权本金、利息、违约金以及法定的迟延履行利息等。需要注意的是，由于利息、违约金、法定的迟延履行利息等债权金额随着时间的经过将不断增加，故可以根据预计的财产处置时间，适当多计算一定的数额。若因处置时间延长超出预期，导致此前查封财产价额不足的，应及时追加查封。

（2）其他参与分配申请人的债权。适用参与分配程序的，由于参与分配的债权人也需要从查封财产的变价款中受偿，故执行债权还应当包括其他参与分配申请人的债权。

（3）诉讼案件的受理费。诉讼案件的受理费无论是否由人民法院在判决生效后退还胜诉方，败诉方拒不交纳的，均产生强制执行问题。因此，诉讼案件的受理费亦应计入执行债权金额。

（4）执行申请费。根据《诉讼费用交纳办法》（2007年施行）第20条、第38条的规定，执行申请费不由申请执行人预交，而在执行后向被执行人收取，因此也应计算这部分费用。

（5）执行过程中实际支出的必要费用。包括执行程序中产生的网络询价费、委托评估费、拍卖辅助费、保管费、代履行费用等。实践中，这部分费用通常由申请执行人预交或者从变价款中支付，但最终应由被执行人负担。

57. 给付内容不明确的，执行法院能否进行解释以及如何解释？

解析：确定执行内容，是进入执行程序后应当首先解决的问题。关于执行依据不尽明确的问题，《最高人民法院关于人民法院立案、审判与执行工作协调运行的意见》（法发〔2018〕9号）第15条设置了解决路径，即"执行机构发现本院作出的生效法律文书执行内容不明确的，应书面征询审判部门的意见。审判部门应在 15 日内作出书面答复或者裁定予以补正"。这个规定体现了审执分离原则、执行有据原则，以及基于这两个原则，执行程序中对审判内容的尊重。但这并不意味着但凡遇到执行依据不尽明确的时候，只能求诸原审判机构。实际上，对于执行内容是否明确，能不能执行，最终的判断权均在执行机构而非审判部门。一般来说，执行时，执行人员首先会把目光聚焦到执行依据的"主文"上，依文义判断执行内容。然而，言有尽而意无穷，在文义解释力有不逮时，执行内容到底是什么，就要结合当事人诉辩情况以及判决理由等进行综合判断。仍不能判明的，可以听取原审判部门的意见。

（2017）最高法执监 452 号执行裁定书是一个很好的范例。该案执行依据明确：确认琼花集团在 2014 年 12 月 19 日享有按 2014 年 12 月 18 日收市价计算市值 1 亿元的鸿达股份公司自由流通股股票；在判决生效之日起 10 个交易日内，鸿达集团向琼花集团交付以 2014 年 12 月 18 日收市价计算的市值 1 亿元的鸿达股份公司自由流通股股票。执行中查明，鸿达股份公司在 2014 年 12 月 18 日自由流通股股票（股票代码 002002）收市价为 9.68 元/股，该公司于 2015 年 6 月实施 2014 年度权益分派，每 10 股派现金股利 2.04161 元；2016 年 7 月实施 2015 年度权益分派，每 10 股送红股 5.068721 股、转赠 10.137443 股、派现金股利 2.027488 元；2017 年 5 月实施 2016 年度权益分派，每 10 股派现金股利 1 元。当事人就如何确定执行内容发生争议。鸿达集团认为，强制执行的依据只能是生效判决的主文，即以 2014 年 12 月 18 日收市价（9.69 元/股）计算的市值 1 亿元的鸿达兴业股票，应为 10319917 股股票。执行依据没有相关股票的权益归属确认或给付的内容，不能由执行法院通过查明的方式作出与判决不一致的结论。

对此，最高人民法院从两个方面进行了分析。一方面，从裁判主文内容看。本案二审判决主文确定的实体内容为两项：一是第二项确认琼花集团在 2014 年 12 月 19 日享有按 2014 年 12 月 18 日收市价计算市值 1 亿元的鸿达股份公司自由流通股股票；二是第三项鸿达集团向琼花集团交付以 2014 年 12 月 18 日收市价计算的市值 1 亿元的鸿达股份公司自由流通股股票。上述两项内容应当联系起来考虑，不应当人为割裂，忽视判决第二项中关于"确认""享有"以及"2014 年 12 月 19 日"这个关键时间节点所代表的含义。结合两项判决主文的表述，其内容可以理解为，从 2014 年 12 月 19 日这一时点起，按 2014 年 12 月 18 日收市价计算市值 1 亿元的股票就已经归属于琼花集团，由此，相应股票的全部权益已由权利人琼花集团享有，鸿达集团应向琼花集团交付的"股票"，应当包含 2014 年 12 月 19 日之后该股票所产生的全部权益。在对此含义有争议的情况下，应当结合诉讼过程和裁判理由审查确定。

另一方面，从本案的诉讼过程和二审改判的理由看。具体为：本案一审判决鸿达集团向琼花集团支付市值 1 亿元的鸿达股份公司自由流通股股票（以该股票实际支付前一日收市价计算，最高不超过 10319917 股）。琼花集团不服该判决，提起上诉，在上诉理由中明确提出，本案诉讼标的是鸿达股份公司的股份，而不是现金或者市值，相当于 1 亿元是支付标的数量的计算依据，而不是支付标的本身。并确认其所称的"支付 10319917 股股票"，系按合同约定的 2014 年 12 月 18 日该股票收市价计算。同时提出，一审判决变相支持了鸿达集团关于 1 亿元现金补偿的抗辩理由，将琼花集团的股票溢价收益权利判归违约方所享有，显失公平，剥夺了琼花集团自 2014 年 12 月 19 日合同约定的履行期限至本案审理判决生效并得到执行之日期间对上市公司应享有的股东权益，最直接的证明就是 2015 年 6 月 23 日股东分红权益丧失，该部分分红已被鸿达集团非法占有且得到一审判决支持，即鸿达集团因违约非法占有了本应为琼花集团享有的分红。

此外，最高人民法院还征询原审判部门的意见。"广东高院对本院的回复也进一步明确，该案判决是考虑到了 2014 年 12 月 19 日之后该股票可能发生股权拆分等变动，为避免执行中产生歧义，才以判决主文中的两项内容予以明确。"

通过两个方面的分析，加上征询原审判部门意见作为印证，最高人民法院最终认定，鸿达集团应交付按照 2014 年 12 月 18 日收市价计算的市值相当于 1 亿元的鸿达股份公司股份及该日后相关的全部权益，而并未限定其仅交付 10319917 股股票。

58. 判决"查阅"会计账簿的，执行内容是否包含"摘抄"？

解析：设例如下：执行依据判令，甲公司提供该公司的公司章程、股东会会议记录、董事会会议决议、监事会会议决议和财务会计报告供其股东乙公司查阅、复制；提供该公司会计账簿供乙公司查阅。执行过程中，就能否摘抄会计账簿产生争议。

一种意见认为，执行程序应严格按照执行依据进行。执行依据判令股东乙公司可以查阅甲公司的会计账簿，未明确可以复制。乙公司要求摘抄，显属无据。

另一种意见认为，会计资料包括大量数据信息，除非具备过目不忘的本领，否则，若仅允许股东查看会计账簿而绝对禁止其摘抄，那么，经胜诉判决所救济的股东查阅权，很可能会再次落空，生效判决的执行也将面临走过场的尴尬境地。

在（2020）最高法执监 97 号案件中，最高人民法院采纳了后一种观点。最高人民法院认为，第一，摘抄是股东行使知情权、查阅会计账簿的辅助手段。股东知情权是公司股东了解公司信息、知晓公司事务的权利，是股东的法定权利、固有权利。查阅会计账簿是股东知情权实现的方式。《公司法》（2018 年修正）第 33 条规定："股东有权查阅、复制公司章程、股东会会议记录、董事会会议决议、监事会会议决议和财务会计报告。""股东可以要求查阅公司会计账簿……"公司会计账簿一般包括大量、专业的数据信息，在股东不能充分理解专业数据信息的情况下，不能认为仅股东自行查阅会计账簿就实现了知情权。对此，《最高人民法院关于适用〈中华人民共和国公司法〉若干问题的规定（四）》第 10 条第 2 款规定，股东依据人民法院生效判决查阅公司文件材料的，在该股东在场的情况下，可以由会计师、律师等依法或者依据执业行为规范负有保密义务的中介机构执业人员辅助进行。该规定明确了股东行使知情权可以由具有专业能力的人员进行辅助，其目的就是帮助股东了解公司信息。同理，进行摘抄也是辅助股东查阅公司文件材料、了解公司信息的方法。不管是聘请专业人员，还是进行摘抄，都是辅助股东实现其知情权的手段。第二，一般情况下，摘抄不等同于复制。《民事诉讼法》第 70 条第 1 款规定，书证应当提交原件，物证应当提交原物，提交原件或者原物确有困难的，可以提交复制品、照片、副本、节录本。《最高人民法院关于民事诉讼证据的若干规定》第 44 条第 1 款规定，摘录有关单位制作的与案件事实相关的文件、材料，应当注明出处，并加盖制作单位或保管单位的印章。参照法律和司法解释对证据的有关规定精神，摘录和复制具有不同的法律含义。从词义上理解，"摘抄"与"摘录"意思相近，均可理解为"选取一部分内容抄录下来"，"复制"可理解为"依照原件制作成同样的"。可见，摘录、摘抄与复制的含义不同，不能产生"制作成同样的"效果，不能认为摘抄本质上属于复制。股东对会计账簿进行摘抄，不违反《公司法》规定，倍爱康公司关于"摘抄"本质上属于"复制"的主张，不能成立。

实际上，在这个案件中，最高人民法院对《公司法》（2018 年修正）第 33 条进行了合目的性解释，即股东在按照生效判决查阅公司会计账簿过程中对其中相关内容进行摘抄，是实现判决确定的查阅会计账簿权利的必要、合理的辅助手段。一般情况下，摘抄与复制的含义、方式和效果不同，摘抄不等同于复制，因此不能以法律未允许复制会计账簿为由限制查阅会计账簿时的摘抄。

59. 人身损害赔偿案件的权利人实际生存时间短于赔偿年限的，判决明确的残疾赔偿金和护理费是否仍须执行？

解析：《最高人民法院关于审理人身损害赔偿案件适用法律若干问题的解释》（2022 年修正）第 12 条第 1 款规定："残疾赔偿金根据受害人丧失劳动能力程度或者伤残等级，按照受诉法院所在地上一年度城镇居民人均可支配收入标准，自定残之日起按二十年计算……"第 8 条第 3 款规定："护理期限应计算至受害人恢复生活自理能力时止。受害人因残疾不能恢复生活自理能力的，可以根据其年龄、健康状况等因素确定合理的护理期限，但最长不超过二十年。"如果生效判决以确定的 20 年期限判令被执行人一次性支付申请执行人残疾赔偿金和完全护理依赖护理费，在申请执行人实际生存期间短于赔偿年限的情况下，应如何执行残疾赔偿金和护理费？

一种意见认为，仍应严格按照执行依据推进执行程序。生效判决确认侵权人承担残疾赔偿金和护理费的赔偿责任，属于金钱之债的履行，该义务是生效判决确认的，具有强制执行的效力，不因申请人执行人死亡而免除被执行人的履行义务，除非其他法律另有规定。而且，残疾赔偿金和护理费的具体计算时间、标准等实体问题，是执行依据要解决的问题，不是执行程序能够调整的。根据《民事诉讼法》（2023 年修正）第 267 条第 1 款第 3 项的规定，作为一方当事人的公民死亡，需要等待继续人继承权利或者承担义务的，人民法院应当裁定中止执行。该条规定并未区分申请执行的债权是"残疾赔偿金、护理费"，还是普通金钱之债。第 268 条规定的终结执行情形中也未包括申请人执行"残疾赔偿金、护理费"的权利人死亡情形。从上述规定内容看，申请执行"残疾赔偿金、护理费"的权利人即使死亡，也不存在执行终结的情形。执行程序中，对"残疾赔偿金、护理费"的执行与普通金钱债权的执行适用的规定是相同的。

另一种意见认为，应区分残疾赔偿金和护理费作不同处理。残疾补偿金是权利人因丧失劳动能力而导致的财产损失，在事故发生后，受害人的损失已经产生，残疾赔偿金在定残后依法确定，并不因受害人死亡而消灭。根据《最高人民法院关于审理人身损害赔偿案件适用法律若干问题的解释》（2022年修正）第12条第1款的规定，对残疾赔偿金的计算采纳定额化计算法，即对受害人残疾赔偿金的计算依据固定的赔偿标准和期限（20年）予以计算，不因受害人存活年限的减少而改变。该司法解释第19条赋予了赔偿权利人就赔偿周期届满后再次起诉的权利，属对受害人实施更加有力的保护。在相关法律、司法解释未规定残疾赔偿金的赔偿标准和期限可以任意减少或停止的情况下，不宜在受害人死亡后终结对残疾赔偿金的执行。关于护理费用，受害人死亡后，一般不再发生护理费，故这部分款项可以终结执行。

可见，两种意见均认为，生效判决以定额方式计算的残疾赔偿金，与受害人实际生存年限没有关联，受害人死亡后，残疾赔偿金作为受害人的财产权利，可以继承，继承人可依法申请继续按照生效判决确定的数额执行。两种观点的区别在于护理费是否继续执行。实际上，护理费具有人身专属性，受害人死亡后护理费不再产生。参照《民事诉讼法》（2023年修正）第268条第4项关于追索赡养费、扶养费、抚育费案件的权利人死亡，执行程序应当终结的规定，受害人死亡后，应不再继续执行。在法条引用上，可以用《民事诉讼法》（2023年修正）第268条第6项"人民法院认为应当终结执行的其他情形"。

参考案例：《最高人民法院公报》2018年第5期刊登了江苏省东台市人民法院审理的一个案件，该案判决认为，护理费属于将来发生的财产损失，更多体现为对受害人定残后的损害救济；护理期限是根据受害人实际状况对受害人需护理期间的法定推定，价值取向在于保护受害人权利，受害人亦需承担护理费可能不足的风险。生效判决依据综合因素判定侵权责任人的赔偿责任，是对受害人权益受损应得赔偿的合理认定，符合法律规定，受害人提前病故的，其继承人未因该判决获得不当利益，侵权责任人已经支付的护理费不予返还。

60. "代扣代缴"税款能否从执行金额中扣除？

解析：设例：判决确定，被执行人应当向申请执行人给付劳务报酬50万元。执行中，被执行人主张其要负担代扣代缴义务或者已经履行代扣代缴义务，因此要求法院仅得对扣除税款后的347000元强制执行。被执行人的主张应否支持?

司法实践中,对该问题大致存在三种观点。第一种观点认为,不仅被执行人要求扣减税款金额的主张不应支持,而且该主张就不属于执行异议、复议审查范围。第二种观点认为,被执行人要求扣减税款金额的主张,实质是被执行人以自己对申请执行人的债权主张抵销。第三种观点认为,被执行人作为扣缴义务人,代扣代缴是其法定义务。其向税务机关纳税,可以视为向申请执行人履行。因此,代扣代缴的金额,可以在执行中予以扣减。

研析认为,上述三种观点都具有一定的合理性或法律依据,但总体而言,第三种观点更为妥当。"代扣代缴"属于税收法律关系。但这并不意味在执行异议复议程序中完全不能审查。实践中,支持扣减代扣代缴金额的法院,一般都会在审查程序中向有关税务机关发函,征询上述问题,并根据税务机关的复函,作出是否支持扣减金额的裁定。被执行人主张代扣代缴金额从执行款中扣减,本质系主张该部分债务因为清偿而消灭,应属于执行异议、复议(或者债务人异议之诉)的审查范围。被执行人尚未代扣代缴,如果该税款属于可以由纳税人(申请执行人)自己申报的,因为债务尚未消灭,可以不支持被执行人的异议请求,依照生效法律文书全额执行。并告知申请执行人领取案款后,自行申报纳税。全额支付后,税务机关认为被执行人未履行代扣代缴义务,要对其征税或者进行处罚时,被执行人可以提出执行异议裁定,并告知税务机关向纳税人(申请执行人)征税。被执行人已经代扣代缴,申请执行人不认可的,可以由法院向税务机关发函,并根据税务机关的复函意见作出裁定。申请执行人认为扣减金额过多的,可以根据《税收征收管理法》(2015年修正)第51条向税务机关主张返还。被执行人恶意扣缴给申请执行人造成损失的,申请执行人可以起诉被执行人予以赔偿。①

61. 加倍部分债务利息计算至何时?

解析:根据《最高人民法院关于执行程序中计算迟延履行期间的债务利息适用法律若干问题的解释》(2014年施行)第1条的规定,执行中迟延履行期间的债务利息包括一般债务利息和加倍部分债务利息。对于一般债务利息,生效法律文书确定债务人支付利息至生效之日的,截止时间应计算至法

---

① 王赫:《"代扣代缴"款项能否从执行金额中扣除》,载微信公众号"赫法通言",2022年9月3日。

律文书生效之日；生效法律文书确定债务人支付利息至实际清偿之日的，截止时间应计算至债务实际清偿之日。而对于加倍部分债务利息，无论生效法律文书确定债务人支付利息至生效之日还是实际清偿之日，均从债务人迟延履行时开始计算，截至实际清偿之日。计算方法为：债务人尚未清偿的生效法律文书确定的除一般债务利息之外的金钱债务 × 日万分之 1.75 × 迟延履行期间。

至于实际清偿之日，根据司法解释的规定，人民法院划拨、提取被执行人的存款、收入、股息、红利等财产的，相应部分的加倍部分债务利息计算至划拨、提取之日；人民法院对被执行人财产拍卖、变卖或者以物抵债的，计算至成交裁定或者抵债裁定生效之日；人民法院对被执行人财产通过其他方式变价的，计算至财产变价完成之日。

62. 一般债务利息的截止日能否参照加倍部分债务利息的规定确定？

解析： 2017 年最高人民法院执行局编写的《人民法院办理执行案件规范》（第一版）第 157 条第 3 款规定，生效法律文书确定一般债务利息计算至被执行人履行完毕之日的，截止日参照本条前两款关于加倍部分债务利息的截止日确定。[1] 该条文确定了参照加倍部分债务利息的截止日确定一般债务利息截止日的规则。需要注意的是，2022 年第二版《人民法院办理执行案件规范》第 182 条将第一版的第 157 条第 3 款[2]废止，也就是说不能再用这个规则。

执行中，一般债务利息的截止日不能参照加倍部分债务利息的规定，而应根据判决内容确定截止时间。这是因为，一般债务利息往往是当事人合同约定的。虽然经过法院的判决，但法院判决也是按照当事人合同的约定判的，当事人约定的履行完毕，一般是债务人将款项打入债权人账户才算履行完毕。不同于加倍部分债务利息，一般债务利息属于债权人的实际损失，如果按照加倍部分债务利息的截止时间（划拨、提取被执行人的存款、收入、股息、红利等财产的，计算至划拨、提取之日；对被执行人财产拍卖、变卖或者以

---

① 最高人民法院执行局编：《人民法院办理执行案件规范》，人民法院出版社 2017 年版，第 69 页。

② 最高人民法院执行局编：《人民法院办理执行案件规范》（第二版），人民法院出版社 2022 年版，第 74 页。

物抵债的，计算至成交裁定或者抵债裁定生效之日；对被执行人财产通过其他方式变价的，计算至财产变价完成之日），在有关节点后一律不计算一般债务利息，将严重影响申请执行人利益。

63. 债务本金、一般债务利息与迟延履行利息的清偿顺序是什么？

解析： 关于债务本金、一般债务利息与迟延履行利息的清偿顺序，根据以下两条规则确定：①

第一，债务本金和一般债务利息先于迟延履行利息受偿。2009年5月18日起施行的《最高人民法院关于在执行工作中如何计算迟延履行期间的债务利息等问题的批复》第2条规定，执行款不足以偿付全部债务的，应当根据并还原则按比例清偿法律文书确定的金钱债务与迟延履行期间的债务利息，但当事人在执行和解中对清偿顺序另有约定的除外。2014年8月1日起施行的《最高人民法院关于执行程序中计算迟延履行期间的债务利息适用法律若干问题的解释》第4条规定，被执行人的财产不足以清偿全部债务的，应当先清偿生效法律文书确定的金钱债务，再清偿加倍部分债务利息，但当事人对清偿顺序另有约定的除外。可见，2014年的司法解释改变了2009年批复确定的本息并还原则，确定了先本后息原则。需要注意的是，从2014年司法解释第4条的表述看，"金钱债务"与"加倍部分债务利息"并列，"全部债务"是更上一层的概念。"金钱债务"包括借款本金，也包括因借款产生的利息，也就是一般债务利息。而生效法律文书中确定应当收取的案件受理费、申请保全费、申请执行费、评估费、鉴定费、公告费、仲裁费等因诉讼或仲裁所支出的费用，则属于费用的范畴，不包括在金钱债务范围内，在计算迟延履行利息时要对这些案件受理费等诉讼或者仲裁费用先行扣除。另外，虽然一般债务利息与迟延履行利息都属于"利息"的范畴，但是两者在性质、功能等方面都存在重大差异。因此，在计算迟延履行利息时，一般债务利息不包括于基数之内，即一般债务利息不产生迟延履行利息，但是在确定清偿顺序时，一般债务利息应当优先于迟延履行利息即加倍部分债务利息进行偿还。

第二，一般债务利息先于债务本金受偿。由于法律和司法解释对债务本金与一般债务利息的清偿顺序未作规定，因此，应当参照实体法的相关规则，

---

① 最高人民法院执行局编著：《最高人民法院关于执行程序中计算迟延履行期间的债务利息司法解释的理解与适用》，人民法院出版社2014年版，第117页。

即参照《民法典》（2021年施行）第561条规定，先实现债权的有关费用，再利息，然后主债务，除非当事人另有约定。

参考案例： 在（2015）执监字第200号执行裁定书中，最高人民法院认为，本案在1997年进入执行程序后，对于生效法律文书确定的金钱债务和迟延履行债务利息清偿顺序，当时法律和司法解释无明确规定，广东省湛江市中级人民法院（以下简称湛江中院）（1996）湛中法经初字第101号和广东省高级人民法院（以下简称广东高院）（1996）粤法经一上字第568号民事判决书未在判项中明确，八达公司和重钢公司亦无约定，在此情况下，湛江中院按"先本后息"的清偿顺序计算重钢公司偿付的金钱债务和迟延履行债务利息，不能认为其错误。广东高院以执行中应当"先息后本"为由，撤销湛江中院终结执行裁定，指定广东省茂名市中级人民法院继续执行，缺乏法律依据。重钢公司关于广东高院确定"先息后本"原则于法无据的主张，本院予以支持。

64. 生效法律文书未写明支付迟延履行期间的债务利息的，能否让被执行人承担？

解析：《民事诉讼法》（2023年修正）第264条规定："被执行人未按判决、裁定和其他法律文书指定的期间履行给付金钱义务的，应当加倍支付迟延履行期间的债务利息……"从其文义看，迟延履行利息是被执行人未如期履行执行依据确定金钱债务所应承担的法定责任，并不取决于生效法律文书是否写明。因此，即便执行依据未载明，债务人的迟延履行责任亦不能免除。

民事判决书中要求写明迟延履行责任，系基于《最高人民法院关于在民事判决书中增加向当事人告知民事诉讼法第二百三十二条内容的通知》（法〔2007〕19号）的规定，即"一审判决中具有金钱给付义务的，应当在所有判项之后另起一行写明：如果未按本判决指定的期间履行给付金钱义务，应当按照《中华人民共和国民事诉讼法》第二百三十二条之规定，加倍支付迟延履行期间的债务利息"。其规范目的在于"根据《中共中央关于构建社会主义和谐社会若干重大问题的决定》有关'落实当事人权利义务告知制度'的要求，为使胜诉的当事人及时获得诉讼成果，促使败诉的当事人及时履行义务"。质言之，要求在民事判决书中写明迟延履行责任，并非人民法院判令债务人负担义务，而是人民法院对债务人所负法定义务的告知。

综上，无论生效法律文书是否适用《民事诉讼法》（2023年修正）第264条，被执行人未按判决、裁定和其他法律文书指定的期间履行给付金钱义务的，除申请执行人明确表示放弃外，在执行程序中均应要求被执行人承担支付迟延履行期间债务利息的责任。

65. 执行和解未果恢复执行的，和解期间是否计算迟延履行利息？

解析：《民事诉讼法》（2023年修正）第264条规定："被执行人未按判决、裁定和其他法律文书指定的期间履行给付金钱义务的，应当加倍支付迟延履行期间的债务利息。"根据《最高人民法院关于适用〈中华人民共和国民事诉讼法〉的解释》（2022年修正）第504条的规定，迟延履行期间的债务利息自判决、裁定和其他法律文书指定的履行期间届满之日起计算。根据《最高人民法院关于执行程序中计算迟延履行期间的债务利息适用法律若干问题的解释》（2014年施行）第2条的规定，生效法律文书未确定履行期限的，自法律文书生效之日起计算。根据该解释第3条，加倍部分债务利息计算至被执行人履行完毕之日。只有非因被执行人的申请，对生效法律文书审查而中止或暂缓执行的期间及再审中止执行期间，才不予计算加倍部分债务利息。

如果被执行人按照和解协议的约定履行义务，根据《最高人民法院关于适用〈中华人民共和国民事诉讼法〉的解释》（2022年修正）第465条的规定，不予恢复执行，被执行人自然无需支付因和解而中止或终结执行期间的迟延履行利息。相反，如果被执行人不履行或不完全履行和解义务，根据《最高人民法院关于适用〈中华人民共和国民事诉讼法〉的解释》（2022年修正）第465条，人民法院可以依申请恢复执行原生效法律文书。此时应当按照原生效法律文书确定的履行期限起算迟延履行利息，执行和解协议履行期间不能免除。

参考案例：在（2017）最高法执监18号执行裁定书中，最高人民法院认为，根据《最高人民法院关于适用〈中华人民共和国民事诉讼法〉的解释》第467条规定，一方当事人不履行或者不完全履行在执行中双方自愿达成的和解协议，对方当事人申请执行原生效法律文书的，人民法院应当恢复执行，但和解协议已履行的部分应当扣除。和解协议已经履行完毕的，人民法院不予恢复执行。可见，申请执行人以被执行人未履行和解协议为由，要求恢复执行原生效法律文书并支付迟延履行期间债务利息的，应以被执行人不履行或者不完全履行和解协议为前提，如果和解协议已经履行完毕，或未履行完毕是因申请执行人的原因造成的，则不应恢复执行，更谈不上计算迟延履行期间债务利息的问题。如果和解协议未履行完毕，是因被执行人的原因造成的，应当恢复原生效法律文书的执行，并从原生效法律文书指定的履行期间届满之日起计算迟延履行期间的债务利息。此外，和解协议未履行完毕，如果申请执行人与被执行人均有过错，迟延履行期间债务利息的起算应根据各自的过错情况进行判断。

66. 申请执行人不同意以物抵债的，一般债务利息和迟延履行利息是否停止计算？

解析：《民事诉讼法》（2023 年修正）第 264 条规定："被执行人未按判决、裁定和其他法律文书指定的期间履行给付金钱义务的，应当加倍支付迟延履行期间的债务利息。被执行人未按判决、裁定和其他法律文书指定的期间履行其他义务的，应当支付迟延履行金。"《最高人民法院关于执行程序中计算迟延履行期间的债务利息适用法律若干问题的解释》（2014 年施行）第 1 条规定，加倍计算之后的迟延履行期间的债务利息，包括迟延履行期间的一般债务利息和加倍部分债务利息。

关于迟延履行期间的一般债务利息，严格依据生效法律文书确定的期限、标准、方法计算，并不因申请执行人不同意以物抵债而停止计算。

关于加倍部分债务利息，《最高人民法院关于执行程序中计算迟延履行期间的债务利息适用法律若干问题的解释》（2014 年施行）第 3 条第 3 款规定："非因被执行人的申请，对生效法律文书审查而中止或者暂缓执行的期间及再审中止执行的期间，不计算加倍部分债务利息。"申请执行人不同意以物抵债，并不属于该条规定的不计算加倍部分债务利息的情形，故认定计算。

67. 强制管理期间是否计算迟延履行利息？

解析：在通常情况下，人民法院应将查封的不动产变价后清偿债务，但现实中存在各种复杂情况，可能导致不动产不宜变价或无法变价，但不动产的使用价值是客观存在的，此时可能需要将不动产进行强制管理，以获取收益，清偿债务。此时就涉及强制管理期间是否计算迟延履行利息这一问题。

根据《民事诉讼法》（2023 年修正）第 264 条的规定，生效法律文书确定的履行期间届满，债务人未按生效法律文书要求履行金钱给付义务，即符合起算迟延履行期间的构成要件，应当承担迟延履行责任。该规定确立了以债务的实际履行作为标准计算迟延履行利息的基本规则。因此，应以债务人客观上是否履行债务作为承担逾期利息的判断标准。依照《最高人民法院关于执行程序中计算迟延履行期间的债务利息适用法律若干问题的解释》（2014年施行）第 3 条的规定，关于加倍债务利息，人民法院对被执行人财产通过其他方式变价的，计算至财产变价完成之日。强制管理应归于该规定"通过其他方式变价"的方式之一，在强制管理期间，该规定"财产变价完成之日"应当是指提取到强制管理期间取得的金钱收益偿还债务之日，此后才不再计算迟延履行利息。

68. 主债务人和担保债务人同为被执行人，主债务人被裁定受理破产后依《企业破产法》的规定停止计息，担保债务是否也停止计息？

解析：《企业破产法》（2007 年施行）第 46 条第 2 款规定，附利息的债权自破产申请受理时起停止计息。但是，对于该债权停止计息的效果，是否及于该债权的担保债务，法律或司法解释均未作明确规定。在理论和实践中形成了担保债务停止计息、不停止计息、暂停计息等三种观点。

停止计息的观点认为，担保责任应受破产程序影响而减少。主要理由是：基于担保责任的从属性，担保责任范围不应大于主债权。债权人所享有的主债权范围为破产债权，那么，作为担保人所承担的担保责任亦应为破产债权。

不停止计息的观点认为，担保责任不应受破产程序影响而减少。主要理由是：《企业破产法》（2007 年施行）第 46 条第 2 款是法律针对破产程序中破产债权作出的特殊规定，担保人的责任范围应依据担保合同进行确定，因此，利息、违约金等不因主债务人破产而停止计算。

暂停计息的观点认为，主债务人破产时，担保债务应当暂停计息，待主债务人破产程序终结后，再计算主债务人破产受理之日起至债务实际清偿之日止的利息，由担保人对该部分利息承担担保责任。

第一种意见可采。担保债务从法律性质而言是主债务的从债务，担保人承担的责任范围不应超出主债务范围。因此，主债务因破产程序而停止计息的效力应及于担保债务。否则，如果主债务停止计息而担保债务不相应地停止计息，那么，担保人承担的担保债务范围就超出了主债务且无法向主债务人追偿，这与担保债务的从属性是直接冲突的。《最高人民法院关于适用〈中华人民共和国民法典〉有关担保制度的解释》（2021 年施行）第 22 条规定："人民法院受理债务人破产案件后，债权人请求担保人承担担保责任，担保人主张担保债务自人民法院受理破产申请之日起停止计息的，人民法院对担保人的主张应予支持。"该规定也坚持了主债务因破产程序而停止计息的效力应及于担保债务这一法理。

参考案例：在（2018）最高法执监885号执行裁定书中，最高人民法院认为，担保债务从法律性质而言是主债务的从债务，担保人承担的责任范围不应超出主债务范围。因此，主债务因破产程序而停止计息的效力应及于担保债务。否则，如果主债务停止计息而担保债务不相应地停止计息，那么，担保人承担的担保债务范围就超出了主债务且无法向主债务人追偿，这将在很大程度上影响担保债务的从属性。而且，从实践效果来看，如果认为主债务停止计息的效力不及于担保债务，令担保人承担的担保责任过重乃至超过主债务，在经济社会效果上，一方面会导致债务风险被放大和蔓延，另一方面会导致担保人提供担保的意愿降低，最终不利于经济社会发展。

69. 适用《最高人民法院关于审理涉及金融不良债权转让案件工作座谈会纪要》（法发〔2009〕19号）计息的债权有哪些？

解析：2009年3月30日发布的《最高人民法院关于审理涉及金融不良债权转让案件工作座谈会纪要》（法发〔2009〕19号）是金融不良资产业务中最重要的规定之一，也是对金融不良债权执行影响较大的一个文件。该纪要第9条规定，受让人向国有企业债务人主张不良债权受让日之后发生的利息的，人民法院不予支持。第12条规定，关于纪要的适用范围，国有银行包括国有独资商业银行、国有控股商业银行以及国家政策性银行；金融资产管理公司包括华融、长城、东方和信达等金融资产管理公司和资产管理公司通过组建或参股等方式成立的资产处置联合体。国有企业债务人包括国有独资和国有控股的企业法人。受让人是指非金融资产管理公司法人、自然人。不良债权转让包括金融资产管理公司政策性和商业性不良债权的转让。政策性不良债权是指1999年至2000年上述四家金融资产管理公司在国家统一安排下通过再贷款或者财政担保的商业票据形式支付收购成本从中国银行、中国农业银行、中国建设银行、中国工商银行以及国家开发银行收购的不良债权；商业性不良债权是指2004年至2005年上述四家金融资产管理公司在政府主管部门主导下从交通银行、中国银行、中国建设银行和中国工商银行收购的不良债权。

根据该纪要第9条，受让人向国有企业债务人主张不良债权受让日之后发生的利息的，人民法院不予支持。根据第12条规定，该纪要及其内容仅适用于特定主体转让特定金融不良债权（政策不良和商业不良）引发的一、二审案件。但其后，最高人民法院对其适用范围进行了两次扩张。2009年，最高人民法院民二庭〔2009〕民二他字第21号答复明确，该纪要适用的出让的主体扩大为一般债务人，不再局限于国有企业债务人。2013年，最高人民法院〔2013〕执他字第4号答复以此为基础确定了金融不良债权在执行程序中利息计算方式，即无论是《最高人民法院关于审理涉及金融不良债权转让案件工作座谈会纪要》（法发〔2009〕19号）还是〔2013〕执他字第4号答复，对于金融不良债权计息的总体原则是金融不良债权在非金融资产管理公司或个人受让后不再计息。由此将《最高人民法院关于审理涉及金融不良债权转让案件工作座谈会纪要》（法发〔2009〕19号）的适用范围扩大至执行程序和非国有企业债务人。

由此就出现了《最高人民法院关于审理涉及金融不良债权转让案件工作座谈会纪要》（法发〔2009〕19号）对执行债权的影响问题。对此要把握以下几点：第一，《最高人民法院关于审理涉及金融不良债权转让案件工作座谈会纪要》（法发〔2009〕19号）是在特定时代背景下，为避免金融不良债权转让导致国有资产流失而作出的，对于适用《最高人民法院关于审理涉及金融不良债权转让案件工作座谈会纪要》（法发〔2009〕19号）的债权要进行严格限制，仅限于《最高人民法院关于审理涉及金融不良债权转让案件工作座谈会纪要》（法发〔2009〕19号）第12条规定的政策不良债权和商业不良债权。纪要当年主要针对政策性剥离和半商业化剥离的不良债权的处理问题，有特定的历史使命，因此对于此后市场商业化运作下的不良债权并不应适用。第二，平等保护是法律基本原则，也是构建市场经济、打造良好营商环境的必然要求。因此，对于属于《最高人民法院关于审理涉及金融不良债权转让案件工作座谈会纪要》（法发〔2009〕19号）范围的不良债权，不应因债权什么时候诉讼、债务人是不是国有企业而有区别。第三，只要是这一时期的不良债权，不管债务人是不是国有企业，都应当在受让之日停止计息。第四，只要是这一时期的不良债权，即便在《最高人民法院关于审理涉及金融不良债权转让案件工作座谈会纪要》（法发〔2009〕19号）出台后，在执行程序中计算迟延履行期间的债务（包括一般债务利息和加倍部分债务利息）时，也应参照《最高人民法院关于审理涉及金融不良债权转让案件工作座谈会纪要》（法发〔2009〕19号）处理。

70. 《最高人民法院关于审理涉及金融不良债权转让案件工作座谈会纪要》（法发〔2009〕19 号）发布前受让的符合纪要适用范围的金融不良债权，如何计息？

解析： 针对特定历史阶段下的金融不良债权转让，可能造成国有资产流失问题，为依法妥善公正地审理特定范围内的金融不良债权转让案件，维护社会公共利益和相关当事人的合法权益，最高人民法院于 2009 年 3 月 30 日发布了《最高人民法院关于审理涉及金融不良债权转让案件工作座谈会纪要》（法发〔2009〕19 号），明确了相关金融不良债权转让案件的审查处理原则。其中，《最高人民法院关于审理涉及金融不良债权转让案件工作座谈会纪要》（法发〔2009〕19 号）第 9 条规定："受让人向国有企业债务人主张利息的计算基数应以原借款合同本金为准；受让人向国有企业债务人主张不良债权受让日之后发生的利息的，人民法院不予支持。但不良债权转让合同被认定无效的，出让人在向受让人返还受让款本金的同时，应当按照中国人民银行规定的同期定期存款利率支付利息。"2013 年 11 月 26 日，最高人民法院就湖北省高级人民法院关于非金融机构受让金融不良债权后能否向非国有企业债务人主张全额债权的请示问题作出〔2013〕执他字第 4 号答复，进一步明确："一、非金融机构受让经生效法律文书确定的金融不良债权能否在执行程序中向非国有企业债务人主张受让日后利息的问题，应当参照我院 2009 年 3 月 30 日《关于审理涉及金融不良债权转让案件工作座谈会纪要》（法发〔2009〕19 号，以下简称《海南座谈会纪要》）的精神处理；二、……《海南座谈会纪要》发布前，非金融资产管理公司的机构或个人受让经生效法律文书确定的金融不良债权，或者受让的金融不良债权经生效法律文书确定的，发布日之前的利息按照相关法律规定计算；发布日之后不再计付利息。《海南座谈会纪要》发布后，非金融资产管理公司的机构或个人受让经生效法律文书确定的金融不良债权的，受让日之前的利息按照相关法律规定计算；受让日之后不再计付利息。"由于《最高人民法院关于审理涉及金融不良债权转让案件工作座谈会纪要》（法发〔2009〕19 号）第 12 条已明确该纪要适用于特定范围内的金融不良债权转让案件，且不具溯及力，故根据前述规定，《最高人民法院关于审理涉及金融不良债权转让案件工作座谈会纪要》（法发〔2009〕19 号）发布前受让的符合纪要适用范围的金融不良债权转让案件的利息应计算至纪要发布之日。《最高人民法院关于审理涉及金融不良债权转让案件工作座谈会纪要》（法发〔2009〕19号）发布后，当事人在审判程序或执行程序中，对金融不良债权利息计算提出抗辩或异议的，人民法院应按照上述规则进行处理。

71. 不属于《最高人民法院关于审理涉及金融不良债权转让案件工作座谈会纪要》（法发〔2009〕19号）适用范围内的案件，能否参照纪要第9条的规定计息？

解析：《最高人民法院关于审理涉及金融不良债权转让案件工作座谈会纪要》（法〔2009〕19号）是办理这类案件的依据。该纪要第9条对金融不良债权受让日之后止付利息进行了规定，第12条对纪要的适用范围，包括金融不良债权的转让时间及转让主体进行了限定。因此，该纪要是对特定时期、特定范围内的金融不良债权转让案件确立的特殊的处置规则，其目的是依法公正妥善地审理涉及金融不良债权转让案件，防止国有资产流失，保障金融不良债权处置工作的顺利进行，维护社会公共利益和相关当事人合法权益，应当按照其适用范围的规定参照适用。如果将该纪要适用范围以外的一般金融不良债权转让案件一律参照适用其精神，既没有明确的法律及司法文件依据，亦与依法平等保护各类民事主体财产权益的司法精神相悖。如果金融不良债权最初的转让时间和转让主体与纪要第12条的规定不符，就不应参照适用纪要关于自受让日后停止计付利息的规定，非金融机构作为金融不良债权受让方，可以依双方约定享有债权利息。①

参考案例：在（2021）最高法执监284号案件中，生效判决判令皇城公司向信达陕西分公司支付欠款900余万元。执行过程中，信达陕西分公司将胜诉债权转让给和兴公司，执行法院遂变更和兴公司为申请执行人。后皇城公司向执行法院提出执行异议，主张执行法院计算利息的标准错误，应当按照《最高人民法院关于审理涉及金融不良债权转让案件工作座谈会纪要》（法〔2009〕19号）的规定在非金融机构受让债权后停止计息。经执行异议、复议驳回后，申请执行监督。最高人民法院认为，纪要是对特定范围内的金融不良债权转让案件确立了特殊的处置规则，对金融不良债权的转让时间及转让主体均有明确限定，应当严格按照其适用范围的规定适用。本案中，案涉

① 参见向国慧、叶欣：《执行审查部分问题解答》载最高人民法院执行局编：《执行工作指导》2021年第1辑，人民法院出版社2021年版第121页。

金融债权的债权人主体是信达陕西分公司，债权转让时间亦在2018年之后，该债权最初的转让时间与转让主体，均与《最高人民法院关于审理涉及金融不良债权转让案件工作座谈会纪要》（法〔2009〕19号）第12条的规定不符，故不应适用该纪要关于自受让日后停止计付利息的规定。

72. 执行法院能否直接根据执行证书载明的内容确定公证债权文书执行案件的执行内容？

解析： 任何执行依据进入执行程序后，均存在如何确定给付内容的问题。执行实践中，因为执行证书这一特殊文书的存在，执行法院往往直接根据执行证书载明的内容确定执行内容。在《最高人民法院关于公证债权文书执行若干问题的规定》（2018年施行）起草过程中，主流意见认为：一方面，执行证书并非执行依据，根据执行证书予以执行缺乏法律依据；另一方面，公证机构出具执行证书的程序并不严格，债务履行情况核实不清的情形时有发生，根据执行证书确定执行内容缺乏正当性。基于以上考虑，为纠正实践中的偏差，《最高人民法院关于公证债权文书执行若干问题的规定》（2018年施行）第10条规定："人民法院在执行实施中，根据公证债权文书并结合申请执行人的申请依法确定给付内容。"

被执行人主张已经履行债务，或者主张抵销、免除、提存等公证债权文书出具后的实体事由的，与判决等法律文书的执行一样，应通过债务人异议程序予以救济，依据是《最高人民法院关于人民法院办理执行异议和复议案件若干问题的规定》（2020年修正）第7条第2款。

73. 公证债权文书载明的年利率未超过24%，但当事人主张存在"利滚利"等情形实际超过的24%的，执行程序中如何处理？

解析：《最高人民法院关于公证债权文书执行若干问题的规定》（2018年施行）第11条规定："因民间借贷形成的公证债权文书，文书中载明的利率超过人民法院依照法律、司法解释规定应予支持的上限的，对超过的利息部分不纳入执行范围；载明的利率未超过人民法院依照法律、司法解释规定应予支持的上限，被执行人主张实际超过的，可以依照本规定第二十二条第一款规定提起诉讼。"据此，公证债权文书明确载明的年利率是否超过24%，是人民法院在执行实施中依职权主动审查的内容。通过计算执行标的，人民法院以执行通知、裁定等方式明确告知当事人超出的利息部分不纳入执行范围，当事人如对该行为有异议，通过执行异议程序救济。如果公证债权文书载明的年利率未超过24%，债务人主张实际超过24%，比如利息计入本金等情形，因属于实体争议，不适用利息区分执行的规定，债务人可以依据《最高人民法院关于公证债权文书执行若干问题的规定》（2018年施行）第22条第1款，通过提起诉讼予以救济。

74. 执行依据经过再审的，如何确定迟延履行期间债务利息的起算时间？

解析：应当根据再审的结果作类型化区分。据以执行的生效法律文书经过再审，再审维持原审结果的，迟延履行利息自原生效文书确定的履行期间届满之日起计算或法律文书生效之日起计算。再审改变原审结果的，因改判而增加的债务部分，迟延履行利息自再审裁判文书确定的履行期间届满之日起计算或再审裁判文书生效之日起计算；改判中维持的部分，迟延履行利息自原生效法律文书确定的履行期间届满之日起计算或法律文书生效之日起计算；再审撤销原生效判决的，原生效判决的效力自始消灭，原生效判决确定的给付义务的迟延履行期间债务利息不再计算。在认定再审是维持、改判还是撤销原生效裁判时，要比较二者确定的各方权利义务进行判断。

参考案例：在（2021）最高法执监11号执行裁定书中，最高人民法院认为，本案中，原执行依据为第66号判决，该判决主要确定向阳公司在判决生效后10日内支付工程款11053665.65元及利息。就该主要判决内容而言，在判决确定履行期间届满之日起，向阳公司未履行判决确定的义务，应当以工程款11053665.65元作为基数，计算迟延履行期间债务利息。再审判决第62号判决虽然在主文中表述为撤销了第66号判决，但从其有关各方权利义务关系的安排来看，是维持了第66号判决确定的向阳公司应支付工程款11053665.65元中的4965883.27元部分，撤销了向阳公司其余部分付款义务。根据第66号判决和第62号判决，自第66号判决生效后，向阳公司负有向五建公司支付工程款4965883.27元的义务。因此，向阳公司因未履行应支付工程款4965883.27元部分义务而产生的迟延履行期间债务利息，应当自第66号判决确定的履行期间届满之日起计算，直至2015年河南省汝阳县人民法院向当事人送达以物抵债裁定。

※执行进行

75. 被执行人拒不开门，执行人员能否强行进门？

解析：执行中，执行人员需要进门执行的，主要包括以下情形：一是搜查；二是查封、扣押；三是评估、拍卖、清场、腾退；四是拘留、拘传；五是送达。这些情形下如遇到被执行人或同住人拒不开门，执行人员能否强行入内？我国现行的法律制度对民事执行中的进门方式没有明确规定，实践中做法不一，分歧较大。一般来说，鉴于搜查、清场、腾退等措施固有的特点，若执行人员无法强行入内，就无法采取搜查、清场、腾退措施。因此，在被执行人拒绝开门的前提之下，执行人员强行进门是搜查、清场、腾退措施的应有之义。但在采取评估、拘传、送达等其他措施时，原则上应当采取平和进门的方式。

76. 限制消费与失信惩戒的区别和联系是什么？

解析：所谓的限制消费，即被执行人不履行生效法律文书确定的义务，人民法院除了保障其本人及其所扶养家属的生活必需品和必要费用外，对被执行人超出正常生活高消费及非生产和经营必需的消费行为进行限制。最高人民法院于 2010 年制定《关于限制被执行人高消费的若干规定》，建立了限制高消费制度；后于 2015 年修正《关于限制被执行人高消费及有关消费的若干规定》，这是限制消费制度的基本依据。

　　所谓的失信惩戒，指的是人民法院联合公安、民航、铁路、税务、金融、工商等相关部门对失信被执行人进行联合惩戒，对失信被执行人在出行购票、政府采购、招标投标、行政审批、政府扶持、融资信贷、市场准入、资质认定等方面予以限制。《民事诉讼法》（2023 年修正）第 266 条规定："被执行人不履行法律文书确定的义务的，人民法院可以对其采取或者通知有关单位协助采取限制出境，在征信系统记录、通过媒体公布不履行义务信息以及法律规定的其他措施。"这是失信惩戒的法律依据。最高人民法院总结实践经验，于 2013 年 7 月出台《关于公布失信被执行人名单信息的若干规定》。2016 年中共中央办公厅、国务院办公厅印发的《关于加快推进失信被执行人信用监督、警示和惩戒机制建设的意见》明确提出，加快推进失信被执行人跨部门协同监管和联合惩戒机制建设，构建一处失信、处处受限的信用监督、警示和惩戒工作体制机制，维护司法权威。据此，人民法院在失信名单基础上，联合公安、民航、铁路、税务、金融、工商等相关部门对失信被执行人进行联合惩戒，对失信被执行人在出行购票、政府采购、招标投标、行政审批、政府扶持、融资信贷、市场准入、资质认定等方面予以限制。2017年修正后发布的《关于公布失信被执行人名单信息的若干规定》，对失信被执行人名单的纳入程序、记载和公布的失信被执行人名单信息包括的内容、应当删除失信的情形及救济途径作了明确而具体的规定。

限制消费制度与失信惩戒制度是对不履行生效法律文书确定义务的被执行人，采取的两种不同的措施。二者有区别，也有联系。限制消费制度不对被执行人的信用进行直接评价，除了间接迫使被执行人自觉履行义务外，主要目的在于防止被执行人通过高消费及非生活或者经营必需的有关消费，不当减损责任财产，危及债权实现。采取限制消费措施的基本前提是被执行人未履行生效法律文书确定的义务。决定采取限制消费措施的，应当向被执行人发出限制消费令。失信惩戒制度的主要目的在于对失信被执行人进行联合信用惩戒，是直接针对被执行人信用的惩戒措施，被执行人必须存在有能力履行而拒不履行、妨碍抗拒执行、违反财产报告制度等行为时，人民法院才可以将其纳入失信被执行人名单。决定将被执行人纳入失信名单的，应当制作决定书。对失信被执行人的联合惩戒，有的也是通过限制消费的途径实现的。同时，对被纳入失信名单的被执行人，应当限制其消费；违反限制消费令的，应当纳入失信名单。两项制度相互配合、互为补充。

77. 是否在限制消费令送达后才能采取限制消费措施？

解析： 限制消费措施的一个重要作用是防止被执行人不当减损责任财产，因此具有一定的时效性和紧迫性。《民事诉讼法》（2023年修正）第251条规定：“执行员接到申请执行书或者移交执行书，应当向被执行人发出执行通知，并可以立即采取强制执行措施。”在发出限制消费令的同时或之后通知被执行人，符合《民事诉讼法》（2023年修正）第251条规定的精神。因此，限制消费令作出即生效，采取限制消费措施并不以限制消费令的送达为前提。当然，将采取限消措施预先告知被执行人，有利于发挥该项执行措施的威慑功能，促使其积极主动履行义务，防止被执行人在有履行能力和意愿的情况下被限制消费，具有重要的程序保障意义。因此，人民法院可以在向被执行人发出的执行通知中，载明有关对被执行人限制消费或纳入失信名单的风险提示等内容，以及执行人员就可能采取限制消费和失信惩戒措施对被执行人予以事先警示。

78. 限制法定代表人消费的，应当限制债务发生时的、诉讼时的，还是执行时的法定代表人？

解析：《最高人民法院关于限制被执行人高消费及有关消费的若干规定》（2015 年修正）第 1 条第 2 款规定，纳入失信被执行人名单的被执行人，人民法院应当对其采取限制消费措施。第 3 条第 2 款规定，限制企业法人消费的，应当限制法定代表人用公司财产进行消费。

但被执行人的法定代表人很可能发生更换，到底应该限制哪个法定代表人消费呢？是债权债务发生时的、诉讼时的、执行时的，还是可以一并限制呢？

从限制消费法定代表人消费的本意看，本身并不是对他的制裁，而是避免他消耗被执行人公司的财产，影响执行程序，因此原则上只能限制现法定代表人。如果此前法定代表人的更换是正当的，此前的法定代表人已经不具有控制公司财产能力，不能推定他的消费使用的是公司财产。反之，如果这些变更是虚假的，此前的法定代表人还控制着公司的财产，那么就可以认定他是实际控制人或者影响债务履行的直接责任人员，对其进行限制消费。

因此，限制被执行人的法定代表人消费的，应当以现任法定代表人为限，除非此前的法定代表人构成实际控制人或者影响债务履行的直接责任人，否则不应限制其使用公司财产消费，更不能因为公司成为被执行人就禁止其更换法定代表人，妨碍公司正常经营。实践中的做法一般是，采取上述措施后被执行人的法定代表人发生变更，原法定代表人请求解除该措施的，仍应举示相关证据证明其并非被执行人的实际控制人、影响案涉债务履行的直接责任人员。原法定代表人未提出任何证据证明，并存在无偿转让股权、继续与申请执行人协商债务清偿等情形的，法院对其解除限制消费等措施的请求不应支持。但从立法论上看，更为合理的规则为：（1）被执行人被采取限制消费措施后，变更法定代表人的，原则上应当解除对原法定代表人的限制消费措施，改对现法定代表人限制消费。（2）申请执行人或者执行法院认为原法定代表人为实际控制人或者影响债务履行的直接责任人员的，应当由申请执行人承担结果意义上的举证责任；原法定代表人进行反驳，则应当承担行为意义上的举证责任。（3）申请执行人确有困难无法提供前述证据的，可以申请执行法院调查；前述证据由原法定代表人持有的，可以责令交出。（4）执行调查中，可以调取工商档案材料、公司文件（股东会决议、董事会决议）等资料，结合执行债务是否发生在原法定代表人任职期间，原法定代表人是否持有公司相当比例的股权，是否受其他股东委托担任法定代表人（如原法定代表人系股东的员工），对内是否在单位担任重要职位并参与单位经营管理，对外是否代表单位签订合同、收取利益、履行债务、参加民事程序等事实，判断原法定代表人是否为实际控制人或者影响债务履行的直接责任人员。（5）执行法院认定原法定代表人属于实际控制人、影响债务履行的直接责任人员的，应当在执行文书中载明判断基于的事实及理由。（6）解除对原法定代表人的限制消费后，如发现其使用单位财产进行高消费及有关消费的，除依法对其予以制裁外，可以重新对其采取限制消费措施。①

参考案例：在（2020）最高法执监320号执行决定书中，最高人民法院认为，虽然孟某国在上海市第三中级人民法院采取限制消费措施时已不是斯坦福公司的法定代表人，但其作为发生争议时斯坦福公司、酒井公司的法定代表人及大股东，同时参与了案件调解过程，案件执行过程中仍是本案主债务人斯坦福公司的监事，且该公司章程显示，公司仅设有执行董事和监事，综合本案事实，可以认定孟某国对本案债务履行仍负有直接责任。故在斯坦福公司未履行生效法律文书确定的还款义务前提下，上海市第三中级人民法院对孟某国采取限制消费措施并无不当。

在（2020）最高法执复1号执行裁定书中，最高人民法院认为，企业登记信息显示，徐某立向山东省高级人民法院提起执行异议时仍是地利公司控股股东，上海宿宇企业管理咨询中心（有限合伙）占60%出资比例的出资人，故山东省高级人民法院不予支持徐某立解除限制消费措施的申请，并无不当。

在（2020）最高法执监102号执行裁定书中，最高人民法院认为，在执行过程中，被执行人的法定代表人发生变化时，要判断原法定代表人是否为被执行人的主要负责人或者影响债务履行的直接责任人员。本案中，徐某系被执行人的原法定代表人，在被执行人法定代表人已变更为王某梅且徐某已将62%股权进行转让的情况下，执行法院变更对王某梅限制消费，解除了对徐某的限制消费措施并无不当。如申请执行人认为仍应对徐某继续限制消费，

---

① 王赫：《被限制消费的单位变更法定代表人后，应否解除对原法定代表人的限制消费措施》，载微信公众号"赫法通言"，2022年8月3日。

应当提供充分证据证明徐某系被执行人的主要负责人或影响债务履行的直接责任人员，或者证明徐某与王某梅之间的转让股权行为虚假。

79. 为什么要对法定代表人等四类人员限制消费？

解析：《最高人民法院关于限制被执行人高消费的若干规定》（2010 年施行）第 3 条第 2 款规定："被执行人为单位的，被限制高消费后，禁止被执行人及其法定代表人、主要负责人、影响债务履行的直接责任人员以单位财产实施本条第一款规定的行为。"根据该规定，对单位被执行人的相关责任人员进行限制时必须证明其以单位财产实施相关消费行为，执行实践中操作难度大，不足以对相关责任人员产生足够的限制，一定程度上出现了对单位被执行人及其负责人的限制真空。针对施行中存在的问题，最高人民法院决定对限消规定进行修改。调研中，惩戒联动单位、各级法院普遍希望加强对单位被执行人相关责任人员的限制措施，以促进单位被执行人案件的执行。因此，在原司法解释规定的限制基础上，2015 年修正后的《最高人民法院关于限制被执行人高消费及有关消费的若干规定》第 3 条第 2 款规定："被执行人为单位的，被采取限制消费措施后，被执行人及其法定代表人、主要负责人、影响债务履行的直接责任人员、实际控制人不得实施前款规定的行为。因私消费以个人财产实施前款规定行为的，可以向执行法院提出申请。执行法院审查属实的，应予准许。"

法定代表人等四类人员因单位被采取限制消费措施，而应在因私消费方面受到一定的影响，具有法律基础。《民法典》（2021 年施行）第 61 条规定："依照法律或者法人章程的规定，代表法人从事民事活动的负责人，为法人的法定代表人。""法定代表人以法人名义从事的民事活动，其法律后果由法人承受。""法人章程或者法人权力机构对法定代表人代表权的限制，不得对抗善意相对人。"《民事诉讼法》（2023 年修正）第 51 条规定："公民、法人和其他组织可以作为民事诉讼的当事人。""法人由其法定代表人进行诉讼。其他组织由其主要负责人进行诉讼。"法定代表人、主要负责人在担任单位被执行人负责人期间，依法代表单位被执行人行使民事权利，履行民事义务。根据法律及司法解释的有关规定，在单位被执行人案件的执行中，推定法定代表人、主要负责人等主要责任人员的消费行为与单位公务消费有关。单位被执行人被采取限制消费措施后，限制四类责任人员以个人名义使用单位财产消费或者先以个人财产消费事后公款报销从而规避司法解释的禁止性规定，在有效解决对单位被执行人难以惩戒问题的同时，能够有效促进单位责任人员积极履行相应职责，有助于促进单位被执行人案件的执行。

在司法解释起草及修订过程中，有一种意见认为，禁止单位被执行人的法定代表人等责任人员实施相关消费，虽有助于促进单位被执行人案件的执行，但由此将导致直接否定其利用自己财产实施相关消费行为的权利，应进一步研究。最高人民法院采纳了这一意见，在坚持严格限制的基础上，增设了权利救济程序条款，明确对相关责任人员因私以个人财产实施的消费行为不予限制，其可向执行法院提出申请，并于执行法院准许后实施消费行为。最高人民法院的失信和限消系统已开通临时解除限制的功能，执行法院准许被限消人购买机票和高铁票的，可以在系统进行临时解除限制的操作。目前，最高人民法院每日与协助执行法院进行一次数据更新，执行法院只要在数据更新前完成解除限制操作的，被限制人第二日就可以购买机票和高铁票。如果情况紧急，被限制人需要购买当日的机票或高铁票的，在工作日的工作时间内，最高人民法院可以协调协助执行法院进行紧急处理。此外，被执行企业在多个案件中被采取限消措施，法定代表人等四类人员因私消费，只需要到一家法院申请，就可一并解除。

应当说，目前的制度设计，在当前社会信用体系尚不健全、社会信用程度还有待提高的境况下，具有一定的现实意义，同时对四类责任人员因单位被采取限制消费措施而受到影响，也为查找拒不配合法院执行、长期下落不明的单位被执行人的相关责任人员提供了一定途径。

依据：《最高人民法院对十三届全国人大二次会议第 1223 号建议的答复》（2019 年 8 月 13 日）

80. 拟对"四类人"限制消费，如何认定"实际控制人"？

解析：实际控制人这个概念，在《公司法》上是有规定的。根据《公司法》（2018 年修正）第 216 条第 3 项的规定，实际控制人是指虽不是公司的股东，但通过投资关系、协议或者其他安排，能够实际支配公司行为的人。但从执行的角度，实际控制人，指的是拥有对公司有实际控制权，而不论是通过股权关系控制还是协议控制。相对而言，更类似《股票上市规则》的定义，即通过投资关系、协议或者其他安排，能够支配、实际支配公司行为的自然人、法人或者其他组织。

实践中，认定实际控制人，可从以下方面调查：第一，询问有关人员，尤其是现任法定代表人、高管、职工等人员，询问中要强调虚假陈述的法律责任。第二，审查公司决议、合同、会议记录的签署情况，从而确定有关主体是否由参与经营管理并发挥决定作用。第三，其他证据，如另案诉讼执行情况，从而确定有关主体对债务清偿的影响。

81. 执行中，如何应对被执行公司的实际控制人恶意转移公司资产行为？

解析： 实践中，一些公司被执行人的实际控制人，滥用公司的独立法人地位，恶意转移公司资产，通过非正常交易抽逃资金、转移利润，致使执行难以到位，损害债权人利益。执行过程中，对此要采取针对性举措。

一是用好《公司法》规定的人格否认制度。《公司法》（2018年修正）第20条第3款对法人人格否认制度作出规定："公司股东滥用公司法人独立地位和股东有限责任，逃避债务，严重损害公司债权人利益的，应当对公司债务承担连带责任。"但由于规定得过于原则，实践中对公司法人人格否认的认定较难。为解决这个问题，《全国法院民商事审判工作会议纪要》（法〔2019〕254号）专章对公司法人人格否认的构成要件及判定标准予以明确。该纪要特别对实践中人格混同、过度支配与控制、资本显著不足这三种典型的滥用公司法人独立地位的行为作了详细规定和解释，并对该制度的适用提出"根据查明的案件事实进行综合判断，既审慎适用，又当用则用"的原则。执行中可以充分运用这些原则、规则保障相关各方当事人的合法权益。

二是用好财产调查措施。《最高人民法院关于民事执行中财产调查若干问题的规定》（2020年修正）第17条规定，申请执行人认为被执行人的股东、出资人有出资不实、抽逃出资等情形的，可以书面申请人民法院委托审计机构对该被执行人进行审计，由人民法院根据案情，结合相关证明材料作出是否进行审计的决定。该条规定对于有效查明被执行人的资金去向及责任财产的真实情况等，具有重要意义。实践中，有些地方法院充分利用执行审计手段，取得了良好的执行效果。如浙江省高级人民法院在温州全市法院全面开展"执行审计综合配套改革"试点工作，将被执行人拒不申报或申报不实、申请执行人强烈质疑被执行人转移财产、被执行人以注销公司的手段逃避执行等案件，作为执行审计的重点，既发现了非法转移资金等一般执行手段难以查明的财产线索，还对不诚信和不积极履行生效判决的被执行人形成强大的执行威慑和制裁效果。对于发出调查令由律师调查被执行人财产制度，虽因条件尚不成熟未在上述司法解释中明确规定，但实践中有的地方法院已经进行了积极有益的探索。

三是用好变更追加被执行人制度。《最高人民法院关于民事执行中变更、追加当事人若干问题的规定》（2020年修正）明确了部分转移财产可以追加为被执行人的情形。其中，对于追加被执行人的股东、出资人、发起人、董事等人员作为被执行人的情形作出了较为详细的规定，即在股东、出资人、发起人等虚假出资、抽逃出资、未经清算即办理注销登记、滥用股东权利导致公司财产不能清偿债务等特定情形下，申请执行人提出申请，并提交相关证明材料的，可以在股东应负责任的法定情形下追加股东等为被执行人，从而实现对滥用有限责任规避执行的股东直接采取执行措施。

四是引导当事人另诉。受审执分立原则、诉讼理论和制度的限制，通过追加被执行人的方式不能解决全部规避执行的问题，大量转移财产逃避执行的情形需要申请执行人通过另行诉讼的途径解决。这就需要对当事人加强释明和引导。比如，被执行人恶意转移财产的，可以引导申请执行人依据合同法的规定，通过提起撤销权诉讼等方式予以撤销，并在诉讼中对相关财产予以保全，维护自身的合法权益。

五是用好强制措施，加大对恶意转移财产行为的惩戒力度。一方面，《最高人民法院关于适用〈中华人民共和国民事诉讼法〉的解释》（2022年修正）、《最高人民法院关于民事执行中财产调查若干问题的规定》（2020年修正）明确规定，为查明被执行人的财产情况和履行义务的能力，可以传唤被执行人或被执行人的法定代表人、负责人、实际控制人、直接责任人员到人民法院接受调查询问，对必须接受调查询问的被执行人、被执行人的法定代表人、负责人或者实际控制人，经依法传唤无正当理由拒不到场的，人民法院可以拘传其到场。另一方面，《最高人民法院关于公布失信被执行人名单信息的若干规定》（2017年修正）明确规定，以虚假诉讼、虚假仲裁或者以隐匿、转移财产等方法规避执行的，属于严重失信行为，行为人将受到失信联合惩戒。对于能够认定被执行人有拒不履行人民法院已经发生法律效力的判决、裁定的行为，人民法院可对其采取拘留、罚款等措施，构成犯罪的，还可以依法追究刑事责任

82. 禁止被执行人子女就读高收费私立学校的，是否是对受教育权的限制？

解析： 禁止被执行人子女就读高收费私立学校的，并非对受教育权的限制。限制消费制度的主要目的在于防止被执行人通过高消费及非生活或者经营必需的有关消费，不当减损责任财产，危及债权实现，并敦促被执行人尽快履行生效法律文书确定的义务。子女在学费高昂的私立学校就读，需要父母的财力作支撑，被执行人拒绝履行生效的法院判决，却以其财产为子女就读高收费私立学校支付高额费用，这是有能力履行生效法律文书确定的义务却不履行的表现，侵害了债权人的合法权益。根据《最高人民法院关于限制被执行人高消费及有关消费的若干规定》（2015 年施行）第 3 条第 1 款第 7 项的规定，被采取限制消费措施后，被执行人子女不得就读高收费私立学校。其实质是，被执行人在被采取限制消费措施后不得为子女就读高收费私立学校支付费用，而不是对被执行人子女的受教育权进行限制。对失信被执行人子女就读公立学校、普通收费的私立学校、高等院校等并不进行限制。个别舆论中出现的对失信行为的惩戒"株连"亲属、"父母失信、子女受限"的说法，存在夸大、误读甚至不实的问题。

当然，对此采取限制消费措施时，实质上限制的是被执行人为子女就读高收费私立学校支付费用的行为。实践中，有的失信被执行人子女获得奖学金而不需要缴纳学费，或学费由其他亲属提供，不需要被执行人以自己的财产支付费用。执行法院应根据实际情况审慎判断，如果有充分的证据证明确非被执行人支付，则不应限制其子女就读。《最高人民法院关于在执行工作中进一步强化善意文明执行理念的意见》中也明确要求，人民法院发现纳入失信名单、采取限制消费措施可能存在错误的，应当及时进行自查并作出相应处理；上级法院发现下级法院纳入失信名单、采取限制消费措施存在错误的，应当责令其及时纠正，也可以依法直接纠正。

83. 能否对被执行人采取"失信彩铃"措施？

解析： 手机彩铃，是由被叫客户为呼叫自己手机的其他主叫客户设定特殊音效的回铃音业务，属于电信企业向手机用户提供的一项增值电信服务。失信彩铃，是在拨打被执行人的电话时，以彩铃形式播报被执行人的失信情况。实践中，一些法院设置了"失信彩铃"，作为督促被执行人履行执行义务的一种创新方式，引起社会广泛关注。

应该说这种方式的效果是不错的，从社情民意看，绝大部分人的意见也是支持的。但也有一些批评意见。有观点认为，统一设置"失信彩铃"缺乏相应的法律依据。《最高人民法院关于公布失信被执行人名单信息的若干规定》（2017年修正）第7条第2款仅明确了通过"报纸、广播、电视、网络、法院公告栏"等方式公布失信人员名单信息，并未涵盖"失信彩铃"。电信企业对失信被执行人设置统一彩铃涉及被执行人的隐私权、名誉权，需要在立法中明确规定电信企业配合执法的相关内容。也有关观点认为，《民法典》（2021年施行）将人格权独立成编，进一步突出了对公民人格权的保护，在执行程序中，被执行人的人格权也应该得到相应的尊重，而设置"失信彩铃"与该立法目的是否相符需要进一步探讨。

对于相关争论，可以从两个方面来分析：

第一，《最高人民法院关于公布失信被执行人名单信息的若干规定》（2017年修正）第7条第2款规定，各级人民法院可以根据各地实际情况，将失信被执行人名单通过报纸、广播、电视、网络、法院公告栏等其他方式予以公布，并可以采取新闻发布会或者其他方式定期向社会公布。失信彩铃本质上是一种特定化的公布方式，可以被司法解释规定的"等其他方式"所涵盖。

第二，"失信彩铃"与所谓的耻辱刑、游街示众是有区别的。耻辱刑和游街示众的本质是通过损耗人格的方式进行惩罚。但公布失信被执行人名单，只是将失信情况客观呈现，并发挥限制失信被执行人的交易机会、建设社会诚信体系、督促失信被执行人履行的功能，二者不能等同视之。

实践中应注意，采取失信彩铃措施，需要严格符合公布失信被执行人的条件，并确保手机号码的准确性。

84. 曝光"老赖"需要保护其隐私权吗？

解析： 需要保护。公布失信被执行人名单的方式，除了将失信被执行人名单信息录入最高人民法院失信被执行人名单库，并通过该名单库统一向社会公布外，各地法院可以根据实际情况，将失信被执行人名单通过报纸、广播、电视、网络、法院公告栏等其他方式予以公布，并可以采取新闻发布会或者其他方式对本院及辖区法院实施失信被执行人名单制度的情况定期向社会公布。实践中，有的法院利用商业繁华地段的商场、广场LED显示屏滚动播放失信人名单；有的法院将失信人信息在互联网搜索引擎上置顶；有的法院将失信人的姓名、联系方式、清晰照片、失信情形等信息放置到抖音等短视频平台，并通过特殊算法向其亲友推送；有的法院通过与电信运营商合作，将失信人的手机铃声设置为专属的"老赖"彩铃，所有拨打其电话者都将知悉其失信的案件情况。这些方式引起了一些争议。为此，最高人民法院反复强调，在公布时要"要注意避免泄露被执行人的隐私、商业秘密等"。

隐私权是公民的一项基本权利，受法律保护。但同时需要指出的是，隐私权不是绝对的，在涉及公共利益等情况下，隐私权的保护须作适当限制，这是法理上的共识。因此，在保护被执行人的隐私权方面，需要把握以下几点：

第一，可以公开的信息以法律和司法解释的规定为限。关于公开谁和公开什么，法律及司法解释作了明确规定。《民事诉讼法》（2023 年修正）第266 条规定："被执行人不履行法律文书确定的义务的，人民法院可以对其采取或者通知有关单位协助采取限制出境，在征信系统记录、通过媒体公布不履行义务信息以及法律规定的其他措施。"《最高人民法院关于公布失信被执行人名单信息的若干规定》（2017 年修正）第 6 条进一步明确，依法可以公开的失信被执行人信息包括失信被执行人的姓名、年龄、性别、身份证号码等个人信息，还包括生效法律文书确定的义务和被执行人的履行情况等案件信息。

第二，凡是法律和司法解释没有规定可以公开的信息，一律不予公开。例如，有关失信被执行人的住址、家庭情况、联系方式、工作单位等内容，不能公开。

第三，即使对于依法可以公开的失信被执行人信息，也应作必要的技术处理，比如对其身份证号码隐去有关出生年月的数字，目的也是更好地保障隐私权。

第四，在公开的语言上，坚持文明、客观、理性，避免使用贬损人格尊严的表述。

85. 能否对被执行人连续拘留？

解析：《最高人民法院关于适用〈中华人民共和国民事诉讼法〉的解释》（2022 年修正）第 184 条规定："对同一妨害民事诉讼行为的罚款、拘留不得连续适用。发生新的妨害民事诉讼行为的，人民法院可以重新予以罚款、拘留。"据此，对同一被执行人能否连续拘留，关键是看是否发生了新的妨害行为。同一被执行人被拘留后，如果又出现了新的妨害行为，可以针对该行为重新拘留。

此外，《最高人民法院关于适用〈中华人民共和国民事诉讼法〉的解释》（2022年修正）第503条还规定，被执行人不履行法律文书指定的行为，且该项行为只能由被执行人完成的，人民法院可予以罚款、拘留。被执行人在人民法院确定的履行期间内仍不履行的，人民法院可以再次罚款、拘留。

86. 冻结银行存款时，银行向当事人通风报信、谎称冻结但未采取冻结措施，是否构成擅自解冻行为？

解析：《最高人民法院关于人民法院执行工作若干问题的规定（试行）》（2020年修正）第26条规定："金融机构擅自解冻被人民法院冻结的款项，致冻结款项被转移的，人民法院有权责令其限期追回已转移的款项。在限期内未能追回的，应当裁定该金融机构在转移的款项范围内以自己的财产向申请执行人承担责任。"在收到法院的协助执行通知后，被执行人账户有足额款项可供冻结，银行出具协助冻结存款通知书（回执）载明冻结成功，但因其通风报信导致款项被转移。在这种情况下是否构成《最高人民法院关于人民法院执行工作若干问题的规定（试行）》（2020年修正）第26条规定的"擅自解冻"？

第一种意见认为，《最高人民法院、中国人民银行关于依法规范人民法院执行和金融机构协助执行的通知》（法发〔2000〕21号）第4条规定："金融机构在接到人民法院的协助执行通知书后，向当事人通风报信，致使当事人转移存款的，法院有权责令该金融机构限期追回，逾期未追回的，按照民事诉讼法第一百零二条的规定予以罚款、拘留；构成犯罪的，依法追究刑事责任，并建议有关部门给予行政处罚。"题述行为为向当事人通风报信，致使当事人转移存款，而非"擅自解冻"。因此，应当按照该通知第4条处理，追究其通风报信及拒执责任。

第二种意见认为，协助义务人在法院向其送达了冻结裁定后，明确告知法院执行人员被执行人账户有存款，且出具的协助冻结通知书（回执）上载明冻结成功，此时应当认定冻结成功。款项被转移走，应当视为银行工作人员有擅自解冻的行为。因此，可以适用《最高人民法院关于人民法院执行工作若干问题的规定（试行）》（2020年修正）第26条规定处理。

研析认为，第二种意见更可取。这是因为，冻结银行存款是由法院冻结的行为、协助义务单位的标注和控制等系列行为共同组成的。但是，冻结生效的时点是冻结裁定和协助执行通知送达银行，此时对银行而言就发生了法律效力。在对其生效后，银行没有采取控制措施，反而通风报信导致款项被转移，构成擅自解冻。

87. 民事裁判生效前转移、隐匿财产的行为，能否构成拒不执行判决、裁定罪？

解析：《刑法》（2020 年修正）第 313 条规定："对人民法院的判决、裁定有能力执行而拒不执行，情节严重的，处三年以下有期徒刑、拘役或者罚金；情节特别严重的，处三年以上七年以下有期徒刑，并处罚金。""单位犯前款罪的，对单位判处罚金，并对其直接负责的主管人员和其他直接责任人员，依照前款的规定处罚。"据此，被执行人、协助执行义务人、担保人等负有执行义务的人对人民法院的判决、裁定有能力执行而拒不执行，情节严重的，以拒不执行判决、裁定罪处罚。这里涉及一个问题，人民法院的判决、裁定生效之前的转移、隐匿财产等行为，是否也能构成拒不执行判决、裁定罪？

第一种意见认为能构成。《刑事审判参考》第 125 辑刊载的指导案例第 1396 号杨建荣、颜爱英、姜雪富拒不执行判决、裁定案认为，从时间上看，构成拒不执行判决、裁定罪的行为应当是从裁判生效后开始计算，但在民事裁判生效前，甚至在进入民事诉讼程序前，转移、隐匿财产等行为是否构成拒不执行判决、裁定罪？研析认为，只要转移、隐匿财产等行为状态持续至民事裁判生效后，情节严重的，即可构成拒不执行判决、裁定罪。

第二种意见认为不能构成。通常情况下，只有在人民法院的判决、裁定生效后，才能确定可供执行的内容，如果人民法院的判决、裁定尚未生效，则当事人之间的权利义务关系尚不确定，行为人的执行依据和执行能力也就无法确定。正因为如此，最高人民法院 2016 年发布的第 71 号指导案例毛建文拒不执行判决、裁定案，明确有能力执行而拒不执行判决、裁定的时间从判决、裁定发生法律效力时起算。

严格来说，第二种意见更符合立法本意。但在司法实践中，执行人一般不会在判决、裁定生效后才开始实施转移、隐匿财产的行为，而是在诉讼立案之后就着手实施，这是造成执行难的一个重要原因，也成为司法实践中拒不执行判决、裁定罪难以追究的一个重要原因。从解决问题的角度考虑，对实践中行为人为逃避执行义务，在诉讼开始后、裁判生效前恶意实施隐藏、转移财产等行为，在判决、裁定生效后经查证具有这些情形，要求执行而拒不执行的，此时可以认定为其对人民法院的生效判决、裁定"有能力执行而拒不执行"，情节严重的，可认定为拒不执行判决、裁定罪。

※协助执行

88. 人民法院能否作为协助执行义务机关？

解析：设例如下：A基层法院向B高院发出协助执行通知书，要求协助调取B高院正在办理的一个案件的再审申请人向法院提交的送达地址确认书。B高院对A基层法院提出以下质疑：人民法院能否以及在何种情况下可以作为协助执行机关？下级法院能否直接越级请求上级法院提供协助，还是应当通过层报方式提出请求？

研析认为，《最高人民法院关于适用〈中华人民共和国民事诉讼法〉的解释》（2022年修正）第483条规定："人民法院有权查询被执行人的身份信息与财产信息，掌握相关信息的单位和个人必须按照协助执行通知书办理。"A基层法院要求提供的被执行人地址信息，如果B高院掌握，则符合该条规定设定的条件。从条文表述看，并未把人民法院排除在外，只要人民法院掌握相关信息，即符合适用条件。根据执行工作具体情况，可能需要有关单位协助的事项包括：（1）调查债务人及有关人员的财产、身份信息；（2）查找债务人、被拘传人、被拘留人以及执行拘留、拘传决定；（3）查找和控制、拍卖被查封的财产；（4）查封、划拨、扣留、提取已控制的款项、债权；（5）其他应当依法协助执行的事项。

并且，A基层法院要求B高院协助执行，并不越级。所谓的"越级"，实际上是混淆了不同的法律关系。在工作关系中，B高院是A基层法院的上级法院，但在协助执行法律关系中，则是协助义务人，不能混为一谈。实践中，最高人民法院也收到过下级法院要求协助扣划拟退还诉讼费的通知，亦予以协助。当然，在需其他法院协助时，宜通过适当的方式沟通。

89. 协助执行义务单位能否对人民法院协助执行通知的内容予以审查？

解析：题述问题，存在一定争议。一种意见认为，不能审查人民法院的协助执行通知书，理由是：如果能够审查协助执行通知书，则意味着可能拒绝协助执行，这与协助执行的宗旨不相符。另一种意见认为，可以审查协助执行通知书，理由是：司法机关不能替代协助义务主体行使职权，如果行政机关不审查协助执行通知书，可能会引起不良后果。

研析认为，协助单位不能对人民法院的生效法律文书和协助执行通知书的内容进行实体审查。实践中，有的协助执行义务人在接到人民法院协助执行通知后，不按照通知要求及时履行协助执行义务，以履行内部审批手续、请示相关领导、排队抽号等为由拖延协助执行。对此，法律层面并无明确规则。最高人民法院牵头起草的《民事强制执行法（草案）》（2022年6月第一次审议稿）第73条第3款规定："有关组织和个人在协助执行过程中，不对协助执行通知的内容进行实质审查……"2004年2月10日，最高人民法院、国土资源部、建设部联合发布的《关于依法规范人民法院执行和国土资源房地产管理部门协助执行若干问题的通知》（法发〔2004〕5号）对于涉及行政机关协助执行义务和是否实体审查的问题，明确了以下内容：第一，人民法院在办理案件时，需要国土资源、房地产管理部门协助执行的，国土资源、房地产管理部门应当按照人民法院的生效法律文书和协助执行通知书办理协助执行事项。第二，人民法院对土地使用权、房屋实施查封或者进行实体处理前，应当向国土资源、房地产管理部门查询该土地、房屋的权属。第三，国土资源、房地产管理部门在协助人民法院执行土地使用权、房屋时，不对生效法律文书和协助执行通知书进行实体审查。国土资源、房地产管理部门认为人民法院查封、预查封或者处理的土地、房屋权属错误的，可以向人民法院提出审查建议，但不应当停止办理协助执行事项。第四，在执行人民法院确认土地、房屋权属的生效法律文书时，应当按照人民法院生效法律文书所确认的权利人办理土地、房屋权属变更、转移登记手续。这一通知的核心在于明确行政机关对于协助执行事项有必须办理的义务，且不对人民法院的生效法律文书和协助执行通知书等进行实体审查，但可以向人民法院提出审查建议。

但是，不进行实体性审查并不意味着完全不履行其原本具有的法定职责。在第123号指导性案例中，最高人民法院对有关规则进行了细化："生效判决认定采矿权转让合同依法成立但尚未生效，判令转让方按照合同约定办理采矿权转让手续，并非对采矿权归属的确定，执行法院依此向相关主管机关发出协助办理采矿权转让手续通知书，只具有启动主管机关审批采矿权转让手续的作用，采矿权能否转让应由相关主管机关依法决定。申请执行人请求变更采矿权受让人的，也应由相关主管机关依法判断。"这个案件执行依据的判项为"隆兴矿业按照《矿权转让合同》的约定为于某岩办理矿权转让手续"。根据法律法规，申请转让探矿权、采矿权的，须经审批管理机关审批，其批准转让的，转让合同自批准之日起生效。该案中，一、二审法院均认为对于矿权受让人的资格审查，属审批管理机关的审批权力，于某岩是否符合采矿权受让人条件、《矿权转让合同》能否经相关部门批准，并非法院审理范围，因该合同尚未经审批管理机关批准，因此认定该合同依法成立，但尚未生效。二审判决也认定，如审批管理机关对该合同不予批准，双方当事人对于合同的法律后果、权利义务，可另循救济途径主张权利。鉴于转让合同因未经批准而未生效的，不影响合同中关于履行报批义务的条款的效力，结合判决理由部分，该案生效判决所称的隆兴矿业按照《矿权转让合同》的约定为于某岩办理矿权转让手续，并非对矿业权权属的认定，而首先应是指履行促成合同生效的合同报批义务，合同经过审批管理机关批准后，才涉及办理矿权转让过户登记。因此，内蒙古自治区锡林郭勒盟中级人民法院向锡林郭勒盟国土资源局发出协助办理矿权转让手续的通知，只是相当于完成了隆兴矿业向审批管理机关申请办理矿权转让手续的行为，启动了行政机关审批的程序，只能理解为要求锡林郭勒盟国土资源局依法履行转让合同审批的职能。

90. 多个法院均要求协助且相互冲突的，如何处理？

解析：实践中，由于债务人可能多处负债，涉案众多。不同法院采取执行措施，往往会对同一主体提出不同的协助要求，导致义务人莫衷一是。存在执行争议的情况下，协助义务人向各方法院说明情况，然后按照其中一个法院的要求进行协助，不能认定其有过错，更不能认定其行为为"擅自"处分，并采取处罚措施。执行法院之间发生执行争议，应积极协商，协商不成及时将执行争议交由上级法院进行协调，依法维护各方当事人的权益，而非通过处罚协助义务人的方式解决。

参考案例：在（2021）最高法执监123号执行裁定书中，最高人民法院认为，河北省秦皇岛市中级人民法院及河北省承德市中级人民法院在明知执行事项具有冲突的情况下，应积极协商，协商不成及时将执行争议交由上级法院进行协调，依法维护各方当事人的权益，而非通过处罚协助义务人解决。

91. 对行政机关履行协助执行义务的行为，当事人、利害关系人不服的，能否提起行政诉讼?

解析: 协助执行，是指有关单位和个人按照人民法院的通知要求协助完成强制执行的活动。一般认为，行政机关协助执行的行为是否具有可诉性的基本标准是行政机关是否创设、变更或者消灭了行政法律关系。"如回答是肯定的，则该行为属于可诉的行政行为;如果行政机关作出的行为属于执行司法机关已经生效的司法裁判或者司法命令，该行为属于司法权的延伸，不具有可诉性。"①

2004 年 7 月 6 日，最高人民法院作出的《关于行政机关根据法院的协助执行通知书实施的行政行为是否属于人民法院行政诉讼受案范围的批复》（法释〔2004〕6 号，已失效）明确，行政机关根据人民法院的协助执行通知书实施的行为，是行政机关必须履行的法定协助义务，不属于人民法院行政诉讼受案范围。但如果当事人认为行政机关在协助执行时扩大了范围或违法采取措施造成其损害，提起行政诉讼的，人民法院应当受理。2018 年《最高人民法院关于适用〈中华人民共和国行政诉讼法〉的解释》第 1 条第 2 款第 7 项对该问题再次予以了明确。

92. 行政机关不履行协助执行义务，当事人、利害关系人不服的，能否提起行政诉讼?

解析: 设例如下:甲公司执行拍卖过程中依法竞得乙公司 51% 股权，之后人民法院作出执行裁定书并向 A 工商局发出协助执行通知书，要求协助执行该股权的解除冻结并变更登记事宜。A 工商局签收法院文书，但以股权变更工作需由被执行方主动提出为由拖延办理，甲公司就此多次与 A 工商局沟通，并致函人民法院请求督促执行工作。之后，B 工商局联系甲公司，告知 A 工商局将权力下放，已将该股权转让的协助执行工作移交 B 工商局办理，并要求提供相关材料予以确认。甲公司按照要求提供相关材料，后 B 工商局称其并非人民法院协助执行通知的主体。甲公司起诉，请求确认 A 工商局不履行协助执行义务的行为违法。甲公司的起诉是否属于行政诉讼受案范围，存在不同看法。

---

① 参见梁凤云:《行政诉讼法司法解释讲义》，人民法院出版社 2018 年版，第 17 页。

第一种意见认为，行政机关不履行协助执行义务的行为，属于行政诉讼受案范围。行政机关作为协助执行义务人，不履行协助执行义务的，构成行政不作为，当事人通过行政诉讼途径解决确认不作为行为违法和行政赔偿问题，属于行政诉讼的受案范围。

第二种意见认为，行政机关不履行协助执行义务的行为，不属于行政诉讼受案范围。对于协助执行义务人不履行协助执行义务的行为，《民事诉讼法》已经作出明确规定，执行法院应当根据相关规定作出决定，督促作为协助执行单位的行政机关履行义务，而不是由当事人另行提起诉讼。

第三种意见认为，行政机关不履行协助执行义务的行为，是否属于行政诉讼受案范围，需要区分情况予以认定。原则上，该类行为不属于行政诉讼受案范围，应当通过执行程序督促执行。但在特定情形下，如行政机关不履行协助执行义务已经造成合法权益受损，且通过执行程序不能完全救济受损合法权益的，当事人提出特定的诉讼请求，如确认不履行协助执行义务违法并予以赔偿等，则可能属于行政诉讼受案范围。

研析认为，第三种意见可采。对该问题，最高人民法院的意见是一以贯之的。2013年7月29日，最高人民法院作出《关于行政机关不履行人民法院协助执行义务行为是否属于行政诉讼受案范围的答复》（〔2012〕行他字第17号），内容为："行政机关根据人民法院的协助执行通知书实施的行为，是行政机关必须履行的法定协助义务，公民、法人或者其他组织对该行为不服提起诉讼的，不属于人民法院行政诉讼受案范围。""行政机关拒不履行协助义务的，人民法院应当依法采取执行措施督促其履行；当事人请求人民法院判决行政机关限期履行协助执行义务的，人民法院不予受理。但当事人认为行政机关不履行协助执行义务造成其损害，请求确认不履行协助执行义务行为违法并予以行政赔偿的，人民法院应当受理。"2023年出版的《最高人民法院行政审判庭法官会议纪要》（第二辑），再次重申了这一意见。

※执行和解

93. 如何区分执行和解与执行外和解？

解析：执行和解是民事诉讼法确立的一项重要制度，它是意思自治原则在民事执行程序的体现，在执行中发挥着重要作用。从法律规定和法院执行实践看，我国的执行和解既不同于纯粹的私法行为，又与彻底的诉讼行为的法律效力相去甚远。执行和解协议具有民事合同的形式，其内容也是关于当事人民事实体权利义务的约定。但这种协议与普通民事合同不同，具有一定公法上的效力，可以阻却原生效法律文书的执行。和解协议已经履行完毕的，具有终结执行程序的法律效力。但执行和解对执行程序的影响，与诉讼行为所主张的经法院审查认可后可强制执行和解协议的观点不可同日而语。现有规定不承认执行和解协议具有强制执行的法律效力，债务人不履行和解协议的，法院不能依据和解协议对其强制执行，原则上应根据债权人申请，恢复原生效法律文书的执行，或者通过另行诉讼解决执行和解协议纠纷。

根据《民事诉讼法》（2023 年修正）第 241 条第 1 款的规定，在执行中，双方当事人自行和解达成协议的，执行员应当将协议内容记入笔录，由双方当事人签名或者盖章的，成立执行和解。但法律、司法解释对于当事人私下达成的和解协议是否构成执行和解、产生何种法律效果没有明确规定，实践中分歧较大，不同案件的认定结果可能截然相反。

为统一司法尺度，《最高人民法院关于执行和解若干问题的规定》（2020年修正）明确了执行和解与执行外和解的区分标准，并分别规定了不同的法律效果。根据《最高人民法院关于执行和解若干问题的规定》（2020 年修正）第 1 条的规定，和解协议是指法律文书生效后，当事人达成的变更该文书权利义务关系的协议。根据第 2 条规定，当事人将该协议共同提交法院，法院经审查中止执行的，该协议就是执行和解协议；除此之外的和解协议，都属于执行外和解协议，也包括执行程序开始前达成的和解协议。综上，执行和解的实质是，当事人变更生效法律文书确定的权利义务关系，并自愿按照该协议履行，不再要求法院强制执行生效法律文书。因此，执行和解与执行外和解的区别在于，当事人是否有使和解协议直接对执行程序产生影响的意图。换言之，即便是当事人私下达成的和解协议，只要共同向人民法院提交或者一方提交另一方认可，就构成执行和解，人民法院可以据此中止执行。甚至，即便没有直接证据证明当事人双方曾经向执行法院共同提交过书面和解协议，但执行法院因双方达成和解协议而事实上中止执行，当事人双方自行私下沟通、安排还款、收款事宜，均未要求执行法院继续强制执行，对执行法院中止执行均未否认的，该和解协议亦属于执行和解协议。反之，如果双方没有将私下达成的和解协议提交给人民法院的意思，那么和解协议仅产生实体法效果，被执行人依据该协议要求中止执行的，需要另行提起执行异议。

这里补充介绍一下实体法学者和程序法学者对执行和解协议的不同理解。

"民诉法的学者通常认为，和解协议尽管是当事人之间变更权利义务的合意，但与一般程序外的实体协议不同，和解协议是为了实现权利义务所达成的协议，而不是为了其他目的所设立权利义务的协议，在性质上属于程序上的协议。实体法的学者一般认为，和解协议就是当事人双方之间关于新的权利义务达成的协议。""表面上看，人们关于执行和解制度的目的没有争议，但实际上隐含着较大分歧。一种理解是，执行和解制度的目的在于通过执行当事人之间的和解，使已经确定的权利义务能够高效率、非强制性地实现。这一理解倾向于如果达成高效率实现权利合意，就应当回到民事执行的轨道上，通过强制执行实现其权利。另一种理解是有利于化解矛盾解决纠纷，同时也有助于化解当前实际的执行难问题。执行和解被认为是基本化解执行难的一种有效方法。这种认识在最高人民法院《执行和解规定》中得到了充分体现。这种认识以及执行政策的落实带来的问题是，使得执行和解与诉讼调解具有同样的消极作用，即实际存在的所谓'权利打折'现象与强制执行的精神具有内在冲突。因此也引发这样的思考，执行和解是否应当成为一种予以鼓励的行为。""第二种理解很容易将执行和解的目的与纠纷解决的目的混同起来，如果执行和解是为了解决当事人之间的纠纷，而非实现权利义务，必然导致将其他法律关系纳入所谓和解协议，使其实际上成为解决当事人之间当下纠纷为目的的和解协议，并非以实现执行根据中的权利义务为目的的执行和解协议。这种协议必然涉及新的权利义务，司法解释规定对执行和解不履行时可以提起诉讼，也是基于这一原因。"[①]

参考案例：在（2018）最高法执监612号执行裁定书中，最高人民法院认为，在争议期间，虽然没有直接证据证明双方曾经向执行法院共同提交过书面《和解协议》，但执行法院因双方达成和解协议而事实上中止原判决的执行，《和解协议》双方自行私下沟通、安排还款、收款事宜，均未要求执行法院继续强制执行，对执行法院中止执行均未否认。《和解协议》达成后，已经被执行法院知悉，并导致了原判决事实上的中止执行。因此，《和解协议》属于执行和解协议，而不是执行外和解协议。

在第119号指导性案例中，最高人民法院明确了如下规则："执行程序开始前，双方当事人自行达成和解协议并履行，一方当事人申请强制执行原生效法律文书的，人民法院应予受理。被执行人以已履行和解协议为由提出执

[①] 参见张卫平、黄茂醌：《民事执行法：争点与分析》，载《法治研究》2023年第4期。

行异议的，可以参照《最高人民法院关于执行和解若干问题的规定》第十九条的规定审查处理。"

在最高人民法院第 2 号指导性案例中，一审法院经审理后判决：被告西城纸业公司在判决生效之日起 10 日内给付原告吴某货款 2518000 元及违约利息。宣判后，西城纸业公司向四川省眉山市中级人民法院提起上诉。二审审理期间，西城纸业公司于 2009 年 10 月 15 日与吴某签订了一份还款协议，商定西城纸业公司的还款计划，吴某则放弃了支付利息的请求。同年 10 月 20 日，西城纸业公司以自愿与对方达成和解协议为由申请撤回上诉。四川省眉山市中级人民法院裁定准予撤诉后，因西城纸业公司未完全履行和解协议，吴某向一审法院申请执行一审判决。四川省眉山市东坡区人民法院对吴某申请执行一审判决予以支持。西城纸业公司向四川省眉山市中级人民法院申请执行监督，主张不予执行原一审判决。最高人民法院认为，西城纸业公司对于撤诉的法律后果应当明知，即一旦法院裁定准予其撤回上诉，四川省眉山市东坡区人民法院的一审判决即为生效判决，具有强制执行的效力。虽然二审期间双方在自愿基础上达成的和解协议对相关权利义务作出约定，西城纸业公司因该协议的签订而放弃行使上诉权，吴某则放弃了利息，但是该和解协议属于双方当事人诉讼外达成的协议，未经人民法院依法确认制作调解书，不具有强制执行力。西城纸业公司未按和解协议履行还款义务，违背了双方约定和诚实信用原则，故对其以双方达成和解协议为由，主张不予执行原生效判决的请求不予支持。据此确立了如下裁判规则：民事案件二审期间，双方当事人达成和解协议，人民法院准许撤回上诉的，该和解协议未经人民法院依法制作调解书，属于诉讼外达成的协议。一方当事人不履行和解协议，另一方当事人申请执行一审判决的，人民法院应予支持。

94. 被执行人未按和解协议约定的"方式"履行债务，能否恢复执行？

解析：根据《最高人民法院关于执行和解若干问题的规定》（2020 年修正）第 11 条的规定，申请执行人以被执行人一方不履行执行和解协议为由申请恢复执行，人民法院经审查，理由成立的，裁定恢复执行。未按照和解协议约定的方式履行，往往构成"不履行"，应当恢复执行。但是，这也不是绝对的。

以最高人民法院第 119 号指导性案例为例进行说明。在该案中，追日电气公司依据《和解协议书》的约定以及滁州建安公司的要求，分别向滁州建安公司和王某刚等支付了4128806.67元、50万元款项，虽然与《和解协议书》约定的4633000元尚差5000余元，但是滁州建安公司予以接受并为追日电气公司分别开具了413万元的收据及50万元的发票。最高人民法院认为，根据《最高人民法院关于贯彻执行〈中华人民共和国民法通则〉若干问题的意见（试行）》〔法（办）发〔1998〕6号，已失效〕第66条关于"一方当事人向对方当事人提出民事权利的要求，对方未用语言或者文字明确表示意见，但其行为表明已接受的，可以认定为默示"的规定，结合滁州建安公司在接受付款后较长时间未对付款金额提出异议的事实，可以认定双方以行为对《和解协议书》约定的付款金额进行了变更，构成合同的默示变更，故案涉《和解协议书》约定的付款义务已经履行完毕。

可见，关于何时构成"默示变更"，有两个核心要件：第一，债权人接受了债务人的履行，且未提出异议；第二，债务人的履行虽然与执行依据或者执行和解协议存在差距，但差别不大，和解协议的根本目的并未落空。在这两个核心要件的基础上，可以结合案件具体情况进行分析。

参考案例：在（2018）最高法执监851号执行裁定书中，最高人民法院认为，本案的争议焦点是债务人于2016年7月22日支付承兑汇票能否视为履行了调解书第一项确定的义务。尽管债务人支付的承兑汇票的到期日晚于调解书确定的7月22日，但从债权人7月20日支付承兑汇票补差来看，债权人对债务人将以汇票支付款项是明知的，可以视为双方变更了调解书确定的付款方式。在此情况下，虽然债务人交付的是远期汇票，但在交付之后债权人已经按期收取了35万元。即使债权人认为债务人以远期汇票支付货款不符合调解书的规定，也应当在收到汇票的同时提出异议，以便债权人在调解书确定的期限逾期前修正其相关履行行为，但是债权人未提出相关异议，可以认定债务人并未在根本上违反调解书确定的义务。

95. 被执行人未按执行和解协议约定的"期限"履行债务，能否恢复执行？

解析：设例如下：甲、乙在执行中达成执行和解协议，约定8月1日前甲偿还乙100万元，逾期履行的，恢复原判决执行。甲未履行，8月2日乙申请恢复判决执行。8月3日甲支付乙100万元，乙接受。对于乙的恢复执行申请，法院如何处理？

对此，有两种观点：一种观点认为，考虑乙的期限利益，应当严格按照协议处理，恢复执行。另一种观点认为，应考虑违约的程度，进行综合判断，不宜一律恢复执行。

在第126号指导性案例中，最高人民法院认为，在履行和解协议的过程中，申请执行人因被执行人迟延履行申请恢复执行的同时，又继续接受和积极配合被执行人的后续履行，直至和解协议全部履行完毕的，应当认定属于和解协议已经履行完毕不再恢复执行原生效法律文书的情形。该案例的裁判理由提出了审查处理此类案件的一些具体考量因素：一是迟延履行的时间长短、按时履行在客观上的难度和主观过错程度。二是双方在履行中的表现，义务人对超期后继续履行和解协议的信赖，权利人一方接受并积极配合情况。三是迟延履行是否导致和解协议的目的落空。四是申请执行人申请恢复执行是否符合诚信原则。五是在作出恢复执行裁决之前，和解协议是否已经履行完毕。

可见，基于鼓励各方当事人遵循诚信原则，以及促使债务人积极、尽力按照和解协议履行，在并无实质违约的情况下，应避免仅因稍微超过协议约定的期限，即置和解协议于不顾，恢复执行原生效法律文书。宜从具体案情出发，遵循实体法的精神，对具体履行情况等事实和法律问题作出实质性判断，寻求符合各方当事人利益平衡的结果。

参考案例： 在（2021）最高法执监40号执行裁定书中，最高人民法院认为，申请执行人与被执行人在执行过程中经法院主持达成执行和解协议，明确约定分期履行的执行款项数额及付款期限，虽前两笔迟延履行，但仅迟延7日，在和解协议约定的最后一笔款项的履行期限尚未届至时，申请执行人向执行法院申请恢复执行，其申请恢复执行原生效法律文书的请求不符合法律规定，应不予恢复执行。

96. 以房抵债和解协议物权尚未转移的，能否认定和解协议履行完毕?

解析： 以房抵债协议的完全履行一般应包括交付房屋及办理过户登记两方面。对于内容为房抵债的执行和解协议，判断是否履行完毕，应以案涉房产是否办理权属变更登记为准。若房产未能变更登记至申请执行人名下，应当认定为执行和解协议并未履行完毕。申请执行人以流拍的案涉房产抵债的，人民法院作出的以物抵债裁定属于能够直接导致物权变动的法律文书，该房产所有权自送达承受人时起转移。当事人互负到期债务，人民法院可以在执行程序中进行抵销的条件除要求两个债务的标的物种类、品质相同外，还要求被执行人请求抵销的债务已经生效法律文书确定或者经申请执行人认可。

当然，如果以房抵债协议明确约定待案涉房屋具备登记条件时才办理备案、登记手续的，办理过户登记的义务属于附有履行条件的义务，如还不具备登记条件，债权人亦未提交充分证据证明案涉房屋不能办理产权登记，不能仅以债务人未办理过户登记为由申请恢复执行。

参考案例： 在（2021）最高法执监27号执行裁定书中，最高人民法院认为，案涉执行和解协议系以房抵债协议，而房产的权属变动自记载于不动产登记簿时发生效力，双方当事人在和解协议中亦已约定蓝星公司有义务配合建工集团办理相关部门的各项事宜。据此，判断案涉执行和解协议是否履行完毕，应以案涉房产是否办理权属变更登记、建工集团是否取得房产所有权为准。

在（2021）最高法执监97号执行裁定书中，最高人民法院认为，以房抵债协议的完全履行一般应包括交付房屋及办理过户登记两方面，但案涉协议明确约定待案涉房屋具备登记条件时才办理备案、登记手续的，办理过户登记的义务属于附有履行条件的义务，因目前案涉房屋不具备登记条件，债权人亦未提交充分证据证明案涉房屋不能办理产权登记，故其仅以债务人未办理过户登记为由申请执行一审判决，人民法院不予支持。

97. 债务人不履行执行和解协议的，债权人能否就履行和解协议提起诉讼？

解析： 根据《民事诉讼法》（2023年修正）第241条第2款的规定，申请执行人因受欺诈、胁迫与被执行人达成和解协议，或者当事人不履行和解协议的，人民法院可以根据当事人的申请，恢复对原生效法律文书的执行。但对申请执行人能否起诉被执行人，要求其履行执行和解协议约定的义务，法律规定并不明确。

对这个问题的认识，实践中有一个深化的过程：

一是从不可诉到可诉。按照民诉法学界过去的认识，因为和解协议属于程序上的协议，所以和解协议本身不具有可诉性。当和解协议不能履行时，只能根据对方当事人的申请恢复原来的执行程序。与此相适应，实践中，立案机构和审判机构往往以执行和解协议系在执行程序中达成为由，对有关和解协议的争议不予立案和审理。对于执行和解协议的可诉性问题，最高人民法院原执行工作办公室早在 1999 年 4 月 21 日答复广东省高级人民法院的《关于如何处理因当事人达成和解协议致使逾期申请执行问题的复函》（〔1999〕执他字第 10 号）中即持肯定态度。该函文认为："双方当事人于判决生效后达成还款协议，并不能引起法定申请执行期限的更改。本案的债权人超过法定期限申请执行，深圳市中级人民法院仍立案执行无法律依据。深圳华达化工有限公司的债权成为自然债，可自行向债务人索取，也可以深圳东部实业有限公司不履行还款协议为由向有管辖权的人民法院提起诉讼。"其后，最高人民法院在简阳烟草公司执行异议一案再次重申相同意见："现行法律关于不履行和解协议的后果仅仅是恢复执行的规定，表明和解协议不能作为执行依据，其确定的给付内容不具有强制执行力。也说明法律对和解协议的定位，仍然将其作为平等民事主体之间私法上的协议，属于民事合同之一种。"既然执行和解协议并不具有公法上的确定力和执行力，因其所产生的争议当然可以提交审判机构判定。①

二是另行诉讼从补充性救济途径到可选性救济途径。尽管对执行和解协议的可诉性问题有了突破，② 但人们还是认为，"处理执行和解协议纠纷，应根据现行法律、司法解释有关执行和解协议纠纷救济方式的规定，审查是否

① 刘立新：《简阳烟草公司执行异议案》，载最高人民法院执行工作办公室编：《强制执行指导与参考》（总第 13 集），法律出版社 2005 年版，第 44 页。

② 之所以说是突破，是因为该问题并未形成共识，仍有学者反对执行和解协议具有可诉性的观点，认为："显然可诉性的观点是基于和解协议是一种实体上协议的认识，视和解为一般民事合同。既然是合同，一旦发生争议就可以再次提起诉讼。但这一点恰恰是很有争议的。从程序法的角度来看，执行和解协议本质上应当属于实现权利义务的协议，是一种程序性、手段性协议，其目的是实现权利。在这个意义上，对于实现权利的方法的争议通过诉讼来解决是不适宜的。虽然《民事诉讼法》并没有明确规定不可以就和解协议再诉，给了司法机关解释的余地，但我们必须考虑执行和解协议性质与实际作用的问题。对和解协议再诉讼无疑提高了纠纷解决的成本，严重影响执行的效率，并有可能掉入无限循环争讼的陷阱：诉讼—执行—和解—诉讼—执行—和解—诉讼……因此，单就严格意义上的和解协议而言，规定其具有可诉性是值得商榷的。现实中的和解协议并不是严格意义上关于如何实现权利义务的协议，在许多场合也包括其他与执行根据内容无关的权利义务，即新的实体权利义务关系。这些新的权利义务成了执行根据权利义务实现的条件。如，以其他合同的签订和履行作为执行根据中义务履行的条件。如此一来，和解当事人之间的权利义务就有了新的内容，也就使得该权利义务纠纷具有可诉性。和解协议不可诉针对的是严格意义上的执行和解，即为实现执行根据中实体权利义务的和解协议；具有可诉性的和解协议则是纳入新的法律关系的和解协议。纳入了新的法律关系的和解协议实际上并不是以权利的实现为目的，而是以一揽子解决当事人双方的纠纷为目的，只不过在实践中两者有时往往难以区分。因此，也使得执行和解制度变得无所适从。"参见张卫平、黄茂醌：《民事执行法：争点与分析》，载《法治研究》2023 年第 4 期。

恢复原生效法律文书的执行，或者当事人依据执行和解协议另行起诉的条件是否成就。从实践中的情况看，债权人依据执行和解协议另行诉讼的适用范围是有限的，重新起诉只是在不能得到民事诉讼法规定的强制执行途径的有效救济的情况下当事人可以选择的补充做法"。[①]据此，恢复原生效法律文书执行处于主导性地位，另行诉讼解决处于补充性地位。

这个情况在《最高人民法院关于执行和解若干问题的规定》出台后发生了改变。在该司法解释起草过程中，主流意见认为，从结果看，"债务人不履行执行和解协议，债权人只能申请恢复执行"的做法实际上否定了当事人之间的合意，缺乏对债权人和债务人预期利益的保护。尤其当执行和解协议对债权人更有利时，被执行人可以通过不履行执行和解协议获益，也与诚信原则相悖。有鉴于此，《最高人民法院关于执行和解若干问题的规定》（2020年修正）第9条规定："被执行人一方不履行执行和解协议的，申请执行人可以申请恢复执行原生效法律文书，也可以就履行执行和解协议向执行法院提起诉讼。"该条明确赋予了申请执行人选择权，即在被执行人不履行执行和解协议时，申请执行人既可以申请恢复执行，也可以就履行执行和解协议提起诉讼。

需要注意的是，债务人不履行执行和解协议，债权人不能在申请恢复执行的同时，另行提起诉讼。也就是说，这两条路原则上不能并行，申请执行人只能选择其中一条。如果选择让被执行人履行执行和解协议，在法院受理起诉后，执行机构可以终结原生效法律文书的执行；如果选择申请恢复执行，在法院恢复执行后，再要求被执行人履行执行和解协议的，人民法院原则上也不予受理。

98. 达成执行和解协议的，申请执行人能否反悔并申请恢复执行？

解析： 根据《民事诉讼法》（2023年修正）第241条第2款的规定，申请执行人因受欺诈、胁迫与被执行人达成和解协议，或者当事人不履行和解协议的，人民法院可以根据当事人的申请，恢复对原生效法律文书的执行。但对于申请执行人能否随时反悔、"不履行"的具体内涵、受欺诈和胁迫由谁认定等问题，不同法院把握的标准并不一致。为此，《最高人民法院关于执行

---

① 卫彦明、张根大等：《执行和解协议不履行时当事人的救济途径分析》，载最高人民法院执行局编：《执行工作指导》2011年第3辑，人民法院出版社2011年版，第95页。

和解若干问题的规定》起草时对此进行了研究，并明确了恢复执行的条件。该解释（2020年修正）第11条规定："申请执行人以被执行人一方不履行执行和解协议为由申请恢复执行，人民法院经审查，理由成立的，裁定恢复执行；有下列情形之一的，裁定不予恢复执行：（一）执行和解协议履行完毕后申请恢复执行的；（二）执行和解协议约定的履行期限尚未届至或者履行条件尚未成就的，但符合民法典第五百七十八条规定情形的除外；（三）被执行人一方正在按照执行和解协议约定履行义务的；（四）其他不符合恢复执行条件的情形。"

根据本条规定，契约严守和诚信原则应当适用于双方当事人，任何一方都不应无故违反和解协议，如果被执行人正在依照和解协议的约定履行义务，或者执行和解协议约定的履行期限尚未届至、履行条件尚未成就，申请执行人就不能要求恢复执行。如果债务人已经履行完毕和解协议确定的义务，即便存在迟延履行或者瑕疵履行的情况，申请执行人也不能要求恢复执行。迟延履行或瑕疵履行给申请执行人造成损害的，申请执行人可以另行提起诉讼，主张赔偿损失。当然，出于审执分离的考虑，当事人、利害关系人主张和解无效或可撤销的，应当通过诉讼程序认定，再向法院申请恢复执行。

99. 恢复执行后，因执行和解导致的纠纷如何处理？

解析： 执行和解协议并不构成债的更改。所谓债的更改，即设定新债务以代替旧债务，并使旧债务归于消灭的民事法律行为。构成债的更改，应当以当事人之间有明确的以新债务的成立完全取代并消灭旧债务的意思表示。执行和解协议实质上是以成立新债务作为履行旧债务的手段，新债务未得到履行的，旧债务并不消灭。只有通过和解协议的完全履行，才能使得原生效法律文书确定的债权债务关系得以消灭，执行程序得以终结。若和解协议约定的权利义务得不到履行，则原生效法律文书确定的债权仍然不能消灭。申请执行人仍然得以申请继续执行原生效法律文书。

执行和解协议无法继续履行导致恢复执行的，因履行执行和解协议造成的纠纷，在执行案件中如何处理，是一个实际问题。在第124号指导性案例中，最高人民法院认为："申请执行人与被执行人对执行和解协议的内容产生争议，客观上已无法继续履行的，可以执行原生效法律文书。对执行和解协议中原执行依据未涉及的内容，以及履行过程中产生的争议，当事人可以通过其他救济程序解决。"

100. 达成执行和解后履行的部分，在恢复执行后，是否应当优先抵扣主债务？

解析：《最高人民法院关于适用〈中华人民共和国民事诉讼法〉的解释》（2022年修正）第465条规定，一方当事人不履行或者不完全履行在执行中双方自愿达成的和解协议，对方当事人申请执行原生效法律文书的，人民法院应当恢复执行，但和解协议已履行的部分应当扣除。扣除的部分是否先清偿主债务？

研析认为，《最高人民法院关于执行程序中计算迟延履行期间的债务利息适用法律若干问题的解释》（2014年施行）第4条规定："被执行人的财产不足以清偿全部债务的，应当先清偿生效法律文书确定的金钱债务，再清偿加倍部分债务利息，但当事人对清偿顺序另有约定的除外。"《民法典》（2021年施行）第561条规定："债务人在履行主债务外还应当支付利息和实现债权的有关费用，其给付不足以清偿全部债务的，除当事人另有约定外，应当按照下列顺序履行：（一）实现债权的有关费用；（二）利息；（三）主债务。"据此，在执行款不足以清偿全部债务时，就生效法律文书确定的金钱债务与迟延履行利息的清偿顺序而言，应当先清偿生效法律文书确定的金钱债务，如果有剩余再清偿迟延履行利息。在清偿生效法律文书确定的金钱债务时，若执行款尚不足以支付全部金钱债务，则应参照一般民法债权抵充顺序原则进行支付，即先清偿实现债权的费用，再清偿利息，最后清偿主债务。

参考案例：在（2021）最高法执监161号执行裁定书中，最高人民法院认为，本案中，执行法院恢复执行的是生效判决确定的金钱债务，案涉执行和解协议是否约定债务清偿顺序对扣除并计算执行款不造成影响。因此，执行法院在恢复执行后，依据申请执行人的申请，按照上述法定清偿顺序对康鸿盛公司在执行和解协议签订后所支付的280万元予以扣除并计算剩余执行款，符合法律规定，并无不当。

※执行担保

101. 如何认定是否构成执行担保？

解析：执行担保的法律效果是不经诉讼程序，直接要求相应主体承担责任，这种对当事人程序保障的限制，应当有法律的明确规定。根据《民事诉讼法》（2023年修正）第242条，在执行中，被执行人向人民法院提供担保，并经申请执行人同意的，人民法院可以决定暂缓执行及暂缓执行的期限。但该条并未明确，担保的事项到底是什么。司法实践中，不少人对担保事项的理解较为宽松，即只要涉及执行程序的担保，例如为解除保全措施提供的担保、第三人撤销之诉中第三人为中止执行提供的担保，都属于执行担保。但实际上，上述担保虽然都和执行程序有关，但与《民事诉讼法》（2023年修正）第242条的规定尚有区别，在概念上不宜混淆。为避免实践中的误解，《最高人民法院关于执行担保若干问题的规定》（2020年修正）第1条对此作了界定，即本规定所称执行担保，是指担保人依照《民事诉讼法》第231条（2023年修正后为第242条）规定，为担保被执行人履行生效法律文书确定的全部或者部分义务，向人民法院提供的担保。

参考案例：在（2019）最高法执复134号执行裁定书中，最高人民法院认为，执行中的担保是担保人向人民法院提供的担保，应当符合"向人民法院提交担保书"的形式要件，且担保书中应当包含"担保人自愿接受直接强制执行的承诺"的内容，公司提供担保的，还应当提交公司章程、董事会或者股东会、股东大会决议等材料。本案中，未有相关证据证明，互助投资公司向人民法院提交了《保证担保合同》等材料并作出被执行人在执行期限届满后仍不履行时其自愿接受直接强制执行的承诺，故不能认定本案构成执行担保。

102. 当事人在执行和解协议中约定的担保条款是否构成执行中的担保？

解析：执行和解协议是当事人自愿协商达成的依法变更生效法律文书确定内容的民事合同。为担保被执行人履行执行和解协议约定的义务，申请执行人常常会要求被执行人提供担保。此类担保条款是否构成《民事诉讼法》（2023年修正）第242条规定的执行担保，执行法院能否依据该条款直接执行担保财产或者保证人，实践中争议很大。《最高人民法院关于执行和解若干问题的规定》（2020年修正）第18条专门规定了执行和解协议中担保条款的效力，即如果担保人向人民法院承诺被执行人不履行和解协议时自愿接受强制执行，恢复执行原生效法律文书后，人民法院可以依申请执行人的申请及担保条款的约定，直接执行担保财产或保证人的财产，不需要申请执行人另行提起诉讼。当然，如果申请执行人选择就履行和解协议提起诉讼，担保条款依然有效，申请执行人可以在诉讼中主张担保人承担责任。

关于执行担保，根据《民事诉讼法》（2023年修正）第242条、《最高人民法院关于适用〈中华人民共和国民事诉讼法〉的解释》（2022年修正）第468条的规定，在执行中，被执行人或第三人可以向人民法院提供执行担保，也可以由第三人提供保证，第三人提供保证的，应当向执行法院出具保证书。由此可知，人民法院强制执行的是生效法律文书，而不是当事人之间达成的执行和解协议，法律和司法解释所规定的被执行人或第三人可以向人民法院提供担保或保证，应理解为是对生效法律文书确定的义务提供担保或保证。第三人向执行法院提供执行担保或保证，是在生效法律文书确定的权利义务之外，自愿加入强制执行程序中，在第三人并非生效法律文书确定的当事人的情况下，其接受强制执行，必须向人民法院作出明确的意思表示。因此，执行担保强调的是向人民法院承诺自愿接受直接强制执行，而不仅仅是担保人向申请执行人提供担保。

参考案例：在（2017）最高法执监416号执行裁定书中，最高人民法院认为，宋某君提交的第一份《担保书》，其内容仅为"我公司承诺为仝某燕向宋某军借款人民币叁仟叁佰万元整（33000000.00元）承担连带担保责任"，并无向执行法院提供担保的意思表示，亦未在落款的日期后及时向执行法院提交，不构成有效的执行担保。因此，江苏省徐州市中级人民法院以第一份《担保书》为根据追加安徽阁云公司为被执行人，缺乏事实和法律根据，依法应予纠正；江苏省高级人民法院的审查处理结果正确，依法应予维持。

在（2019）最高法执监77号执行裁定书中，最高人民法院认为，本案中，执行和解协议虽然约定了由润普公司为鑫马公司等被执行人提供保证的条款，但该公司没有向执行法院出具保证书，不符合法律及司法解释规定的"向人民法院提供担保"这一执行担保成立的前提条件。不能仅仅以当事人在法院主持下达成和解或者执行和解协议的签订地点在法院为由，推定执行和解协议中的保证条款构成执行程序中的担保。当然，不构成执行程序中的担保，并不当然意味着不承担担保责任。对是否承担担保责任的认定处理属于审判权力，本案中的执行和解协议是否构成民事债务加入或民事担保法律关系并产生相应实体法上的后果，应当通过审判程序解决，而不适合在执行程序中直接认定处理。

103. 公司为被执行人所提供的担保不符合公司章程关于股东会经股东所持表决权过半数通过的要求，执行担保是否成立？

解析：《公司法》（2018 年修正）第 16 条第 1 款规定："公司向其他企业投资或者为他人提供担保，依照公司章程的规定，由董事会或者股东会、股东大会决议；公司章程对投资或者担保的总额及单项投资或者担保的数额有限额规定的，不得超过规定的限额。"为防止法定代表人随意代表公司为他人提供担保给公司造成损失，损害中小股东利益，《公司法》（2018 年修正）第 16 条对法定代表人的代表权进行了限制。根据该条规定，担保行为不是法定代表人所能单独决定的事项，而必须以公司股东（大）会、董事会等公司机关的决议作为授权的基础和来源。法定代表人未经授权擅自为他人提供担保的，构成越权代表，应当根据《民法典》（2021 年施行）第 504 条①关于法定代表人越权代表的规定，区分订立合同时债权人是否善意分别认定合同效力：债权人善意的，合同有效；反之，合同无效。

为此，《最高人民法院关于执行担保若干问题的规定》（2020 年修正）第 5 条规定："公司为被执行人提供执行担保的，应当提交符合公司法第十六条规定的公司章程、董事会或者股东会、股东大会决议。"执行法院对公司机关决议内容的审查一般限于形式审查，只要求尽到必要的注意义务即可，标准不宜太过严苛。公司以机关决议系法定代表人伪造或者变造、决议程序违法、签章（名）不实、担保金额超过法定限额等事由抗辩债权人非善意的，人民法院一般不予支持。但是，公司章程关于股东会经股东所持表决权过半数通过的要求属于可以通过形式审查发现的内容，未达到公司章程要求的，据此主张执行担保不成的，执行法院应当支持。

参考案例：在（2020）最高法执复 161 号执行裁定书中，最高人民法院认为，本案争议焦点为海南省高级人民法院执行担保人财产是否符合法律规定的问题。根据《最高人民法院关于执行和解若干问题的规定》第 18 条的规定，执行和解协议中约定担保条款，且担保人向人民法院承诺在被执行人不履行执行和解协议时自愿接受直接强制执行的，恢复执行原生效法律文书后，

---

① 《民法典》（2021 年施行）第 504 条规定："法人的法定代表人或者非法人组织的负责人超越权限订立的合同，除相对人知道或者应当知道其超越权限外，该代表行为有效，订立的合同对法人或者非法人组织发生效力。"

人民法院可以依申请执行人申请及担保条款的约定，直接裁定执行保证人的财产。本案中，《执行和解及担保协议》第5条明确约定，明福市场公司、圆方公司、明福投资公司同意为本案被执行人各方履行本协议项下的约定义务提供连带责任担保，并向法院承诺，恢复执行原生效法律文书后，自愿接受法院直接强制执行，法院可以依华融海南分公司申请及本条款的约定，直接裁定执行深圳民航新产业公司、深圳民航实业公司、深圳民航机场公司、深圳恒盈星公司、惠州锦昌丰公司、明福市场公司、圆方公司、明福投资公司各方财产。但是，圆方公司、明福投资公司对此提出《执行和解及担保协议》未经其股东会或董事会决议而无效的异议理由。根据《最高人民法院关于执行担保若干问题的规定》第5条的规定，圆方公司、明福投资公司为本案被执行人提供执行担保的，应当提交符合《公司法》第16条规定的公司章程、董事会或者股东会、股东大会决议。因此，关于圆方公司、明福投资公司提供执行担保的效力认定，应建立在对同意决议的人数及签字人员是否符合公司章程等董事会或者股东会决议内容进行形式审查的基础上。但海南省高级人民法院未对前述事实予以查明，即于异议裁定中认定"公司股东会决议存在重大瑕疵、提供担保行为不合理等主张系其内部管理的问题，不影响担保行为对外法律效力，不能对抗执行"，认定事实不清、适用法律不当，海南省高级人民法院应对此重新审查。

104. 执行中公司法定代表人出具单方担保承诺，能否构成执行担保？

解析：设例如下：申请执行人为A公司，被执行人为B公司。执行中，C公司与B公司签订协议，以其房产为B公司债务提供担保，协议由C公司法定代表人甲签字，无公司印章。C公司共有两个股东，分别为乙、丙，均于甲签字当日与B公司签订协议，以其名下资产提供担保。但乙、丙签署协议前已经涉诉，其持有的C公司股权已被冻结。B公司未如期履行债务，法院能否执行C公司房产？

研析认为，法院对执行担保的审查为形式审查，担保合同是否有效属于对合同效力的认定。设例中，甲作为C公司登记的法定代表人，有权代表公司，且C公司全部股东均认可对本案债务承担担保责任，符合《全国法院民商事审判工作会议纪要》（法〔2019〕254 号）关于无须机关决议的例外情况，① 即担保合同由单独或者共同持有公司三分之二以上有表决权的股东签字同意时，即便债权人知道或者应当知道没有公司机关决议，也应当认定担保合同符合公司的真实意思表示，合同有效。而且，执行程序中对股权冻结的效力体现在禁止股权转让及限制股东行使收取股息或红利等投资收益权利，对于股权冻结后股东是否可以继续行使参与重大决策、选择管理者等权利，现有法律法规未作禁止性规定，故虽然乙、丙是在其持有 C 公司股权被法院冻结的情况下出具的担保书，但不当然影响其行使股东权利。案涉担保书不宜认定无效，法院可执行 C 公司的房产。

105. 执行中公司承诺代被执行人履行债务是否需要符合《公司法》（2018 年修正）第 16 条规定的程序（即须经过董事会或者股东会、股东大会决议）？

解析：《公司法》（2018 年修正）（2018 年修正）第 16 条规定：“公司向其他企业投资或者为他人提供担保，依照公司章程的规定，由董事会或者股东会、股东大会决议；公司章程对投资或者担保的总额及单项投资或者担保的数额有限额规定的，不得超过规定的限额。”“公司为公司股东或者实际控制人提供担保的，必须经股东会或者股东大会决议。”“前款规定的股东或者受前款规定的实际控制人支配的股东，不得参加前款规定事项的表决。该项表决由出席会议的其他股东所持表决权的过半数通过。”《最高人民法院关于执行担保若干问题的规定》（2020 年修正）第 5 条也规定：“公司为被执行人提供执行担保的，应当提交符合公司法第十六条规定的公司章程、董事会或者股东会、股东大会决议。”由此可见，在公司为他人提供担保这一可能影响股东利益的场合，法律和司法解释规定了公司机关决议前置程序以限制法定代表人的代表权限。在公司内部，为他人提供担保的事项并非法定代表人所能单独决定，其决定权限交由公司章程自治：要么是由公司股东决定，要么

---

① 《全国法院民商事审判工作会议纪要》（法〔2019〕254 号）第 19 条规定：“【无须机关决议的例外情况】存在下列情形的，即便债权人知道或者应当知道没有公司机关决议，也应当认定担保合同符合公司的真实意思表示，合同有效：（1）公司是以为他人提供担保为主营业务的担保公司，或者是开展保函业务的银行或者非银行金融机构；（2）公司为其直接或者间接控制的公司开展经营活动向债权人提供担保；（3）公司与主债务人之间存在相互担保等商业合作关系；（4）担保合同系由单独或者共同持有公司三分之二以上有表决权的股东签字同意。”

是委诸商业判断原则，由董事会集体讨论决定；在为公司股东或实际控制人提供担保的场合，则必须交由公司其他股东决定。这种以决议前置的方式限制法定代表人担保权限的法律安排，其规范意旨在于确保该担保行为符合公司的意思，不损害公司、股东的利益。

但是，在不是提供担保，而是承诺代他人履行债务的场合，是否要受到相应限制，缺少法律上的明确规定。实践中，有的公司利用这个漏洞，谋取不正当利益。为此，《全国法院民商事审判工作会议纪要》（法〔2019〕254号）第23条规定："【债务加入准用担保规则】法定代表人以公司名义与债务人约定加入债务并通知债权人或者向债权人表示愿意加入债务，该约定的效力问题，参照本纪要关于公司为他人提供担保的有关规则处理。"《最高人民法院关于适用〈中华人民共和国民法典〉有关担保制度的解释》（2021年施行）第12条亦规定："法定代表人依照民法典第五百五十二条的规定以公司名义加入债务的，人民法院在认定该行为的效力时，可以参照本解释关于公司为他人提供担保的有关规则处理。"

关于效力的认定问题，《全国法院民商事审判工作会议纪要》（法〔2019〕254号）第17条规定："【违反《公司法第16条构成越权代表》】为防止法定代表人随意代表公司为他人提供担保给公司造成损失，损害中小股东利益，《公司法》第16条对法定代表人的代表权进行了限制。根据该条规定，担保行为不是法定代表人所能单独决定的事项，而必须以公司股东（大）会、董事会等公司机关的决议作为授权的基础和来源。法定代表人未经授权擅自为他人提供担保的，构成越权代表，人民法院应当根据《合同法》第50条关于法定代表人越权代表的规定，区分订立合同时债权人是否善意分别认定合同效力：债权人善意的，合同有效；反之，合同无效。"《最高人民法院关于适用〈中华人民共和国民法典〉有关担保制度的解释》（2021年施行）第7条亦规定："公司的法定代表人违反公司法关于公司对外担保决议程序的规定，超越权限代表公司与相对人订立担保合同，人民法院应当依照民法典第六十一条和第五百零四条等规定处理：（一）相对人善意的，担保合同对公司发生效力；相对人请求公司承担担保责任的，人民法院应予支持。（二）相对人非善意的，担保合同对公司不发生效力；相对人请求公司承担赔偿责任的，参照适用本解释第十七条的有关规定。""法定代表人超越权限提供担保造成公司损失，公司请求法定代表人承担赔偿责任的，人民法院应予支持。""第一款所称善意，是指相对人在订立担保合同时不知道且不应当知道法定代表人超越权限。相对人有证据证明已对公司决议进行了合理审查，人民法院应当认定其构成善意，但是公司有证据证明相对人知道或者应当知道决议系伪造、变造的除外。"据此，法定代表人越权代表公司对外提供担保时，除有证据证明构成表见代表外，所签订的担保合同应被认定无效。这与《最高人民法院关于执行担保若干问题的规定》（2020 年修正）第 5 条的规范目的也是一致的。当然，即使法定代表人越权代表公司签订的担保合同无效，公司仍可能要根据其过错程度承担相应的缔约过失责任。

参考案例：在（2019）最高法民终 1438 号民事判决书中，最高人民法院认为：从本案当事人自身实际具有的认知水平和注意能力来看，中信银行本身作为上市公司，对立法关于上市公司为股东提供担保须经股东大会决议的相关规定系属明知。故原审判决关于中信银行应当知道乐视网的人员采用以出具债务加入承诺函件的方式规避法律规定的做法的认定，符合本案的实际情况。乐视网作为上市公司，其相关人员未经依法决议，擅自以公司名义出具债务加入承诺函承担股东债务，不能认定为属于公司的意思，依法不应当认定乐视网为承诺函的出具主体。

106. 执行担保人的财产，是否要将担保人变更、追加为被执行人？

解析：根据《民事诉讼法》（2023 年修正）第 242 条的规定，被执行人于暂缓执行期限届满前仍不履行的，人民法院有权执行被执行人的担保财产或者担保人的财产。但由于其对执行担保具体实现方式的规定较为笼统，导致司法实践中法院的做法不一：有的直接执行，有的裁定追加担保人为被执行人，有的裁定直接执行担保财产。处理方式的不统一，既有损司法权威，又增加了纠纷产生的可能性。为此，《最高人民法院关于执行担保若干问题的规定》起草过程中，对该问题进行了研究。经反复讨论，考虑到执行担保与变更、追加执行当事人在民事诉讼法上属于不同的法律制度，《最高人民法院关于执行担保若干问题的规定》（2020 年修正）第 11 条第 1 款明确规定，人民法院可以根据申请执行人的申请，直接裁定执行担保财产或者保证人的财产，不得将担保人变更、追加为被执行人。

需要注意的是，不将执行担保人变更、追加为被执行人，并不会影响通过信息化手段查控担保人的财产。办案系统优化后，已经可以实现对担保人财产的查控，保证人不履行时也可以将其列入失信被执行人名单。所以，这个问题在技术层面并不构成障碍。

※执行停止和终结

107. 再审裁定撤销执行依据并发回重审，执行程序应中止还是终结？

解析： 再审审理程序中，撤销原判决发回重审裁定，是对原生效判决最终的实质性否定评价，原生效判决将丧失相应的法律效力，以原判决为执行依据的执行程序应当依法终结执行。《民事诉讼法》（2023 年修正）第 217 条规定："按照审判监督程序决定再审的案件，裁定中止原判决、裁定、调解书的执行，但追索赡养费、扶养费、抚养费、抚恤金、医疗费用、劳动报酬等案件，可以不中止执行。"根据该规定，经过再审审查程序决定再审的案件，一般要中止原裁判的执行。根据《民事诉讼法》（2023 年修正）第 211 条规定，应当再审的案件，虽然也有"原判决、裁定认定的基本事实缺乏证据证明"或者"违反法律规定，剥夺当事人辩论权利"等事实错误或程序违法的情形，但再审审查程序只是一种初步的审查判断，需要通过再审审理程序进行实质性审查，并作出最终的实质性判断。正是由于再审审查程序仅仅是一种初步的审查判断，原生效裁判存在经过再审审理程序最终被维持的可能性，法律规定这种情况下，原生效裁判的执行程序要处于中止执行状态。如果再审审理结果维持原裁判，原裁判继续合法有效，相应的执行程序应当恢复执行；如果再审审理结果否定原裁判，原裁判丧失法律效力，相应的执行程序应当终结。

而再审审理程序中作出的撤销原判决、发回重审裁定，是再审审理程序的结果，是对原生效裁判存在认定事实不清或程序违法的一种实质性判断，是对原生效裁判缺乏法律效力的终局性评价。即便发回重审后作出的判决结果与原判决一致，但二者也是基于不同的事实认定或者审判程序而作出，二者的合法性基础截然不同。因此，在原判决被撤销、丧失法律效力的情况下，以该原判决为执行依据的执行程序应当终结执行。

参考案例： 在（2018）最高法执监 242 号执行裁定书中，最高人民法院认为，第一，《民事诉讼法》第 257 条第 2 项，并未将被撤销的法律文书限定为影响当事人实体权利义务的法律文书。因此，只要作为执行依据的法律文书被撤销，无论是撤销后发回重审还是对实体权利义务关系的实质性撤销，都将引起执行程序的终结。而且，《民事诉讼法》第 257 条规定的其他终结执行情形，也并非都以直接影响当事人实体权利义务关系为要件。申诉人主张《民事诉讼法》第257条规定的立法本意应当是直接影响当事人实体权利义务的情形而本案并不符合，缺乏法律依据，不予支持。第二，认定本案属于《民事诉讼法》第257条第2项规定的情形，符合《最高人民法院关于原生效判决被再审撤销并发回重审后执行程序中查封的财产如何续封问题的答复》（以下简称《答复》）精神。《答复》认为："经再审裁定撤销原判决发回重审的，因当事人之间的实体权利义务关系尚未由新的生效法律文书最终确定，故依据原判决所采取的执行查控措施的效力并不当然消灭，而可视为自动转化为再审中的财产保全措施。"根据该答复意见，在再审裁定撤销原判决发回重审后，执行查控措施的性质发生了变化，自动转化为财产保全措施，不再是执行程序中的执行措施了，即原来的执行措施不能继续维持了。该法律后果与《民事诉讼法》第257条第2项规定的终结执行法律后果相一致。因此，申诉人认为根据《答复》意见本案不属于"据以执行的法律文书被撤销的"情形的主张，缺乏法律依据，不予支持。第三，再审审理程序中，撤销原判决发回重审裁定，是对原生效判决最终的实质性否定评价，原生效判决将丧失相应的法律效力，以原判决为执行依据的执行程序应当依法终结执行。

108. 被执行人房产已完成拍卖正在办理过户手续，此时再审裁定中止执行，过户手续是否停止？

解析：《民事诉讼法》（2023年修正）第217条规定："按照审判监督程序决定再审的案件，裁定中止原判决、裁定、调解书的执行，但追索赡养费、扶养费、抚养费、抚恤金、医疗费用、劳动报酬等案件，可以不中止执行。"上级法院对执行依据进行再审，并裁定中止原判决的执行，这里的中止执行是否包括协助过户行为？

第一种意见认为，应当中止协助买受人办理过户手续的行为，并函复不动产登记机关暂缓办理过户手续。主要理由是：从法律角度看，中止原判决执行，其含义是中止本案的一切相关执行行为。执行行为是指从受理开始到执行终结的全过程，包括对被执行人的财产的控制、处置及其他后续工作。《民事诉讼法》（2023年修正）第261条第1款规定："强制迁出房屋或者强制退出土地，由院长签发公告，责令被执行人在指定期间履行。被执行人逾期不履行的，由执行员强制执行。"第262规定："在执行中，需要办理有关财产权证照转移手续的，人民法院可以向有关单位发出协助执行通知书，有关单位必须办理。"上述法律规定，明确了协助买受人办理过户手续及腾空房产、土地并交付的行为属于执行行为，因此应当中止执行，否则将与再审裁定相悖。

第二种意见认为，应当继续协助买受人办理过户手续。主要理由是：根据《最高人民法院关于人民法院民事执行中拍卖、变卖财产的规定》（2020年修正）第26条规定："不动产、动产或者其他财产权拍卖成交或者抵债后，该不动产、动产的所有权、其他财产权自拍卖成交或者抵债裁定送达买受人或者承受人时起转移。"拍卖成交裁定送达后，房产已经由买受人合法取得所有权，人民法院协助办理过户的行为属于不动产所有权转移程序的完备，是该生效确权裁定的执行完结后的后续问题，不存在中止的问题。此外，从保护买受人利益的角度看，即使执行依据最终被撤销，根据《最高人民法院执行工作办公室关于财产已被第三人合法取得，执行回转时应由原申请执行人折价抵偿的复函》（〔2007〕执他字第2号）及《最高人民法院关于对第三人通过法院变卖取得的财产能否执行回转及相关法律规定的复函》（〔2001〕执他字第22号），也不会执行回转原物。因此，可以继续执行。

研析认为，第二种意见可采。拍卖成交裁定送达后，房产已经由买受人合法取得所有权，且为原始取得。即便执行依据进入再审，后续可能存在执行回转问题，但并不能从竞得人处回转。因此，对过户行为的中止，既无法律依据，也无现实必要。

109. 执行诉讼费用案件，当事人申请复核的，执行程序是否中止？

解析： 判决生效后，人民法院向应当缴纳诉讼费用的败诉方发出交纳诉讼费用通知书，败诉方未在指定期限内交纳诉讼费用的，可以立案执行。被执行人主张其已向审理法院申请复核诉讼费数额，应当于复核决定作出后再予以强制执行的，因复核程序不属于人民法院应当中止执行的情形，不应支持。并且，如果生效民事判决确定本案诉讼费用由两个败诉方共同负担，但未明确区分份额的，法院有权对其中一个被执行人采取全部执行措施，该被执行人如认为其履行义务超过其应承担份额，可依法另行向另一方追偿。

参考案例： 在（2021）最高法执复95号执行裁定书中，最高人民法院认为，在进入执行程序后，非因法定情形并经法定程序，不得停止执行。郜某林提交关于诉讼费用的复核申请并非中止执行的法定事由，更非解除冻结措施的法定事由，湖北省高级人民法院未予支持并无不当。

110. 因破产而中止执行的时间，以《最高人民法院关于执行案件移送破产审查若干问题的指导意见》（法发〔2017〕2号）第8条为准，还是以《企业破产法》（2007年施行）第19条为准？

解析：《企业破产法》（2007年施行）第19条规定："人民法院受理破产申请后，有关债务人财产的保全措施应当解除，执行程序应当中止。"《最高人民法院关于执行案件移送破产审查若干问题的指导意见》（法发〔2017〕2号）第8条规定："执行法院作出移送决定后，应当书面通知所有已知执行法院，执行法院均应中止对被执行人的执行程序……"从表述上看，《最高人民法院关于执行案件移送破产审查若干问题的指导意见》（法发〔2017〕2号）第8条将中止执行的时间节点前移，规定为"执行法院作出移送决定后"，与《企业破产法》（2007年施行）第19条规定的"受理破产申请"发生冲突。并且，《最高人民法院关于执行案件移送破产审查若干问题的指导意见》（法发〔2017〕2号）第17条规定的是："执行法院收到受移送法院受理裁定时，已通过拍卖程序处置且成交裁定已送达买受人的拍卖财产，通过以物抵债偿还债务且抵债裁定已送达债权人的抵债财产，已完成转账、汇款、现金交付的执行款，因财产所有权已经发生变动，不属于被执行人的财产，不再移交。"在界定是否属于被执行人财产时，与《企业破产法》（2007年施行）第19条一致，仍以破产案件受理裁定作出时为准，而非"执行法院作出移送决定后"。导致认识上较为混乱。

实际上，《最高人民法院关于执行案件移送破产审查若干问题的指导意见》（法发〔2017〕2号）第8条、第17条，与《企业破产法》（2007年施行）第19条，三者之间并不冲突。

首先，根据《企业破产法》（2007年施行）第1条规定，公平清理债权债务是该法应当实现的最为重要的目标，也是破产程序应当贯穿始终的基本原则。在执转破程序中，执行法院作出移送决定，意味着执行法院经过采取财产调查措施，认为被执行人符合《企业破产法》（2007年施行）第2条规定情形，故被执行人符合破产条件有较大可能。在这种情形下，执行法院应当中止对被执行人财产的执行，避免对个别债权人的偿付，促进所有债权人能够公平受偿。

其次，《企业破产法》出台时，只有申请破产，并无执行移送破产程序，未考虑程序衔接的问题。但《企业破产法》（2007年施行）第19条的规定，并没有否定受理破产申请之前，完全不能中止执行。执行案件移送破产审查的条件之一就是被执行人不能清偿到期债务并且资产不足以清偿全部债务或者明显缺乏清偿能力，也就是说，执行法院已经作出了判断。在这种情况下再推进执行，是不合适、不妥当的。

最后，在执转破程序中把中止执行时点前移至执行法院作出移送决定之后，有利于尽早固定被执行人财产数量，防止决定移送后仍继续个别清偿，保障债权人公平清偿。《最高人民法院关于执行案件移送破产审查若干问题的指导意见》（法发〔2017〕2号）第16条、第17条从正反两个方面对应当移交的财产范围作出了规定，主要涉及执行标的物的移交和执行变价款的移交，移交的范围均为受移送法院裁定受理破产申请时的财产。中止执行后被执行人的财产数量不会再因执行程序而发生变化，一旦受理破产申请，需要移交的财产范围也是已经确定的。

实践中，需要注意两点：第一，如果执行法院作出移送决定后相关法院未中止执行，导致破产申请受理后被执行人的财产数量发生减少，根据《最高人民法院关于适用〈中华人民共和国企业破产〉若干问题的规定（二）》（2020年修正）第5条规定，"破产申请受理后，有关债务人财产的执行程序未依照企业破产法第十九条的规定中止的，采取执行措施的相关单位应当依法予以纠正。依法执行回转的财产，人民法院应当认定为债务人财产"。相关当事人可以通过执行异议、执行复议等制度寻求救济，纠正违法执行后执行回转的财产，应当认定为债务人财产。

第二，执行部门作出移送决定后，应中止对被执行人的执行程序，但存在例外情形。包括：（1）执行标的鲜活易腐、不宜保存或需要及时变价处置的物品，可以先继续执行处置，但处置价款暂不作分配；（2）被执行人没有重整、和解可能，且通过司法网络拍卖程序处置财产，不存在明显使被执行人财产利益受损的情况下，可以在执行程序中对财产先行变价处置，但处置价款不作分配。

111. 执行案件向哪一级法院移送破产审查？

解析：题述问题指向的是执转破案件的级别管辖问题。《企业破产法》（2007年施行）对破产案件级别管辖的规定是依被申请人登记机关的级别确定。《最高人民法院关于执行案件移送破产审查若干问题的指导意见》（法发〔2017〕2号）明确，该类案件实行以中级法院管辖为原则、基层法院管辖为例外的管辖制度，中级法院经高级法院批准，也可以将案件交由具备审理条件的基层法院审理。主要考虑是：一方面与当初要求中级法院均设立专门的清算与破产审判庭的设想相契合，有利于促进中级法院破产审判专业化建设；另一方面，基于绝大多数基层法院没有专门的破产审判庭的现状，由中级法院审理执转破案件，有利于平衡案件压力并保证办案质量。

研析认为，执行案件移送破产审查案件的管辖，应适用直接向人民法院申请被执行人破产时确定案件管辖的一般规则。即在地域管辖上，由被执行人住所地人民法院管辖。级别管辖上，基层法院一般管辖县、县级市或者区登记机关核准登记被执行人的破产案件；中级法院一般管辖地区、地级市（含本级）以上的登记机关核准登记被执行人的破产案件。中级法院经报请本院批准，也可以将案件交由具备审理条件的基层人民法院审理。

主要理由为：第一，《企业破产法》（2007年施行）对破产案件级别管辖的规定是依被申请人登记机关的级别确定，建议所提方案在级别管辖的设置上与普通破产案件的管辖一致。第二，根据各地实际情况，中级法院受理的绝大部分执转破案件，往往以执行法院（基层法院）掌控被执行人的财产状况、案件交由基层法院审理更有利于依靠当地党政作好属地稳控、化解矛盾纠纷等为由，报请本院批准下移管辖，执行案件移送破产审查由基层法院管辖，符合现实状况。第三，当初提出的"中级法院均要设立专门的清算与破产审判庭"构想，实际上远未实现。迄今为止，各地大多数法院未设立专门庭，已设立的也大多属"加挂"性质，难以保证"专门化"审理目标。也就是说，全国各地法院对执转破案件，也大多交由（指定）基层法院审理，区别无非是"一案一报批"还是"概括性批准下移"的问题。同时，经过近些年的实践，各基层法院也逐步积累了破产案件审理经验，具备了审理好破产案件的基本能力；执转破案件分散到各基层法院审理，也有利于做好稳控等综合配套工作，提高案件效率和效果，实践证明是可行的。

112. 破产重整后，已经进行执行程序但未参与破产程序的债权人能否申请恢复执行？

解析：《企业破产法》（2007年施行）第92条第2款规定："债权人未依照本法规定申报债权的，在重整计划执行期间不得行使权利；在重整计划执行完毕后，可以按照重整计划规定的同类债权的清偿条件行使权利。"该条明确了未参与破产程序的债权人可以按照重整计划规定的同类债权的清偿条件行使权利，但如何行使权利，是通过破产程序、执行程序还是诉讼程序，并不明确，实践中莫衷一是。研析认为：

第一，未参与破产程序的债权人首先应当选择通过破产程序行使权利。一般而言，为了应对隐藏债务或其他情况，破产重整计划中往往会预留一部分资金。所以，尽管破产重整计划已经执行完毕，但处理隐藏债务等事项仍属于破产重整程序的一部分。

第二，如果破产程序无法解决的，可以有条件地恢复执行。实践中，确实存在一些情况，比如重整计划未预留资金或者预留不足，导致无法在破产程序中解决。那么，此时能否在执行程序中"行使权利"呢？一般来说，之所以未申报债权，往往是因为该债权人并不知道破产情况，也就是并没有过错。由于执行依据仍然有效，被执行人现在有了财产，那么可以恢复原执行依据的执行。当然债权人有过错的，比如接到通知后不申报债权的，这些情况除外。所以是可以"有条件"恢复执行。有的法院认为只要经过破产了，就不应恢复执行，这种认识是不准确的。

第三，恢复执行要避免两种错误做法。一种是执行实施程序中根据执行依据，结合破产重整计划，确定新的执行标的，然后进行执行。这是因为，对于执行实施而言，破产重整计划并非其执行依据，执行实施程序不能擅自调整。只有在执行过程中，债务人提出债务人异议，主张实体关系已经因重整机关执行完毕而变更，法院通过异议程序进行审查，然后作出裁定，该裁定才是调整执行标的金额的依据。另一种错误的做法就是不考虑破产重整后的新变化，尤其是主体变更的问题。如果债务人主体发生了变更，原则上不能恢复执行，除非符合变更、追加被执行人的条件，通过法定程序予以变更追加后方可恢复执行。

第四，另行诉讼也是《企业破产法》（2007年施行）第92条第2款规定的"行使权利"的一个选项。如果因为主体变更或者其他原因导致不能恢复执行，债权人可以提起给付之诉。当然在破产管理人失职导致其损失的情况，也可依法提起侵权赔偿之诉。

参考案例：在（2022）最高法执监121号案件①中，国开行河南省分行于2006年取得对莲花健康公司的胜诉判决，案件进入执行程序，执行法院河南

---

① 国家开发银行河南省分行申请执行监督案，载《最高人民法院公报》2023年第7期（总第323期）。

省周口市中级人民法院（以下简称周口中院）在执行到位部分金额后于2009年裁定该案终结本次执行程序。2019年，周口中院裁定受理对莲花健康公司的重整申请以及批准莲花健康公司破产重整计划，莲花健康公司进入重整执行期间，至2020年4月30日重整计划执行完毕。在莲花健康公司破产重整程序过程中，并未通知国开行河南省分行申报债权，由此导致该分行的债权未能在破产重整程序中获得清偿。

最高人民法院认为，就本案已经进入执行程序的债权人国开行河南省分行而言，针对莲花健康公司在本案破产重整程序中未通知其申报债权，由此导致国开行河南省分行失去在破产重整程序中主张债权的机会，对国开行河南省分行已经进入执行程序但未在破产程序中申报的债权，可通过执行程序处理。主要有以下几个方面的理由：

首先，通过执行程序处理该未申报债权，与《企业破产法》第92条第2款规定"债权人未依照本法规定申报债权的，在重整计划执行期间不得行使权利；在重整计划执行完毕后，可以按照重整计划规定的同类债权的清偿条件行使权利"的文义相符；就本条规定文义而言，"在重整计划执行完毕后，可以按照重整计划规定的同类债权的清偿条件行使权利"应解释适用于在重整计划执行完毕后，未申报债权但是已经进入执行程序的债权人，可以直接参照重整计划确定的同类债权清偿比例，请求执行法院通过执行程序保护其未获得清偿的债权。进一步，在该法律规定文义并未排除执行程序中直接适用的情况下，从有利于保护债权人利益和节约司法资源、提高司法效率角度，则应解释适用于执行程序之中的债权人利益保护。

其次，通过执行程序解决本案进入执行程序的债权人利益保护问题，有利于提高保护债权人利益的效率，避免本案债权人利益保护缺乏救济途径而影响其利益保护。针对终结本次执行程序的债权人，由于未被通知其申报债权而导致其未在破产重整程序中行使债权的情形，《企业破产法》未规定其债权保护和救济方式，但是根据该法第4条关于"破产案件审理程序，本法没有规定的，适用民事诉讼法的有关规定"，则可以补充适用《民事诉讼法》有关规定、原则来处理。《民事诉讼法》第8条规定，人民法院审理民事案件应当保障和便利当事人行使诉讼权利，故对于进入执行程序的债权人权利保护而言，执行工作在确定债权人行使权利的方式上亦应当注意保障和便利其依法行使权利。本案原审理破产重整案件的合议庭由于破产重整计划执行完毕，已经完成破产重整任务，往往以该破产案件结案处理；而破产管理人也由于破产重整计划执行完毕，其管理人任务已经完成，已不再具有相应职权。故向破产法院审判合议庭或者破产管理人请求行使权利，显然已经并无救济上的程序途径。在此情况下，强行要求债权人向原破产合议庭或破产管理人主张行使权利，则无异于徒然增加当事人行使权利的程序成本，而不会使其实体权益诉求得以实现。相反，案涉未清偿的债权在重整计划执行完毕后由执行法院通过恢复执行程序，按照重整计划所规定的债权清偿方式和比例予以保护，可使得债权人的权利得以直接实现，提高保护债权人利益的效率。

再次，由执行法院通过恢复执行程序处理，可以直接延续执行法院已开展的强制执行程序工作，节约司法资源，提高司法工作效率。本案中，债权人国开行河南省分行的债权已于2006年经生效判决确认，在债务人莲花健康公司在执行程序中清偿部分债权后，周口中院于2009年裁定终结本次执行程序。故案涉未清偿的债权属于已经法院生效判决确定并具有既判力的债权，已经不再具有再次审理和裁判的争议本质和法理基础。因此，对于该已经生效判决所确定并已经进入执行程序的债权，已经基于强制执行程序而属于具有强制执行效力的债权；对于该已启动强制执行程序的债权，执行法院对相关债权已经基于强制执行而获得清偿的债权数额及未获清偿的债权数额，已经基于执行案件而建立案件账目，且最为清楚；故由该执行法院恢复执行，有利于其及时高效计算债权人未获清偿债权的具体数额，在体现保护债权人利益工作延续性基础上，提高执行案件的执行效率；而通过在执行程序中直接按照破产重整计划确定的条件清偿未获得清偿部分的债权，则可以避免让已经完成破产重整程序任务的破产审判合议庭和破产管理人重新启动工作，增加不必要的工作负担，进而有利于节约司法资源。此种处理方式除适用于本案执行案件实施部门和破产案件审理合议庭属于同一法院的情形外，还适用于执行案件实施法院和债务人破产案件审理法院非同一法院的类似情形，即如果由于通知义务主体未通知执行案件债权人被执行人已经进入破产程序的事实，导致该执行案件债权人的债权在破产程序中未获得保护，则执行法院亦可参照上述程序处理，通过恢复执行程序处理，以实现裁判标准统一。

113. 对终结本次执行程序案件能否移送破产？

解析：题述问题，实践中存在不同认识。

一种观点认为，已终本案件可以直接移送破产审查。理由是：《最高人民法院关于适用〈中华人民共和国民事诉讼法〉的解释》（2022年修正）第

511条规定："在执行中，作为被执行人的企业法人符合企业破产法第二条第一款规定情形的，执行法院经申请执行人之一或者被执行人同意，应当裁定中止对该被执行人的执行，将执行案件相关材料移送被执行人住所地人民法院。"此处的"在执行中"应理解为执行彻底终结前。已终本案件并未终结，仍在执行程序中，故可直接转破。《最高人民法院关于执行案件移送破产审查若干问题的指导意见》（法发〔2017〕2号）也明确只要发现符合破产条件，在当事人申请"执转破"的情况下，应移送破产审查。

另一种观点则认为，终本案件毕竟属于已经程序性终结的案件，该执行案已经结案，在恢复执行之前，缺乏执转破的前提。

研析认为，终结本次执行程序是从管理角度对执行案件作出的阶段性、程序性处理，生效法律文书确定的权利义务并未兑现。对于终本案件是否属于在执行中，应当以执行程序终结前的实体法律标准，而非执行案件结案前的内部管理标准进行考察。终本案件同样是"执转破"案件的重要来源。对于已经终结本次执行程序的案件，经当事人申请或者同意、确认，可直接移送破产审查。即在程序上无需先恢复执行，以"执恢"案号移送破产审查，可直接以终本案件案号移送破产审查。

114. 对终结本次执行程序案件能否申请国家赔偿？

解析： 涉执行司法赔偿原则上以穷尽其他救济途径作为国家赔偿责任发生的前提，即国家赔偿程序是最后的救济程序。这是因为，一般来说，执行中采取的执行行为是否违法、是否造成损害结果等，只有等待执行程序终结后才能最终确定。执行程序未终结即启动国家赔偿，执行程序与国家赔偿程序并行，对是否构成执行错误以及损害结果的认定比较困难。为此，《最高人民法院关于审理民事、行政诉讼中司法赔偿案件适用法律若干问题的解释》（2016年施行）第19条明确规定，在执行程序终结后，才能提出申请。《最高人民法院关于审理涉执行司法赔偿案件适用法律若干问题的解释》（2022年施行）第5条规定，公民、法人和其他组织申请错误执行赔偿，应当在执行程序终结后提出，终结前提出的不予受理。但是，对于终结本次执行程序的案件能否进入赔偿程序的问题，认识上不尽一致，实践中也有不同做法。在《最高人民法院关于审理涉执行司法赔偿案件适用法律若干问题的解释》（2022年施行）起草过程中，对题述问题进行了研究。

一种意见认为，不能申请。理由：第一，从执行程序和国家赔偿程序的先后关系来看，原则上须在执行程序终结之后才能启动国家赔偿程序。如果执行行为还在进行中即启动国家赔偿程序，将导致执行程序的混乱。第二，《最高人民法院关于审理民事、行政诉讼中司法赔偿案件适用法律若干问题的解释》（2016 年施行）第 19 条明确规定，在执行程序终结后，才能提出申请。该解释第 19 条第 6 项的"除外条款"应严格适用。

另一种意见认为，在符合条件的情况下可以申请。理由：第一，实践中确实存在执行错误很明显、有必要及时救济的情形，相关司法解释为此规定了六个例外。归纳起来，所有例外情况都符合两个条件，一是强制措施的错误明确，二是损害已经形成。条件是很严格的，但只要符合相应条件，就应当可以启动国家赔偿程序。第二，终结本次执行程序的时间较长，如果一律不允许启动国家赔偿，就会成为申请国家赔偿的障碍。

《最高人民法院关于审理涉执行司法赔偿案件适用法律若干问题的解释》（2022 年施行）第 5 条第 1 款第 3 项对此作了规定，"自立案执行之日起超过五年，且已裁定终结本次执行程序，被执行人已无可供执行财产的"，可以申请错误执行赔偿。主要考虑是：一般而言，国家赔偿的启动以穷尽其他救济途径作为国家赔偿责任发生的前提，即国家赔偿程序是最后的救济程序。通常只有诉讼程序或者执行程序终结，在此过程中采取的司法行为是否违法、是否造成损害结果等才能最终确定。但由于实践中情况复杂多样，故《最高人民法院关于审理民事、行政诉讼中司法赔偿案件适用法律若干问题的解释》（2016 年施行）第 19 条列举了六类除外情形，目的即是对有些案件诉讼程序或者执行程序虽未终结，但司法行为已被确认违法、损害结果已无法补救的情形给予救济。依照这一思路，终结本次执行程序虽然并不是执行程序终局性的结束，但也不能不设限制。根据现有规定，在终结本次执行程序内，执行法院是每 6 个月主动通过网络执行查控系统查询一次被执行人的财产，这意味着发现被执行人财产线索的可能性极低。此时如还以程序未终结为由不予受理国家赔偿申请，可能使当事人在国家赔偿程序中获得救济的程序权利落空。故司法解释将"自立案执行之日起超过五年，且已裁定终结本次执行程序"作为要件之一。

参考案例：在第 116 号指导性案例中，最高人民法院明确了如下裁判要点："人民法院执行行为确有错误造成申请执行人损害，因被执行人无清偿能力且不可能再有清偿能力而终结本次执行的，不影响申请执行人依法申请国家赔偿。"

（五）　执行救济

※执行行为异议和复议

115. 认为执行依据未生效的异议，是否属于执行行为异议？

解析： 实践中，不少办案人员对这个问题把握不准，往往认为，当事人主张执行依据未生效，系对执行依据提出申诉，并不是对执行行为提出异议，故对其异议不予受理或予以驳回。对此，最高人民法院近年来通过若干案例纠正了下级法院的错误做法。其论证的逻辑大致为以下两种：

第一，根据《民事诉讼法》（2023 年修正）第 236 条的规定，人民法院在执行异议和复议审查过程中，审查的对象为执行法院的执行行为是否违反法律规定。根据《最高人民法院关于人民法院执行工作若干问题的规定（试行）》第 16 条①第 1 款第 1 项等相关法律及司法解释的规定，据以执行的法律文书已经发生法律效力，是人民法院受理执行案件并实施执行行为的前提条件。据以执行的法律文书是否已经发生法律效力，直接决定案件能否进入执行程序、采取相关执行行为是否具有合法性，不应排除于执行异议、复议审查范围之外。

第二，根据强制执行的一般理论，执行程序首先从执行立案开始，也就是说执行立案是执行程序的一个环节，也是具体的执行行为，如果该执行行为违反了法律规定，损害了当事人的合法权益，当事人就此提出执行异议，理应纳入执行异议的审查范围，否则当事人的救济权利难以得到保障。而执行依据是否已经生效是执行程序启动的前提条件，如果执行依据没有生效，执行案件即不应受理，执行程序也不应启动，更不应实施后续的执行，否则任何执行行为都是违法的。因此，应当把被执行人关于执行依据没有生效的异议纳入执行异议的审查范围并及时审查处理。

---

① 《最高人民法院关于人民法院执行工作若干问题的规定（试行）》第 16 条规定："人民法院受理执行案件应当符合下列条件：（1）申请或移送执行的法律文书已经生效；（2）申请执行人是生效法律文书确定的权利人或其继承人、权利承受人；（3）申请执行的法律文书有给付内容，且执行标的和被执行人明确；（4）义务人在生效法律文书确定的期限内未履行义务；（5）属于受申请执行的人民法院管辖。""人民法院对符合上述条件的申请，应当在七日内予以立案；不符合上述条件之一的，应当在七日内裁定不予受理。"

虽然最高人民法院不断纠错，但实践中的错误做法还未杜绝，对此应加以注意。

参考案例： 在（2015）执复字第20号执行裁定书中，最高人民法院认为，福建省高级人民法院以被执行人关于执行依据未生效的异议请求不属于执行异议审查的范围为由，驳回黄龙公司的异议，于法无据，应予纠正；黄龙公司的复议请求符合法律、司法解释的规定，应予支持。裁定撤销福建省高级人民法院（2015）闽执异字第2号执行裁定。

在（2020）最高法执监501号执行裁定书中，最高人民法院认为，就本案而言，在执行过程中，吕某玲明确主张本案据以执行的河南省洛阳市中级人民法院46号判决未发生法律效力，异议审查法院首先应对46号判决生效与否依法作出审查判断。河南省洛阳市中级人民法院和河南省高级人民法院直接以46号判决生效与否不属于本案执行异议和复议审查范围为由，不予审查，存有不当。

116. 对消极执行行为能否提出执行行为异议？

解析： 所谓的消极执行，指的是依法应采取执行措施而未采取的状态。对此如何救济，长期以来存在争议。

2015年最高人民法院执行局编著的《最高人民法院关于人民法院办理执行异议和复议案件若干问题规定理解与适用》一书认为，《民事诉讼法》（2012年修正）第225条（2023年修正后为第236条）规定的行为异议，应当指向人民法院的作为行为、积极的行为，但对于特殊情况下的消极执行行为，也没有排除，例如对轮候查封的债权人请求在先查封法院处置财产的行为，可以提出异议。但从长远来看，对于不作为行为，由于其具有不同于作为行为的特点，救济程序应当单列，将来拟建立"申请"制度予以规范。目前，可以适用《民事诉讼法》（2012年修正）第226条（2023年修正后的第237条）的规定来解决。[①] 2016年出版的《最高人民法院执行最新司法解释统一理解与适用》一书，再次重申了《民事诉讼法》（2012年修正）225条（2023年修正后的第236条）规定的异议针对的行为应该是指积极的行为的

---

① 最高人民法院执行局编著：《最高人民法院关于人民法院办理执行异议和复议案件若干问题规定理解与适用》，人民法院出版社2015年版，第108页。

观点。① 2023 年《最高人民法院关于办理申请执行监督案件若干问题的意见》（法发〔2023〕4 号）第 2 条规定："申请执行人认为人民法院应当采取执行措施而未采取，向执行法院请求采取执行措施的，人民法院应当及时审查处理，一般不立执行异议案件。""执行法院在法定期限内未执行，申请执行人依照民事诉讼法第二百三十三条规定请求上一级人民法院提级执行、责令下级人民法院限期执行或者指令其他人民法院执行的，应当立案办理。"这是对消极执行行为救济方式的最新表态。

执行实践中主要有两种做法。第一种做法是通过督促执行程序解决，不能提起执行异议。即申请执行人认为执行人员不作为、消极执行，不能根据《民事诉讼法》（2023 年修正）第 236 条的规定提起执行异议，而应该依照《民事诉讼法》（2023 年修正）第 237 条关于督促执行程序的规定进行救济。因为申请执行人的诉求是尽快执行，并无撤销或更正的具体对象，不属于执行行为异议可以变更或撤销的内容，应适用督促执行程序予以救济。上级法院依照《民事诉讼法》（2023 年修正）第 237 条启动督促执行程序的，如认定执行法院存在消极执行、怠于执行的情形，可采取限期执行、提级执行或指令执行的方式进行监督。适例为最高人民法院（2015）执申字第 50 号执行裁定书。

第二种做法是认为，执行法院的不作为行为侵害了当事人的合法权益，可以通过提起执行异议的方式主张。行为包括作为和不作为两种形态。《民事诉讼法》（2023 年修正）第 236 条规定，当事人、利害关系人认为执行行为违反法律规定的，可以向负责执行的人民法院提出书面异议。该条规定的"执行行为"并未限定为执行法院在执行程序中的积极作为。

执行实践在不断发展，执行理念也会产生变化。第二种做法出现的时间晚于第一种做法以及相关理解适用书籍的出版时间，所以，可以解读为允许对消极执行行为提出异议，至少是允许对个别消极执行行为提出异议。在起草《民事强制执行法（草案）》过程中，对这个问题也进行了重点研究。多数意见认为可以提出异议，主要理由是：一是实践中消极执行情况比较多，有必要在制度层面予以回应；二是认为相比较《民事诉讼法》（2023 年修正）第 237 条规定，允许当事人提出异议的制度设计，更加有助于保护当事人权

---

① 最高人民法院执行局编著：《最高人民法院执行最新司法解释统一理解与适用》，人民法院出版社 2016 年版，第 251 页。

益，因为前者有6个月期限的限制；三是认为《民事诉讼法》（2023年修正）第237条是一种上级法院的监督程序，监督程序不能替代法定的异议程序；四是只要机制设计得当，并不会造成工作量超负荷。

参考案例：在（2017）最高法执复58号执行裁定书中，最高人民法院认为，该案的争议焦点为：民生银行三亚分行作为申请执行人对执行法院未予发放案款的行为提出异议，是否属于执行行为异议，应否纳入异议、复议程序予以审查的问题。《民事诉讼法》第225条规定："当事人、利害关系人认为执行行为违反法律规定的，可以向负责执行的人民法院提出书面异议……"该法条规定的"执行行为"并未限定为执行法院在执行程序中的积极作为。《最高人民法院关于人民法院办理执行异议和复议案件若干问题的规定》第7条进一步规定，当事人、利害关系人对"人民法院作出的侵害当事人、利害关系人合法权益的其他行为"提出异议的，人民法院应当依照《民事诉讼法》第225条规定进行审查。本案中，执行法院海南省高级人民法院在收到被执行人宁波银行北京分行应付的4亿元执行款后，以"谈话笔录"的形式明确告知申请执行人民生银行三亚分行，该执行款由于有关公安机关请求协助冻结而不能向其发放。民生银行三亚分行认为海南省高级人民法院在收到执行款后不予及时发放的不作为行为，侵害了其合法权益，并提出执行异议，符合前述法律和司法解释规定精神，海南省高级人民法院以民生银行三亚分行系针对执行法院的不作为提出异议，不能依照《民事诉讼法》第225条规定的执行异议、复议程序进行审查的认定不妥，应予纠正。

117. 对执行监督行为能否提出执行行为异议？

解析：最广义的执行行为，包括以下几类：一是查封、扣押、冻结、拍卖、变卖、以物抵债、暂缓执行、中止执行、终结执行等执行措施；二是受理、顺序、期间、中止、终结、送达、结案等执行程序；三是对违法、不当执行行为的异议、复议；四是对前三类行为是否合法、合理的监督。当事人、利害关系人依据《民事诉讼法》（2023年修正）第236条提出异议针对的是前两类行为。执行监督属于最广义的执行行为范畴，但它并不是《民事诉讼法》（2023年修正）第236条所规定的执行行为，而是对第236条所规定的执行行为在执行异议、复议之外提供的一种纠错机制。当事人、利害关系人如对执行监督行为不服，不应再行通过提出执行异议的方式救济，否则将导致程序的无限循环。当事人、利害关系人如对执行监督行为不服，可求诸执行监督程序或者检察监督程序。《最高人民法院关于办理申请执行监督案件若干问题的意见》（法发〔2023〕4号）第4条明确："申请人向人民法院申请执行监督，有下列情形之一的，不予受理：（一）针对人民法院就复议裁定作出的执行监督裁定提出执行监督申请的……"本条对这个问题给出了明确回答。

参考案例： 在（2015）执复字第31号执行裁定书中，最高人民法院认为，当事人、利害关系人如对执行监督行为不服，不应再通过执行异议的方式予以救济，可另行通过执行监督程序予以解决。

118. 对指定执行行为能否提出执行行为异议？

解析： 关于指定执行，明确的依据有两处：一是依照《最高人民法院关于高级人民法院统一管理执行工作若干问题的规定》（法发〔2000〕3号）第1条、第8条的规定，高级人民法院可以依职权或依当事人申请，决定对本院或下级法院的执行案件指定执行。二是依照《民事诉讼法》（2023年修正）第237条的规定，上一级人民法院可以指令其他人民法院执行。

对指定执行能否提出执行行为异议，法律规范层面没有明确规定，但实务中通常认为，指定执行是上一级人民法院统一管理辖区内执行工作的方式，是出于方便执行、利于执行等目的，结合辖区内工作整体部署情况而对执行案件管辖权的调整。可以依照《民事诉讼法》（2023年修正）第236条规定提出异议的执行行为，主要是指查封、扣押、冻结等各类执行措施，执行的顺序、期间等应当遵守的法定程序，以及人民法院在执行过程中作出的侵害当事人、利害关系人合法权益的其他行为。而指定执行作为上级法院对本辖区内案件统一管理行为，不是具体执行措施，也不涉及具体执行行为应遵守的法定程序等问题，因此不属于该条规定的可提出异议的执行行为的范围。当事人和利害关系人对指定执行不服的，不能依据《民事诉讼法》（2023年修正）第236条的规定提出异议。

研析认为，由于对指定执行也不能提起管辖权异议（参见问题55），当事人对该问题陷入了无可奈何的境地。指定执行虽然被认为是在法院内部对案件管辖权的调整，但它实际上是有外部效应的，也就是说，由哪个法院管辖，对当事人而言，在法律上是有意义的，在事实上是有影响的。类比来看，在其他案件中，无论是审判法院的调整，还是行政执法机关的调整，法律上均赋予当事人质疑、挑战的途径，单单把指定执行独立出来建立特有规则，缺少正当性。实际上，完全可以把指定执行作为一类执行行为，纳入《民事诉讼法》（2023年修正）第236条规定的范畴。如果仍考虑特殊性，至少应当允许当事人对此申请执行监督。

参考案例：在（2015）执复字第27号执行裁定书中，最高人民法院认为，依据《最高人民法院关于人民法院办理执行异议和复议案件若干问题的规定》第7条的规定，《民事诉讼法》第225条规定的"执行行为"，主要是指查封、扣押、冻结等各类执行措施，执行的顺序、期间等应当遵守的法定程序，以及人民法院在执行过程中作出的侵害当事人、利害关系人的其他行为。而指定执行作为上级法院对下级法院的一种执行监督和管理行为，既不是具体的执行措施，也不是具体的执行程序，因此不属于该条规定的执行行为的范围，当事人对指定执行不服的，也不能依据《民事诉讼法》第225条的规定提出异议。

119. 对轮候查封行为能否提出执行行为异议？

解析：能。之所以存在这个问题是因为，通常认为，轮候查封还未生效，对当事人和相关人没有影响，没有必要提出异议。但这个认识是不全面的。《最高人民法院关于人民法院民事执行中查封、扣押、冻结财产的规定》（2020年修正）第26条第1款规定："对已被人民法院查封、扣押、冻结的财产，其他人民法院可以进行轮候查封、扣押、冻结。查封、扣押、冻结解除的，登记在先的轮候查封、扣押、冻结即自动生效。"根据该条规定，轮候查封自在先查封解除后自动生效，产生查封的效力。该条规定并不意味着轮候查封没有任何法律效力。实际上，轮候查封虽然没有正式查封一样的法律效力，但具有轮候查封本身的效力，包括依照轮候查封顺位递补成为正式查封、依照轮候查封顺位获得清偿、被执行人在轮候查封之后在财产上设定权利负担等行为不得对抗轮候查封的申请执行人等。因此，轮候查封属于人民法院的执行行为，依照《民事诉讼法》（2023年修正）第236条规定，当事人、利害关系人认为该执行行为违反法律规定的，可以向负责执行的人民法院提出书面异议，人民法院应当依法予以审查。

120. 对限制消费、纳入失信名单措施能否提出执行行为异议？

解析：《最高人民法院关于在执行工作中进一步强化善意文明执行理念的意见》（法发〔2019〕35号）第18条规定："畅通惩戒措施救济渠道。自然人、法人或其他组织对被纳入失信名单申请纠正的，人民法院应当依照失信名单规定第十二条规定的程序和时限及时审查并作出处理决定。对被采取限制消费措施申请纠正的，参照失信名单规定第十二条规定办理。"《最高人民法院关于公布失信被执行人名单信息的若干规定》（2017 年修正）第 12 条规定："公民、法人或其他组织对被纳入失信被执行人名单申请纠正的，执行法院应当自收到书面纠正申请之日起十五日内审查，理由成立的，应当在三个工作日内纠正；理由不成立的，决定驳回。公民、法人或其他组织对驳回决定不服的，可以自决定书送达之日起十日内向上一级人民法院申请复议。上一级人民法院应当自收到复议申请之日起十五日内作出决定。""复议期间，不停止原决定的执行。"依照上述规定，当事人、利害关系人认为被采取的限制消费、纳入失信名单措施错误申请纠正的，不再另立执行异议案件，直接由执行实施部门对其申请进行审查。理由成立的，予以纠正，并对符合法定条件的人员采取限制消费、纳入失信名单措施；理由不成立的，决定驳回。当事人、利害关系人对决定不服，可以自决定书送达之日起 10 日内向上一级人民法院申请复议，上一级人民法院应当自收到复议申请之日起 15 日内作出决定。

在办理案件过程中需要注意，如果当事人、利害关系人要求对限制消费、纳入失信名单措施予以纠正，系以异议方式提出的，在进入异议程序前，应协调转入实施程序中纠正，并对当事人进行有效指引。如已按异议程序立案的，不宜简单以程序错误为由予以驳回，可以借用异议案号进行实体处理。

121. 对撤销限制消费措施不服的，申请执行人能否提出执行行为异议？

解析：实务中，不少人认为申请执行人不能提出执行行为异议、复议以及执行监督。理由主要有两个方面：第一，《最高人民法院关于限制被执行人高消费及有关消费的若干规定》（2015 年修正）没有规定限制消费的救济途径和方式。《国家发展改革委办公厅、最高人民法院办公厅、民航局综合司、铁路总公司办公厅关于落实在一定期限内适当限制特定严重失信人乘坐火车、民用航空器有关工作的通知》（发改办财金〔2018〕794 号）第 2 条提出："法人、公民或其他组织对被采取限制消费措施有异议的，参照失信被执行人名单的异议处理方式执行。"而《最高人民法院关于公布失信被执行人名单信息的若干规定》（2017 年修正）第 12 条第 1 款规定："公民、法人或其他组织对被纳入失信被执行人名单申请纠正的，执行法院应当自收到书面纠正申请之日起十五日内审查，理由成立的，应当在三个工作日内纠正；理由不成立的，决定驳回。公民、法人或其他组织对驳回决定不服的，可以自决定书送达之日起十日内向上一级人民法院申请复议。上一级人民法院应当自收到复议申请之日起十五日内作出决定。"根据上述司法解释和有关规定，被采取限制消费的被执行人及其法定代表人、实际控制人不服的，可以行使申请纠正、申请复议的救济权利。但是，上述司法解释和有关规定并未赋予申请执行人相应的救济权利，包括向复议法院的上级法院申请执行监督的权利。第二，限制消费作为民事制裁措施，应当秉持有限救济原则。《最高人民法院关于限制被执行人高消费及有关消费的若干规定》（2015 年修正）第 1 条第 1 款规定："被执行人未按执行通知书指定的期间履行生效法律文书确定的给付义务的，人民法院可以采取限制消费措施，限制其高消费及非生活或者经营必需的有关消费。"限制消费是人民法院对执行违法行为采取的信用惩戒措施，属于补充性和间接性的强制措施，与民事诉讼中的罚款、拘留属性基本一致，可归类于民事制裁措施。人民法院是否采取此类制裁措施，与是否采取查封、扣押、冻结等一般的强制执行行为产生的法律后果不同，对双方当事人的实体权利并不发生实质性影响。因此，被罚款、拘留的当事人不服的，可以依法向上一级法院申请复议一次，并无其他当事人不服的复议及监督程序。

这种观点是错误的。限制消费措施是一种执行措施，而不是民事制裁措施，不能把罚款、拘留的规则套用到限制消费措施上。《最高人民法院关于限制被执行人高消费及有关消费的若干规定》（2015 年修正）没有规定限制消费的救济途径和方式，是因为在起草过程中认为，限制消费措施在救济和监督方式与其他执行行为一样，并无特殊之处，适用一般性的规定即可，故未作专门性规定。由于最高人民法院后续通过规范性文件明确参照适用《最高人民法院关于公布失信被执行人名单信息的若干规定》（2017 年修正）的救济程序。限制消费的救济，被采取措施的人的救济方式改为"纠正—复议"。但这种变化不意味着申请执行人救济途径的丧失。实际上，其仍然应当按照一般性的规则进行救济。只不过，从制度层面需要考虑的是，由于纠正程序也进行了审查，是否减省异议程序，只允许其复议。对这一问题，应当由最高人民法院进一步明确。

122. 被执行公司的股东能否作为利害关系人提出执行行为异议？

解析： 设例如下：公司股东认为公司高级管理人员与债权人签订虚假协议，骗取法院以物抵债执行裁定，将公司的土地所有权转移，损害公司利益，如何救济？

对此，有两种意见。一种意见认为，应当通过股东代表诉讼救济。《公司法》（2018年修正）第149条规定："董事、监事、高级管理人员执行公司职务时违反法律、行政法规或者公司章程的规定，给公司造成损失的，应当承担赔偿责任。"第151条第1款、第2款规定："董事、高级管理人员有本法第一百四十九条规定的情形的，有限责任公司的股东、股份有限公司连续一百八十日以上单独或者合计持有公司百分之一以上股份的股东，可以书面请求监事会或者不设监事会的有限责任公司的监事向人民法院提起诉讼；监事有本法第一百四十九条规定的情形的，前述股东可以书面请求董事会或者不设董事会的有限责任公司的执行董事向人民法院提起诉讼。""监事会、不设监事会的有限责任公司的监事，或者董事会、执行董事收到前款规定的股东书面请求后拒绝提起诉讼，或者自收到请求之日起三十日内未提起诉讼，或者情况紧急、不立即提起诉讼将会使公司利益受到难以弥补的损害的，前款规定的股东有权为了公司的利益以自己的名义直接向人民法院提起诉讼。"公司股东认为公司权益受到非法侵犯，在书面要求该公司向人民法院提起诉讼无果的情况下，以其个人名义直接向人民法院提起诉讼，符合上述法律规定，人民法院应予受理。

另一种意见认为，对公司股东的起诉不应受理，其应当通过执行异议、复议程序救济。理由为：公司股东提起诉讼，实质是否定生效民事执行裁定的效力，并要求已取得土地使用权的相关主体返还财产，并对不能返还的部分赔偿损失，应当通过执行异议、复议程序处理。另案提起民事诉讼，应认定不属于人民法院受理民事诉讼的范围。

研析认为，争议的核心为被执行公司的股东能否作为利害关系人提出执行行为异议。利害关系人，是指当事人以外，对人民法院的执行行为提出程序性异议的公民、法人和其他组织。具体而言，该异议指向的一般不是执行标的所涉及的实体权利本身，而是基于人民法院的执行程序而生。所针对的执行行为可以是人民法院实施的具体执行行为或者采取的执行措施，也可以是人民法院基于上述执行行为或者执行措施而作出的某项法律文书，还可以是其他侵害利害关系人合法权益的执行行为。概括而言，即利害关系人所提异议所依据的基础性权利为程序权利。比如，排除超标的查封的权利，针对在先查封所主张的优先受偿权等。关于利害关系人可以提出执行行为异议的规定始见于2007年修正的《民事诉讼法》，该法第202条（2023年修正后为第236条）规定，当事人、利害关系人认为执行行为违反法律规定的，可以向负责执行的人民法院提出书面异议。当事人、利害关系人提出书面异议的，人民法院应当自收到书面异议之日起15日内审查，理由成立的，裁定撤销或者改正；理由不成立的，裁定驳回。当事人、利害关系人对裁定不服的，可以自裁定送达之日起10日内向上一级人民法院申请复议。后续《民事诉讼法》几经修正，该条内容均未作改变。关于利害关系人的范围，《最高人民法院关于人民法院办理执行异议和复议案件若干问题的规定》（2020年修正）第5条规定："有下列情形之一的，当事人以外的自然人、法人和非法人组织，可以作为利害关系人提出执行行为异议：（一）认为人民法院的执行行为违法，妨碍其轮候查封、扣押、冻结的债权受偿的；（二）认为人民法院的拍卖措施违法，妨碍其参与公平竞价的；（三）认为人民法院的拍卖、变卖或者以物抵债措施违法，侵害其对执行标的的优先购买权的；（四）认为人民法院要求协助执行的事项超出其协助范围或者违反法律规定的；（五）认为其他合法权益受到人民法院违法执行行为侵害的。"

那么，在公司成为被执行人的情况下，公司股东是否属于能够执行行为异议的"利害关系人"，对此不无疑问。但是通常认为，能够提出执行行为异议的利害关系人并非事实上受到执行行为影响的所有主体，这里的利害关系限于法律上的利害关系。当然，所谓的"法律上的利害关系"也并非一个界定清晰的概念，究其实质，是从法律上看是否有给予其异议权利的必要。一般来说，在公司成为被执行人的情况下，执行行为势必影响其股权价值，但因执行公司引起其股权价值发生的实质性变化及其他影响，是公司作为民事主体所固有的特性，相关纠纷应通过《公司法》等相关法律规定进行调整。在有救济途径的情况下，赋予其提出执行行为异议的资格实无必要。

参考案例：在（2021）最高法执复44号案件中，中城汇文旅公司提出，其系受到赵某森与一桥公司实际控制人赵某君诱骗入股中城汇冲浪公司，合法权益受到侵害，故对法院执行中城汇冲浪公司土地的行为提出异议。最高人民法院认为，中城汇文旅公司与中城汇冲浪公司系两个独立法人。本案中城汇文旅公司并非执行当事人，与案涉土地无法律上的利害关系，其在异议及复议申请中均主张中城汇冲浪公司应作为案涉土地的合法使用权人，未主张其本身对案涉土地的实体权利，不属《民事诉讼法》第225条规定的利害关系人，亦非《民事诉讼法》第227条规定的案外人，对其提出的异议请求不应予以审查。

123. 超标的额查封异议案件的审查内容是什么？

解析：《民事诉讼法》（2023年修正）第253条第1款规定："……人民法院查询、扣押、冻结、划拨、变价的财产不得超出被执行人应当履行义务的范围。"《最高人民法院关于人民法院民事执行中查封、扣押、冻结财产的规定》（2020年修正）第19条规定："查封、扣押、冻结被执行人的财产，以其价额足以清偿法律文书确定的债权额及执行费用为限，不得明显超标的额查封、扣押、冻结。""发现超标的额查封、扣押、冻结的，人民法院应当根据被执行人的申请或者依职权，及时解除对超标的额部分财产的查封、扣押、冻结，但该财产为不可分物且被执行人无其他可供执行的财产或者其他财产不足以清偿债务的除外。"

据此，对执行人提出的超标的查封异议，执行裁决应重点审查以下内容：（1）案件执行标的数额，包括生效法律文书载明的债权本金、利息、违约金或赔偿金、迟延履行期间的债务利息及实现债权的费用；（2）执行实施部门发起定向询价、网络询价、委托评估后，相关机构出具的询价结果或评估报告；（3）查封标的物的市场行情、价格波动、在确定拍卖保留价时依法可以下浮的比例、被执行人欠缴的土地出让金、税费等相关费用；（4）针对查封标的物所提起的案外人异议情况；（5）不应计入财产价值的情形。

不应计入财产价值的情形主要包括：（1）查封的银行存款账户为保证金账户，账户内的保证金具有质押性质的；（2）查封标的物中包含轮候查封财产的，轮候查封财产在转为正式查封前不计入财产价值；（3）查封标的物上设定担保物权及其他优先权的，计算财产价值时应扣除优先权人的债权数额（申请执行人为优先权人的除外）；（4）机动车、船舶等特殊动产的流转以交付为所有权公示方法，流转便捷，毁损贬值概率大，未被实际扣押的，一般不计入财产价值；（5）被查封、扣押、冻结的财产系与他人共有的，只计算被执行人所占份额；（6）到期债权的执行中，他人未确认被执行人的债权数额，或者该他人虽确认债权数额但明显不能及时清偿的，不计算财产价值。①

124. 超出价额多少构成超标的额查封？

解析：《最高人民法院关于审理民事、行政诉讼中司法赔偿案件适用法律若干问题的解释》（2016 年施行）第 5 条规定，超出生效法律文书确定的数额和范围执行的，属于"对判决、裁定及其他生效法律文书执行错误"，应当承担相应法律后果。因此，在查封时，超出价额多少构成超额查封，是一个比较重要的问题。

首先，需要判断的不是"是否超出"，而是"是否明显超出"。《最高人民法院关于人民法院民事执行中查封、扣押、冻结财产的规定》（2020 年修正）第 19 条第 1 款规定："查封、扣押、冻结被执行人的财产，以其价额足以清偿法律文书确定的债权额及执行费用为限，不得明显超标的额查封、扣押、冻结。"一方面，案件债权额因存在利息增加等因素，不是完全确定的；另一方面，查封财产的价值往往是波动的，难以准确计算的，为了保障申请执行人债权，执行人员在查封财产时，会适当多查封一些财产，这种情况并不能简单认定为超标的额查封。由于查封财产的价额估算可能不准、执行债务随着时间可能不断增加、其他债权人可能会申请参与分配，不应要求查封时查封财产的价额与执行债务金额完全一致，否则不利于保护申请执行人的利益，也与比例原则的要求不符。正因为如此，《最高人民法院关于人民法院民事执行中查封、扣押、冻结财产的规定》（2020 年修正）第 19 条第 1 款规定的是不得"明显"超标的额查封、扣押、冻结。

那么，超出多少算"明显超出"？法律和司法解释并无明确规定。实务中，财产类型不同，估算难度就不一样；债务人不同，其他债权人申请参与分配的可能也有差异。因此，超出多少算"明显超出"，通常只能在个案中进行判断。值得注意的是，《最高人民法院关于在执行工作中进一步强化善意文明执行理念的意见》（法发〔2019〕35 号）第 7 条规定，冻结上市公司股票，应当以其价值足以清偿生效法律文书确定的债权额为限。股票价值应当以冻结前一交易日收盘价为基准，结合股票市场行情，一般在不超过 20% 的幅度内合理确定。股票冻结后，其价值发生重大变化的，经当事人申请，人民法

---

① 最高人民法院执行裁判规则研究小组：《禁止超额查封》，载最高人民法院执行局编：《执行工作指导》2020 年第 2 辑，人民法院出版社 2021 年版，第 51～70 页。

院可以追加冻结或者解除部分冻结。因此，对于与股票类似的，有公开交易价格的财产，可将20%作为"明显超出"的参考。[①]

125. 对超标的额查封的判断，以查封时为准还是以异议审查时为准？

解析： 关于异议审查中"价额判断的基准时"，即判断查封财产价额是否明显超出执行债务及费用金额，以查封时为准还是以异议审查时为准。在比较法上，德国通说认为，在实施查封和执行异议审查期间，查封财产的价额或者债权数额发生重大变化的，应当以异议裁决时为准。其主要原因依然是德国执行异议之功能，在于变更或者撤销违法的执行行为。因此，对于审查程序而言，关键是在其作出判断时，是否还存在超额查封问题，以至于需要撤销或者解除对超出部分财产的查封。换言之，即便在查封时财产价额明显超出了执行债务和费用金额，但只要异议审查时因财产价额降低或者债务金额增加，导致两者已价值相当，就应当驳回异议人的申请。

在我国，现行法律、司法解释对此并无明确规定，司法实践中也存在不同做法。

第一种观点认为，判断是否构成超标的查封，系对查封行为的评判，就法律逻辑而言，应以财产被查封时的客观价值作为判断基准，而不应以财产在未来被处置时的可能价格作为判断基准。对于冻结的上市公司股票的价值，一般应当以冻结前一交易日收盘价为基准，结合股票市场行情，合理认定。[②]

第二种观点认为，从查封到异议审查阶段有一定的时间间隔，查封财产的价额可能发生变化的情况下，异议审查时的评估价格比查封时的评估价格更接近最终执行时标的物的实质变价金额，因此对于查封财产价额的判断，以异议审查阶段的时点作为估算时点更为合理。[③]

上述看似截然不同的观点实际上在"应否变更或者撤销既有查封措施"方面并没有什么差别。根据第二种观点，只要查封财产的价额在异议审查时不再明显超出执行债务金额就不构成违法，固然不需要变更查封措施；即便根据第一种观点，以查封时的财产价额为基准判断构成明显超标的额查封，

[①] 最高人民法院执行裁判规则研究小组：《禁止超额查封》，载最高人民法院执行局编：《执行工作指导》2020年第2辑，人民法院出版社2021年版，第51~70页。

[②] 参见（2019）最高法执复61号、62号执行裁定书和（2020）最高法执复66号执行裁定书。

[③] 参见（2017）最高法执复55号执行裁定书。

如果异议审查时已经不存在该情形，处理结果也应是执行行为无撤销、变更内容而裁定异议成立。质言之，两种观点的实质差别，还是执行异议的功能定位问题。坚持大陆法系的传统观点，自然会得出应当以异议审查时的价额来判断是否构成明显超标的额查封的结论；但如果认为执行异议还有确认行为违法的功能，并且国家赔偿必须以执行机构确认违法为前提，那么显然就会倾向第一种观点。在办理该类案件时，关键要看异议人的请求。如果异议人请求解除超额部分的查封，则应以异议审查时为基准作出判定；而如果异议人要求确认执行行为违法并要求赔偿，则应以查封时为基准作出判定。①

参考案例：在（2022）最高法执监221号执行裁定书中，最高人民法院认为，由于房地产的市场价值处于不断波动之中，审查查封是否超标的额，以审查时房产的市场价值为基准，更具客观性。以审查时的房产的市场价值为基准审查查封是否超标的额，不影响双方当事人在房地产市场价格发生明显变动时依法维护自身权益。未来房地产市场价值如出现明显下跌，环宇公司可以追加申请查封中厦公司财产。故环宇公司关于以法院查封案涉房产时的价格确定保全财产价值的主张，不应支持。

在（2020）最高法执复66号执行裁定书中，最高人民法院认为，于此须指出的是，判断是否构成超标的查封，系对查封行为的评判，就法律逻辑而言，应以财产被查封时的客观价值作为判断基准，而不应以财产在未来被处置时的可能价格作为判断基准。进而言之，查封财产的目的当然是要尽可能确保财产的处置变价能够清偿债权，但是在查封财产时，该财产的未来处置变价情况是不确定的，其固然存在拍卖不顺、成交价下浮的可能，但也存在拍卖顺利、成交价上浮的可能，故在确定查封财产价值时，当然可以适当考虑市场行情和价格变化趋势，在不"明显"超过查封财产现时客观价值的幅度内，合理确定查封标的范围，但不宜只看到查封财产的未来处置价下浮这一种可能性，以第一次拍卖起拍价可以为评估价或者市场价的70%、第二次拍卖起拍价可以为第一次起拍价的80%为由，将查封财产价值直接扣减56%之后，再与申请执行债权来比较是否构成超标的查封，这种做法对被执行人无疑是不公平的。

在（2019）最高法执复61号执行裁定书中，最高人民法院认为，杨某华

---

① 最高人民法院执行裁判规则研究小组：《禁止超额查封》，载最高人民法院执行局编：《执行工作指导》2020年第2辑，人民法院出版社2021年版，第51~70页。

等四人持有的案涉股票，系上市公司股票，其市场价格处于不断变化中，合理确定计算基准日是正确认定其价值的关键。就法理而言，评价查封、冻结行为是否构成超标的查封、冻结，应当以该行为作出时被查封、冻结的标的物的价值来判断，而不宜以该标的物在事后某个时间点的价值来判断。结合司法实践中的一般做法以及《最高人民法院关于在执行工作中进一步强化善意文明执行理念的意见》（法发〔2019〕35号）的相关规定，对于冻结的上市公司股票的价值，一般应当以冻结前一交易日收盘价为基准，结合股票市场行情，合理认定。但广东省高级人民法院却以异议审查时该股票的市场价格作为计算基准，得出的股票价值缺乏充足的事实根据。

126. 超标的额查封的异议成立的，裁定主文应如何表述？

解析：实务中，被执行人提出的明显超标的额查封异议成立的，裁定主文一般有四种写法：第一种表述为裁定异议人的异议成立；① 第二种是在裁定异议人的异议成立的同时裁定采取措施消除明显超标的额查封的状态，② 或者解除对超标的部分财产的保全措施，但未明确解除查封的具体财产；③ 第三种是在裁定异议人的异议成立的同时裁定解除对一定数量的特定财产的查封；④ 第四种是裁定解除对一定数量的特定财产的查封，以变更查封的范围⑤。

《民事诉讼法》（2023年修正）第236条规定："……理由成立的，裁定撤销或者改正……"《最高人民法院关于人民法院办理执行异议和复议案件若干问题的规定》（2020年修正）第17条第2项规定："……（二）异议成立的，裁定撤销相关执行行为……"第4项规定："……（四）异议成立或者部分成立，但执行行为无撤销、变更内容的，裁定异议成立或者相应部分异议

---

① 参见河北华贸电力新材料有限公司申请执行邢台市辰隆物流有限公司、金某胜、王某兰买卖合同纠纷执行异议案，河北省唐山市中级人民法院（2018）冀02执异802号执行裁定书。

② 参见成功（中国）大广场有限公司与北京天洋国际控股有限公司、天洋控股集团有限公司、周某仲裁保全异议案，北京市高级人民法院（2020）京执复80号执行裁定书。

③ 参见北京倍乐优学教育咨询有限公司与郭勇仲裁保全异议案，北京市第三中级人民法院（2021）京03执异988号执行裁定书。

④ 参见华西银峰投资有限责任公司、华西金智投资有限责任公司与泸州鑫福矿业集团有限公司、四川鑫福产业集团有限公司、四川昊鑫融资担保有限公司诉前保全异议案，四川省高级人民法院（2015）川执异字第1号执行裁定书。

⑤ 参见大连银行股份有限公司上海分行与中国民生投资股份有限公司、中民未来控股集团有限公司、中民新能投资集团有限公司、中民投租赁控股有限公司金融借款合同纠纷诉讼保全异议案，上海市高级人民法院（2020）沪执异3号执行裁定书。

成立。"据此,只有在无撤销、变更内容时,才裁定异议成立,否则对异议是否成立的判断,应放在"本院认为",而非裁判主文中。所以,经审查被执行人所提出的明显超标的额冻结异议成立的,就裁定主文而言,第四种写法更为合理。这种方式"最符合法律和司法解释的规定,最能实现异议人就明显超标的额查封提出异议的目的,而且也可以较好解决该裁定对于正确查封部分的效力问题。①

127. 承租人对不带租拍卖提出异议的,是否属于执行行为异议?

解析: 实务中,不少人认为,承租人对不带租拍卖提出异议的,属于执行行为异议。主要理由是:执行行为异议所审查的仅仅在于是否附带租赁合同进行拍卖这一问题,本身不应也实际上并不具有否认租赁合同效力或将其解除的既判力。因此,一方面,执行异议裁定并不会对承租人的租赁合同产生直接影响;另一方面,即使租赁关系成立于查封、抵押之前,根据《民法典》"买卖不破租赁"原则以及《最高人民法院关于人民法院办理执行异议和复议案件若干问题的规定》(2020年修正)第31条规定的精神,承租人即便享有真实、合法、有效的租赁权,也只能是要求受让人承受原租赁关系的约束,而这种约束自然是在租赁期届满前受让人不得要求承租人从房产中迁出,也就是说,承租人所能阻止移交的只是租赁期内的占有权,并不能阻止法院的拍卖行为本身。而案外人异议程序主要处理的是案外人与法院就执行标的之间的对抗关系,即案外人的实体主张能否排除法院的执行。因此,对于是否应去除租赁权进行拍卖,在性质上应作为行为异议来对待较为妥当。

但是,这只是看到了表面。从表现形式上,似乎房屋承租人主张的是法院的执行行为违法,应该带租拍卖,应该适用《民事诉讼法》(2023年修正)第236条用行为异议审查。但仔细分析的话,则会发现并非如此。一方面,由于在通常涉及该问题的案件中,租赁权本身并没有登记,因此法院根据登记及初步审查后,作出不带租拍卖的决定不能说行为违法;另一方面,承租人实际上是基于实体权利——租赁权,主张买卖不破租赁,因此要排除"不带租赁的拍卖"而改为"带租的拍卖"。因此,承租人提出要带租拍卖的,原则上应当适用《民事诉讼法》(2023年修正)第238条进行审查。

---

① 葛洪涛:《广夏(银川)贺兰山葡萄酿酒有限公司申请执行复议案评析》,载江必新、贺荣主编:《最高人民法院执行案例精选》,中国法制出版社2014年版,第832页。

《最高人民法院关于人民法院办理执行异议和复议案件若干问题的规定》（2020 年修正）第 31 条对此有所规定，近年来的案例也纠正过下级法院适用第 236 条审查的做法。[①] 当然，需要明确的是，如果法院查封房屋后即要求承租人交付腾空房屋，承租人以"房屋未转移权属前不应交付房屋"等为由，主张法院查封后即要求腾退这一执行行为违法的，则应属于利害关系人提出的执行行为异议，因此，此时审查的是执行行为的合法性——尚未拍卖就要求腾退。

128. 承租人对腾退房屋提出异议的，是否属于执行行为异议？

解析：该问题存在一定的争议。

一种意见认为，《最高人民法院民一庭关于执行异议之诉常见问题司法观点 6 条》[②] 的"承租人提起的执行异议之诉的处理"部分指出，如果执行法院在执行过程中并不否定承租人享有的租赁权，承租人只是对执行法院要求其腾退房屋的执行行为有异议，属于《民事诉讼法》（2023 年修正）第 236 条规定的执行行为异议，通过执行复议程序解决。执行房产时租赁关系已经存在，执行法院如果未审查是否存在租赁即直接处分，执行行为违法，案外人所提执行异议属于行为异议，应当按照《民事诉讼法》（2023 年修正）第 236 条的规定处理。

另一种意见认为，承租人提出异议依据的基础权利是租赁权，属于实体权利，异议的目的是通过租赁权阻却和排除法院对房屋的腾退，属于典型的案外人基于实体权利要求排除和阻却执行的情形，应当按照《民事诉讼法》（2023 年修正）第 238 条的规定处理。

该问题涉及行为异议和案外人异议程序的界分。《民事诉讼法》（2023 年修正）第 236 条是当事人、利害关系针对执行行为所提异议，基础权利为程序权利，异议的目的是纠正违法的执行行为。《民事诉讼法》（2023 年修正）第 238 条规定的案外人异议，其提出异议所依据的基础权利是实体权利，异议的目的是排除和阻却对标的物的执行。换言之，案外人主张其就执行标的享有足以排除强制执行的民事权益的，应当通过第 238 条进行审查。而所谓

---

① （2018）最高法执监 434 号执行裁定书。

② 《最高人民法院民一庭关于执行异议之诉常见问题司法观点 6 条》，载最高人民法院民事审判第一庭编：《民事审判指导与参考》（2011—2016 年合辑），人民法院出版社 2018 年版，第 27 页。

"足以排除强制执行的民事权益"，是所有权或者有其他足以阻止执行标的的转让、交付的实体权利。一般来讲，根据"买卖不破租赁"原则，承租人对执行标的的租赁权并不因人民法院拍卖而消灭，所以，承租人并不当然有权提起案外人异议。但如果人民法院裁定不带租拍卖，或者处置后通知承租人在租赁期内交付执行标的，无论人民法院是否明确否认了承租人的租赁权，承租人均有权依照《民事诉讼法》（2023年修正）第238条提起案外人异议，以其对执行标的享有租赁权为由请求排除人民法院的强制交付行为，这是民事诉讼法赋予案外人的民事权利。另外，从《最高人民法院关于人民法院办理执行异议和复议案件若干问题的规定》（2020年修正）第31条的规定来看，其将承租人"请求在租赁期内阻止向受让人移交占有被执行的不动产"的异议规定在"案外人异议"部分，实质上也是认可承租人享有提起案外人异议的权利。执行法院要求被执行人及相关人员限期腾退房屋，实质上否认了被执行人及相关人员继续占有涉案房屋的权利。案外人以其在人民法院查封之前已签订合法有效的书面租赁合同并占有使用该房屋为由提出异议，阻止在租赁期内强制交付涉案房屋，属于法律规定的案外人异议情形，人民法院应当依照《民事诉讼法》（2023年修正）第238条进行审查处理。

129. 执行复议过程中当事人达成和解协议，复议案件如何处理？

解析：根据《最高人民法院关于人民法院办理执行异议和复议案件若干问题的规定》（2020年修正）第13条的规定，执行异议、复议案件审查期间，异议人、复议申请人申请撤回异议、复议申请的，是否准许由人民法院裁定。因此，复议期间当事人达成和解协议的，如果申请复议人撤回复议申请，则异议裁定发生法律效力，该结果不一定符合当事人的真实意愿。因此，如果当事人的和解协议否定了异议结果，宜由异议人撤回异议申请。这种处理方式参照了《最高人民法院关于适用〈中华人民共和国民事诉讼法〉的解释》（2022年修正）第336条第1款的程序。该条规定："在第二审程序中，原审原告申请撤回起诉，经其他当事人同意，且不损害国家利益、社会公共利益、他人合法权益的，人民法院可以准许。准许撤诉的，应当一并裁定撤销一审裁判。"①

---

① 参见最高人民法院执行局编：《人民法院办理执行案件规范》（第二版），人民法院出版社2022年版，第490页。

130. 异议、复议过程中新的司法解释生效，应当适用新司法解释还是旧司法解释进行审查？

解析： 法不溯及既往是现代社会一个重要的法治原则。根据该原则，新实施的法律不得适用于其实施前已经发生的事实和法律关系。"昨天的行为不能适用今天的法律。"法作为社会的行为规范，它通过对违反者的惩戒来促使人们遵守执行。人们之所以对自己的违法行为承担不利后果，就是因为事先已经知道或者应当知道哪些行为是法律允许的、哪些行为是法律不允许的。不能要求人们遵守还没有制定出来的法律，法只对其生效后的行为有规范作用。一般认为，法不溯及既往原则的理论基础是信赖保护理论，即人们基于以往法律所获得的利益，不能因新实施的法律而被剥夺。

《立法法》（2023 年修正）第 104 条规定："法律、行政法规、地方性法规、自治条例和单行条例、规章不溯及既往，但为了更好地保护公民、法人和其他组织的权利和利益而作的特别规定除外。"该规定确立了我国以法不溯及既往为原则，以溯及既往为例外的法律适用规则。由于该规定未将作为重要法律渊源的司法解释列入其中，司法解释是否应当遵守该规定便存在争议。一种观点认为，司法解释具有溯及力，主要理由为司法解释系对法律的解释，该解释并未超出当事人的预期，其本身的性质决定了其可以在法律的时间效力范围内追溯既往。另外一种观点认为，司法解释不应具有溯及力，在我国法治并不完善和立法"宜粗不宜细"的情况下，司法解释往往承担着填补法律漏洞功能，司法解释溯及既往会侵害当事人的信赖利益。

研析认为，法律之所以不能溯及既往，在于法律溯及既往会侵犯当事人的信赖利益。反过来讲，如果法律溯及既往不会侵害当事人的信赖利益，溯及既往就并非不可。从这个意义上来讲，法律是否具有溯及力，会因该法律是程序法还是实体法而有所区别。这便是实践中普遍形成共识的"实体从旧、程序从新"原则。所谓"实体从旧"，是指实体法不能溯及既往；所谓"程序从新"，是指新法颁布之后的诉讼法律行为或者事件适用新法。其道理在于程序法旨在提供法律救济和实现权利的方法和途径，而程序法溯及既往不会侵害当事人的信赖利益。

2012 年《最高人民法院关于修改后的民事诉讼法施行时未结案件适用法律若干问题的规定》（2013 年施行）明确规定，对于新法施行时未结案件，适用新法；新法施行前依照旧法规定已经完成的程序事项，仍然有效；涉及当事人实体权利处分的事项，原则上从旧。2021年12月，最高人民法院下发《关于认真学习贯彻〈全国人民代表大会常务委员会关于修改《中华人民共和国民事诉讼法》的决定〉的通知》（法〔2021〕341号），明确以下规则：2022年1月1日之后人民法院受理的民事案件，适用修改后的《民事诉讼法》。2022年1月1日之前人民法院未审结的案件，尚未进行的诉讼行为适用修改后的《民事诉讼法》；依照修改前的《民事诉讼法》或者《民事诉讼程序繁简分流改革试点实施办法》（法〔2020〕11号）的有关规定，已经完成的诉讼行为仍然有效。中级人民法院、专门人民法院对2022年1月1日之后受理的第二审民事案件，可以依照修改后的《民事诉讼法》的有关规定适用独任制审理。上述规定对于明确新旧《民事诉讼法》的统一法律适用规则发挥了重要作用。研析认为，如果说对于实体性司法解释是否具有溯及力存在争议的话，那么对于程序性司法解释来讲，依照上述规定适用"程序从新"原则应当不存在争议。

依据： 最高人民法院执行局2021年11月23日法官会议纪要：[①]

（1）法律问题。最高人民法院执行局法官会议纪要专题研究了《最高人民法院关于公证债权文书执行若干问题的规定》（2018年施行）第22条的溯及力问题。该司法解释施行前（2018年10月1日之前）被执行人主张公证债权文书的内容与事实不符，根据当时司法解释的规定应当立"执异"字案件，通过不予执行程序审查处理。但司法解释施行后，根据第22条，被执行人主张上述事由的，应当向执行法院提起异议之诉，请求法院判决不予执行。实践存在争议的问题是：如果被执行人在司法解释施行前就提出了不予执行请求，后续在异议或者复议审查中新司法解释开始施行，是应当继续在异议、复议程序中审查被执行人"不予执行"的主张，还是应当终结审查，由被执行人另行提起异议之诉就存在争议。

（2）不同观点。第一种观点认为，本案公证债权文书作出时和异议审查过程中，《最高人民法院关于公证债权文书执行若干问题的规定》尚未实施，某中院适用《最高人民法院关于适用〈中华人民共和国民事诉讼法〉的解释》的规定对双方争议的实体事由进行审查，在程序上符合法律规定。虽然

---

① 邵长茂、刘海伟：《在执行复议过程中新的司法解释生效的应当适用该司法解释规定的程序进行审查》，最高人民法院执行局编：《执行工作指导》2021年第14辑，人民法院出版社2023年版，第42页。

某高院在复议审查过程中《最高人民法院关于公证债权文书执行若干问题的规定》开始施行，但根据法不溯及既往原则，复议法院继续适用之前的规定进行审查亦无不当。本案监督程序应当围绕申诉人的申诉事由对异议复议裁定的审查结论进行审查。

第二种观点认为，法不溯及既往原则不是绝对的，有其适用范围。并且，对于司法解释是否具有溯及力并无一定之论，而要结合具体情形。按照"实体从旧，程序从新"规则，某高院未依照《最高人民法院关于公证债权文书执行若干问题的规定》规定的程序进行审查，属于程序违法，应予撤销。

（3）法官会议意见。法官会议多数意见采第二种观点，认为对于申请人提出的不予执行的实体事由，依照《最高人民法院关于公证债权文书执行若干问题的规定》通过诉讼程序进行审查能够更好地保障各方当事人的实体权利，也能够充分发挥人民法院对公证的监督作用，这也正是《最高人民法院关于公证债权文书执行若干问题的规定》（2018年施行）第12条第2款、第22条第1款第3项的本意。

※案外人异议

131. 如何区分案外人异议与利害关系人行为异议？

解析：执行行为异议和案外人异议是两类不同性质的异议，适用不同的程序，但实务中非常容易混淆。有这样一个实例，法院查封了案外人财产，案外人提出异议后，法院作为利害关系人异议进行审查；复议后，上级法院认为属于案外人异议；以案外人异议赋权异议之诉后，审判庭又认为此类案件属于利害关系人异议，并表示以后该类案件均裁定驳回当事人的起诉，直接导致当事人的救济权利两头"堵死"。可见，准确区分案外人异议和利害关系人行为异议，非常重要。

利害关系人行为异议和案外人异议的区别主要有三方面，对此最高人民法院执行局编著的《最高人民法院关于人民法院办理执行异议和复议案件若干问题规定理解与适用》一书中有非常具体、明确的归纳：①

（1）依据的基础权利不同。执行行为异议的依据是其程序权利受到了侵害。例如，优先购买权人主张法院拍卖没有事先通知他，请求撤销拍卖。而

---

① 最高人民法院执行局编著：《最高人民法院关于人民法院办理执行异议和复议案件若干问题规定理解与适用》，人民法院出版社2015年版，第110~111页。

案外人提出实体异议所依据的基础权利是其实体权利受到了侵害。这种实体权利不是一般的权利，能够产生排除执行的效力。一般表现为所有权、地役权等物权性质的权利，但也可能是股权，甚至是特殊的债权，例如《最高人民法院关于适用〈中华人民共和国民事诉讼法〉的解释》（2022年修正）第499条第2款规定的利害关系人对到期债权提出的异议，还有依照《最高人民法院关于人民法院办理执行异议和复议案件若干问题的规定》（2020年修正）第28条、第29条所规定的无过错买受人的物权期待权。

（2）异议指向的对象和目的不同。执行行为异议指向的是法院的执行程序，目的是纠正违法的执行行为，保证自己公法上的程序权利和利益不受非法侵害，并不以排除执行为必要。案外人异议指向的是法院正在执行的标的物，目的是排除法院对某一执行标的物的执行，保护其私法上的实体权利不受侵害。

（3）程序的功能不同。执行行为异议程序的功能比较单一，在于纠正违法的执行行为，所以异议审查时要对执行行为进行合法性判断，审查的结果是撤销或者变更执行行为。而案外人异议则是对法院是否应当停止对特定标的物的执行作出裁断，并且该裁断仅限于在判断实体权属的基础上，对应不应该停止执行发表意见。

一般来说，根据以上三个方面可以对行为异议和案外人异议作出准确区分。但是，实践中，案外人提出实体异议理由的同时，往往也会提出执行行为异议理由，出现了异议标的难以区分的问题。另外，相当多数的案外人并无区分这两类异议的专业知识，异议的理由往往都是要求纠正"违法的执行行为"。对此，可以直接根据《最高人民法院关于人民法院办理执行异议和复议案件若干问题的规定》（2020年修正）第8条规定，以"基础权利＋目的"区分标准，将案外人同时提出案外人异议和执行行为异议的情形，区分为两种不同的类型：

第一，"基础权利及目的竞合"情形。案外人提出两类异议，所依据的基础权利都是实体权利，提出异议的目的也都是请求人民法院停止对特定标的物的执行，但其形式上既对执行标的又对执行行为提出异议。此时，只要对其实体异议进行审查，执行行为异议就没有审查的必要，此即实体异议吸收程序异议。这也是《最高人民法院关于人民法院办理执行异议和复议案件若干问题的规定》（2020 年修正）第 8 条第 1 款①规定的情形。举个例子：法院以被执行人配偶名下的房产为夫妻共同财产为由查封了被执行人配偶名下的房产，被执行人配偶提出异议，主张该房产系其个人财产，依据《民事诉讼法》（2023 年修正）第 238 条规定，应该排除执行；同时主张，根据《最高人民法院关于人民法院民事执行中查封、扣押、冻结财产的规定》（2020 年修正）第 2 条第 3 款规定，对于第三人占有的动产或者登记在第三人名下的不动产、特定动产及其他财产权，第三人书面确认该财产属于被执行人的，人民法院可以查封、扣押、冻结。设例中，异议人并未书面确认查封财产属于被执行人，法院查封行为违法，可依据《民事诉讼法》（2023 年修正）第 236 条规定提出行为异议。这两个异议，其依据都是查封财产属于被执行人配偶的个人财产，因此，可以通过《民事诉讼法》（2023 年修正）第 238 条规定统一进行审查。

第二，"主体竞合"的情形。当事人以外的人既以实体权利为基础提出案外人异议，又提出与实体权利无关的执行行为异议，异议的目的分别是阻止对特定标的物的执行和纠正违法的执行，实际上是同一个异议主体分别作为案外人和利害关系人提出了两类不同性质的异议。法院应当分别适用不同的审查程序，分别作出裁定。这也是《最高人民法院关于人民法院办理执行异议和复议案件若干问题的规定》（2020 年修正）第 8 条第 2 款②规定的情形。举个例子：法院以被执行人配偶名下的房产为夫妻共同财产为由查封了被执行人配偶名下的房产，被执行人配偶提出异议，主张该房产系其个人财产，依据《民事诉讼法》（2023 年修正）第 238 条规定，应该排除执行；同时主张，这是其名下唯一财产，法院不得执行，依据《民事诉讼法》（2023 年修正）第 236 条提出异议。

第三，实务中有的法院以尊重当事人选择权为由，对实践中本应按照《民事诉讼法》（2023 年修正）第 238 条审查的异议事项，按照第 236 条的规定进行审查，这种做法是错误的。需要说明的是，分辨当事人的异议属于何

---

① 《最高人民法院关于人民法院办理执行异议和复议案件若干问题的规定》（2020 年修正）第 8 条第 1 款规定："案外人基于实体权利既对执行标的提出排除执行异议又作为利害关系人提出执行行为异议的，人民法院应当依照民事诉讼法第二百二十七条规定进行审查。"

② 《最高人民法院关于人民法院办理执行异议和复议案件若干问题的规定》（2020 年修正）第 8 条第 2 款规定："案外人既基于实体权利对执行标的提出排除执行异议又作为利害关系人提出与实体权利无关的执行行为异议的，人民法院应当分别依照民事诉讼法第二百二十七条和第二百二十五条规定进行审查。"

种性质并决定适用相应的程序属于法院的职责。法院在执行异议裁定中须告知当事人是向上一级法院提起复议还是向本院提起案外人异议之诉进行救济。在这个问题上，当事人并没有选择权，但认为程序错误的，可以要求纠正。

总之，如果法院违反财产权属判断规则查封第三人财产，第三人提出执行异议的，应当依照《民事诉讼法》（2023年修正）第236条的规定进行审查。除此之外，则应当按照《民事诉讼法》（2023年修正）第238条的规定进行审查。

参考案例：在（2021）最高法执监182号案件中，栾某军主张其以利害关系人身份提出执行行为异议符合《民事诉讼法》第232条规定。最高人民法院认为，栾某军提出的异议、复议、申诉，始终基于栾某军系案涉房屋的实际权利人，主张济南铁路运输中级法院对案涉房屋的违法查封行为导致栾某军无法取得相关拆迁征收利益，栾某军提出的上述异议符合《民事诉讼法》第234条规定的案外人异议情形。虽然栾某军同时作为利害关系人提出相关执行行为异议，但依照《最高人民法院关于人民法院办理执行异议和复议案件若干问题的规定》第8条规定的"案外人基于实体权利既对执行标的提出排除执行异议又作为利害关系人提出执行行为异议的，人民法院应当依照民事诉讼法第二百二十七条规定进行审查。案外人既基于实体权利对执行标的提出排除执行异议又作为利害关系人提出与实体权利无关的执行行为异议的，人民法院应当分别依照民事诉讼法第二百二十七条和第二百二十五条规定进行审查"的规定，既作为案外人对执行标的提出排除执行异议，又作为利害关系人提出执行行为异议，应当按照案外人异议的程序进行审查。此外，考虑到案涉房屋已拆除，查封财产已经转化为货币补偿及货币奖励，依照《最高人民法院关于人民法院民事执行中查封、扣押、冻结财产的规定》第22条规定的"扣押、冻结的财产灭失或者毁损的，查封、扣押、冻结的效力及于该财产的替代物、赔偿款"，山东省高级人民法院将栾某军对于原查封行为的异议识别为案外人异议，发回济南铁路运输中级法院要求按照《民事诉讼法》第234条对栾某军异议的事实和理由进行实质审理，进而可能导入案外人执行异议之诉，实质上更有利于充分保护栾某军的实体权益。

在（2021）最高法执监240号执行裁定书中，最高人民法院认为，区分异议性质是案外人异议还是执行行为异议，应以异议所主张的权利基础及异议请求加以判断。如果异议主张的是对执行标的的所有权等实体权利并据此请求排除执行的，构成案外人异议，适用《民事诉讼法》第234条予以审查；

如果异议主张的是因执行行为程序违法侵犯其合法权益并请求对执行行为依法予以纠正的，则构成执行行为异议，适用《民事诉讼法》第 232 条予以审查。

132. 被执行人能否就执行同案其他被执行人名下的财产提出案外人异议？

解析：设例如下：生效法律文书确定甲、乙共同偿还丙本金 2 亿元及利息（连带责任），逾期未履行，进入执行程序。法院裁定执行被执行人甲名下不动产，被执行人乙依据《民事诉讼法》（2023 年修正）第 238 条提出案外人执行异议，并提供了相关证据材料，拟证明其对案涉标的享有所有权，并且其已进入破产重整程序。对此应如何处理？

第一种意见认为，由于执行依据明确了甲、乙对丙承担连带责任，乙也是本案被执行人。乙主张其为案外人与事实不符，主张法院处置的登记在被执行人甲名下的土地房产为其所有，不能阻却法院对涉案标的物的执行。根据《民事诉讼法》（2023 年修正）第 236 条的规定，当事人、利害关系人认为执行行为违反法律规定的，可以向负责执行的人民法院提出书面异议。乙作为本案的被执行人，其提出的异议应当适用《民事诉讼法》（2023 年修正）第 236 条的规定进行审查。

第二种意见认为，虽然乙本身也是本案的被执行人，但对该执行标的主张实体权利，且已经进入破产重整程序，关于该执行标的的实体权利归属，影响到能否继续执行该标的。如果案涉标的为乙所有，则应当作为破产财产予以移送。因此，就查封甲名下案涉不动产而言，乙的法律地位为案外人。

研析认为，第二种意见更为合理。按照第一种意见的处理方式，无法对该案涉不动产的归属作出实质审查，有可能导致本案单独受偿，直接影响乙及其他债权人的公平受偿权利。

参考案例：在（2022）最高法执监 161 号执行裁定书中，最高人民法院认为，作为本案执行依据的河北省唐山市中级人民法院（2015）唐民初字第 339 号民事调解书，明确了李某宏、世德房地产、路桥建设公司、红石房地产共同偿还邢某荣借款本金 25116000 元及利息。河北省唐山市中级人民法院在执行程序中，作出（2016）冀 02 执字第 5333 号之十执行裁定，继续查封李某宏名下的案涉不动产。对此，路桥建设公司根据《民事诉讼法》第 234 条提出了案外人执行异议，并提供了相关证据材料，拟证明其对案涉标的享有所有权。虽然路桥建设公司本身也是本案的被执行人，但路桥建设公司是对该执行标的主张实体权利，且路桥建设公司已经进入破产重整程序，关于该执行标的的实体权利归属，影响到能否继续执行该标的。如果案涉标的为路桥建设公司所有，则应当作为破产财产予以移送。因此，仅就查封李某宏名下案涉不动产而言，路桥建设公司亦应视为案外人。

133. 承租人提出异议要求排除执行的，是否属于案外人异议？

解析： 这个问题可从两个维度展开。

一看是否带租赁执行。带租赁执行已经考虑了承租人的租赁权，租赁人依据租赁权提出异议要求排除执行，属于执行行为异议。而不带租赁执行，意味着拍卖成交后或者根据执行依据指定交付的内容，就要将承租人腾退并交付执行标的，与承租人的租赁权相冲突。承租人此时提出异议的，属于《民事诉讼法》（2023年修正）第238条规定的案外人异议，可以依照《最高人民法院关于人民法院办理执行异议和复议案件若干问题的规定》（2020年修正）第31条之规定进行审查。近年来，最高人民法院纠正过下级法院适用第236条审查的做法，比如（2018）最高法执监434号执行裁定书。在该案中，执行法院决定带租赁拍卖，申请执行人不服，提出异议复议乃至监督程序。最高人民法院认为，在是否存在租赁关系有重大事实争议的情况下，如果执行法院未将案外人所提异议进行立案审查，直接作出带租拍卖裁定，并通过执行异议、复议程序解决租赁关系能否排除执行问题，属于适用程序错误。可见，对于是否带租赁执行，执行人员要视情况确定：如果申请执行人和承租人关于租赁权的存在没有争议的，可以适用带租赁拍卖的执行方式；如果存在争议的，执行实施法官不宜直接决定带租赁拍卖，而是决定不带租赁拍卖，然后让案外人通过提出异议以及后续的异议之诉程序，对租赁权是否真实存在、是否足以排除执行进行审查，从而充分保障申请执行人和案外人的救济权利。

二看查封时间。有一种观点认为，如果租赁权产生于查封之前的，依据《民事诉讼法》（2023年修正）第238条规定进行审查；产生于查封之后的，依据《民事诉讼法》（2023年修正）第236条规定进行审查。这种区分也具有一定合理性。第一，根据《最高人民法院关于人民法院民事执行中查封、扣押、冻结财产的规定》（2020年修正）第24条第1款规定："被执行人就已经查封、扣押、冻结的财产所作的移转、设定权利负担或者其他有碍执行的行为，不得对抗申请执行人。"第 2 款规定："第三人未经人民法院准许占有查封、扣押、冻结的财产或者实施其他有碍执行的行为的，人民法院可以依据申请执行人的申请或者依职权解除其占有或者排除其妨害。"查封后的承租人，无论租赁权是否真实存在，均不得对抗申请执行人，因此，没有必要通过案外人异议及异议之诉程序对其权利予以充分保障。第二，根据现行规定，案外人异议及异议之诉审理期间，法院不得处分财产。如果查封后的承租权，适用案外人异议容易为当事人规避执行创造条件。从执行效率角度考虑，应该适用《民事诉讼法》（2023 年修正）第 236 条规定进行审查。对此，有观点认为：从行为异议和案外人异议的区分来看，根据前面的"基础权利 + 目的"的区分标准，查封前与查封后的租赁权人提出的异议的性质是一样的，都是基于实体权利主张排除执行，区别在于前者的异议可能成立、足以排除执行，后者的异议可能不成立、不能排除执行。因此，二者都应该属于案外人异议。不能根据当事人的异议是否成立，来区分执行异议还是案外人异议。否则，可能会剥夺了案外人通过诉讼获得救济的权利，也有违《民事诉讼法》（2023 年修正）第 238 条规定的本意。也有观点认为：区分案外人异议和行为异议，还要看案外人主张的权利本身是否属于足以排除强制执行的权利，比如被执行人的其他债权人主张普通债权的，该权利本身不能排除强制执行，因此，也没有必要依据《民事诉讼法》（2023 年修正）第 238 条规定对其进行审查，进而将其导入一个异议之诉。而查封之后的租赁，很可能是被执行人拖延执行、阻碍执行的一种方法，在法律司法解释有明确规定不得对抗申请执行人的情况下，即便其租赁权真实存在，亦不足以排除执行，也没有必要依据《民事诉讼法》（2023 年修正）第 238 条规定进行审查，进而将其导入一个异议之诉。对此，研析认为，确实两种观点都有一定道理。前者更加倾向于保护案外人的救济权，对于案外人享有的实体权利，尽量通过诉讼程序进行审查，赋予其充分的保障；后者更加倾向于追求执行效率，依法快速推进执行，及时实现胜诉债权人的合法权益。在实践中，在没有法律、司法解释明确规定的情况下，可以灵活掌握，综合考虑承租人的租赁期限、租赁价格、是否与被执行人存在恶意串通规避执行等情况，决定通过哪个程序进行审查。在没有明确把握的情况下，研析更倾向于尽量通过案外人异议进行审查，以保障案外承租人的合法权益。如果将来在民事强制执行法中废除案外人异议审查程序，就不会存在这个争议了，承租人都可以通过提出第三人异议之诉寻求救济。

实践中，还有一种做法，就是看执行标的物是否为执行依据确定交付的标的物，如果是执行依据确定应当交付的特定房屋，房屋承租人对特定房屋主张权利，实质系对法院依照执行依据进行执行不满，本质在于阻却对执行依据的执行。该请求实质系对执行依据的不满，并不属于执行行为异议和案外人异议的审查内容，不符合提起异议的要件。承租人如果符合《民事诉讼法》（2023年修正）第59条第3款之规定，可以提起第三人撤销之诉以资救济，或者通过审判监督程序撤销执行依据。对此，研析认为，是否为执行依据确定交付的标的物，主要涉及驳回案外人异议之后的救济程序问题，并不影响案外人依据《民事诉讼法》（2023年修正）第238条规定提出异议。

参考案例： 在（2018）最高法执监434号执行裁定书中，最高人民法院认为，人民法院对执行标的物进行司法拍卖，系通过司法行为对执行标的物强制变价并用所得价款清偿被执行人所欠债务，其既包括对执行标的物权属的强制转让，也包括对执行标的物的强制交付。依据相关法律规定，案外人对执行标的主张所有权或者有其他足以阻止执行标的转让、交付的实体权利的，可以向执行法院提出案外人异议。在本案执行过程中，重庆市第一中级人民法院在案涉房屋张贴公告，限期要求房屋使用人向该院书面申报房屋租赁或其他使用情况，逾期未申报的，该院将在公开拍卖后予以强制交付。三名案外人在期限内向法院提交租赁协议，实质上是主张以租赁关系排除人民法院在租赁期内对案涉房屋的强制交付。鉴于本案申请执行人和三名案外人就是否存在租赁关系存在重大争议，执行法院宜将三名案外人的主张纳入案外人异议程序立案审查，并作出裁定，相关当事人如对裁定不服的，应通过执行异议之诉解决。本案中，在是否存在租赁关系有重大事实争议的情况下，重庆市第一中级人民法院未将三名案外人所提异议进行立案审查，直接作出带租拍卖裁定，并通过执行异议、复议程序解决租赁关系能否排除执行问题，适用程序错误。

134. 案外人基于其对银行特户、封金、保证金享有的质押权要求排除执行的，是否为案外人异议？

解析： 一般来说，案外人基于担保物权形成的优先受偿权提出异议，请求排除对该标的执行的，除法律以及司法解释另有规定外，适用《民事诉讼法》（2023年修正）第236条规定进行审查，原则上裁定驳回异议，告知其直接就抵押或质押等担保物的变价款主张优先受偿权。对执行财产享有担保物权，但未取得执行依据的债权人申请参与分配的，仅对其主张的权利及证据材料进行形式审查，原则上应准予其参与分配。被执行人及其他债权人对案外人的优先权、担保物权的真实性、优先受偿顺位和比例产生异议的，适用执行分配方案异议程序处理。

但是，案外人基于其对银行特户、封金、保证金享有的质押权要求排除执行的，是一个例外。对此应当适用什么程序，理论和实务中存在两种观点。

一种观点认为，应当通过申请参与分配的方式解决。根据"基础权利＋目的"的判断标准，担保的目的是保障优先受偿权。案外人以其对银行账户、特户、封金、保证金享有质权为由提出执行异议，其实质系主张在法院执行时保障其优先受偿的权利，而非主张享有所有权。由于执行程序中，质押权人即便丧失了对质押物的占有亦不影响其质押权的存在，案外人所享有的质押权不能阻却法院的强制执行。而且质押权人是否要行使质押权，还取决于主债权的清偿情况，也具有一定不确定性。如果主债权得到全部或者部分清偿，质押权自然也丧失全部或部分优先受偿的功效。因此，该异议从主张实体权利的性质来看，不属于案外人异议，可以通过执行行为异议审查程序予以驳回。将来在参与分配程序中，通知银行作为质押权人参与分配程序，如果其他债权人不同意的，可以通过参与分配异议及异议之诉的程序加以解决。这种处理方式，有助于一揽子解决银行的优先债权数额及优先顺位问题。

另一种观点认为，应当赋予案外人提起执行标的异议的权利，通过案外人异议审查是否享有质权，并在条件成就时实现其质权。与一般动产质押不同，由于金钱本身的特殊性，金钱质押的实现不需要经过拍卖、变卖等强制变价程序，一旦认定质押权成立，案涉账户确属保证金账户，异议人对账户内的相应款项享有优先受偿权，则执行法院就不能对该账户相应款项执行。也就是说，异议如果成立，其在事实上就产生了足以排除对执行标的采取相应执行措施的效力。因此，主张享有优先受偿权的异议，实际上应当归属于主张对执行标的的排除执行的实体权利，应当适用《民事诉讼法》（2023 年修正）第 238 条所规定的案外人异议审查程序处理。如最高人民法院第 54 号指导性案例中认为，当事人依约为出质的金钱开立保证金专门账户，且质权人取得对该专门账户的占有控制权，符合金钱特定化和移交占有的要求，即使该账户内资金余额发生浮动，也不影响该金钱质权的设立。在该案中，执行法院从被执行人与案外人之间是否存在质押关系以及质权是否设立两个方面进行了审查，并提出了金钱是否以保证金形式特定化、特定化金钱是否已移交债权人占有的审查标准，以此来认定双方当事人是否已就案涉保证金账户内的资金设立质权。

研析认为，第54号指导性案例的争议焦点是质权是否成立，并没有围绕程序问题开展讨论，没有就本案是否应该适用案外人异议还是行为异议进行审查。当然，通过案外人异议对案外人的质押权进行审查，也有一定合理性。第54号指导性案例的案情是一种典型情况，实践中大量存在。担保公司将部分账号中的保证金质押给银行，为借款人的借款即主债权提供连带保证责任。而借款人借款的还款时间比较长，可能几年甚至几十年，主债权数额往往明显超过质押账号中的数额。在这种情况下，如果法院将其扣划过来，做案款分配时，极大概率是仍然全部给银行。所以，从实际效果考虑，法院没有必要扣划银行账号，没有必要启动参与分配程序。关于银行的质押权是否真实存在，申请执行人与银行有争议的，提前通过案外人异议及后续的异议之诉解决，也具有合理性。

实际上，案外人异议和参与分配异议，都有后续的诉讼程序做保障，都可以解决质押权的存在与否。我们认为，从质押权的性质和案外人异议与行为异议的区分标准来看，案外人提出的异议，应该通过行为异议进行审查；但从实际效果考虑，出于保护金融债权和金融秩序、化解金融风险角度考虑，通过案外人异议进行审查，提前对质押权的存在与否先行进行判断，亦无不可。

参考案例：在（2017）最高法执复32号、39号执行裁定书中，最高人民法院认为，本案中，交行晋城分行就陕西省高级人民法院在保全裁定实施过程中对案涉账户所作冻结措施提出书面异议，主张案涉保证金属于现金质押，交行晋城分行对案涉保证金账户内的款项享有优先受偿权，且其已对汇票进行承兑，请求解除冻结措施。以前对该种主张人民法院可作为程序事项，直接按照《最高人民法院、中国人民银行关于依法规范人民法院执行和金融机构协助执行的通知》（法发〔2000〕21号）第9条的规定进行审查处理。在案外人异议之诉程序建立后，对该种主张究竟是按照《民事诉讼法》第225条规定的异议、复议程序处理，还是按照第227条规定的异议和异议之诉程序处理，实务中存在一定争议。但近年来已经逐渐明确应适用第227条规定的程序处理。依照《最高人民法院关于适用〈中华人民共和国担保法〉若干问题的解释》第85条的规定，保证金属于金钱质押性质，债权人就保证金享有优先受偿权。与一般动产质押不同，由于金钱本身的特殊性，金钱质押的实现不需要经过拍卖、变卖等强制变价程序，一旦认定质押权成立，案涉账户确属保证金账户，异议人对账户内的相应款项享有优先受偿权，则执行法院就不能对该账户相应款项执行。也就是说，有关保证金的异议如果成立，其在事实上就产生了足以排除对执行标的采取相应执行措施的效力。因此，主张对保证金享有优先受偿权的异议，实际上应当归属于主张对执行标的排除执行的实体权利，应当适用《民事诉讼法》第227条所规定的案外人异议审查程序处理。

135. 抵押权人认为以物抵债裁定未考虑其权利提出异议的，是否为案外人异议？

解析：实践中，有的法院在变价过程中，未考虑抵押权，在流拍后将该财产直接抵给申请执行人，抵押权人提出异议。对此，不少人认为，抵押权人所提异议，是基于担保物权的实体权利对执行标的提出的排除执行异议，此时其身份应为案外人，对其提出的异议应当依照《民事诉讼法》（2023年修正）第238条规定进行审查。

这种认识是错误的。理由：第一，抵押权人所提异议指向的是法院的执行行为，也就是认为以物抵债行为违法而不是不当，并侵犯了其合法权益，要求纠正违法行为。第二，抵押权人所提异议的目的并非排除执行，而是保障自己法律上的程序权利和利益，并不以排除执行为目标。

136. 如何理解"异议指向的执行标的执行终结之前"？

解析：《最高人民法院关于人民法院办理执行异议和复议案件若干问题的规定》（2020年修正）第6条第2款规定："案外人依照民事诉讼法第二百二十七条规定提出异议的，应当在异议指向的执行标的执行终结之前提出；执行标的由当事人受让的，应当在执行程序终结之前提出。"

关于"异议指向的执行标的执行终结之前"，理解上存在一定的分歧。最主要的分歧在于，这里的执行终结是执行标的的权属变化的时间，还是围绕该执行标的的执行活动彻底结束的时间。执行标的的变价裁定书送达的时间为法律上权属变化的时间，但这个时间之后并不意味着围绕该标的的执行活动的全部结束。后续还有出具协助执行通知、送达协助执行通知、腾房等执行活动。

第一种观点认为，"异议指向的执行标的执行终结之前"指的是围绕该标的的执行活动彻底结束（执行活动行全部结束说）。在《最高人民法院关于人民法院办理执行异议和复议案件若干问题规定理解与适用》一书中，最高人民法院执行局认为，考虑到我国目前的实际情况，这里所指的"执行标的执行程序"终结之前和理论上不同，是指人民法院处分执行标的所需履行法定手续全部完成之前。例如，对于不动产和有登记的动产或者其他财产权，是指协助办理过户登记的通知书送达之前；对于动产或者银行存款类财产，是指交付或者拨付申请执行人之前。① 在《最高人民法院执行最新司法解释统一理解与适用》一书中，最高人民法院执行局认为，"执行标的的执行程序终结"不仅意味着权属的转移，而且要求相关价款已经分配完毕。通过司法拍卖处分财产情况下，拍卖成交裁定作出后，权属变更登记完成前，执行程序尚未结束。此时尚需执行法院出具协助执行通知办理权属变更登记，案外人就拍卖财产提出异议的，执行法院应予审查。②

第二种观点认为，"异议指向的执行标的的执行终结之前"指的是执行标的的物权属移转之前（执行标的的权属转移说）。同样在《最高人民法院关于人民法院办理执行异议和复议案件若干问题规定理解与适用》一书中，最高人民法院执行局指出，执行程序的特定终结"是指拍卖、变卖成交裁定和以物抵债裁定生效，执行标的的物权属移转于受让人或者交付申请执行人等情形"。③

我们把第一种观点概括为执行活动行全部结束说，把第二种观点概括为执行标的的权属转移说。表面上看两说针锋相对，均有最高人民法院释义、说明或案例等作为支撑。实际上，这并非"左右手互搏"。执行标的的权属转移说是有道理的，经过司法拍卖、变卖、抵债发生的执行标的的权属转移，仅能在具有法定情形下撤销，不能执行回转。因此，在权属变更后，针对该标的的案外人异议已失去意义。但是执行活动行全部结束说也不是完全没有道理，权属变更之后还有变价款，案外人对变价款是可以提出异议的。当然，应当进行限定，变价款分配完之后，案外人再提异议，已无实益，不应再浪费程序资源。

参考案例：在（2019）最高法民再219号民事裁定书中，最高人民法院

---

① 最高人民法院执行局编著：《最高人民法院关于人民法院办理执行异议和复议案件若干问题规定理解与适用》，人民法院出版社2015年版，第88页。

② 最高人民法院执行局编著：《最高人民法院执行最新司法解释统一理解与适用》，人民法院出版社2016年版，第308页。

③ 最高人民法院执行局编著：《最高人民法院关于人民法院办理执行异议和复议案件若干问题规定理解与适用》，人民法院出版社2015年版，第87页。

认为，《民事诉讼法》第 227 条规定案外人对执行标的提出执行异议的时限为"执行过程中"。《最高人民法院关于人民法院办理执行异议和复议案件若干问题的规定》第 6 条第 2 款对此进一步具体规定："案外人依照民事诉讼法第二百二十七条规定提出异议的，应当在异议指向的执行标的执行终结之前提出……"在诉争房屋因东大公司在执行程序中取得所有权后，有关该房屋的执行程序已经基本终结。根据上述法律和司法解释的有关规定，案外人执行异议之诉的功能在于对执行中的标的确认是否准予执行，但对于已经执行的标的并不能决定是否应当回转至执行前状态。具体就本案而言，张某国提起案外人执行异议之诉并不能将已经执行归东大公司所有的诉争房屋回转为奥达美公司所有（供张某国申请执行）；二审法院判决不得执行诉争房屋，并不能改变该房屋已经执行由东大公司所有的事实状态。张某国在诉争房屋的执行已经基本终结后，提出执行异议和执行异议之诉，不符合上述法律和司法解释的规定。

137. 拍卖裁定已经送达但所得价款尚未发放的，案外人能否提出异议？

解析：《最高人民法院关于适用〈中华人民共和国民事诉讼法〉的解释》（2022 年修正）第 462 条规定："根据民事诉讼法第二百三十四条规定，案外人对执行标的提出异议的，应当在该执行标的的执行程序终结前提出。"案外人异议系案外人基于对执行标的的享有足以排除强制执行的实体权利，向执行法院提出排除对该标的的实施强制执行的请求。质言之，案外人异议的制度目的在于排除不当的执行行为。因此，如果人民法院对特定执行标的的执行程序已经终结，则案外人提出异议就丧失实际意义。但对于"执行标的的执行程序终结前"，存在不同的理解。最高人民法院编写的《最高人民法院民事诉讼法司法解释理解与适用》一书中，对"执行标的的执行程序终结前"的观点是：经过讨论，本条最终采纳了最后一种方案。将执行程序终结前限定为"在该执行标的的执行程序终结前"，以与"整个执行程序终结前"相区分。而"该执行标的的执行程序终结"不仅意味着权属的转移，而且要求已完成权属变更登记且相关价款已经分配完毕。①

---

① 参见最高人民法院修改后民事诉讼法贯彻实施工作领导小组编著：《最高人民法院民事诉讼法司法解释理解与适用》，人民法院出版社 2015 年版，第 217 页。

《最高人民法院关于人民法院办理执行异议和复议案件若干问题的规定》（2020 年修正）第 6 条第 2 款规定，案外人依照《民事诉讼法》第 227 条（2023 年修正后为第 238 条）规定提出异议的，应当在异议指向的执行标的执行终结之前提出；执行标的由当事人受让的，应当在执行程序终结之前提出。最高人民法院执行局编写的《最高人民法院关于人民法院办理执行异议和复议案件若干问题的规定理解与适用》一书中，对"执行标的执行终结之前"含义的观点是："考虑到我国目前的实际情况，这里所指的'执行标的执行程序'终结之前，和理论上不同，是指人民法院处分执行标的的所需履行法定手续全部完成之前。例如，对于不动产和有登记的动产或者其他财产权，是指协助办理过户登记的通知书送达之前；对于动产或者银行存款类财产，是指交付或者拨付申请执行人之前。"①

综上，这个问题需要考虑一个关键的问题，即权属是否发生转移，如果已经发生转移，就此提起案外人异议已经失去意义，不宜再允许其提起案外人异议。但是，在相关价款尚未分配完毕之前，对拍卖所得价款的执行尚未终结，应当允许案外人就价款提出异议。首先，这个结论符合前文索引最高人民法院司法解释的条文及理解。其次，在尊重司法拍卖公信力、优先保护竞买人的前提下，该种处理能最大限度保护案外人的权益，避免其需要另外提起诉讼。最后，如果诉争财产确为案外人所有，并非被执行人的责任财产，申请执行人本就不应就该财产受偿，将拍卖所得价款返还案外人亦不会对申请执行人造成损害。

138. 案外人财产被多个法院查封，能否一次性提出异议或者同时提出异议？

解析：这个问题涉及两个方面：

第一，案外人的财产被多个法院轮候查封时，案外人对一个查封措施提出案外人异议或案外人异议之诉获得支持后，其他法院的轮候查封措施应否一并解除？这个问题涉及案外人异议本身的性质。案外人异议是案外人针对特定的执行措施提出的，主张自己享有的实体权利足以排除某一债权人的强制执行。因此，不能一概地说，案外人具有排除首封的实体权利，就可以排

---

① 最高人民法院执行局编著：《最高人民法院关于人民法院办理执行异议和复议案件若干问题的规定理解与适用》，人民法院出版社 2015 年版，第 88 页。

除所有的轮候查封的实体权利。比如，在轮候查封是抵押权等情形下，结果可能就会不一样。所以案外人异议或案外人异议之诉获得支持后，其他法院的轮候查封措施并不当然解除。但是，如果在案外人异议之诉中，案外人提出的确权主张获得了支持，那么就具有了既判力。在后续的案外人异议和案外人异议之诉中，受理法院理应尊重这个判决。

第二，既然不能一并解除，案外人在向查封法院提出异议的同时，能否向其他轮候法院提出异议？这是一个现实问题。一个财产上如果存在多个轮候查封，都是一个执行法院的还好说，当属于不同法院查封时，如果案外人不能对轮候查封提出异议，那么只能是案外人提完一个，又要再提一个，这个时间可能拉很长，不利于对案外人权利的保护。所以，在一定情况下应该允许案外人对轮候查封提出异议。

139. 案外人能否对轮候查封提出异议？

解析：与前一个问题相关的一个问题是，案外人能否对轮候查封提出异议？对此存在不同的认识和做法。

第一种意见认为，依照《最高人民法院关于人民法院民事执行中查封、扣押、冻结财产的规定》（2020年修正）第26条第1款及《最高人民法院关于查封法院全部处分标的物后轮候查封的效力问题的批复》（法函〔2007〕100号）的规定，轮候查封、扣押、冻结自在先的查封、扣押、冻结解除时自动生效。人民法院对已查封、扣押、冻结的全部财产进行处分后，该财产上的轮候查封、扣押、冻结自始未产生查封、扣押、冻结的效力。因此，因轮候查封还不是正式查封，不产生查封效力，对于没有法律效力的查封，案外人当然无从提出排除执行异议，同时，基于节约司法资源、减轻当事人诉累的原则，案外人无需也没有必要针对轮候查封提出执行异议。[1] 案外人对轮候查封的执行标的主张实体权利要求排除执行的，应当向首查封法院提出异议。案外人向轮候查封法院提出异议的，轮候查封法院裁定不予受理，已经受理的，裁定驳回异议申请。如江苏省高级人民法院（2018）苏执复118号执行裁定书即持这种意见。

第二种意见认为，法律和司法解释并未禁止案外人向轮候查封的人民法院提出异议，亦未规定案外人仅能向首先查封的人民法院提出异议。轮候查

---

[1] 沈玉堂：《民事执行中轮候查封的若干问题探析》，载《知识文库》2018年第24期。

封虽未产生查封的效力，但它是具有法律效力的查封，案外人排除了首次查封后并不能排除轮候查封。因为轮候查封作出后，强制执行的威胁就因其自动生效的特点而对无辜案外人财产现实存在；将提出轮候查封之权利赋予申请执行人，而不允许案外人提出异议和执行异议之诉，与民事平等保护原则不符，何况案外人异议并未对查封顺序产生影响；从执行程序中的价值平衡原则考量，赋予案外人对轮候查封的异议权也是应有之义。所以提出执行异议和提起执行异议之诉都是案外人的正当权利。[①] 如北京市高级人民法院（2019）京执复138号执行裁定书即持这种意见。

研析认为，第二种意见更可采。《最高人民法院关于人民法院民事执行中查封、扣押、冻结财产的规定》（2020年修正）第26条第1款规定："对已被人民法院查封、扣押、冻结的财产，其他人民法院可以进行轮候查封、扣押、冻结。查封、扣押、冻结解除的，登记在先的轮候查封、扣押、冻结即自动生效。"根据该条规定，轮候查封自在先查封解除后自动生效，产生查封的效力。但该条规定并不意味着轮候查封没有任何法律效力。实际上，轮候查封虽然没有正式查封一样的法律效力，但具有轮候查封的效力，包括依照轮候查封顺位递补成为正式查封、依照轮候查封顺位获得清偿、被执行人在轮候查封之后在财产上设定权利负担等行为不得对抗轮候查封的申请执行人等，对案外人事实上有影响。而且如果不允许案外人对轮候查封提出异议，在存在多个查封的情况下，案外人只能一个一个提出异议，将陷入极大的诉累中，不符合诉讼经济原则。对此，有学者也认为，轮候查封并不产生正式查封剥夺所有权人的处分权等效力，案外人的权益也不因轮候查封而受到现实侵害。但正式查封解除时，轮候查封自动生效。换言之，两种查封措施之间是"无缝对接"和"自动对接"的。因此，一旦解除正式查封，案外人的权益必因轮候查封自动生效而受到侵害，此种侵害是可预见的、必然的。如果将案外人执行异议之诉定性为给付之诉，则允许案外人针对轮候查封提起执行异议之诉，可以通过将来给付之诉理论获得正当依据。如果将案外人执行异议之诉定性为给付之诉之外的其他权利保护形式，则即便轮候查封自动生效时对案外人民事权益的侵害是可预见的、必然的，案外人也不享有提起执行异议之诉的利益，但从保护案外人的民事权益的角度出发，也应当例外

---

① 韩松：《案外人针对轮候查封的执行异议法院应予受理》，载《人民法院报》2017年1月4日第8版。

地承认案外人对提起执行异议之诉的利益。否则,一方面,不利于及时保护案外人的民事权益,甚至会因正式查封解除后执行程序迅速终结而导致案外人丧失诉的利益;另一方面,案外人需要提起两次以上的执行异议之诉,对于当事人而言是沉重的诉累。此外,如果只赋予申请执行人请求轮候查封的权利,而不允许案外人针对轮候查封提起执行异议之诉,有违平等原则。①

参考案例: 在(2021)最高法执复9号执行裁定书中,最高人民法院认为,《最高人民法院关于人民法院办理财产保全案件若干问题的规定》第27条第1款规定:"人民法院对诉讼争议标的以外的财产进行保全,案外人对保全裁定或者保全裁定实施过程中的执行行为不服,基于实体权利对被保全财产提出书面异议的,人民法院应当依照民事诉讼法第二百二十七条规定审查处理并作出裁定。案外人、申请保全人对该裁定不服的,可以自裁定送达之日起十五日内向人民法院提起执行异议之诉。"本案中,虽然黑龙江省高级人民法院对案涉房屋的查封为轮候查封,不属于正式查封,能否产生正式查封的法律效力处于待定状态,但案外人张某伟系基于对案涉房屋主张实体权利而提出异议,符合前述司法解释规定的情形,人民法院应当受理并依据《民事诉讼法》第227条的规定审查处理,作出裁定。黑龙江省高级人民法院认为张某伟所提异议不符合执行异议案件受理条件,属适用法律错误,应予纠正。

140.《最高人民法院关于人民法院办理执行异议和复议案件若干问题的规定》(2020年修正)第28条与第29条是什么关系?

解析:《最高人民法院关于人民法院办理执行异议和复议案件若干问题的规定》(2020年修正)第28条、第29条的关系,是一个老问题。简单说,《最高人民法院关于人民法院办理执行异议和复议案件若干问题的规定》(2020年修正)第28条适用于买受人对登记在被执行人名下的不动产提出异议的情形,系普适性条款,对于所有类型的被执行人和不动产均可适用。而第29条则适用于买受人对登记在被执行的房地产开发企业名下的商品房提出异议的情形,是专门针对被执行人为房地产开发企业和商品房而规定的特别条款。第28条与第29条在适用情形上存在交叉,只要符合其中一条的规定,买受人即享有足以排除强制执行的民事权益。并且,根据《全国法院民商事

---

① 庄诗岳:《论案外人执行异议之诉的管辖法院》,载《法治社会》2023年第2期。

审判工作会议纪要》（法〔2019〕254号）第126条，只有符合《最高人民法院关于人民法院办理执行异议和复议案件若干问题的规定》（2020年修正）第29条的商品房消费者，才有可能排除抵押权的强制执行的权利；而《最高人民法院关于人民法院办理执行异议和复议案件若干问题的规定》（2020年修正）第28条规定的一般买受人原则上无法对抗抵押权人。需要注意的是，实践中，很多案外人并不能严格区分第28条和第29条规定的情形，而只是笼统地要求排除执行，此时应当向其释明，以促进实质性、一次性地解决纠纷。

参考案例： 在第156号指导性案例中，最高人民法院确定了如下裁判要点："《最高人民法院关于人民法院办理执行异议和复议案件若干问题的规定》第二十八条规定了不动产买受人排除金钱债权执行的权利，第二十九条规定了消费者购房人排除金钱债权执行的权利。案外人对登记在被执行的房地产开发企业名下的商品房请求排除强制执行的，可以选择适用第二十八条或者第二十九条规定；案外人主张适用第二十八条规定的，人民法院应予审查。"

141. 买受人未完全按照原始合同支付价款，其对登记在被执行人名下的不动产提出的异议能否得到支持？

解析：《最高人民法院关于人民法院办理执行异议和复议案件若干问题的规定》（2020年修正）第28条规定："金钱债权执行中，买受人对登记在被执行人名下的不动产提出异议，符合下列情形且其权利能够排除执行的，人民法院应予支持：……（三）已支付全部价款，或者已按照合同约定支付部分价款且将剩余价款按照人民法院的要求交付执行……"实践中经常会遇到并没有按照合同约定支付部分价款的案外人，将剩余价款交付法院的情形，能否视为符合《最高人民法院关于人民法院办理执行异议和复议案件若干问题的规定》（2020年修正）第28条第3项"已按照合同约定支付部分价款"存在一定争议。

第一种意见认为，只要未足额支付价款的情况符合被执行人（卖方）的意思表示，就视为依约支付，不一定严格按照原始合同约定理解。双方签订合同后作的调整、变通，都认为属于一种约定，买受人符合这种约定，就视为按照合同约定履行。而且，即便不完全符合《最高人民法院办理执行异议和复议案件若干问题的规定》（2020年修正）第28条第3项规定的条件，也可以根据个案情况按照实体法的原则，确定保护案外人权利的原则。

第二种意见认为，支付部分价款是否符合合同约定，应当按照原合同条款判断。如果约定有变化，必须有双方明确的意思表示，且履行符合该约定。否则，视为其履行不符合合同约定。不能以合同相对方对违约行为的默许或者容忍，认定其系依约履行。

研析认为，第一种意见可采。支付部分价款是否属于符合合同要求，不一定严格按照原始合同的约定理解。双方签订合同后作的调整、变通，都应认为属于一种约定。只要在执行及案外人异议或异议之诉阶段，买卖双方对变更原始合同约定的新的履行方式和履行进度不存在争议，就可以视为价款支付符合双方合意，买受人系按照合同约定履行。

参考案例： 在（2017）最高法民再263号民事判决书中，最高人民法院认为，本案中，天柱监理公司虽未依照原始合同约定的时间和方式支付价款，但在履行过程中，鲁昌公司对此并未提出异议。故可以认定为双方就合同履行作了调整、变通，也属于按照合同约定支付部分价款的情况。二审法院对司法解释的相关规定作了限缩解释，适用法律存有不当，予以纠正。

142. 如何认定"非因买受人自身原因未办理过户登记"？

解析：《最高人民法院关于人民法院办理执行异议和复议案件若干问题的规定》（2020年修正）第28条规定："金钱债权执行中，买受人对登记在被执行人名下的不动产提出异议，符合下列情形且其权利能够排除执行的，人民法院应予支持：……（四）非因买受人自身原因未办理过户登记。"在未办理过户登记的情况下，"非因买受人原因"如何理解，成为一个关键性问题。

对此，《全国法院民商事审判工作会议纪要》（法〔2019〕254号）第127条规定："……一般而言，买受人只要有向房屋登记机构递交过户登记材料，或向出卖人提出了办理过户登记的请求等积极行为的，可以认为符合该条件。买受人无上述积极行为，其未办理过户登记有合理的客观理由的，亦可认定符合该条件。"最高人民法院执行局编著的《最高人民法院关于人民法院办理执行异议和复议案件若干问题规定理解与适用》一书明确："从实践中看，能够归责于买受人的原因，可以分为三个层面，一是对他人权利障碍的忽略。例如，不动产之上设定有其他人的抵押权登记，而买受人没有履行合理的注意义务，导致登记时由于存在他人抵押权而无法登记。二是对政策限制的忽略。例如，明知某地限制购房，在不符合条件的情况下仍然购房导致无法办理过户手续。三是消极不行使登记权利。例如，有的交易当事人为了逃税等而故意不办理登记的，不应受到该原则的保护。一个有争议的问题是，有的人认为，买房人本来可以通过提起诉讼行使物权登记请求权并通过法院强制执行来完成物权变动的使命，但却没有行使，能否视为买受人的原因。我们认为，对于普通的民事主体，不可将其都视为法律专家，此种情况，不能视为买受人有过错。何况，诉讼与执行本身也有一定时间要求，不能满足对买受人物权期待权的保护要求。"①

可见，对"非因买受人自身原因未办理过户登记"，应综合主观、客观两方面因素认定。主观方面重点考察买受人是否存在怠于甚至故意不办理权属变更登记，或由于自身没有尽到合理注意义务，而导致权属未作变更登记等情形。例如，为逃税等而故意未办理登记，或者没有注意到他人设定的抵押等造成的变更登记障碍。客观方面应重点考察是否存在诸如登记机构、出卖人及其他不归属买受人所能控制的原因。比如，案涉房屋所在土地未取得土地使用权证，案涉房屋被法院查封无法过户等。

143. 开发商抵押房屋导致无法办理过户登记的，是否属于"非因买受人自身原因未办理过户登记"？

解析： 商品房消费者提出的案外人异议，一般应当适用《最高人民法院关于人民法院办理执行异议和复议案件若干问题的规定》（2020年修正）第29条②进行审查，而该条中并不存在买受人对未办理过户是否存在过错的条款。

但是在有些情况下，商品房消费者不能适用第29条的规定保护其权益，比如其名下有其他住房，就需要适用第28条的规定，此时就需要判断是否具有"买受人因自身原因未办理过户登记"的情况。

根据《全国法院民商事审判工作会议纪要》（法〔2019〕254号）第127条的规定，一般而言，买受人只要有向房屋登记机构递交过户登记材料，或向出卖人提出了办理过户登记的请求等积极行为的，可以认为符合该条件。

---

① 最高人民法院执行局编著：《最高人民法院关于人民法院办理执行异议和复议案件若干问题的规定理解与适用》，人民法院出版社2015年版，第424页。

② 《最高人民法院关于人民法院办理执行异议和复议案件若干问题的规定》（2020年修正）第29条规定："金钱债权执行中，买受人对登记在被执行的房地产开发企业名下的商品房提出异议，符合下列情形且其权利能够排除执行的，人民法院应予支持：（一）在人民法院查封之前已签订合法有效的书面买卖合同；（二）所购商品房系用于居住且买受人名下无其他用于居住的房屋（三）已支付的价款超过合同约定总价款的百分之五十。"

买受人无上述积极行为，其未办理过户登记有合理的客观理由的，亦可认定符合该条件。鉴于所涉问题中的被执行人系开发商，研析认为，开发商将不动产抵押给银行以筹得资金开发项目，实践中具有一定普遍性，案外人有理由相信开发商会将出卖房产所得钱款拿去还债解押，由于开发商没有解押导致案外人无法办理过户，倾向于认为不可归责于买受人。

144. 商品房消费者如何保障其自身权益？

解析：关于消费者商品房买受人的优先地位，学说上存在否定说与肯定说的对立。① 否定说的理由主要在于，消费者商品房买受人的权利欠缺公示，对其过分保护的价值判断不免存疑。肯定说的理由则包括三点：第一，消费者购买的商品房通常是期房，无法办理所有权登记，为了防止购买期房后有可能因出卖人即开发商的债务问题而面临法律风险，应当给予消费者以优先保护。第二，相较于银行、供货商等开发商的其他债权人，消费者处于弱势地位，给予其优先保护乃具有合理性。第三，为了维护消费者商品房买受人的居住权，即便其权利欠缺公示，也应给予优先保护。综合两方面意见，法律上对商品房消费者给予特别保护，是基于商品房预售这一深刻的社会经济背景。正因为买的是"期房"，才能对抗"权利欠缺公示"这一问题。

但这是从法律层面而言的，从商品房消费者角度看，也应了解和运用好相关法律制度。对于普通百姓而言，买房是一件非常重大的事情。生活中，有的业主购买了开发商的房产，由于各种原因没有办产权证，仍然登记在开发商名下。开发商因为其他案件被法院强制执行，业主购买的房屋被法院查封，于是向法院提出案外人异议，请求排除执行。对于这种情形，执行法院应根据《最高人民法院关于人民法院办理执行异议和复议案件若干问题的规定》（2020 年修正）第 28 条或者第 29 条的规定进行审查，只要符合任意一条所列条件，均应支持其主张。

需要注意的是，2023 年 4 月 20 日施行的《最高人民法院关于商品房消费者权利保护问题的批复》第 2 条规定："商品房消费者以居住为目的购买房屋并已支付全部价款，主张其房屋交付请求权优先于建设工程价款优先受偿权、抵押权以及其他债权的，人民法院应当予以支持。""只支付了部分价款的商品房消费者，在一审法庭辩论终结前已实际支付剩余价款的，可以适用前款

---

① 参见刘颖：《物权期待权排除强制执行规则之再审思》，载《当代法学》2023 年第 4 期。

规定。"新司法解释规定的"商品房消费者以居住为目的购买房屋"比《最高人民法院关于人民法院办理执行异议和复议案件若干问题的规定》（2020年修正）第29条中"所购商品房系用于居住且买受人名下无其他用于居住的房屋"的条件更为宽松，且只要消费者"在一审法庭辩论终结前已实际支付剩余价款"即可，不再要求查封前"已支付的价款超过合同约定总价款的百分之五十"。

拓展来说，对于购房人而言，为保障其合法权益，应采取积极措施，用足法律手段。第一，购房前应对开发商的售房手续、房屋抵押情况、是否被查封了解清楚。第二，充分运用预告登记制度，一旦签订合同并办理了预告登记，出卖方就不能再另行处分房屋，大大降低了出卖方恶意损害买受人利益的风险。同时，由于预告登记请求权可排除包括强制执行在内的处分，买受人请求停止处分的，法院理应支持。第三，留存证据，按照举证责任的规则，购房业主在异议审查中对自己提出的请求所依据的事实有责任提供证据加以证明，要注意收集、保留足以证明房款支付和实际占有的合法有效证据，如发票、转账凭证、票据存根、入住通知、交纳物业供暖费凭证等，尽量不要采用难以查证的现金方式支付房款。同时，提示涉诉涉执群众注意可能影响证据效力的细节问题，例如，房款发票或者收据上的付款人要与合同约定的买受人保持一致，不要对发票内容进行涂改，不要将房款汇入非销售房产人员个人账户等，避免证据瑕疵导致证明力下降，损害自己的实体权利。第四，要及时办理过户。除法律规定的特殊情形外，房屋所有权只有在依法登记后才发生法律效力，房屋一天不过户到自己名下，就存在被法院作为他人财产采取强制执行措施的风险。购房业主在具备过户条件时要及时办理变更登记，以防节外生枝产生难以挽回的损失。

145. 购房人的权利在什么情况下能够对抗抵押权？

解析：《最高人民法院关于人民法院办理执行异议和复议案件若干问题的规定》（2020年修正）第27条规定："申请执行人对执行标的依法享有对抗案外人的担保物权等优先受偿权，人民法院对案外人提出的排除执行异议不予支持，但法律、司法解释另有规定的除外。"这里的"但法律、司法解释另有规定的除外"如何理解？是否认为第28条、第29条、第30条都是但书之外的情形，普通购房人和商品房消费者能否优先于抵押权人？

该问题在实践中存在一定争议。参考最高人民法院的相关案例与《全国法院民商事审判工作会议纪要》（法〔2019〕254 号）第 125 条、第 126 条的规定，研析认为，《最高人民法院关于人民法院办理执行异议和复议案件若干问题的规定》（2020 年修正）第 27 条规定的但书，包括第 29 条规定情形下的商品房消费者和第 30 条规定的在先办理了受让物权预告登记的买受人，但不包括第 28 条规定情形下的一般房屋买卖合同的买受人和第 30 条规定的在后办理了受让物权预告登记的买受人。

第一，除商品房消费者外，一般房屋买卖合同的买受人不得对抗抵押权。《全国法院民商事审判工作会议纪要》（法〔2019〕254 号）第 125 条将《最高人民法院关于人民法院办理执行异议和复议案件若干问题的规定》（2020 年修正）第 29 条规定的案外人界定为从开发商手中购买房屋的商品房消费者，并在第 126 条中明确了商品房消费者的权利与抵押权的关系。第 126 条规定："【商品房消费者的权利与抵押权的关系】根据《最高人民法院关于建设工程价款优先受偿权问题的批复》第 1 条、第 2 条的规定，交付全部或者大部分款项的商品房消费者的权利优先于抵押权人的抵押权，故抵押权人申请执行登记在房地产开发企业名下但已销售给消费者的商品房，消费者提出执行异议的，人民法院依法予以支持。但应当特别注意的是，此情况是针对实践中存在的商品房预售不规范现象为保护消费者生存权而作出的例外规定，必须严格把握条件，避免扩大范围，以免动摇抵押权具有优先性的基本原则。因此，这里的商品房消费者应当仅限于符合本纪要第 125 条规定的商品房消费者。买受人不是本纪要第 125 条规定的商品房消费者，而是一般的房屋买卖合同的买受人，不适用上述处理规则。"

尽管《民法典》并未对这一问题予以明确规定，且《全国法院民商事审判工作会议纪要》（法〔2019〕254 号）中提及的上述批复已废止，但《最高人民法院关于人民法院办理执行异议和复议案件若干问题的规定》（2020 年修正）第 29 条规定仍然有效。在被执行人系房地产开发企业的情况下，作为案外人的商品房消费者，在其满足《最高人民法院关于人民法院办理执行异议和复议案件若干问题的规定》（2020 年修正）第 29 条的情形时，其对商品房享有的权利可以对抗抵押权，这是为保护消费者生存权所作的特殊规定。除此之外，《最高人民法院关于人民法院办理执行异议和复议案件若干问题的规定》（2020 年修正）第 28 条规定的一般房屋买卖合同的买受人，无法依据第 29 条对抗申请执行人的抵押权等担保物权。

第二，根据实体法规则，一般买受人不得对抗抵押权人。一方面，在先有抵押、后有买卖的情况下，一般房屋买卖合同的买受人亦无法依据《最高人民法院关于人民法院办理执行异议和复议案件若干问题的规定》（2020年修正）第28条对抗抵押权。《民法典》（2021年施行）第406条第1款规定："抵押期间，抵押人可以转让抵押财产。当事人另有约定的，按照其约定。抵押财产转让的，抵押权不受影响。"该条规定了抵押权的追及效力，意味着一般房屋买卖合同的买受人即便履行完毕了买卖合同并取得了房屋权属，亦不得对抗抵押权。因此，《最高人民法院关于人民法院办理执行异议和复议案件若干问题的规定》（2020年修正）第28条不属于第27条规定的但书情形。另一方面，在先有买卖、后有抵押的情况下，根据《民法典》（2021年施行）第311条规定，抵押权将参照适用善意取得制度而产生对抗买受人的效力。先有买卖，买受人如果符合《最高人民法院关于人民法院办理执行异议和复议案件若干问题的规定》（2020年修正）第28条规定，对争议房屋享有的是物权期待权。但因房屋登记在原出让人名下，原出让人又将房屋抵押登记给第三人。根据上述规定，符合一定条件下的抵押权因善意取得而合法有效。此时，买受人可以向原出让人请求损害赔偿。假设原出让人为了达到不想将房屋出售给买受人的目的，而与抵押权人串通并办理了抵押登记，此时，抵押权人并非善意，承认抵押权享有对抗买受人的效力，可能有失公允。

第三，《最高人民法院关于人民法院办理执行异议和复议案件若干问题的规定》（2020年修正）第30条规定的预告登记权利人与抵押权人之间的优先问题，需要区分预告登记与抵押登记的时间先后。根据《民法典》（2021年施行）第221条第1款规定，预告登记后，未经预告登记的权利人同意，处分该不动产的，不发生物权效力。因此，如果预告登记在先，未经预告登记权利人同意，出让人在房屋上设定抵押，该抵押权不得对抗预告登记权利人。此时，对预告登记权利人提出的案外人异议，符合《最高人民法院关于人民法院办理执行异议和复议案件若干问题的规定》（2020年修正）第27条的但书规定，人民法院应予支持。如果抵押登记在先，预告登记在后，按照上述第二个问题的分析，在先有抵押、后有买卖的情况下，预告登记权利人不得对抗抵押权。此时，对预告登记权利人提出的案外人异议，不符合《最高人民法院关于人民法院办理执行异议和复议案件若干问题的规定》（2020年修正）第 27 条的但书规定，人民法院不予支持。[①]

146. 商品房消费者明知房产存在抵押仍然购买的，能否排除执行？

解析： 该问题涉及商品房消费者的权利与抵押权的关系。对此，《全国法院民商事审判工作会议纪要》（法〔2019〕254 号）第 126 条进行了明确，内容为：“【商品房消费者的权利与抵押权的关系】根据《最高人民法院关于建设工程价款优先受偿权问题的批复》第 1 条、第 2 条的规定，交付全部或者大部分款项的商品房消费者的权利优先于抵押权人的抵押权，故抵押权人申请执行登记在房地产开发企业名下但已销售给消费者的商品房，消费者提出执行异议的，人民法院依法予以支持。但应当特别注意的是，此情况是针对实践中存在的商品房预售不规范现象为保护消费者生存权而作出的例外规定，必须严格把握条件，避免扩大范围，以免动摇抵押权具有优先性的基本原则。因此，这里的商品房消费者应当仅限于符合本纪要第 125 条规定的商品房消费者。买受人不是本纪要第 125 条规定的商品房消费者，而是一般的房屋买卖合同的买受人，不适用上述处理规则。”

那么，如果消费者购房人明知房产存在抵押，其权利能否优先保护？研析认为，不应当区分是否明知，只要符合消费者购房人排除执行的条件，就应当优先保护消费者购房人的权利。从物权法与相关行政法规规定的协调上，也应该保护购房人的利益。《民法典》规定买卖抵押物需要征得抵押权人同意，并且需要将买卖价款优先清偿抵押权人的债务。一方面，对于购房人来说，其在开发商已经对商品房进行预售的情况下，能够相信抵押权人同意转让抵押物，且相信其所交付的购房款已经按照《民法典》的规定用于提前清偿抵押权所担保的债务。在此基础上，即使购房人明知所购买的房屋有抵押权负担，也应该优先保护购房人的利益。另一方面，抵押权人则更有能力“控制”开发商，其既可以在设定抵押时同开发商约定，出售商品房之前应先清偿其债务，也可以在出借款项时设定一定的条件限制开发商在未清偿其债务之前销售，且抵押权人实施这种“控制”行为比起购房人来说成本更低且效果更直接。

[①] 薛圣海、何东奇：《执行审查部分问题解答》，载最高人民法院执行局编：《执行工作指导》2020 年第 3 辑，人民法院出版社 2021 年版，第 159～165 页。

147. 案外人基于抵押预告登记提出的异议能否排除执行?

解析: 不能。《最高人民法院关于人民法院办理执行异议和复议案件若干问题的规定》(2020 年修正) 第 30 条赋予了不动产受让过程中,办理了物权预告登记的案外人排除执行的权利。那么,基于抵押预告登记提出的执行异议,能否得到相同的法律效果?

研析认为,根据《民法典》(2021 年施行) 第 402 条关于"抵押权自登记时设立"的规定,抵押预告登记因尚未办理抵押登记,抵押权并未有效设立。此时,抵押预告登记权人享有对房屋办理抵押权登记的请求权,一般不宜认定其享有优先受偿权。但同时应当看到,抵押预告登记本身具有在顺位等方面的效力,在其效力并未消灭的情况下,应当对抵押预告登记权人的期待利益予以一定的保护。在符合登记条件时,可以登记为抵押权,在其设立正式抵押权后,可以主张优先受偿。至于能否排除执行,则涉及担保物权能否排除执行的问题。①

参考案例: 在 (2019) 最高法民申 1049 号民事裁定书中,最高人民法院认为,《最高人民法院关于人民法院执行工作若干问题的规定 (试行)》第 40 条规定:"人民法院对被执行人所有的其他人享有抵押权、质押权或留置权的财产,可以采取查封、扣押措施。财产拍卖、变卖后所得价款,应当在抵押权人、质押权人或留置权人优先受偿后,其余额部分用于清偿申请执行人的债权。"《最高人民法院关于适用〈中华人民共和国民事诉讼法〉的解释》第 508 条第 2 款规定:"对人民法院查封、扣押、冻结的财产有优先权、担保物权的债权人,可以直接申请参与分配,主张优先受偿权。"根据前述规定,对于其他人享有抵押权的被执行人财产,人民法院可以采取强制执行措施,抵押权人则可以通过对拍卖变卖的价款参与分配、主张优先受偿维护自己的合法权益,但不能排除强制执行。本案中,公积金中心对案涉房屋仅办理了抵押权预告登记,尚未享有抵押权,根据前述司法解释的规定,人民法院显然可以采取强制执行措施。即被执行财产上的抵押权预告登记并不具有阻却人民法院强制执行的效力。《最高人民法院关于人民法院办理执行异议和复议案件若干问题的规定》第 30 条规定:"金钱债权执行中,对被查封的办理了受

---

① 薛圣海、何东奇:《执行审查部分问题解答》,载最高人民法院执行局编:《执行工作指导》2020 年第 3 辑,人民法院出版社 2021 年版,第 159~165 页。

让物权预告登记的不动产，受让人提出停止处分异议的，人民法院应予支持；符合物权登记条件，受让人提出排除执行异议的，应予支持。"根据文义可知，该条司法解释中可以排除人民法院执行处分行为的，系不动产买卖关系中已对标的物办理了预告登记的买受人，而并非抵押权预告登记的权利人。公积金中心以其对案涉房屋办理了抵押权预告登记为由要求排除人民法院的强制执行，没有法律依据。在此前提下，原审是否查明案涉抵押权预告登记的时效等事实，不影响原审对公积金中心不享有足以排除人民法院强制执行的民事权益的事实认定。如前所述，公积金中心仅是案涉房屋的抵押权预告登记权利人，在其未提供证据证明已经具备完成本登记条件的情况下，原审对其要求确认就案涉房屋享有优先受偿权的诉讼请求未予支持，并无不当。公积金中心主张原审认定事实及适用法律错误的申请再审事由不成立。

在（2020）最高法民申 57 号民事裁定书中，最高人民法院认为，在案涉房屋仅办理预售商品房抵押预告登记，未办理抵押权登记的情况下，案涉房屋上的抵押权未有效设立，此时，民生银行曲靖分行作为抵押预告登记权利人，其享有的是对案涉房屋办理抵押权登记的请求权。一审法院判令民生银行曲靖分行有权使优先受偿权明显错误。虽然靖源公司对此没有进行上诉，但是一审判决关于民生银行曲靖分行享有优先受偿权的认定，将损害靖源公司及案外第三人的合法权益，二审法院对此依职权予以纠正，并不违反法律规定。

148. 隐名股东基于其实际权利提出的异议能否排除执行？

解析： 这个问题在实践中存在较大争议。原则上说，隐名股东不能排除执行。内部代持法律关系的本质是一种债权，属请求权范畴，在执行程序中并不优先于其他请求权。从《公司法》（2018 年修正）第 32 条规定看，依法登记的股东对外具有公示效力，隐名股东在公司对外关系上，不具有股东的法律地位，隐名股东与名义股东之间的约定无法对抗第三人。《最高人民法院关于适用〈中华人民共和国公司法〉若干问题的规定（三）》（2020 年修正）第 24 条规定对此进一步细化："有限责任公司的实际出资人与名义出资人订立合同，约定由实际出资人出资并享有投资权益，以名义出资人为名义股东，实际出资人与名义股东对该合同效力发生争议的，如无法律规定的无效情形，人民法院应当认定该合同有效。""前款规定的实际出资人与名义股东因投资权益的归属发生争议，实际出资人以其实际履行了出资义务为由向名义股东主张权利的，人民法院应予支持。名义股东以公司股东名册记载、公司登记机关登记为由否认实际出资人权利的，人民法院不予支持。""实际出资人未经公司其他股东半数以上同意，请求公司变更股东、签发出资证明书、记载于股东名册、记载于公司章程并办理公司登记机关登记的，人民法院不予支持。"可见，在代持情况下，股东在公司机制上采取"形式标准"，而当名义股东与实际股东分离时，采用合同机制解决，即隐名股东的财产利益是通过合同由名义股东向实际股东转移，故而股东的财产利益并不是当然的，是需经过合同请求而得的，若隐名股东请求成为公司股东，则需经过半数股东同意，其并非当然取得股东地位。所以，隐名股东的真实出资，其对股权的财产权益，本质上还是一种"债权"，并不当然享有对涉案股权的所有权。而在涉及执行显名股东的场合，则涉及内部法律关系和外部法律关系之间的厘分。隐名股东与名义股东之间的合同关系，受合同法相对性规定的约束。合同关系具有相对性，对合同主体以外的第三人不产生效力。

但这个原则应当允许存在一定的例外。除申请执行人因信赖被执行人享有股权、具有股东身份而与之交易形成执行债权的以外，同时符合下列条件，请求排除一般金钱债权的强制执行的，人民法院应予支持：（1）人民法院查封前，案外人已与被执行人签订书面股权代持协议，且不违反法律、行政法规的强制性规定，不违背公序良俗；（2）查封前，案外人已按约定实际履行了股权出资义务；（3）公司其他股东半数以上同意其行使股东权利，或者过半数的其他股东知道案外人实际出资的事实，且对其实际行使股东权利未提出异议。

参考案例：在（2017）最高法民申943号民事裁定书中，最高人民法院认为，根据公示公信原则，对股权的强制执行，涉及内部关系的，基于当事人的意思自治解决。涉及外部关系的，根据工商登记来处理。《公司法》第32条第3款规定："公司应当将股东的姓名或者名称及其出资额向公司登记机关登记；登记事项发生变更的，应当办理变更登记。未经登记或者变更登记的，不得对抗第三人。"虽然上述条款系针对有限责任公司之规定，但在对外公示效力问题上，股份有限公司对公示公信原则的贯彻甚至更强。据此可以看出，工商登记是对公司股权情况的公示，与名义股东进行交易的善意第三人及名义股东的债权人有权信赖工商机关登记的股权情况，该信赖利益应当得到法律的保护。由于股权的实际出资人在对外关系上不具有名义股东的法律地位，所以实际出资人不能以其与名义股东之间的内部约定，来对抗与名义股东进行交易的善意第三人及名义股东的债权人。因此，当名义股东因其未能清偿到期债务而成为被执行人时，该股份的实际出资人不得以此对抗名义股东的债权人对该股权的执行。本案中，海航集团虽然是涉案股份的实际出资人，但是中商财富却是涉案股份的名义股东，临沂飞达是中商财富的债权人，基于上述法律规定，二审法院认定海航集团就涉案股份不享有对抗执行的实际权益并未违反法律规定，海航集团的申请理由不成立。

在（2019）最高法民申 6275 号民事裁定书中，最高人民法院认为，《公司法》第 33 条第 3 款规定，公司股东名称等事项未经登记或者变更登记的，不得对抗第三人。据此，在公司对外关系上，名义股东具有股东的法律地位，隐名股东不能以其与名义股东之间的内部约定对抗外部第三人对名义股东的正当权利。股权登记具有公示效力，根据商事外观主义原则，第三人对公示所体现的权利外观具有信赖利益，名义股东的非基于股权处分的债权人亦应属于法律保护的第三人范畴。在联鑫公司与三宝公司、芳绿公司等之间的借贷纠纷诉讼中，芳绿公司名下财产均是对外承担债务的责任财产，联鑫公司作为债权人，基于公示登记对芳绿公司名下的天成公司股权进行保全并通过执行程序变价受偿具有信赖利益，故联鑫公司与芳绿公司之间虽无股权交易关系，但无论众成公司对芳绿公司名下天成公司的股权是否拥有实体权利，众成公司均不能依据其与芳绿公司之间的内部约定对抗联鑫公司。

149. 有限责任公司实际出资人基于其实际权利提出的异议能否排除执行？

解析：设例如下：2014 年 7 月 5 日，甲公司与乙公司签订《股权代持协议书》，约定以双方的名义共同成立丙公司，甲公司持有丙公司 70% 的股权，同时甲公司委托乙公司代为持有丙公司 30% 的股权。2014 年 8 月 29 日，丙公司注册成立工商登记显示甲公司持股 70%、乙公司持股 30%。

A 银行与债务人丁公司及担保人乙公司金融借款合同纠纷案。2018 年 3 月 12 日，A 银行向法院提出查封申请。2018 年 5 月 18 日，法院查封了乙公司持有丙公司 30% 的股权。后丁公司未履行生效裁判，2019 年 6 月 28 日，法院裁定拍卖乙公司持有丙公司 30% 的股权，甲公司提出执行异议。2019 年 7 月 20 日，法院裁定中止执行。A 银行于 2019 年 8 月 2 日提起执行异议之诉。

2018 年 8 月 14 日，甲公司以乙公司、丙公司为被告提起股东资格确认之诉。2018 年 10 月 24 日，另案判决乙公司持有丙公司 30% 股权归甲公司所有，丙公司在判决生效后向工商登记部门办理股权变更登记手续。

甲公司作为实际出资人，能否排除 A 银行基于担保债权对乙公司名下股权的强制执行？对此，存在不同观点。

第一种观点认为，甲公司与乙公司之间签订的股权代持协议合法有效，甲公司已经履行实际出资义务，另案判决亦认定案涉股权归甲公司所有，甲公司应为案涉股权的实际权利人。根据《公司法》（2018 年修正）第 32 条第 2 款"公司应当将股东的姓名或者名称向公司登记机关登记；登记事项发生变更的，应当办理变更登记。未经登记或者变更登记的，不得对抗第三人"以及《民法典》（2021 年施行）第 65 条"法人的实际情况与登记的事项不一致的，不得对抗善意相对人"的规定，基于登记具有的公信力，要保护交易当事人的合理信赖。本案中，A 银行并非基于乙公司享有涉案股权与其进行的交易，对于涉案股权不产生信赖利益。因此，甲公司作为实际出资人对于涉案股权享有的民事权益能够排除 A 银行的强制执行。

第二种观点认为，《公司法》（2018 年修正）第 32 条第 3 款中的"第三人"不限缩于与名义股东存在股权交易关系的债权人，根据商事外观主义原则，名义股东的非基于股权处分的债权人亦属于法律保护的"第三人"的范畴，委托代持关系具有内部效力，不得以此对抗外部债权人的正当权利。本案中，甲公司之所以让乙公司当显名股东，就是想利用其销售优势，则必须承担相应的义务和风险，即显明股东乙公司的股权可能会被查封、拍卖，基于公平正义和权利义务相一致的原则，甲公司不能仅享有权利，不承担责任和风险。因此，甲公司作为实际出资人不能排除强制执行。

研析认为，对排除执行的请求不应支持。主要理由：

第一，案外人甲公司在法院查封后取得的股东资格确认判决不能排除执行。基于判决效力相对性理论，案外人持有的另案确权判决，仅对该案当事人有效，不能对抗债权人的执行。正因为如此，《最高人民法院关于人民法院立案、审判与执行工作协调运行的意见》（法发〔2018〕9 号）第 8 条规定："审判部门在审理确权诉讼时，应当查询所要确权的财产权属状况。需要确权的财产已经被人民法院查封、扣押、冻结的，应当裁定驳回起诉，并告知当事人可以依照民事诉讼法第二百二十七条的规定主张权利。"只有通过案外人异议之诉，把三方主体拉在一起，才能作出一个对三方主体都有意义的判决。本案中，案外人在查封后另案起诉确认股东资格，该判决一方面仅为"确认股东资格"而非确认股权，另一方面违反了《最高人民法院关于人民法院立案、审判与执行工作协调运行的意见》（法发〔2018〕9 号）第 8 条规定的程序，不宜以此为据排除执行。

第二，债权人 A 银行对乙公司持有 30% 股权这一公示事项的信赖需要保护。从实务情况看，银行发放贷款，通常需要对债务人和担保人的资产情况进行评估。乙公司持有的 30% 股权应当是 A 银行在进行交易时综合考虑的一部分，除非案外人甲公司能够举证证明 A 银行在签订合同时明知代持关系，否则 A 银行对该公示事项的信赖应当保护。《公司法》（2018 年修正）第 32 条规定的"未经登记或者变更登记的，不得对抗第三人"不宜简单限缩为争议标的交易第三人。

第三，本案尚未达到需要突破商事登记公示制度的要求和程度。商事登记公示制度的价值在于维护整个商事交易的安全、效率，除非另有法律规定，或者在个案中保护更为基础性的权利（比如生存权），司法上应严格执行，不得任意突破。本案中，甲公司之所以让乙公司当显名股东，主要是利用其销售优势，而且规避了一人公司的法定责任，对公司交易主体构成潜在的威胁，不应鼓励。另外，从执行角度看，允许仅以股权代持关系就可以排除强制执行，对债权人的保护非常不利，内部的股东之间很容易恶意串通虚拟出"实际出资人"以规避执行。

150. 房地产开发企业能否以商品房买卖合同已经解除为由要求排除执行并解除预查封措施？

解析： 房地产开发企业作为案外人，已经向人民法院起诉解除商品房买卖合同的，此时合同尚未真正解除，因此，房地产开发企业无法据此主张排除执行，要求解除预查封措施。如果商品房买卖合同已经被人民法院生效判决解除，[①] 该生效判决对被执行人产生拘束力，被执行人丧失了取得房屋所有权的期待权，此种情况下房地产开发企业可以持解除合同的生效裁判主张排除执行，人民法院应当解除对房屋的预查封措施。但是如果被执行人因解除合同而对房地产开发企业享有债权的，人民法院应当执行该债权后再解除预查封措施。关于这一问题，《全国法院民商事审判工作会议纪要》（法

---

① 有学者认为："虽然预查封不禁止案外人提出抗辩事由，但因按揭商品房出卖人并不享有约定或法定解除权，故其不得以承担了阶段性连带保证责任为由于预查封期间解除买卖合同。"参见庄诗岳：《中国式可期待财产的控制：预查封的效力分析》，载《河北法院》2023 年第 6 期。

〔2019〕254号）第124条作了进一步细化。该条规定："……金钱债权执行中，如果案外人提出执行异议之诉依据的生效裁判认定以转移所有权为目的的合同（如买卖合同）无效或应当解除，进而判令向案外人返还执行标的物的，此时案外人享有的是物权性质的返还请求权，本可排除金钱债权的执行，但在双务合同无效的情况下，双方互负返还义务，在案外人未返还价款的情况下，如果允许其排除金钱债权的执行，将会使申请执行人既执行不到被执行人名下的财产，又执行不到本应返还给被执行人的价款，显然有失公允。为平衡各方当事人的利益，只有在案外人已经返还价款的情况下，才能排除普通债权人的执行。反之，案外人未返还价款的，不能排除执行。"[①]

※执行异议之诉

151. 执行法院发生变更是否影响执行异议之诉的管辖法院？

解析：《最高人民法院关于适用〈中华人民共和国民事诉讼法〉的解释》（2022年修正）第302条规定，根据《民事诉讼法》第234条（2023年修正后为第238条）规定，案外人、当事人对执行异议裁定不服，自裁定送达之日起15日内向人民法院提起执行异议之诉的，由执行法院管辖。

执行案件被指定执行、提级执行、委托执行、财产由首封法院依法移送优先债权执行法院执行等情形导致执行法院变更的，案外人执行异议之诉案件由哪个法院管辖？根据民事诉讼法的基本原理，管辖问题系民事诉讼合法审理的先决诉讼要件，应当在一审开庭之前确定，换言之，管辖问题未解决，不应该开庭审理。故根据管辖恒定的原理和诉讼效率原则，案外人执行异议之诉案件在一审开庭之后，管辖法院不再变更，这样既节约司法资源，也避免已经审理的部分无效。而一审开庭审理前执行法院变更的，案外人执行异议之诉案件应由变更后的人民法院管辖；但考虑到当事人的审级利益，采就高不就低的原则，变更后的人民法院是原执行法院的下级人民法院的，管辖法院不变。

需要注意的是，这是从原理、原则角度进行的分析。理论上对此有不同意见，比如认为"案外人执行异议之诉由执行法院管辖，是因为案外人执行异议之诉与执行程序之间存在较强的牵连性，与案外人执行异议没有必然联

[①] 薛圣海、何东奇：《执行审查部分问题解答》，载最高人民法院执行局编：《执行工作指导》2020年第3辑，人民法院出版社2021年版，第159～165页。

系。此外，即便具体负责执行的法院是原执行法院的下级法院，也不应由原执行法院行使管辖权，否则会割裂案外人执行异议之诉与执行程序之间的牵连关系"。①

152. 生效法律文书确定的抵押权人申请执行抵押房屋，房屋买受人能否提起案外人异议之诉确认其对抵押物的所有权并请求排除执行？

解析：对此存在争议。一种意见认为，在涉案抵押权的有效性已经得到生效法律文书确认的情况下，房屋买受人提起执行异议之诉，请求确认其对抵押物的所有权，实际上是欲否定生效法律文书确认的该抵押物之上负担的抵押权的效力，而该诉讼请求显然与原生效法律文书有关，房屋买受人的诉讼请求无法通过案外人执行异议之诉得到支持，其起诉不具备执行异议之诉的全部受理条件，不属于案外人执行异议程序受理案件的范围，故依法不应予以受理。

另一种意见认为，应当受理。主要理由：第一，房屋买受人的诉讼请求并不必然否定涉案抵押权效力。房屋买受人在不否定涉案抵押权效力的情况下，可以依据其作为买受人享有的优先权提起案外人执行异议之诉，以此阻却执行。至于其是否应当享有优先权，应在实体审理中通过判决形式解决。第二，《最高人民法院关于适用〈中华人民共和国民事诉讼法〉的解释》（2022 年修正）第 303 条第 1 款 2 项"有明确的排除对执行标的执行的诉讼请求，且诉讼请求与原判决、裁定无关"中的"无关"并非绝对概念，而系相对概念。房屋买受人对房屋享有独立的请求权，符合《民事诉讼法》（2023 年修正）第 59 条规定的有独立请求权第三人的身份。据此，房屋买受人有三种途径主张其诉权，其可以任选一种。第一种途径，是在他人正常的抵押权诉讼中，以有独立请求权第三人的身份申请参加诉讼。第二种途径，是在他人正常的抵押权诉讼案件结束后，向作出判决、裁定、调解书的人民法院提起诉讼，通过第三人撤销之诉主张权利。但根据《民事诉讼法》（2023 年修正）第 59 条及《最高人民法院关于适用〈中华人民共和国民事诉讼法〉的解释》（2022 年修正）第 303 条之规定，应至少满足如下条件：（1）自知道或者应当知道其民事权益受到损害之日起 6 个月内提出；（2）因不能归责于本

① 庄诗岳：《论案外人执行异议之诉的管辖法院》，载《法治社会》2023 年第 2 期。

人的事由未参加诉讼。第三种途径，是在他人申请执行过程中提出执行异议。如其执行异议被法院裁定驳回，则可以自执行异议裁定送达之日起6个月内，向作出原判决、裁定、调解书的人民法院申请再审，或者自裁定送达之日起15日内向人民法院提起执行异议之诉。上述三种途径，当事人有权选择任意一种主张其诉权，但应当符合法定条件。

研析认为，房屋买受人可以提出执行异议之诉，并请求确认其对抵押物的所有权。按照《最高人民法院关于适用〈中华人民共和国民事诉讼法〉的解释》（2022年修正）第310条第2款的规定，案外人提起执行异议之诉同时提出确认其权利的诉讼请求的，人民法院可以在判决中一并作出裁判。案外人作为案涉房屋的买受人，即使未办理相关不动产登记，在符合法定条件的情形下，其债权仍可能足以排除强制执行。且其提起案外人执行异议之诉也正是为了排除强制执行，故应认为其有明确的排除对执行标的执行的诉讼请求。至于其主张之权利最终是否能排除强制执行，应当经过实体审理后确定。因此，题述情形属于典型的应当通过案外人异议之诉解决的问题，而不应属于有独立请求权的第三人参加诉讼或第三人撤销之诉调整的范围。

参考案例： 在（2019）最高法民终520号民事裁定书中，最高人民法院认为：依据《民事诉讼法》第227条和《最高人民法院关于适用〈中华人民共和国民事诉讼法〉的解释》第305条的规定，案外人的执行异议被驳回后，其异议与原判决、裁定无关的，可以向人民法院提起案外人执行异议之诉。本案马某香的诉讼请求并不否定（2014）甘民二初字第58号民事调解书关于确认华融分公司对案涉房屋享有抵押权的相关内容，而是主张其作为房屋买受人对案涉房屋享有的权益足以排除强制执行，符合《民事诉讼法》第119条、第227条及《最高人民法院关于适用〈中华人民共和国民事诉讼法〉的解释》第305条的规定，应当立案受理。关于马某香对案涉房屋是否享有权益，以及其权益是否能够排除强制执行，应在案件实体审理中确定。

153. 执行异议之诉撤诉后再行起诉的如何处理？

解析： 有一种意见认为，执行异议之诉中，原告撤诉或者人民法院按撤诉处理后，原告以同一诉讼请求再次起诉的，人民法院不予受理。这个意见的目的在于避免当事人通过异议之诉拖延执行程序，导向值得肯定。但需要考虑的是：一方面，《最高人民法院关于适用〈中华人民共和国民事诉讼法〉的解释》（2022年修正）第212条规定："裁定不予受理、驳回起诉的案件，原告再次起诉，符合起诉条件且不属于民事诉讼法第一百二十七条规定情形的，人民法院应予受理。"执行异议之诉在这一点上与普通诉讼并无本质区别，不应作区分对待。另一方面，《最高人民法院关于适用〈中华人民共和国民事诉讼法〉的解释》（2022 年修正）第 302 条规定："根据民事诉讼法第二百三十四条规定，案外人、当事人对执行异议裁定不服，自裁定送达之日起十五日内向人民法院提起执行异议之诉的，由执行法院管辖。"这里的 15 日的期限均为不变期间。[1] 因此，即便允许原告再行起诉，也不会架空该 15 日的规定，亦不会导致执行程序过分拖延。实际上，案外人异议之诉之所以能够起到拖延执行的作用，很大程度上是因为《最高人民法院关于适用〈中华人民共和国民事诉讼法〉的解释》（2022 年修正）第 313 条规定，案外人执行异议之诉审理期间，人民法院不得对执行标的进行处分。

如果为了解决反复利用提起案外人异议之诉拖延执行问题，可考虑恢复 2008 年《最高人民法院关于适用〈中华人民共和国民事诉讼法〉执行程序若干问题的解释》第 20 条之规定，即案外人提起诉讼的，诉讼期间，不停止执行。案外人的诉讼请求确有理由或者提供充分、有效的担保请求停止执行的，可以裁定停止对执行标的进行处分；申请执行人提供充分、有效的担保请求继续执行的，应当继续执行。案外人请求停止执行，请求解除查封、扣押、冻结或者申请执行人请求继续执行有错误，给对方造成损失的，应当予以赔偿。

154. 案外人提起异议之诉，对不同意案外人主张的被执行人，是否列为共同被告？

解析： 从理论上看，案外人同时以申请执行人及被执行人提起诉讼，系普通共同诉讼，而非必要共同诉讼。案外人异议之诉的诉讼标的为异议权，仅得对申请执行人提起，法院所作判决为形成判决；其对债务人提起的诉讼，系基于实体权利提起的确认之诉或要求被执行人返还执行标的物的给付之诉，两个诉讼的诉讼标的、请求内容各不相同，是否共同提起，应当交由原告决定。换言之，即便被执行人不同意案外人的主张，是否将被执行人作为共同被告，也取决于原告的意思。我国台湾地区"强制执行法"第 15 条亦表述为

---

[1] 参见最高人民法院民事诉讼法修改研究小组编著：《〈中华人民共和国民事诉讼法〉修改的理解与适用》，人民法院出版社 2007 年版，第 147 页。

"如债务人亦否认其权利时，并得以债务人为被告"。《最高人民法院关于适用〈中华人民共和国民事诉讼法〉的解释》（2022年修正）第305条规定，"被执行人反对案外人异议的，被执行人为共同被告"，将该诉讼作为必要共同诉讼，从原理角度分析不无商榷之处。

155. 执行标的处置完毕后，执行异议之诉如何处理？

解析：关于执行标的的实体争议在尚未通过诉讼程序得出最终结论之前，执行标的已被执行完毕，正在审理的案外人执行异议之诉该如何处理，是一个困扰司法实践的制度性难题。对此，主要有继续审理和转案审理两种应对方案。从案外人执行异议之诉的诉讼标的、案外人物权的保护程度、审执分离的基本要求、当事人讼累及相应的司法资源负担等维度看，相较于继续审理，转案审理方案是问题的"更优解"。

在案外人执行异议之诉案件审理期间，由于执行程序在符合法律和司法解释规定的情况下仍可继续进行，实践中案外人异议指向的执行标的执行完毕的情形大量存在。根据《最高人民法院关于适用〈中华人民共和国民事诉讼法〉的解释》（2022年修正）第311条的规定，案外人执行异议之诉的判决限于"不得执行该执行标的"和"驳回诉讼请求"两种类型，未就诉争标的执行完毕后如何处理设置应对方案。司法实践中，法院对该问题的一般性做法为，向案外人释明变更诉讼请求为"确认其权利"，案外人同意的，就变更后的诉讼请求进行审理；案外人拒绝的，裁定驳回起诉。但这并没有从根本上解决案外人的实质诉求，成为法院办案过程中的难题。

破解该难题，需要从法律和司法解释的完善角度入手。在制度设计层面，意见比较集中的方案为如下两个：

第一种方案是继续审理。即案外人执行异议之诉案件仍继续审理。经审理，案外人就执行标的享有足以排除执行的民事权益的，判决"不应执行该执行标的"（区别于"不得执行该执行标的"）。执行法院根据案外人的申请，结合执行标的是否已经办理过户登记以及交付情况，通过撤销以物抵债裁定、拍卖成交裁定、返回原物等方式，让物权恢复到执行前的状态。无法回转的，案外人另案主张不当得利返还等。

第二种方案是转案审理。即法院向案外人释明变更诉讼请求。如案外人同意变更为返还该执行标的、损害赔偿、不当得利等，则就变更后的诉讼请求进行审理，并作出判决。案外人拒绝变更的，裁定驳回起诉。裁定驳回起诉不影响案外人依法另行主张权利。

继续审理方案基于"权利制约权力""审执分离"理念，强调《民法典》物权编所采取的债权形式主义立场有别于德国等国家以物权行为无因性为基础的物权变动制度，希望达到增强对案外人物权保护力度的效果。转案审理方案则立足于审执协调配合，强调诉讼体系的自洽性和整体效应，认为变更诉讼请求更有利于问题的实质性和经济性解决。究竟哪种方案更符合法理，更能兼顾各方法益，更具有可操作性，可以从以下几个方面作价值选择和利益衡量。

（1）案外人执行异议之诉的诉讼标的。

从制度设计层面看，诉讼标的的确定是"需求导向"的，案外人执行异议之诉的诉讼标的，取决于设置该诉讼的目的。金钱债权执行中，法院可以强制执行被执行人名下的财产，以及生效法律文书或者其他书面证据充分证明属于被执行人的财产。根据公示外观作出的权属判断，可能与权利的真实状态不一致，因此存在强制执行侵害案外人权益的情形，需要从法律上赋予真实权利人提起诉讼、阻却强制执行的权利。这就是案外人执行异议之诉的任务所在，故案外人执行异议之诉的功能是阻止正在发生的强制执行。

根据大陆法系的普遍做法和我国的理论通说，案外人执行异议之诉的诉讼标的是案外人所主张的异议权，该异议权由强制执行法创设，性质上为形成权。换言之，案外人执行异议之诉审理的是案外人的异议权是否成立，当其成立时，则直接发生程序法上的效果——排除相应的强制执行措施。

我国的案外人执行异议之诉制度，由《民事诉讼法》（2007年修正）第204条（2023年修正后为第238条）所创设，并为《最高人民法院关于适用〈中华人民共和国民事诉讼法〉的解释》"十五、执行异议之诉"具体规制。根据《最高人民法院关于适用〈中华人民共和国民事诉讼法〉的解释》（2015年施行）第305条（2023年修正后为第303条）的规定，案外人的诉讼请求应为"排除对执行标的的执行"。可见，我国案外人执行异议之诉的构造与大陆法系的普遍做法是共通的。

既然案外人执行异议之诉的功能是排除正在发生的强制执行，则在要排除的强制执行已经结束的情况下，无论因为执行标的执行完毕还是无需执行，案外人执行异议之诉都丧失了诉的利益，继续进行再无实益，应裁定驳回起诉或者判决驳回诉讼请求（取决于诉的利益是否为起诉要件）。

（2）案外人异议事由成立与执行行为违法的区分。

按照继续审理方案，执行是否正确是判断责任构成的前提，不能回避。

因此，即使案外人异议所指向的标的被执行完毕，案外人执行异议之诉仍应继续审理，尤其是执行异议之诉已经立案审理甚至已进入二审（再审）程序的情况；而在另行提起的普通民事诉讼中判断执行对错，既缺乏法律依据，也没有现实可能性。

这种看法实际上混淆了执行行为违法和案外人异议事由成立两个概念。金钱债权执行中，对第三人名下的财产，法院在没有生效法律文书或者其他书面证据充分证明属于被执行人的财产的情况下，采取执行措施并执行完毕，构成执行行为违法，涉及的是国家赔偿的问题。此时既可以由执行异议程序先认定行为违法，再申请赔偿，也可以直接申请国家赔偿。但不管怎样，均应对执行行为违法与否作出判断，这是判断责任构成的前提。

而在案外人异议事由成立的情形，由于执行的是被执行人名下的财产，或者是生效法律文书或者其他书面证据充分证明属于被执行人的财产，执行行为不仅于法有据，而且也是正当的、合理的。案外人基于实体地位，另行提起不当得利或者侵权等诉讼时，法院并不需要审理执行行为是否合法和正当，不必理会执行的对错。将案外人异议事由成立与执行行为违法混淆，是逻辑体系上的错位。若再按照这个逻辑把正当的执行活动归入"乱执行"的范畴，将给法院执行工作背上不能承受的包袱。

（3）案外人物权的保护程度。

继续审理方案的一个重要论据在于，转案审理方案将造成案外人丧失通过申请执行回转等方式恢复物权的可能。因为执行法院出具拍卖成交裁定或者以物抵债裁定后物权所发生的变动，只是法律上的变动，原有的利益平衡并未打破，因此执行回转是合理的。比如，案外人可能仍然占有诉争的不动产，该不动产可能尚未办理变更登记。此外，以物抵债给申请执行人的，也具备执行回转的可能。而继续审理方案能够让案外人有机会通过执行回转等方式恢复物权，更有利于落实《民法典》对物权保护的要求，因此优于转案审理方案。

但根据《民事诉讼法》（2023年修正）第244条的规定，执行回转的适用前提为"据以执行的判决、裁定和其他法律文书确有错误，被人民法院撤销"。案外人通过异议之诉取得"不应执行该执行标的"的胜诉判决，并不属于此种情形。因此，就案外人物权的保护程度而言，继续审理方案并不具有比较优势。从法理上讲，某项权利的保护程度是与其实际状态和保护的必要性相适应的。对于不具有权利外观的案外人的保护，与之相适应的保护程度是"利益损失的填平",把目标确定为恢复物权将是一个不相适应的过高要求。

（4）审执分离的基本要求。

作为现代强制执行法的基本要求，在我国"审执分离"涵盖了"执行人员与审判人员分离""执行机构与审判机构分离""执行程序与审判程序分离"和"执行裁决与执行实施分离"四个层面的内容。践行审执分离，需要关注"权利制约权力"，强化执行程序中执行当事人等主体的参与。那么，继续审理方案和转案审理方案之间，哪一个真正体现了审执分离理念？

执行回转制度是我国特有的一项制度，体现了司法对人民高度负责的精神和实事求是的办案理念，但它应在特定范围内发挥效用。案外人异议所指向的一般为特定物。标的被执行完毕，意味着拍卖或者抵债裁定已经送达，标的物所有权已发生转移。此时，原有的利益结构已然变化，必须充分考虑新的所有人的权利。进一步的法律干预非常复杂。比如，需要根据得利人的主观状态（善意还是恶意）确定是返还现存利益，还是造成的损失。类似问题，通过执行程序判断并不妥当。即便申请执行人接受抵债取得了标的物，实际情况也并不简单。比如，在案外人获得异议之诉胜诉判决后，返还的到底是原物，还是其获得清偿的债权数额？在该执行标的已经毁损或者被转卖的情况下，该如何返还？而通过不当得利之诉解决这些问题，才是符合审执分离理念的做法。

（5）当事人讼累及相应的司法资源负担。

用成本收益的法经济学方法分析法律活动，旨在对相对有限的法治资源进行最优配置，提供更有效率的法治服务。

按照继续审理方案，案外人可以取得"不应执行该执行标的"判决。此时，案外人站上"制高点"，有底气质疑和批评此前的执行行为，并要求执行回转。由于存在法律障碍，法院事实上做不到执行回转，只能向案外人释明，成本难以计数不说，还很难被接受和理解，可能因此产生一个既消耗案外人时间和成本又消耗司法资源的"黑洞"。案外人或最终认清形势或迫于无奈转而另行主张权利，重新提起一个新的诉讼。

而按照转案审理方案，在案外人同意变更诉讼请求的情况下，法院可就当前纠纷有针对性地作出新判决，案外人不需要在"执行回转"程序上做无谓的消耗，也不需要重启一个新的诉讼程序。即便案外人不同意变更诉讼请求，法院此前认定的事实，根据相关证据规定依然具有证明效力，已经投入的司法资源并不会浪费。由于案外人执行异议之诉的诉讼标的是执行法上的异议权，而非案外人对执行标的享有的实体权利，若依继续审理方案，即便作出"不应执行该执行标的"的判决，该判决有关"案外人对执行标的享有实体权利"的认定原则上也不具有既判力。

综上，相比而言，转案审理方案更符合法理和制度逻辑，更能周全和有效率地保护案外人及相关人的权益，更有利于一揽子解决矛盾纠纷，是标的执行完毕后案外人执行异议之诉如何处理这个难题的"更优解"。

156. 对执行依据提起再审，正在进行的执行异议之诉如何处理？

解析：有一种意见认为，执行异议之诉案件审理期间，作为执行依据的生效判决书、裁定书或调解书被提起再审的，人民法院应当裁定中止本案诉讼。

这种意见不可采。主要理由是：再审审理阶段，执行程序中止，但已经采取的控制措施并不解除。如果不允许在再审审理期间继续审理执行异议之诉，就意味着在漫长的再审审理阶段（如果裁定撤销原判发回重审，时间可能更长），案外人都必须忍受法院对其财产的控制，而没有任何救济途径，从保护产权的角度，是不适当的。更为重要的是，执行标的异议之诉与再审审理的诉讼标的完全不同。案外人执行异议之诉的诉讼标的是案外人在程序法上的异议权，执行法院是否解除某种特定的执行措施，取决于案外人是否享有排除执行的实体权利。虽然再审结果同样影响执行措施的保持或解除，但其解除理由与执行异议之诉无关。因此，案外人异议之诉的结果其实并不以再审结果为依据。否则，在任何可能导致特定执行措施解除的诉讼或异议程序审理过程中，其他的案外人异议之诉程序都应中止审理。

但需要注意的是，如果进入再审的法律文书是担保物权等优先受偿权执行依据的，人民法院应当裁定中止案外人执行异议之诉案件的审理。这是因为，担保物权等优先受偿权的执行依据进入再审，申请执行人是否享有优先权成为待决事项，实质影响执行异议之诉的法律适用，执行异议之诉需要中止审理等待该案的结果。

157. 执行异议之诉审理中，案外人同时提出给付请求的，如何处理？

解析：《全国法院民商事审判工作会议纪要》（法〔2019〕254号）第

119 条规定："……案外人既提出确权、给付请求，又提出排除执行请求的，人民法院对该请求是否支持、是否排除执行，均应当在具体判项中予以明确……"如果在执行异议之诉审理过程中，案外人同时提出给付请求的，如何处理，存在争议。

一种意见认为，执行异议之诉审理中，案外人同时提出要求被执行人继续履行合同、交付标的物或支付违约金等给付内容诉讼请求的，人民法院不予审理，可告知案外人就此另行主张权利。主要理由是：案外人提出的此类诉讼请求，与排除执行的诉讼目的无关，不属于执行异议之诉案件的审理范围。

另一种意见认为，案外人在执行异议之诉中同时提出被执行人继续履行合同、交付标的物等具有给付内容的诉讼请求且不违反专属管辖、级别管辖规定和管辖协议的，人民法院可一并审理。主要理由是：关于所涉情形，应适用诉的合并，还是案件的合并，从切实减轻当事人诉累、提高案件审理效率及诉的合并理论角度，似无不可。

研析认为，案外人在执行异议之诉中同时提出被执行人继续履行合同、交付标的物等具有给付内容的诉讼请求且不违反专属管辖、级别管辖规定和管辖协议的，人民法院应一并受理，分别立案，并可先就执行异议之诉作出判决。理由主要是：实践中，因执行标的产生的纠纷，案外人往往会同时提出排除执行请求、确权请求和给付请求。从逻辑上讲，三者的顺位一般是："确权"—"排除执行"—"给付"。本着一次性解决纠纷、便利当事人诉讼、便于法院统一协调处理的精神，在不违反专属管辖、级别管辖、管辖协议的前提下，对案外人在执行异议之诉中同时提起被执行人继续履行合同、交付标的物等具有给付内容的诉讼请求，应予以受理，但规避管辖的除外。同时考虑到与确认性请求不同，给付性请求不属于执行法院支持或驳回排除强制执行请求前必须先行判断的事项，且给付之诉和执行异议之诉的当事人地位、审理范围、案件性质均不兼容，不属于可以合并审理的情形，可借鉴行政行为违法诉讼和行政赔偿的做法，采一并受理，可分别立案的方案。两个关联案件在审理时应当注重协调，人民法院可以先就执行异议之诉作出判决，其后对给付之诉是否支持作出妥善处理。

158. 能否在案外人异议之诉中审查并撤销以物抵债裁定？

解析：设例如下：甲公司（案外人）于 2015 年 5 月（查封前）向法院提

起诉讼，请求判令乙公司（被执行人）交付 A 房屋并办理房产证等。法院于 2017 年 7 月作出民事调解书，确认：乙公司向甲公司交付 A 房屋（甲公司已经实际占有），乙公司自调解协议生效之日起 3 个月内协助甲公司办理产权登记手续等。

乙公司（债务人）与丙公司（债权人）的借款纠纷，法院于 2015 年 6 月查封 A 房屋，于 2015 年 11 月作出民事判决，判令：乙公司偿还丙公司（申请执行人）借款本金及利息；丙公司对乙公司抵押的 A 房屋享有优先受偿权。法院于 2019 年 7 月作出执行裁定书，裁定：乙公司名下的 A 房屋所有权及有关权利归丙公司所有，并送达给不动产登记中心。

甲公司以丙公司为被告提起案外人执行异议，一审法院于 2020 年 3 月作出执行裁定书，驳回甲公司的异议请求。甲公司不服，提起案外人执行异议之诉，请求：撤销法院于 2019 年 7 月作出的以物抵债执行裁定书，并解除查封；确认涉案房屋归甲公司所有等。

对此存在一个疑问，执行部门在执行过程中作出的以物抵债裁定能否在执行异议之诉中审查并予以撤销？研析认为，不能审查和撤销。主要理由是：

第一，从诉的功能角度来看，不应在案外人执行异议之诉中直接对人民法院错误执行行为进行审查和纠正。案外人执行异议之诉系民事实体审判中的一种独立的诉。虽然对其性质尚有争议，但从目前相关司法解释规定来看，其兼具确认之诉和形成诉权之功能，即确认案外人对标的物享有实体权利和确认当事人所主张的权利优先于人民法院强制执行的依据所确定的权利，二者原则上仍然系对平等民事主体之间的实体权利的裁判。而对错误执行行为的纠正原则上属于对于错误行使国家公权力行为的纠正。故在平等主体的民事争议中，原则上不宜对错误的国家公权力行使行为加以纠正。至于《最高人民法院关于人民法院办理执行异议和复议案件若干问题的规定》（2020 年修正）第 8 条第 1 款，① 实际上规定的是"实体异议"吸收"程序异议"，即"只要对其实体异议进行审查，执行行为异议就没有审查的必要"。也就是说《最高人民法院关于人民法院办理执行异议和复议案件若干问题的规定》（2020 年修正）第 8 条第 1 款是程序吸收的依据，而不是程序合并的依据，更

---

① 《最高人民法院关于人民法院办理执行异议和复议案件若干问题的规定》（2020 年修正）第 8 条第 1 款规定："案外人基于实体权利既对执行标的提出排除执行异议又作为利害关系人提出执行行为异议的，人民法院应当依照民事诉讼法第二百二十七条规定进行审查。"

非在实体审理程序中对执行程序进行审查的依据。其本质上系在实体审理程序中不再审查执行程序；而一旦认定实体处理成立，则再行依据实体处理的结论去直接确定执行程序是否错误。

第二，执行程序中作出的包括以物抵债在内的财产处置行为，往往系依据该执行案件中据以执行的生效法律文书作出。通常情况下，对标的物的处分，一般经过查封、评估、公告、拍卖、变卖、以物抵债等环节和较长期间。对于案外人来说，其在人民法院采取执行措施后，往往知悉人民法院对于争议标的的执行措施，则其有权利亦有义务依据《民事诉讼法》（2023年修正）第238条①规定在执行程序中提出执行异议和执行异议之诉。一方面，如果存在案外人已经明确知悉人民法院对执行标的采取执行措施，特别是拍卖措施，而不提出执行异议，则执行部门的执行行为并无任何错误，在此情况下，审查该执行行为并认定该执行行为错误进而撤销该执行行为，并无法律和事实依据。另一方面，如果存在非因案外人的过错导致其未及时提出执行异议和案外人执行异议之诉，进而人民法院对执行标的采取执行措施，出具以物抵债裁定的情况，执行法院将该执行标的视为无案外人主张权利的争议标的而进入拍卖、变卖执行程序，并作出相关拍卖成交裁定或以物抵债裁定，也不能直接得出相关执行行为错误的结论，而是需要由执行部门对该执行行为是否错误进行审查。事实上，实践中后者的情形很少存在。

第三，就该案具体情况看，生效调解书确定甲公司的权利为乙公司向甲公司交付涉案房屋（甲公司已经实际占有），乙公司自调解协议生效之日起3个月内协助甲公司办理产权登记手续等；而生效判决确定的丙公司的权利为丙公司对乙公司抵押的涉案房屋享有优先受偿权。故就上述法律文书所确定的权利性质而言，前者为给付之债，后者为优先效力之物权。就执行行为而言，在执行程序中作出以物抵债裁定，将该抵押物抵债给本身具有优先权的乙公司（基于受让取得），似难以认定该执行行为错误。从逻辑上讲，在没有实体判决确定案外人享有的权利优先于申请执行人的权利之前，则不能认定执行部门的该执行行为错误。当然，如果能够有明确的判决依据，认定甲公司的权利优先于丙公司之权利，则可以进一步对先前的执行行为予以纠正。

---

① 《民事诉讼法》（2023年修正）第238条规定："执行过程中，案外人对执行标的提出书面异议的，人民法院应当自收到书面异议之日起十五日内审查，理由成立的，裁定中止对该标的的执行；理由不成立的，裁定驳回。案外人、当事人对裁定不服，认为原判决、裁定错误的，依照审判监督程序办理；与原判决、裁定无关的，可以自裁定送达之日起十五日内向人民法院提起诉讼。"

综上，不宜在案外人执行异议之诉审理程序中对人民法院的以物抵债裁定予以审查。

当然，无救济则无权利。如果确实非因案外人的原因，导致其在人民法院对执行标的采取执行措施直至出具以物抵债裁定之前，未能提出执行异议和案外人执行异议之诉，则根据《民事诉讼法》（2023年修正）第238条，案外人在执行过程中仍然可以对执行标的提出执行异议，并在驳回裁定送达之日起15日内提起诉讼。就设例案件而言，执行程序尚未终结，案外人甲公司享有足以排除人民法院强制执行的权利，则可在判决中排除对该标的物的强制执行；至于执行部门已经出具的以物抵债裁定的处理，则可由当事人持该生效判决向执行部门申请执行监督，由执行部门根据执行案件实际情况重新作出执行行为；如标的物仍登记在被执行人乙公司名下，执行法院可依据执行监督程序，依法自行撤销以物抵债裁定。

159. 执行共有财产的，案外人异议之诉与析产诉讼如何协调？

解析：设例如下：甲是被执行人，法院查封了甲乙共有的房屋，乙提起案外人异议之诉，并在审理过程中，同时提起了析产诉讼。此时，案外人异议之诉程序如何处理？

从实体规则层面看，部分共有人因负担外部债务，需要分割共有财产偿还债务，履行法院生效法律文书明确的法定义务时，其他共有人提起执行异议之诉，不能排除执行。在此情况下，其他共有人不得拒绝分割共有财产，但其可请求对于涉案共有财产行使优先购买权，或者向作为被执行人追偿。

从程序衔接上看，关键在于析产诉讼能否构成对案外人异议之诉的完全替代。《最高人民法院关于人民法院办理执行异议和复议案件若干问题的规定》（2020年修正）第26条规定："金钱债权执行中，案外人依据执行标的被查封、扣押、冻结前作出的另案生效法律文书提出排除执行异议，人民法院应当按照下列情形，分别处理：（一）该法律文书系就案外人与被执行人之间的权属纠纷以及租赁、借用、保管等不以转移财产权属为目的的合同纠纷，判决、裁决执行标的归属于案外人或者向其返还执行标的且其权利能够排除执行的，应予支持；（二）该法律文书系就案外人与被执行人之间除前项所列合同之外的债权纠纷，判决、裁决执行标的归属于案外人或者向其交付、返还执行标的的，不予支持；（三）该法律文书系案外人受让执行标的的拍卖、变卖成交裁定或者以物抵债裁定且其权利能够排除执行的，应予支持。""金钱债权执行中，案外人依据执行标的被查封、扣押、冻结后作出的另案生效法律文书提出排除执行异议的，人民法院不予支持。""非金钱债权执行中，案外人依据另案生效法律文书提出排除执行异议，该法律文书对执行标的权属作出不同认定的，人民法院应当告知案外人依法申请再审或者通过其他程序解决。""申请执行人或者案外人不服人民法院依照本条第一、二款规定作出的裁定，可以依照民事诉讼法第二百二十七条规定提起执行异议之诉。"据此，查封之后的确权判决不能排除执行。而在析产诉讼中，申请执行人的程序权利也没有得到有效保障。因此，案外人异议之诉案件应当中止审理，等待析产诉讼的结果，并根据申请执行人的意见决定继续审理还是终结诉讼。

160. 父母作为被执行人时执行登记在未成年子女名下的房屋，子女请求排除执行的，能否支持？

解析：有一种意见认为，应当依据不动产权属登记，认定案涉房屋为登记权利人所有。理由如下，第一，根据《民法典》（2021 年施行）第 217 条的规定，不动产权属证书是权利人享有该不动产物权的证明。我国对于物权采取推定主义，物权法规定动产占有、不动产登记原则，除非有证据推翻，否则不动产登记在谁名下就推定为谁所有。第二，对于隐名人和显名人之间的内部权利，可以如实认定，实际权利人即隐名人即使将财产登记在他人名下，代持人和实际出资人之间可以确认实际出资人是真正权利人，但对外则要有不同的价值取向，将财产登记在显名人名下明显本身就意味着失权的风险，即在财产"名实分离"的情况下，该财产就承担双重责任风险。在债务人财产无法分清的时候，对于登记在子女名下的财产，本质上还是其责任财产，是可以突破登记的，但不能反推本案的结论，不能将案涉房屋认定为父母所有。

研析认为，上述意见不宜采。在案外人异议之诉中，应当根据案涉房屋的实际占有、使用、收益、处分情况对权属进行认定。在不动产物权登记发生物权变动这个核心效力的基础上，一般来说，应根据公示公信原则，同时推定记载于不动产登记簿上的人是该不动产的权利人。但权利推定规则只是减轻了登记簿上权利人的证明责任，即登记权利人无须证明登记内容为真，但是，登记本身并不改变事实上的法律状况，事实上的权利状况与登记内容可能不一致，此时，依据这项可推翻的推定规则，主张权利真实状况与登记内容不一致的当事人应当对此负担举证责任。①

参考案例：在（2020）最高法民申6800号民事裁定书中，最高人民法院认为：李某舸主张案涉房屋自2009年由其对外出租，但根据其提供的四份《租赁合同》载明，该房屋的承租人亦为李某霖、薛某实际控制的航运公司，该租赁关系发生于家庭成员与其控制的公司之间，且李某舸当时仍为限制民事行为能力人。案涉房屋的上述抵押、租赁均明显超过李某舸作为未成年人的日常生活所需；案涉房屋由李某霖、薛某实际出资，亦长期由该二人掌控的公司占有使用，据此可以认定案涉房屋仍作为家庭共同财产经营使用。

在（2018）最高法民申5742号民事裁定书中，最高人民法院认为：购买时冯某为未满18周岁的在校学生，冯某惠刚参加工作，用大额资金购置较大面积的营业房商铺，明显超出了冯某、冯某惠当时的生活所需。加之案涉房屋商铺早在2007年和2013年即分别登记在冯某、冯某惠名下，由其二人单独所有，但及至2018年本案二审时，冯某、冯某惠也仅能出示房产2017年之后的出租协议、部分现金及转账收取租金凭证，表明多年来冯某、冯某惠均未实际占有、使用、收益、处分案涉房产，其仅为不动产权属证书的登记所有人。原审综合认定案涉房产的登记权利人与实际权利人不一致，将其纳入冯某、熊某英的责任财产，符合本案的实际。

在（2017）最高法民申3404号民事裁定书中，最高人民法院认为，原判决综合分析房屋购买时间、产权登记时间、王某权对贺某珠负债情况及购房款的支付，认定案涉18套房屋应为王某权、姚某春、王某轩的家庭共有财产有证据证明。

161. 案外人能否基于担保物权等优先受偿权提起执行异议之诉？

解析：金钱债权执行中，案外人以其对执行标的享有担保物权等优先受偿权为由，提起执行异议之诉，请求排除强制执行的，除法律、行政法规另有规定外，人民法院不予受理；已经受理的，裁定驳回起诉。这是因为，执行标的异议之诉的功能在于审查案外人是否享有足以排除强制执行的民事权益。优先受偿权人承认执行标的属于被执行人责任财产，与申请执行的债权人之间为"先与后"的排序分配关系，而非互斥关系。

---

① 最高人民法院民法典贯彻实施工作领导小组主编：《中华人民共和国民法典物权编理解与适用》（上），人民法院出版社2020年版，第52页。

对这个问题，德国、日本、韩国以及我国台湾地区，原则上均不承认担保物权为排除执行事由，仅在执行程序对动产质押、留置权的占有利益构成侵害时，可以提起异议之诉。《最高人民法院关于人民法院民事执行中查封、扣押、冻结财产的规定》（2020年修正）第11条规定："查封、扣押、冻结担保物权人占有的担保财产，一般应当指定该担保物权人作为保管人；该财产由人民法院保管的，质权、留置权不因转移占有而消灭。"即质权、留置权并不因执行行为转移占有而消灭，质押权人、留置权人就执行标的优先受偿权并未因执行措施受到侵害，故案外人不能因执行行为转移占有而主张排除执行。在执行程序中，担保物权等优先受偿权人应该通过参与分配或者取得执行依据后申请执行等方式实现权利，《民事诉讼法》也专设了实现担保物权案件制度来保障优先受偿权实现。

需要注意的是，案外人的优先受偿权经过生效法律文书确认，请求排除强制执行的，同样不应受理。实际上，案外人的优先受偿权是否经过生效法律文书确认，其实并无差别，均不应通过案外人异议之诉解决，而应交由分配方案异议之诉。

162. 案外人基于物权预告登记提起的异议之诉能否排除处分性执行措施？

解析：题述问题存在一定争议。

第一种意见认为，《最高人民法院关于人民法院办理执行异议和复议案件若干问题的规定》（2020年修正）第30条规定："金钱债权执行中，对被查封的办理了受让物权预告登记的不动产，受让人提出停止处分异议的，人民法院应予支持；符合物权登记条件，受让人提出排除执行异议的，应予支持。"该规则对于案外人异议之诉也应适用，即人民法院对登记在被执行人名下的不动产实施强制执行，案外人对执行标的依法办理了受让物权预告登记，且在预告登记有效期间以内，并据此提起执行异议之诉，请求停止处分的，人民法院应予支持；符合物权登记条件，案外人请求排除强制执行的，人民法院应予支持。

第二种意见认为，依据《民法典》（2021年施行）第221条规定，预告登记的效力是"未经预告登记权利人同意，处分该不动产的，不发生物权效力"。预告登记并不产生禁止处分的效力，执行中处分该预告登记物，并不违法。对于执行行为不服的，应通过执行异议程序处理。

研析认为，第一种意见更可采。主要理由是：根据《民法典》（2021年施行）第221条的规定，房屋或其他不动产买受人依法进行预告登记的，即保全了其对房屋或其他不动产进行物权登记的请求权，包括所有权人在内的任何人不得影响预告登记权利人实现本登记的权利诉求，同时可以排除他人通过交易、强制执行等方式取得物权登记的可能性。故预告登记人提出执行异议之诉，请求停止处分的，应予支持。因尚不具备物权登记条件，且债的履行具有风险性和不确定性，合同仍可能被解除或终止履行，在此情况下，执行标的仍为被执行人的责任财产，预告登记权利人仅有权请求停止处分以排除拍卖、变卖等强制执行措施，请求解除保全性强制执行措施的，不予支持。预告登记权利人证明其已符合办理物权登记条件，如新建商品房完成权属首次登记并已符合办理转移登记的条件，案外人可以确定地取得不动产物权的，仅因查封不能完成物权转移登记，可以请求排除包括查封措施在内的强制执行，以扫除其进行不动产物权登记的障碍。

163. 案外人基于物权预告登记提起的异议之诉能否排除保全性执行措施？

解析： 关于经预告登记的权利可否排除保全性执行措施，存在否定说与肯定说的对立。肯定说的理由在于，预告登记的制度目的在于保护预告登记权利人的利益，如果经预告登记的权利不能对抗保全性执行措施，那么预告登记则失去了法律赋予的本意。否定说的理由在于，保全性执行措施与预告登记的效力并不冲突。

研析认为，否定说更可采。主要理由是：我国预告登记的法律效力在于限制处分，从而确保预告登记担保物权变动请求权的功能得以实现。为此，我国采用了冻结登记簿的做法。但是，执行法院查封相关不动产并不会引起其物权变动，因而保全性执行措施本身不会危及经预告登记的权利，那么经预告登记的权利就不具有对抗保全性执行措施的理由。相反，如果不允许执行法院在预告登记期间查封相关不动产，则在预告登记失效后相关不动产有可能因法院无法及时查封而从执行债务人的责任财产中逸失，进而造成执行债权人受损。可见，不允许预告登记权利人请求排除保全性执行措施，乃是在确保预告登记权利人利益的前提下，兼顾执行债权人等预告登记义务人的其他债权人利益的结果。①

164. 案外人基于物权预告登记提起异议之诉的，能否排除建设工程价款优先受偿权的执行？

解析：根据《最高人民法院关于商品房消费者权利保护问题的批复》（2023 年施行）第 2 条的规定，具备"以居住为目的购买房屋"并"已支付全部价款或者在一审法庭辩论终结前支付全部价款的"这两个条件，商品房消费者的债权可以排除建设工程价款优先权等优先受偿权的强制执行，至于是否办理了房屋所有权预告登记，在所不问。也就是说，符合条件的商品房消费者办理了预告登记，可主张排除建设工程价款优先受偿权的执行。而一般不动产买受人，一般情况下不能排除优先受偿权的执行；即使办理了预告登记，仍不能排除成立在先的建设工程价款优先受偿权的执行。

165. 案外人基于租赁权提起执行异议之诉请求排除执行的，如何处理？

解析：金钱债权执行中，人民法院对被执行人出租给案外人的租赁物实施强制执行，案外人以其对该物享有租赁权为由，提起执行异议之诉，请求排除对租赁物执行的，法院应根据不同情况作出处理：

第一，带租拍卖的情形。在带租拍卖的情况下，租赁关系仍然存续，其排除执行的异议之诉不应受理。在带租拍卖的情况下，如果执行法院要求承租人对租赁物转移占有、使用，承租人可根据《民事诉讼法》（2023 年修正）第 236 条通过复议程序提出异议，而不应按照 238 条提出执行异议之诉。

第二，不带租拍卖的情形。根据"买卖不破租赁""抵押不破租赁"的法律规定，案外人主张其享有足以对抗执行变价交付执行标的的权利属于实体权利，而判断案外人是否为真实的承租人需要执行异议之诉的实体审理才能判断。此时，其排除执行的异议之诉应予受理。经审理，同时符合下列条件的，人民法院对排除一般债权的不带租强制执行的请求应予支持：（1）人民法院查封前，案外人已基于租赁之目的与被执行人签订合法有效的书面租赁合同；（2）人民法院查封前，案外人已合法占有使用执行标的；（3）案外人已按照合同约定支付合理租金。符合前述三个条件的案外人，签订租赁合

---

① 刘颖：《物权期待权排除强制执行规则之再审思》，载《当代法学》2023 年第 4 期。

同及合法占有使用执行标的均在抵押权设立之前，提起执行异议之诉，请求排除抵押权的不带租强制执行的，人民法院应予支持。

依据：《最高人民法院关于人民法院办理执行异议和复议案件若干问题的规定》（2020年修正）第31条

166. 案外人基于以房抵债协议提起的执行异议之诉能否排除执行？

解析：在司法实践中，针对案外人依据以房抵债协议请求排除执行的情形，形成以下两种裁判思路：①

第一种思路是案外人依据以房抵债协议，且满足特定情形时，可成立不动产物权期待权，从而排除法院强制执行。这一裁判思路通常类推适用《最高人民法院关于人民法院办理执行异议和复议案件若干问题的规定》（2020年修正）第28条或第29条关于不动产物权期待权的规定，即他种给付为二手房的，受让人在法院查封前已签订合法有效的以物抵债协议，已合法占有该不动产，已支付全部价款或已按照合同约定支付部分价款且将剩余价款按照人民法院的要求交付执行，且非因受让人自身原因未办理过户登记的，应认定受让人就该不动产享有物权期待权。相关案例的裁判有（2016）最高法民申79号民事裁定书。他种给付为房地产开发企业名下的商品房的，则参照适用该规定第29之规定。

第二种思路是案外人依据以房抵债协议不得排除执行。此种观点认为以物房债协议之订立仅仅是通过交付房屋以消灭金钱债务，双方并非单纯买卖房屋，该协议本身不必然地引起房屋权属的变动。在完成房屋变更登记之前，以房抵债协议并不形成优于其他债权的利益。相关案例的裁判有（2017）最高法民终356号民事判决书。

研析认为，第二种思路更可取。主要理由是：第一，从物权期待权的立法意旨看。买受人物权期待权，是指对于签订买卖合同的买受人，在已履行合同部分义务的情况下，虽尚未取得合同标的物所有权，但赋予其类似所有权人的地位，其物权的期待权具有排除执行等物权效力。根据我国《民法典》物权编的规定，不动产物权变动以登记为生效。涉案房屋转移登记至案外人

---

① 程立、熊诗岚：《案外人执行异议之诉中以物抵债协议的效力问题——徐某申请案外人执行异议之诉案评析》，载最高人民法院执行局编：《执行工作指导》2020年第4辑，人民法院出版社2021年版，第61~68页。

以前，案外人尚未取得房屋的所有权，案外人只享有要求被执行人交付房屋的请求权，该请求权仅为债权，无法对抗被执行人的其他债权人提出的受偿要求。但是，考虑到我国现行房地产开发和登记制度不完善等现实情况，以及不动产作为人民群众基本生活资料的重要地位等方面的因素，司法解释引入买受人物权期待权理论，对不动产买受人作出予以优先保护的安排。由此可见，《最高人民法院关于人民法院办理执行异议和复议案件若干问题的规定》（2020 年修正）实际上是从利益平衡角度出发，对这一不动产变动登记生效原则进行了一定的突破。正因为其是对既定原则的突破，因此物权期待权的适用条件应当被严格限定，而不能随意类推适用，从而防止该项权利任意扩张，动摇物权变动登记生效原则的根基。第二，从以物抵债法律关系与物权期待权法律关系的区别看。以物抵债的双方当事人，在达成以物抵债协议时，并非单纯地想要买卖房屋，而是以一种变通的方式来消灭原有的金钱债务。这与受物权期待权保护的买受人的主观意图是不一样的。房屋买受人与被执行人签订买卖合同时，双方均具有买卖房屋的真实意思表示。这一主观意图上的区别也至关重要。鉴此，基于以物抵债而拟受让不动产的买受人，在完成不动产法定登记之前，该以物抵债协议并不足以形成优先于一般债权的利益，不能据此产生针对交易不动产的物权期待权，不得对抗法院的强制执行。

参考案例： 在（2017）最高法民终 356 号民事判决书中，最高人民法院认为，案外人执行异议之诉的目的是通过诉讼阻却、排除人民法院对执行标的的强制执行。案涉《商品房优先认购协议》及《商品房优惠期认购协议书》的订立系基于王某与中海盛明置业之间的工程款抵账行为，案涉合同性质实质上是以物抵债协议，该协议的目的在于消灭王某对中海盛明置业的债权而非单纯的房屋买卖。本案双方当事人之间的以物抵债协议，不能体现双方买卖房屋的真实意思表示，只是债务人履行债务的变通方式，不必然地引起房屋权属的变动。且讼争房屋并未完成权属登记的变更手续，债权人只有债权请求权，而非物权。本案中王某寻求救济途径不当，以物抵债协议约定的交付房产，是以消灭金钱债务为目的的债的履行方式，在完成房屋变更登记之前，以房抵债协议并不形成优于其他债权的利益，且破坏了债权平等受偿的原则，损害了其他与中海盛明置业之间存有债权债务关系的当事人的合法权利救济途径，故不能认定依据以房抵债协议而产生的物权期待权及物权本身，该合同的订立并不能阻却有其他合法权利的第三人基于生效法律文书申请强制执行。

167. 执行异议之诉审理过程中案外人向合议庭提出了执行行为异议，能否一并审理（查）?

解析： 不应在执行异议之诉中一并审理（查）案外人提出的有关执行行为异议的主张。理由如下：

第一，合并审理（查）不符合审执分离这一基本原则。合并审理（查）意味着本院或上级法院的审判庭办理并决定执行局的案件。尽管不论审判庭还是执行局办理，最终出具法律文书的均为人民法院，但执行机关和审判机关分别履行执行、审判两种不同性质的职权。合并审理（查）意味着由审判机关行使执行权，构成权力僭越。试想，如果认为可以合并，那么是否也可以反过来，允许在执行异议审查中合并审理案外人异议之诉呢？

第二，合并审理（查）不具有现实操作性。执行异议的审查程序与案外人异议之诉的审理程序不同，在诉讼标的、审查标准、救济途径上各成体系，合并审理（查）无法理基础，也不现实。比如，在执行异议之诉中对行为异议进行审查，必然要涉及对执行标的是否真正属于被执行人的责任财产的审理查明。那么，诉讼中又该如何分配查明这一事实的举证责任？如分配给案外人，则与目前异议之诉下案外人的举证责任制度不符。而分配给申请执行人则更不妥，无异于变相加重了申请执行人的举证责任，这与执行程序中对被执行人财产权属贯彻外观判断原则不符，有违执行程序的价值取向。

第三，《最高人民法院关于人民法院办理执行异议和复议案件若干问题的规定》（2020 年修正）第 8 条第 1 款不是合并审理（查）的依据。该款实际上规定的是"实体异议"吸收"程序异议"，即"只要对其实体异议进行审查，执行行为异议就没有审查的必要"。也就是说该条是程序吸收的依据，而不是程序合并的依据。[①]

168. 案外人提起执行异议之诉，经审查认定该执行标的系违法建筑的，如何处理?

解析： 有一种意见认为，金钱债权执行中，案外人以执行标的享有排除执行的实体权利为由提起执行异议之诉，经审查认定该执行标的是违法建筑

[①] 参见最高人民法院执行局编著：《最高人民法院关于人民法院办理执行异议和复议问题规定理解与适用》，人民法院出版社 2015 年版，第 112 页。

的，人民法院不予受理；已经受理的，裁定驳回起诉。

这种意见是错误的，主要理由是：执行标的异议之诉解决的是案外人享有的实体权利是否足以排除执行问题，并不是对违法建筑的确权。换言之，即便在诉讼中支持案外人的主张，也只意味着案外人对执行标的享有的权利大于申请执行人享有的权利，并不意味着案外人对执行标的享有完整、无瑕疵的所有权。

更为重要的是，违法建筑并不必然无法执行。《最高人民法院关于转发住房和城乡建设部〈关于无证房产依据协助执行文书办理产权登记有关问题的函〉的通知》（法〔2012〕151号）规定，执行程序中处置未办理初始登记的房屋时，暂时不具备初始登记条件的，执行法院处置后可以向房屋登记机构发出《协助执行通知书》，并载明待房屋买受人或承受人完善相关手续具备初始登记条件后，由房屋登记机构按照《协助执行通知书》予以登记；不具备初始登记条件的，原则上进行"现状处置"，即处置前披露房屋不具备初始登记条件的现状，买受人或承受人按照房屋的权利现状取得房屋，后续的产权登记事项由买受人或承受人自行负责。实践中，对存在一定违法情形的建筑进行处置的情况并不少见，如一律不许案外人提起执行异议之诉，将导致很多案外人的权利无法救济。

169. 借名人基于实际权利提起的异议之诉能否排除执行？

解析：案外人借用被执行人的名义购买不动产、机动车、投资入股等并办理登记，造成"名实不符"，法院对登记在被执行人名下的财产进行强制执行，案外人提出执行异议之诉的，应当如何处理，不仅实务中争议极大，在理论上也涉及外观主义的适用边界、债权人与案外人之间的利益平衡、执行异议之诉的功能定位等诸多问题，是极具争议的一个问题。

第一种意见认为，人民法院对登记在被执行人名下的房屋等财产（或权利）实施强制执行，与被执行人存在借名关系的案外人，以其系该财产（权利）的实际权利人为由，提起执行异议之诉，请求排除执行的，人民法院不予支持。主要理由是：故意选择不办理登记的不动产借名买受人，应当受到与已办理登记的物权人不同的法律保护；物权公示公信原则是物权法的基石，应当促进登记真实准确反映权属关系，保证权利公示制度的效力；反洗钱反恐怖融资工作禁止不动产借名交易；借名交易与房地产市场宏观调控政策相违背，引发、变相鼓励借名买房，影响房地产市场宏观调控政策的贯彻落实，不应鼓励规避政策监管（如借名购买房地产、企业挂靠、运输挂靠、股权代持）和法律监管（出借账户）；根据合同相对性，相关隐名权利人应向名义权利人主张权利，合同的相对性不能对抗物权法的公示公信原则；根据权利义务对等原则，即使对于不存在主观恶意的隐名股东，基于股权代持协议，其在享受股东权利的同时应承担因股权代持可能带来的法律风险，也理应预判和合理安排风险承担等问题，不宜将法律风险转嫁给善意第三人，由此产生的风险应自行承担；例外情形认定较为困难，极易被少数被执行人恶意利用，赋予隐名权利人排除执行权，可能滋长伪造证据、逃废债务的现象；《公司法》（2018年修正）并未明确"隐名股东"的法律地位；相对方可能基于对登记机构公示股东信息的信赖，包括其名下登记的股权财产，而与之建立债权债务关系，因被执行人不是实际出资人而使财产无法执行，不仅损害了诉讼相对方的财产利益和信赖利益，也将严重影响商事登记公示制度的法律价值。

第二种意见认为，在名实不符的情况下，案外人对财产享有事实上的所有权，其权利应当优先于申请执行人享有的一般债权，即使案外人对于因限购、逃避债务、规避税收、获取贷款等原因而借名登记具有过错，但其所应承担的只是行政管理上的责任，而不致在私法上丧失所有权，基于我国的现实考虑，应予支持案外人。不少专家也认为："强制执行对象的确定宜重财产的实质归属，而不得单纯地取决于公示这种外观。"①

第三种意见认为，应当区分物权种类，根据登记生效和登记对抗分别确定。《民法典》物权编继受原《物权法》明确规定的城市房地产登记生效的物权变动制度，是立法机关经过广泛征求意见，考虑到法理、实践效果、土地管理法、房地产管理法等系列法律制度连续性等各项重大因素，所作重大决定，② 不能轻易动摇。登记生效的情形，登记权利人才是物权人，存在借名关系的被执行人和第三人均应明知。根据不动产物权变动登记生效和公示公信原则，借名登记的第三人仅享有请求被执行人返还该不动产所有权的债权，没有排除强制执行的权利。③ 以申请执行人是否为交易第三人作为判断能否排除执行的标准，混淆了登记生效和登记对抗。

研析认为，对"名实不符"的情况应作具体分析。比如，借名买房和股

---

① 崔建远：《论外观主义的运用边界》，载《清华法学》2019年第5期。

② 黄薇主编：《中华人民共和国民法典释义》，法律出版社2020年版，第414～417页。

③ 赵晋山、王赫：《"排除执行"之不动产权益——物权变动到债权竞合》，载《法律适用》2017年第21期。

权代持在本质上还是有一定区别的，房屋所有权登记是物权的生效要件，而股权的登记并非股东取得股权的生效要件，在执行异议之诉对权属的实质审查中得出的结论可能会有所不同。当然，在对债权人的对抗效力上，并无明显不同，执行债权人对登记的信赖利益应当得到保护。执行异议之诉的功能不仅是审查判断执行标的权属，还有对申请执行人和案外人之间利益的对比衡量，确定谁的权利在强制执行程序中更应受到优先保护。在借名买房、股权代持的情形下，案外人将财产登记在被执行人名下，是案外人自己主动追求的结果，亦应承担由此产生的风险和法律上的不利益；执行债权人基于对登记的信赖选择查封该财产，从而放弃了对被执行人其他财产的查封，比较二者的利益，执行债权人的利益更应当保护。如果允许案外人的隐形权利排除执行，将意味着任何人均可以通过与他人的合意在法律规定的权属确定规则之外创设诸多与外观判断不一致的隐形权利，这将会危及正常的交易秩序和交易安全。当然，该问题仍尚无定论，留待案外人异议之诉司法解释给出答案。

170. 在案外人针对特定债权人提起的异议之诉中，其他债权人能够以何种身份参加诉讼？

解析：（1）其他债权人并非必要共同诉讼的被告。多个债权人对同一债务人的特定财产申请执行，案外人提起异议之诉的，在我国台湾地区确实允许将多个债权人作为共同被告，且有观点认为，该诉讼属于必要共同诉讼。这主要是我国台湾地区的查封制度导致的。

我国台湾地区旧"强制执行法"第33条规定："对于已开始实施强制执行之债务人财产，他债权人不得再声请强制执行，有再声请强制执行者，视为参与分配之声明。"明确禁止重复查封。修订后为："对于已开始实施强制执行之债务人财产，他债务人再声请强制执行时……应合并其执行程序，并依前两条之规定办理。"换言之，我国台湾地区采用禁止重复查封的立法例，对同一财产申请执行的，后执行程序应合并入前执行程序，并发生参与分配的效力。在这样的制度下，第一，不存在多个查封；第二，后申请执行的债权人需借助首先查封的执行程序进行分配实现权利。案外人针对首先查封的异议之诉就必然要以所有通过该执行程序获偿的债权人为被告。

与之不同，我国大陆允许多个执行债权人多个法院对同一执行标的轮候查封，而未采用合并执行制度。且根据《最高人民法院关于适用〈中华人民共和国民事诉讼法〉的解释》（2022年修正）第514条，不同顺序的查封措施甚至能使债权产生先后受偿的效果。在这样的制度下，案外人提起的异议之诉只能是针对特定查封予以排除，该诉讼结果并不影响其他查封债权人利用自己的查封受偿，其他查封债权人的查封能否被排除也不需要与该诉讼合一确定，因此并非必要共同诉讼的被告。

（2）可以作为普通共同诉讼的被告。如果案外人希望就全部查封措施予以排除，自然也是允许的，此时他可以同时针对多个查封债权人提起异议之诉。比较法上，日本法也允许案外人对二重拍卖的债权人（类似我国的轮候查封债权人）提起异议之诉。此时，如果多个查封均由一个法院作出，案外人同时向该院对多个查封债权人提起异议之诉的，出于诉讼经济的考虑，法院自然可以将其作为普通共同诉讼，合并审理，并分别作出裁判。

如果多个查封并非由同一法院作出，因异议之诉的专属管辖属于案外人所要排除措施的执行法院，根据现有规则将难以合并到首封法院一并审理，确实可能导致案外人需要在多个法院同时提起异议之诉。鉴于专属管辖本身更多是为了公共利益，并非当事人的利益，司法解释倒是可以考虑就由首封法院对异议之诉进行集中管辖作出特别规定。至于其他国家和地区没有作出此种规定，主要是因为他们的不动产执行基本均由不动产所在地法院管辖，案外人即便要对多个债权人提起诉讼，也只需要在一个法院即可。

当然，上述规则一定程度上会存在架空案外人异议程序的问题，因为只要案外人对首封法院的异议裁定不服，就可以向其提起异议之诉，同时起诉多个查封债权人，而不必再分别通过案外人异议程序。但考虑到《民事强制执行法》起草过程中大家已经对取消案外人异议程序形成共识，且将其他查封债权人列为无独立请求权第三人的规则存在同样的问题。这种程度的突破应该还是可以接受的。

（3）不宜作为无独立请求权第三人。我国允许多次查封，案外人就某一个特定查封提出的异议之诉，只能是针对该查封债权人，即便其取得胜诉判决后，其他查封也不当然解除，因此，其他查封债权人其实与本诉并不存在法律上利害关系，并非无独立请求权第三人。

司法政策上，我国确实存在出于一次性解决纠纷的考虑，扩大适用无独立请求权第三人的情形。但如学者指出的，这一倾向存在两方面的问题：第一，是以牺牲所谓"第三人"的程序保障利益为代价；第二，是增加法官在司法实践中追加第三人方面的压力和负担。①

就前者而言，案外人要解除全部的查封，按理说应当对全体查封债权人提起诉讼，此时这些查封债权人都可以在自己申请执行的法院应诉；案外人作为原告需要分别预交诉讼费用；作为并非必须合一确定的普通共同诉讼，当事人有权同意或者不同意合并审理。如果允许案外人就某一债权人提起异议之诉，同时将其他查封债权人追加为第三人，将导致其他债权人的上述利益全部消失。因此，很难说将其追加为无独立请求权第三人保证了其抗辩权，对他就是公平的。

就后者而言，法官必须把本可通过多个诉讼解决的问题，全部纳入本诉当中一并处理，致使诉讼冗长。并且，一旦没有追加，就可能面临被第三人撤销之诉撤销的结果。而在异议之诉的审理过程中，轮候查封是可能随时增加的，如何保证异议之诉审理法官随时了解查封情况、新增的轮候查封债权人可以及时参加诉讼、不断有第三人加入不会拖延已经进行的诉讼程序，可能都是现实难以解决的问题。

综上，一次性解决纠纷固然是诉讼的理想，但当事人的程序保障、诉讼快捷也是不可忽视的价值，相比将本应作为被告的其他查封债权人以无独立请求权第三人的方式拉入诉讼，可能不如允许案外人在首封法院同时对多个查封债权人提起诉讼更为缓和。

171. 轮候查封债权人能否对案外人仅对首封债权人的执行异议之诉判决提起第三人撤销之诉？

解析：《民事诉讼法》对案外人的救济规定了案外人申请再审、案外人执行异议之诉和第三人撤销之诉三种类型。为厘清相互之间关系，正确适用不同程序，保护各方合法权益，《全国法院民商事审判工作会议纪要》（法〔2019〕254号）对于三种救济程序的适用问题进一步进行了明确。轮候查封债权人能否对案外人仅对首封债权人的执行异议之诉判决提起第三人撤销之诉，取决于其是否对此有法律上的利害关系。

提起第三人撤销之诉的主体仅限定于有独立请求权第三人和无独立请求权第三人，要求第三人与申请撤销的生效裁判内容具有法律上的利害关系，且普通债权人原则上不能提起第三人撤销之诉。普通债权人对案涉执行标的

---

① 林剑锋：《既判力相对性原则在我国制度化的现状与障碍》，载《现代法学》2016年第1期。

采取执行措施，对执行标的无独立请求权，且不属于法律明确规定给予特别保护的债权。案外人与首封债权人之间的执行异议之诉判决，判决结果是解除首封债权人对该房产申请的查封措施，对轮候查封普通债权人不具有法律上的利害关系。根据《民事诉讼法》（2023年修正）第59条的规定，不具备提起第三人撤销之诉的主体资格。

第三人撤销之诉的立法目的是对因故未能参加诉讼可能受到生效裁判拘束的第三人提供事后救济途径，因第三人撤销之诉撤销的对象是已经生效的裁判内容，其效果上与审判监督程序基本相同，故第三人撤销之诉作为最后的司法救济程序应当以没有其他救济途径为必要前提。从现行规定看，执行异议或异议之诉的审查，本质上是案外人对执行标的的所享有的实体权利与申请执行人对被执行人享有的债权这两种权利优先性的比较。当同一执行标的在不同案件中被当作同一被执行人的财产多次采取强制措施的情况下，虽然案外人对该执行标的的享有的实体权利是相同的，但因不同案件中与其相对比的申请执行人以及申请执行人对被执行人享有的债权的不同，案外人在某一案件中所取得的优先性权利即排除法院对执行标的的强制执行生效裁判，其效力仅适用于该执行案件，而非适用于对该执行标的的采取强制措施的所有执行案件或同一被执行人的所有案件。在首封被法院判决解除后，轮候查封变为首封，其可以通过向法院申请执行、提起执行异议和执行异议之诉的途径维护自身权益。

※不予执行

172. 经审查，仲裁裁决存在套路贷等债务人意思表示不真实情形的，能否裁定不予执行？

解析： 仲裁作为一种纠纷解决机制，是当事人意思自治的体现。仲裁裁决、调解书由仲裁机构适用法定程序作出，系具有强制执行力的生效法律文书。因此，人民法院应当尊重仲裁结果。对于仲裁裁决、调解书的不予执行，应当严格遵循法定程序，适用法定情形。在法无明文规定的情况下，不得随意扩大不予执行的情形。

《民事诉讼法》（2023年修正）第248条规定了被申请人可以申请不予执行仲裁裁决的七项事由，其中前六项均为程序性事由，第7项为"人民法院认定执行该裁决违背社会公共利益的，裁定不予执行"。《最高人民法院关于人民法院办理仲裁裁决执行案件若干问题的规定》（2018 年施行）对相关情形的审查和认定标准进行了细化。该规定第 11 条规定，人民法院对被执行人没有申请的事由不予审查，但仲裁裁决可能违背社会公共利益的除外。第 17 条规定："被执行人申请不予执行仲裁调解书或者根据当事人之间的和解协议、调解协议作出的仲裁裁决，人民法院不予支持，但该仲裁调解书或者仲裁裁决违背社会公共利益的除外。"但并未规定新的不予执行的情形。第 3 条还规定了不予受理仲裁案件的法定情形，但也是从执行案件的受理标准延伸而来。因此，执行法院审查时应当严格按照法律规定的法定情形进行审查，对不属于法定情形的，在尚无法律明确规定的情况下，执行法院无权突破现有规定予以审查。对于债权人存在套路贷，利用优势地位迫使债务人同意仲裁调解或其他导致债务人意思表示不真实的情形，一般情况下，该情形并不属于法律规定的不予执行的审查情形，宜由被申请人通过其他法定程序予以主张和解决。

当然，近些年仲裁业发展迅猛，出现了一些所谓的创新业务，人民法院还是有必要从维护当事人合法权益的角度，对仲裁裁决进行必要审查，促进其规范发展。比如前几年的先予仲裁，最高人民法院专门出台批复予以应对。比如一些地方的网络仲裁发展迅速，广东、河南等地也先后出台指导意见予以规范。在办理相关案件过程中，如果情形非常恶劣、造成社会不良影响，以至于达到违反社会公共利益程度的，可以依职权裁定不予执行。①

173. 公司股东作为被执行人时，其他股东是否有资格申请不予执行仲裁裁决？

解析：《最高人民法院关于人民法院办理仲裁裁决执行案件若干问题的规定》（2018 年施行）第 18 条规定："案外人根据本规定第九条申请不予执行仲裁裁决或者仲裁调解书，符合下列条件的，人民法院应当支持：（一）案外人系权利或者利益的主体……"公司股东作为被执行人时，其他股东是否有资格申请不予执行仲裁裁决，取决于股东是否"系权利或者利益的主体"。

研析认为，因执行股权而引起公司股东或者股权比例发生的实质性变化及其对公司其他股东所造成的影响，是公司作为民事主体所固有的特性，应

---

① 参见薛圣海、何东奇：《执行审查部分问题解答》，载最高人民法院执行局编：《执行工作指导》2020 年第 3 辑，人民法院出版社 2021 年版，第 159 ~ 165 页。

当通过《公司法》等相关法律规定进行调整，因此，该公司其他股东与仲裁案件处理结果无法律上的利害关系，不是该冻结股权的利益主体。对其提出的不予执行仲裁裁决的申请应予驳回。

参考案例： 在（2021）最高法执监448号执行裁定书中，最高人民法院认为，本案的被执行人为药科公司，执行标的是其所持有的白云山公司49%的股权，按照工商登记显示，该股权的权利主体是药科公司。虽然程某翔在申诉中提出药科公司所持有的白云山公司49%股权中，仍有其一部分股权，但未能就其主张提供充分有效的证据予以证明。至于程某翔提出的其作为白云山公司或者药科公司的股东，执行药科公司股权势必影响其权益的问题，因执行股权而引起公司股东或者股权比例发生的实质性变化及其对公司其他股东所造成的影响，是公司作为民事主体所固有的特性，应当通过《公司法》等相关法律规定进行调整，因此，程某翔作为白云山公司持股51%的股东与仲裁案件处理结果无法律上的利害关系，不是该冻结股权的利益主体。据此，湖北省武汉市中级人民法院及湖北省高级人民法院认为程某翔不符合《最高人民法院关于人民法院办理仲裁裁决执行案件若干问题的规定》第18条第1项案外人申请不予执行仲裁裁决的条件，驳回程某翔不予执行第210号裁决的申请，继而驳回其复议申请，并无不当。

174. 第三人认为仲裁裁决损害其权益的，有哪些救济途径？

解析： 仲裁裁决损害第三人权益的，主要有如下情形：第一，虚构债权数额，通过仲裁裁决确定金钱债权后申请执行、主张抵销或者申请分配，降低被执行人债务的清偿比例，进而损害作为第三人的其他申请执行人的合法权益；第二，转移执行财产，通过仲裁裁决将被执行人财产确权或者分割给仲裁裁决的一方当事人，进而转移和减少被执行人可供执行的财产，损害作为第三人的其他申请执行人的合法权益；第三，设置租赁负担，通过仲裁裁决在被执行人财产上确定租赁权负担，进而"带租拍卖"，减损财产价值，损害作为第三人的其他申请执行人的合法权益；第四，无视租赁负担，通过仲裁裁决将买卖标的物过户给一方当事人并申请执行，而不顾其上在买卖之前已经存在的租赁权，进而损害作为租赁权人的第三人的合法权益

《民事诉讼法》和《仲裁法》并未明确赋予第三人申请撤销或者申请不予执行仲裁裁决的主体资格，但司法解释和司法实践进行了一定的探索和尝试。主要有：第一，《最高人民法院关于人民法院办理仲裁裁决执行案件若干

问题的规定》（2018 年施行）第 18 条创设了第三人申请不予执行仲裁裁决制度。该司法解释第 9 条和第 18 条规定，在第三人系权利或者利益的主体，其所主张的权利或者利益合法、真实，仲裁案件当事人之间存在虚构法律关系、捏造案件事实，仲裁裁决主文或者仲裁调解书处理当事人民事权利义务的结果部分或者全部错误，损害案外人合法权益的情形下，其在主张的合法权益所涉及的执行标的尚未执行终结且自知道或者应当知道人民法院对该标的采取执行措施之日起 30 日内提出不予执行仲裁裁决申请的，人民法院应当予以支持。第二，《最高人民法院关于适用〈中华人民共和国民事诉讼法〉的解释》（2022 年修正）明确在执行程序中对特定仲裁裁决不予直接认可其效力。该司法解释第 477 条规定："在执行中，被执行人通过仲裁程序将人民法院查封、扣押、冻结的财产确权或者分割给案外人的，不影响人民法院执行程序的进行。""案外人不服的，可以根据民事诉讼法第二百三十四条规定提出异议。"第三，司法实践中认为仲裁裁决损害第三人权益的，构成违背社会公共利益，依职权裁定不予执行。在《最高人民法院关于人民法院办理仲裁裁决执行案件若干问题的规定》（2018 年施行）颁行之前，虽然因仲裁裁决受到损害的第三人无权申请不予执行，但由于《民事诉讼法》（2023 年修正）第248 条第 3 款"人民法院认定执行该裁决违背社会公共利益的，裁定不予执行"的适用并不以申请为必要，在执行实践中如果仲裁裁决的权利人申请执行，第三人提出该仲裁裁决损害其权益，执行法院经审查确认予以执行将损害其权益的，构成违背社会公共利益，妨害执行程序，可以依职权裁定不予执行。

将仲裁裁决损害第三人权益的情形，以及第三人救济方式进行对比可知，以下情形无救济途径，构成法律漏洞：第一，对于非虚假仲裁但损害第三人权益的情形无法给予救济。《最高人民法院关于人民法院办理仲裁裁决执行案件若干问题的规定》（2018 年施行）为第三人提供司法救济的前提是仲裁当事人之间进行了虚假仲裁，相关适用条件都以虚假仲裁，虚构法律关系，捏造案件事实为必要。仲裁庭在认定事实或者法律适用上存有错误，而作为非仲裁协议的当事人因不能参加仲裁程序而无法主张，其属于善意而又无辜的第三人却无从寻求救济。第二，对于被执行人将未被查封、扣押、冻结的财产通过仲裁裁决确权或者分割给仲裁另一方当事人，损害作为第三人的其他申请执行人权益的行为无从给予救济。第三，被执行人通过仲裁程序将人民法院查封、扣押、冻结的财产确权或者分割给案外人，由于仲裁裁决往往业已将事实予以认定，申请执行人要提出证据加以推翻从实践看非常困难。如果仲裁裁决认定事实并无问题，但因法律适用有所错误而损害了申请执行人的权益，如将给付义务裁决成了确权裁决或者形成裁决，依照《民法典》规定直接产生了将被执行人的财产转移给案外人的物权变动效力，仲裁裁决的权利人据之提起案外人异议的，应该得到支持，申请执行人则无从得到救济。①

参考案例： 在（2007）执他字第9号案件中，最高人民法院认为，即使仲裁裁决本身并未申请执行，但通过仲裁裁决损害执行案件中申请执行人权益，妨害执行秩序的，执行法院也应当将该裁决视为有违社会公共利益的情形而裁定不予执行。

175. 公证债权文书涉及赌债、"阴阳合同""砍头息" 等实体性错误的，能否申请不予执行？

解析：《民事诉讼法》（2023年修正）第249条第2款规定："公证债权文书确有错误的，人民法院裁定不予执行，并将裁定书送达双方当事人和公证机关。"公证债权文书错误大致可分为两类：一是公证程序瑕疵，如在当事人及其代理人均未到场的情况下办理公证；二是实体错误，如在涉及赌债、"阴阳合同""砍头息"等的公证中，公证债权文书中载明的债权债务关系往往与事实不符，或者存在无效、可撤销等情形。在公证债权文书存在错误的情况下，对被执行人如何进行救济，《最高人民法院关于适用〈中华人民共和国民事诉讼法〉的解释》采取的做法是，无论是程序瑕疵还是实体错误，救济途径均为申请不予执行。②

在《最高人民法院关于公证债权文书执行若干问题的规定》（2018年施行）起草过程中，绝大多数意见认为，在被执行人救济问题上，应改变过去的粗放式做法，对于相对简单的程序瑕疵，可通过不予执行程序救济；而对于相对复杂的实体争议，则应通过诉讼进行救济。主要理由是：第一，允许当事人、公证事项的利害关系人就实体争议提起诉讼，符合《民事诉讼法》《公证法》的明确规定。《公证法》（2017年修正）第40条规定，当事人、公证事项的利害关系人对公证书的内容有争议的，可以就该争议向人民法院提起民事诉讼。该条规定对相关主体提起诉讼的权利作了明确规定。《民事诉讼

---

① 参见金殿军：《仲裁裁决损害第三人权益的司法救济问题研究——兼与公证债权文书损害第三人权益救济途径之比较》，载最高人民法院执行局编：《执行工作指导》2020年第1辑，人民法院出版社2020年版，第85~94页。

② 见2022年修正后的第478条。

法》（2023 年修正）第 249 条第 2 款规定，公证债权文书确有错误的，人民法院裁定不予执行，并将裁定书送达双方当事人和公证机关。该款规定亦未限制相关主体就实体争议提起诉讼的权利。第二，赋强公证是一种证明活动，旨在证明当事人的债权债务关系和给付内容，并赋予强制执行效力。赋强公证之际，纠纷并未发生，赋强公证并非纠纷解决方式，不能最终认定民事权利义务关系，公证债权文书亦不具有既判力。即使经过赋强公证的债权债务关系，一旦发生纠纷，相关主体仍有权提起诉讼。第三，不予执行程序不能替代诉讼的功能和价值。不予执行程序去除的只是公证债权文书的执行力，并不认定实体权利义务关系。在裁定不予执行之后才允许诉讼的体例下，裁定不予执行后，当事人、利害关系人仍需通过诉讼解决纠纷，不但增加司法成本，也不利于相关主体及时通过诉讼进行救济。而如果被裁定驳回不予执行申请，债务人则丧失了就实体争议提起诉讼的权利，显然不利于对其实体权益的保护。第四，从比较法看，德国、日本、韩国及我国台湾地区对公证书的实体争议，均通过债务人异议之诉予以救济。

经反复论证，《最高人民法院关于公证债权文书执行若干问题的规定》（2018 年施行）最终采纳了上述意见，分别在第 12 条和第 22 条，对不予执行和诉讼两种救济途径作了规定，并将申请不予执行的事项限定为程序性事项。第 12 条具体规定了四项违反公证程序的情形和一项兜底项，四项具体情形主要来源于《公证法》及公证程序规则中关于公证程序的相关规定。

参考案例： 在（2020）最高法执监 509 号执行裁定书中，最高人民法院认为，人民法院在执行程序中仅对不予执行公证债权文书申请的程序问题进行审查，实体问题由诉讼程序处理。被执行人以公证债权文书的内容与事实不符或者违反法律强制性规定等实体事由申请不予执行的，可以在执行程序终结前，以债权人为被告，向执行法院提起诉讼，请求不予执行公证债权文书。

176. 在不予执行公证债权文书制度之外允许当事人就实体争议直接提起诉讼，如何协调诉讼程序与执行程序的关系？

解析： 在《最高人民法院关于公证债权文书执行若干问题的规定》（2018 年施行）起草过程中，如何避免滥诉是重点研究的一个问题。经调研和反复论证，应该说，允许实体争议通过诉讼程序解决，更能够确保执行程序的顺利推进，促进公证债权文书得到依法执行。

对于持有公证债权文书的债权人来说，毫无疑问，申请执行是最经济、最快捷、最稳妥的权利实现路径，因此，在公证债权文书内容符合其真实意思表示的情况下，债权人不会选择提起诉讼。对于债务人而言，允许实体争议进入诉讼也不会导致程序滥用。其一，不予执行案件当事人无需缴纳诉讼费，诉讼案件则收取诉讼费，出于经济考量，与此前笼统通过申请不予执行予以救济相比，债务人提起诉讼的意愿不会高于申请不予执行。其二，从近年来的数据看，全国法院裁定不予执行公证债权文书的案件数量，仅占全部公证债权文书执行案件数量的很小一部分。据此可以推断，允许实体争议直接进入诉讼，不会因此出现大量的诉讼案件。其三，诉讼不会必然对执行程序产生影响，《最高人民法院关于公证债权文书执行若干问题的规定》（2018年施行）对债务人提起诉讼的时间和事由都作了明确限制，同时合理设置了执行程序与诉讼程序的衔接，明确规定债务人提起诉讼不影响人民法院对公证债权文书的执行，由此确保执行程序不受阻碍，防止恶意诉讼。

177. 利害关系人能否申请不予执行公证债权文书？

解析：《民事诉讼法》（2023年修正）第249条规定："对公证机关依法赋予强制执行效力的债权文书，一方当事人不履行的，对方当事人可以向有管辖权的人民法院申请执行，受申请的人民法院应当执行。""公证债权文书确有错误的，人民法院裁定不予执行，并将裁定书送达双方当事人和公证机关。"从条文表述上，无法判断利害关系人能否申请不予执行公证债权文书。《最高人民法院关于适用〈中华人民共和国民事诉讼法〉的解释》（2022年修正）第478条、第479条对不予执行公证债权文书规则进行了细化，但也未涉及这个问题。

在《最高人民法院关于公证债权文书执行若干问题的规定》（2018年施行）起草过程中，关于利害关系人能否申请不予执行问题，存在不同意见。考虑到《最高人民法院关于公证债权文书执行若干问题的规定》（2018年施行）改变了原《最高人民法院关于适用〈中华人民共和国民事诉讼法〉的解释》对于公证债权文书的处理方式，赋予利害关系人就实体争议提起诉讼的权利，利害关系人在执行程序中还可以提起分配方案异议之诉。为避免对执行程序造成不当干扰，《最高人民法院关于公证债权文书执行若干问题的规定》（2018年施行）未赋予利害关系人申请不予执行的权利。

178. 审查申请不予执行案件期间是否停止执行？

解析：题述问题，应注意仲裁裁决、公证债权文书执行案件的不同之处。就不予执行案件审查期间是否停止执行的问题，《最高人民法院关于人民法院办理仲裁裁决执行案件若干问题的规定》（2018 年施行）第 7 条规定，"应当"裁定中止执行，中止执行期间，人民法院"应当"停止处分性措施。而《最高人民法院关于公证债权文书执行若干问题的规定》（2018 年施行）第 17 条规定："人民法院审查不予执行公证债权文书案件期间，不停止执行。""被执行人提供充分、有效的担保，请求停止相应处分措施的，人民法院可以准许；申请执行人提供充分、有效的担保，请求继续执行的，应当继续执行。"即债务人提供足额担保的，"可以"停止相应处分措施，突出不停止执行的一般原则，与仲裁执行规定略有区别。

※执行回转

179. 生效法律文书被撤销后，自动履行义务的债务人能否申请执行回转？

解析：执行回转是我国特有的一项执行救济制度，指的是因原来的执行根据被撤销，法院根据新的法律文书通过采取强制执行措施，将已经执行的财产返还给原被执行人，从而恢复到原执行程序开始前状态的制度。《民事诉讼法》（2023 年修正）第 244 条规定："执行完毕后，据以执行的判决、裁定和其他法律文书确有错误，被人民法院撤销的，对已被执行的财产，人民法院应当作出裁定，责令取得财产的人返还；拒不返还的，强制执行。"《最高人民法院关于人民法院执行工作若干问题的规定（试行）》（2020 年修正）第 65 条规定："在执行中或执行完毕后，据以执行的法律文书被人民法院或其他有关机关撤销或变更的，原执行机构应当依照民事诉讼法第二百三十三条的规定，依当事人申请或依职权，按照新的生效法律文书，作出执行回转的裁定，责令原申请执行人返还已取得的财产及其孳息。拒不返还的，强制执行。""执行回转应重新立案，适用执行程序的有关规定。"据此，执行回转系针对已经进入执行程序的案件而言的，包括执行程序中或执行完毕后，只要在执行程序中财产已经被法院执行，一旦出现执行依据被撤销的情形，才适用执行回转。当事人自动履行的情形，不符合《民事诉讼法》及相关司法解释关于执行回转的规定，其申请执行回转的，不予支持。债务人可以通过返还不当得利之诉寻求救济。

但对此还存在另一种意见，即当事人自行按照生效法律文书履行和通过法院强制执行本质上没有较大差别，都是根据生效法律文书形成的结果。虽然经过法院强制执行再进行执行回转，更符合有关条文中的措辞，但这里将执行作狭义解释不利于很多问题的处理，广义上可以将法律文书的执行理解为按照法律文书履行。包括现在对执行和解的处理，也不限于纯执行程序启动之后的和解，执行程序启动之前法律文书生效后达成的和解也按照直接和解处理。所以对于当事人在法律文书生效后自动履行的情况需要参照执行回转处理时，没有实质性障碍。第一种意见返还不当得利之诉如果成立，所有执行回转的案件都应该提起返还不当得利之诉，单独为这个案件做这样一个处理没有必要。故自动履行的，也可通过执行回转程序解决。

从近年来的案例看，最高人民法院总体上倾向于第一种意见。

参考案例：在（2021）最高法执监520号执行裁定书中，最高人民法院认为，根据《民事诉讼法》第223条规定，执行回转的前提是案件曾进入强制执行程序，而本案二审判决生效后，杨某丽并未向法院申请执行，案件未进入执行程序。故内蒙古自治区高级人民法院复议裁定认定本案适用执行回转程序属适用法律错误，本院予以纠正。

180. 执行依据被撤销后，能否从通过司法拍卖购买执行标的物的买受人处执行回转？

解析：《民事诉讼法》（2023年修正）第244条规定："执行完毕后，据以执行的判决、裁定和其他法律文书确有错误，被人民法院撤销的，对已被执行的财产，人民法院应当作出裁定，责令取得财产的人返还；拒不返还的，强制执行。"《最高人民法院关于人民法院执行工作若干问题的规定（试行）》（2020年修正）第65条规定："在执行中或执行完毕后，据以执行的法律文书被人民法院或其他有关机关撤销或变更的，原执行机构应当依照民事诉讼法第二百三十三条的规定，依当事人申请或依职权，按照新的生效法律文书，作出执行回转的裁定，责令原申请执行人返还已取得的财产及其孳息。拒不返还的，强制执行。""执行回转应重新立案，适用执行程序的有关规定。"

那么，执行依据被撤销后，能否从通过司法拍卖购买执行标的物的买受人处执行回转？不能。对此，《最高人民法院执行工作办公室关于原执行裁定被撤销后能否对第三人从债权人处买受的财产进行回转的请示的答复》（〔2007〕执他字第 2 号）有明确的意见，即"依据我院《关于人民法院执行工作若干问题的规定（试行）》第一百零九条、第一百一十条①的规定，如果涉案执行财产已被第三人合法取得，执行回转时应当由原申请执行人折价抵偿。至于涉案执行财产的原所有人是否申请国家赔偿，可告知其自行按照国家有关法律规定办理"。主要理由是：如果从字面上理解，从申请执行人处受让财产的人，或者执行程序中由拍卖变卖而取得财产的人，或者因对被执行人按到期债权执行的其他债权人也是取得财产的人，不是执行回转的对象。取得原被执行人财产的人，在法律意义上只能理解为原申请执行人，而不应是其他事实上取得已执行财产的人。执行回转时不能从通过拍卖程序取得财产、通过从被执行人处受让取得财产的人手中返还财产（当然如果其他人不拥有财产所有权，只是代替原申请执行人占有该财产的除外）。因为其他人如果是从原申请执行人处买受取得，则从原被执行人处取得财产的人仍然是原申请执行人；如果是经过拍卖变卖程序买受的，则只能推定买受人完全是善意的，因为他不可能知道法院拍卖程序还有问题，原来的法律文书后来还会被推翻。这是为维护法院拍卖程序的权威性和保护善意第三人利益必须的选择。

181. 原申请执行人依执行回转裁定返还已取得的财产，如何计算孳息？

解析：《民事诉讼法》（2023 年修正）第 244 条②规定了执行回转制度，《最高人民法院关于人民法院执行工作若干问题的规定（试行）》（2020 年修正）第 65 条、第 66 条③进一步明确了人民法院应按照新的生效法律文书，作

---

① 2020 年修正时变更为第 65 条、第 66 条。

② 《民事诉讼法》（2023 年修正）第 244 条规定："执行完毕后，据以执行的判决、裁定和其他法律文书确有错误，被人民法院撤销的，对已被执行的财产，人民法院应当作出裁定，责令取得财产的人返还；拒不返还的，强制执行。"

③ 该司法解释原条文为第 109 条、第 110 条，2020 年修正后，变更为第 65 条、第 66 条，内容不变。其中，第 65 条规定："在执行中或执行完毕后，据以执行的法律文书被人民法院或其他有关机关撤销或变更的，原执行机构应当依照民事诉讼法第二百三十三条的规定，依当事人申请或依职权，按照新的生效法律文书，作出执行回转的裁定，责令原申请执行人返还已取得的财产及其孳息。拒不返还的，强制执行。""执行回转重新立案，适用执行程序的有关规定。"第 66 条规定："执行回转时，已执行的标的物系特定物的，应当退还原物。不能退还原物的，经双方当事人同意，可以折价赔偿。""双方当事人对折价赔偿不能协商一致的，人民法院应当终结执行回转程序。申请执行人可以另行起诉。"

出执行回转裁定，责令原申请执行人退还原物。最高人民法院2022年以来出现允许当事人针对孳息另诉的裁定。① 在全国人大常委会2022年6月审议的《民事强制执行法（草案）》中，增设民事执行回转之诉，明确了被执行财产事后救济的双轨制，对此学界有一定争议。执行回转的实体法基础是返还原物请求权，只有在原物不能返还的情况下，才转变为不当得利返还请求权。根据该请求权的法理基础，被执行人回转人应当返还属于真实权利人的利益。即因合同不成立、无效、可撤销等导致合同解除使得合同当事人产生已给付的返还。②

对民事执行回转孳息的计算标准应结合执行回转的发生原因、受损失的程度等因素综合考量。区分不同的情况：被执行回转人对执行回转无过错，申请执行回转人存在过错的，应以人民银行活期存款利率为孳息计算标准；双方当事人对执行回转均无过错的，以人民银行定期存款利率为标准；被执行回转人存在过错，导致生效法律文书被法院再审撤销的，类比侵权损害赔偿，对其可参照《民法典》买卖合同违约责任赔偿标准，以LPR标准为基础，根据过错大小，加计30%~50%作为孳息标准计算。③ 第三种计算标准的理论依据为：执行回转程序本身不具有补偿性，该结论的前提是，双方当事人对执行回转无过错。一旦能证明一方当事人对执行回转存在过错，与买卖合同中当事人一方的违约损害赔偿责任相近似，适用侵权损害赔偿制度。通说认为，损失大于利益时，应以利益为准，利益大于损失时，则应以损失为准。④ 所以，在当事人存在过错时，应偿还其造成损失的价值额。

参考案例：在（2016）最高法执监214号执行裁定书中，最高人民法院

① （2021）最高法执监303号执行裁定书载明"至于上诉人提出孳息计算错误的主张，其可另寻其他法定途径救济"。鉴于上诉人就执行回转孳息的主张已经过执行异议、复议、执行监督程序审查，已穷尽执行程序的救济途径，依据（2021）最高法执监303号执行裁定书的意见，上诉人应当通过民事诉讼途径提出上述主张。因此，上诉人向原审法院提起诉讼，原审法院予以立案受理。

② 刘亚东：《双务合同瑕疵后得利返还制度的体系整合与教义学结构》，载《政治与法律》2023年第4期。

③ 《最高人民法院关于审理买卖合同纠纷案件适用法律问题的解释》（2020年修正）第18条第4款规定："买卖合同没有约定逾期付款违约金或者该违约金的计算方法，出卖人以买受人违约为由主张赔偿逾期付款损失，违约行为发生在2019年8月19日之前的，人民法院可以中国人民银行同期同类人民币贷款基准利率为基础，参照逾期罚息利率标准计算；违约行为发生在2019年8月20日之后的，人民法院可以违约行为发生时中国人民银行授权全国银行间同业拆借中心公布的一年期贷款市场报价利率（LPR）标准为基础，加计30—50%计算逾期付款损失。"

④ 参见石宏主编：《〈中华人民共和国民法典〉释解与适用·合同编》（下册），中国检察出版社2020年版，第935页。

认为，本案的焦点问题是孳息如何计算的问题。本案中，需要执行回转的款项应属于太保大连公司，但为工行金州支行所占用和使用，最基本的收益是贷款收益。

在（2021）最高法执监303号执行裁定书中，最高人民法院认为，至于华侨公司提出孳息计算错误的主张，其可另寻其他法定途径救济。

182. 共同申请执行人之一指定另一申请执行人收取执行款，执行回转时是否应将其列为被执行人？

解析：设例如下：甲公司和乙公司共同申请执行丙公司，法院执行过程中，甲公司提供情况说明将共有债权全部权益转让给乙公司并由乙公司收取全部执行款。乙公司收到执行款项后，对执行标的金额提出异议复议，最终裁定确认履行金额已超过依据生效文书确定金额。执行法院裁定立案执行回转，此时谁为执行回转时的被执行人？

《最高人民法院关于人民法院执行工作若干问题的规定（试行）》（2020年修正）第65条规定："在执行中或执行完毕后，据以执行的法律文书被人民法院或其他有关机关撤销或变更的，原执行机构应当依照民事诉讼法第二百三十三条的规定，依当事人申请或依职权，按照新的生效法律文书，作出执行回转的裁定，责令原申请执行人返还已取得的财产及其孳息。拒不返还的，强制执行。""执行回转应重新立案，适用执行程序的有关规定。"据此，在执行回转案件中，特定民事主体必须满足两个要件才负有财产返还义务。第一个要件是，该主体是原执行案件中的申请执行人；第二个要件是，该主体经由原执行程序取得了财产。针对设例，一种意见认为，甲公司将共有债权及全部执行款权益转让给乙公司，属于对自身实体权利的处理，并未退出执行程序，应将其列为被执行人。另一种意见认为，甲公司已经转让债权，并未在执行程序中实际取得执行款，不负有返还义务，不应列其为被执行人。

研析认为，生效裁定确认已执行债权金额超过执行依据确定金额的，可以参照执行回转的规定执行差额部分。共同申请执行人之一以债权转让为由指定另一方收取执行款，但未在执行程序中通过变更、追加当事人程序对申请执行人的身份地位进行变更的，仍属取得财产的申请执行人，在执行回转案件中，负有财产返还义务。

参考案例：在（2020）最高法执监506号执行裁定书中，最高人民法院认为，根据《最高人民法院关于民事执行中变更、追加当事人若干问题的规定》第9条规定，申请执行人将生效法律文书确定的债权依法转让给第三人，且书面认可第三人取得该债权，该第三人申请变更、追加其为申请执行人的，人民法院应予支持。申请变更申请执行人的主体是受让债权的一方。坤龙公司提交了《付款申请书》，亦未明确申请将其变更为申请执行人。广州海事法院在收到《情况说明》后，将其视为付款申请书，根据该《情况说明》将案款汇入坤龙公司账户，并在后续法律文书中仍将电白二建列为申请执行人，并明确系根据申请执行人的付款申请将案款汇入申请执行人指定账户。因此，电白二建的《情况说明》和坤龙公司的《付款申请书》，不足以证明电白二建已经退出执行程序。即便《情况说明》中所述电白二建与坤龙公司之间的债权转让真实存在，但因当事人并未在执行程序中通过变更、追加当事人程序对执行当事人的身份地位进行变更，并不能在执行程序中产生变更申请执行人的效力。

二、实现金钱债权的终局执行

（六）执行财产的范围

183. 被执行人的银行贷款账户能否执行？

解析： 《最高人民法院关于银行贷款账户能否冻结的请示报告的批复》（〔2014〕执他字第8号）明确："……银行开立的以被执行人为户名的贷款账户，是银行记载其向被执行人发放贷款及收回贷款情况的账户、其中所记载的账户余额为银行对被执行人享有的债权，属于贷款银行的资产，并非被执行人的资产，而只是被执行人对银行的负债……因此，通过'冻结'银行贷款账户不能实现控制被执行人财产的目的……因此，在执行以银行为协助执行人的案件时，不能冻结户名为被执行人的银行贷款账户。"根据上述批复，执行过程中执行法院不能冻结被执行人的贷款账户。执行法院应准确把握贷款账户的性质和特点，对被执行人的存款账户和贷款账户做好区分，避免将两种账户混淆，造成错误执行。

需要注意的是，贷款账户不能执行，并不意味着贷款相关账户不能执行，比如贷款保证金专用账户、缴税专用账户等，在执行时应细加辨别。

参考案例：在（2020）最高法执监90号执行裁定书中，最高人民法院认为，银行开立的以被执行人为户名的贷款账户，一般系银行记载其向被执行人发放贷款及收回情况的账户，本院（2014）执他字第8号函曾明确："在执行以银行为协助执行人的案件时，不能冻结户名为被执行人的银行贷款账户。"本案中的5337账户为南北公司的贷款保证金账户，与贷款账户性质不同，不能对抗执行。

184. 被执行人的养老金能否执行？

解析：最高人民法院〔2014〕执他字第22号《关于能否要求社保机构协助冻结、扣划被执行人养老金问题的复函》明确，被执行人应得的养老金应当视为在第三人处的固定收入，属于责任财产的范围。依照《民事诉讼法》（2023年修正）第254条的规定，人民法院有权冻结、扣划。据此，社保机构作为养老金发放机构，有义务协助法院冻结、扣划。但是，在冻结、扣划前，应当预留被执行人及其所抚养家属必需的生活费用。

参考案例：在（2019）最高法执监530号执行裁定书中，最高人民法院认为，〔2014〕执他字第22号《关于能否要求社保机构协助冻结、扣划被执行人养老金问题的复函》明确，被执行人应得的养老金应当视为在第三人处的固定收入，属于责任财产的范围，依照《民事诉讼法》第243条的规定，人民法院有权冻结、扣划，但是，在冻结、扣划前，应当预留被执行人及其所抚养家属必需的生活费用。河北省唐山市中级人民法院向丰润区社保局发出协助执行通知书，冻结被执行人的养老金并无不当。

185. 被执行人的住房公积金能否执行？

解析：住房公积金是指根据国家规定，由国家机关、国有企业、城镇集体企业、外商投资企业、城镇私营企业及其他城镇企业、事业单位、民办非企业单位、社会团体（以下统称单位）及其在职职工个人按照职工工资一定比例缴存的长期住房储金。住房公积金制度是我国政府在推行住房体制改革进程中探索到的解决居民住房问题的制度，是我国政府解决居民住宅保障问题所进行的一系列制度尝试之一。

关于住房公积金能否执行的问题，我国现行法律、法规、司法解释尚无明确规定，司法实践中存在较大争议。[①] 一种意见认为，被执行人在住房公积金管理中心账户内存储的住房公积金为个人财产，人民法院可以执行。主要理由是：首先，根据国务院《住房公积金管理条例》（2019 年修订）第 3 条"职工个人缴存的住房公积金和职工所在单位为职工缴存的住房公积金，属于职工个人所有"之规定，住房公积金就其性质而言属于被执行人所有，应属于个人财产的范畴。而且，住房公积金明显不属于被执行人及其所扶养家属生活所必需的生活费用，更不是被执行人及其所扶养家属生活所必需的房屋和生活用品，因此住房公积金财产权不属于执行财产豁免的范围。无论是否满足职工个人提取住房公积金的条件，住房公积金都完全可以作为强制执行标的。其次，《住房公积金管理条例》对职工个人可以提取职工住房公积金账户内的存储余额的几种情况有明确规定，但这些规定并没有限制或禁止人民法院执行住房公积金。而且国务院的行政法规作为《民事诉讼法》的下位法，不得与上位法相抵触。在法律和司法解释没有明确限制和禁止执行住房公积金的情况下，只要是属于被执行人所有的个人财产，人民法院都应当可以执行。另一种意见认为，住房公积金是足以影响社会稳定的专项资金，不能强制执行。主要理由是：首先，尽管根据《住房公积金管理条例》（2019 年修订）第 3 条的规定，住房公积金属于"个人所有"，但是该财产是由住房公积金管理中心运作，是一种只有在特定情况下才能使用、权能受限制的"个人存款"，与一般的存款在性质上有着本质的不同。其次，住房公积金是职工按规定存储起来的专门用于住房消费支出的个人住房储金，是"长期住房储金"，具有积累性和专用性，应保障专款专用，不能强制执行。

为解决相关争议，最高人民法院执行局曾于 2007 年在个案办理过程中征求住房和城乡建设部以及国务院法制办的意见。住房和城乡建设部回函认为，住房公积金不能用于其他支出，人民法院强制执行职工的住房公积金超出了《住房公积金管理条例》规定的范围。因为"住房公积金属于专项资金，如将住房公积金视同一般财产作为强制执行的标的，有悖于住房公积金社会互助性和保障性原则"，并建议参照最高人民法院关于在审理和执行民事、经济纠纷件时不得查封、冻结和扣划社会保险基金之规定执行。国务院法制办回函

---

① 参见潘勇锋：《关于强制执行住房公积金的研究 ——关于能否强制划拨被执行人住房公积金问题的请示案的分析》，载最高人民法院执行局编：《执行工作指导》2014 年第 1 辑，人民法院出版社2014 年版，第 96 页。

意见也认为，职工住房公积金不能成为人民法院强制执行的标的。[①]

由于住房公积金性质复杂，既为个人所有，又被强制管理；既强调个人缴存，又强调资金聚集；既要满足个人需求，又要坚持共同利用，最高人民法院对此在很长一个时期内都没有明确表态。在〔2006〕执他字第9号函中，最高人民法院答复福建省高级人民法院："住房公积金是职工个人缴存或其所在单位为其缴存的住房储备金，虽属于职工个人所有，但适用范围上受严格限制。因住房公积金问题复杂，涉及面广，政策性强，在法律、法规未作出进一步明确规定前，不宜轻易强制执行。对你院请示的个案，请根据上述精神自行处理。"在〔2012〕执他字第5号函中，最高人民法院答复山东省高级人民法院："住房公积金问题复杂，涉及民生，政策性强。在法律、法规未作进一步的明确规定之前，关于住房公积金的执行问题，执行法院应确保住房公积金对案涉当事人的基本住房保障功能，在充分调查研究的基础上，本着审慎原则，依法妥善处理。"2013年，最高人民法院执行局在"执行疑难问题问答"中指出，"从最高人民法院处理相关案件的做法看，在个案中没有明确住房公积金可以强制执行，但也未明确表示禁止"，同时肯定"部分地方法院和当地住房公积金管理中心通过执行联动机制，对住房公积金的执行进行了有益探索……可供其他地区人民法院借鉴参考"，可见也没有提出明确的处理意见。

这种情况在2013年发生了变化。在〔2013〕执他字第14号函中，最高人民法院明确：被执行人吴某某已经符合国务院《住房公积金管理条例》第24条规定的提取职工住房公积金账户内的存储余额的条件，在保障被执行人依法享有的基本生活及居住条件的情况下，执行法院可以对被执行人住房公积金账户内的存储余额强制执行。此后，各地倾向于对住房公积金予以执行。《住房公积金管理条例》第24条第1款规定："职工有下列情形之一的，可以提取职工住房公积金账户内的存储余额：（一）购买、建造、翻建、大修自住住房的；（二）离休、退休的；（三）完全丧失劳动能力，并与单位终止劳动关系的；（四）出境定居的；（五）偿还购房贷款本息的；（六）房租超出家庭工资收入的规定比例的。"根据〔2013〕执他字第14号函中的意见，对执

---

① 潘勇锋：《关于强制执行住房公积金问题的研究——关于能否强制划拨被执行人住房公积金问题请示案的分析》，载最高人民法院执行局编：《执行工作指导》2014年第1辑，人民法院出版社2014年版，第89页。

行人的住房公积金，在符合以下条件时可以强制执行：第一，被执行人已经符合《住房公积金管理条例》（2019年修订）第24条第1款规定提取职工住房公积金账户内的存储余额的条件；第二，执行时能够保障被执行人依法享有的基本生活及居住条件。

尽管最高人民法院明确了可以执行，但由于住房公积金本身具有保障性、互助性等特殊功能，在执行时需要注意：第一，将公积金执行定位为补充性、后置性措施，尽量避免使住房公积金成为强制执行的对象。第二，必须执行住房公积金时，可以优先使用"执行但不提现"的方法。第三，执行住房公积金不得损害案外人的合法权益，尤其要注意遵循抵押权等物权优先原则，对已经用住房公积金抵押贷款的，应在保证抵押权人、质押权人优先受偿后，方可对其余额部分予以执行。第四，根据"已经缴存"和"到期尚未缴存"的不同情况区别执行。对于已经缴存在个人住房公积金账户中的住房公积金，作为存款，适用《民事诉讼法》（2023年修正）第253条规定执行，管理中心和银行共同为协助执行义务人。对于单位应当缴存但到期尚未缴存的住房公积金，作为收入，适用《民事诉讼法》（2023年修正）第254条执行，单位和管理中心是共同的协助执行义务人。

186. 被执行的社会保险机构管理的社会保险基金能否执行？

解析： 根据《最高人民法院关于在审理和执行民事、经济纠纷案件时不得查封、冻结和扣划社会保险基金的通知》（法〔2000〕19号）的规定，社会保险基金是由社会保险机构代参保人员管理，并最终由参保人员享用的公共基金，不属于社会保险机构所有。社会保险机构对该项基金设立专户管理，专款专用，专项用于保障企业退休职工、失业人员的基本生活需要，属专项资金，不得挪作他用。因此，各地人民法院在审理和执行民事、经济纠纷案件时，不得查封、冻结或扣划社会保险基金；不得用社会保险基金偿还社会保险机构及其原下属企业的债务。

187. 被执行人名下的保证金账户能否执行？

解析： 实践中，保证金的类型多种多样，法律效力不一，对保证金的执行条件和方式，法律上未作统一规定，而是通过单行司法解释、批复、通知、复函等形式对某些特定类型的保证金的执行条件和方式进行了明确。从保证金的性质来看，有的保证金属于带有行政管理性质的保证金，为实现政府监管职能而设立，如旅游服务质量保证金以及环境治理恢复保证金。有的资金虽不属于保证金的范畴，但为实现特定政策性目的而设立，对该类资金的保全和执行也有特殊规定，如棉粮油政策性收购资金等。有的保证金属于金钱质押性质的保证金，如信用证开证保证金、承兑汇票保证金等。最高人民法院执行局法官会议在研究"关于矿山地质环境治理恢复保证金能否执行的问题"过程中，对保证金的问题进行了梳理：①

（1）旅游服务质量保证金。旅游服务质量保证金是指根据《旅游法》及《旅行社条例》的规定，由旅行社在指定银行缴存或由银行担保提供的一定数额用于旅游服务质量赔偿支付和团队旅游者人身安全遇有危险时紧急救助费用垫付的资金。《最高人民法院关于执行旅行社质量保证金问题的通知》（法〔2001〕1 号）中规定："人民法院在执行涉及旅行社的案件时，遇有下列情形而旅行社不承担或无力承担赔偿责任的，可以执行旅行社质量保证金：（1）旅行社因自身过错未达到合同约定的服务质量标准而造成旅游者的经济权益损失；（2）旅行社的服务未达到国家或行业规定的标准而造成旅游者的经济权益损失；（3）旅行社破产后造成旅游者预交旅行费损失；（4）人民法院判决、裁定及其他生效法律文书认定的旅行社损害旅游者合法权益的情形。""除上述情形之外，不得执行旅行社质量保证金。同时，执行涉及旅行社的经济赔偿案件时，不得从旅游行政管理部门行政经费账户上划转行政经费资金。"

（2）棉粮油政策性收购资金。《最高人民法院关于对粮棉油政策性收购资金是否可以采取财产保全措施问题的复函》（法函〔1997〕97 号）中规定："粮棉油政策性收购资金是用于国家和地方专项储备的粮食、棉花、油料的收购、储备、调销资金和国家定购粮食、棉花收购资金，包括各级财政开支的直接用于粮棉油收购环节的价格补贴款、银行粮棉油政策性收购货款和粮棉油政策性收购企业的粮棉油调销回笼款。该资金只能用于粮棉油收购及相关费用支出。人民法院在审理涉及到政策性粮棉油收购业务之外的经济纠纷案件中，不宜对粮棉油政策性收购企业在中国农业发展银行及其代理行或经人民银行当地分行批准的其他金融机构开立账上的这类资金采取财产保全措施，以保证这类资金专款专用，促进农业的发展。"《最高人民法院关于对粮棉油

① 向国慧、黄丽娟：《关于矿山地质环境治理恢复保证金能否执行的问题》，载最高人民法院执行局编：《执行工作指导》2020 年第 1 辑，人民法院出版社 2020 年版，第 1～7 页。

政策性收购资金形成的粮棉油不宜采取财产保全措施和执行措施的通知》（法〔2000〕164号）中规定："除继续执行我院（法函〔1997〕97号）《关于对粮棉油政策性收购资金是否可以采取财产保全措施问题的复函》外，对中国农业发展银行提供的粮棉油收购资金及由该项资金形成的库存的粮棉油不宜采取财产保全措施和执行措施。"

（3）承兑汇票保证金。《最高人民法院、中国人民银行关于依法规范人民法院执行和金融机构协助执行的通知》（法发〔2000〕21号）第9条规定："人民法院依法可以对银行承兑汇票保证金采取冻结措施，但不得扣划。如果金融机构已对汇票承兑或者已对外付款，根据金融机构的申请，人民法院应当解除对银行承兑汇票保证金相应部分的冻结措施。银行承兑汇票保证金已丧失保证金功能时，人民法院可以依法采取扣划措施。"

（4）信用证开证保证金。信用证开证保证金属于有进出口经营权的企业向银行申请对国外（境外）方开立信用证而备付的具有担保支付性质的资金。《最高人民法院关于人民法院能否对信用证开证保证金采取冻结和扣划措施问题的规定》（2020年修正）中规定："一、人民法院在审理或执行案件时，依法可以对信用证开证保证金采取冻结措施，但不得扣划。如果当事人、开证银行认为人民法院冻结和扣划的某项资金属于信用证开证保证金的，应当依法提出异议并提供有关证据予以证明。人民法院审查后，可按以下原则处理：对于确系信用证开证保证金的，不得采取扣划措施；如果开证银行履行了对外支付义务，根据该银行的申请，人民法院应当立即解除对信用证开证保证金相应部分的冻结措施；如果申请开证人提供的开证保证金是外汇，当事人又举证证明信用证的受益人提供的单据与信用证条款相符时，人民法院应当立即解除冻结措施。""二、如果银行因信用证无效、过期，或者因单证不符而拒付信用证款项并且免除了对外支付义务，以及在正常付出了信用证款项并从信用证开证保证金中扣除相应款额后尚有剩余，即在信用证开证保证金账户存款已丧失保证金功能的情况下，人民法院可以依法采取扣划措施。""三、人民法院对于为逃避债务而提供虚假证据证明属信用证开证保证金的单位和个人，应当依照民事诉讼法的有关规定严肃处理。"

参照以上规定，实践中，保证金和特殊类型资金的使用和处分均受到限制，这种限制也体现在了人民法院的保全和执行程序中。对于带有行政管理性质的保证金和特殊类型的资金，如旅游服务质量保证金、棉粮油政策性收购资金等，其一般为实现特定政策性监管目的而设立，为实现该目的，需要保证该款项专款专用。故只有在审理或者执行的案件属于保证金或者特殊类型资金所涉及的特定业务，对其采取保全和执行措施不违反设立该保证金或者特殊类型资金的目的的情况下，才能对其采取保全和执行措施。对于金钱质押性质的保证金，如承兑汇票保证金、信用证开证保证金等，《最高人民法院关于适用〈中华人民共和国民法典〉有关担保制度的解释》第70条规定："债务人或者第三人为担保债务的履行，设立专门的保证金账户并由债权人实际控制，或者将其资金存入债权人设立的保证金账户，债权人主张就账户内的款项优先受偿的，人民法院应予支持。当事人以保证金账户内的款项浮动为由，主张实际控制该账户的债权人对账户内的款项不享有优先受偿权的，人民法院不予支持。""在银行账户下设立的保证金分户，参照前款规定处理。""当事人约定的保证金并非为担保债务的履行设立，或者不符合前两款规定的情形，债权人主张就保证金优先受偿的，人民法院不予支持，但是不影响当事人依照法律的规定或者按照当事人的约定主张权利。"故对于符合金钱质押条件的保证金，对该保证金享有优先受偿权的债权人所享有的权利在效力上优先于一般债权人。人民法院在执行债务人名下的保证金时，一般可以先采取冻结等控制性措施，但不得扣划，只有在该保证金丧失质押功能的情况下，人民法院才可以依法采取扣划措施。

依据：最高人民法院执行局2018年9月30日法官会议纪要[①]

188. 被执行人名下的工业企业结构调整专项奖补资金能否执行？

解析：工业企业结构调整专项奖补资金系中央财政为支持地方政府和中央企业推动钢铁、煤炭等行业化解过剩产能工作而设立的专项资金。该资金专项用于相关国有企业职工以及符合条件的非国有企业职工的分流安置工作，目的在于去除钢铁、煤炭等行业的过剩产能，助力推进供给侧结构性改革。因此，除为实现企业职工权利外，不宜对工业企业结构调整专项奖补资金采取保全和执行措施。根据《最高人民法院关于对工业企业结构调整专项奖补资金不宜采取财产保全措施和执行措施的通知》（法〔2017〕220号）的精神，执行中，应结合账户性质、资金来源、发放程序、审批手续等因素准确判断资金性质，同时依法保障各方当事人的权利，既要避免因普通经济纠纷

---

① 参见最高人民法院执行局编：《执行工作指导》2020年第1辑，人民法院出版社2020年版，第1~7页。

冻结、扣划工业企业结构调整专项奖补资金，也要防止债务人恶意借奖补资金之名逃避债务。

189. 被执行人名下的矿山地质环境治理恢复基金能否执行？

解析： 2017年11月1日，财政部、国土资源部、环境保护部就取消矿山地质环境治理恢复保证金，建立矿山地质环境治理恢复基金印发《关于取消矿山地质环境治理恢复保证金建立矿山地质环境治理恢复基金的指导意见》（财建〔2017〕638号）。对于被执行人账户中的矿山地质环境治理恢复基金能否执行的问题，各地把握不准，出现了不同做法。比如：（1）四川省成都市中级人民法院在（2019）川01执异2699号执行裁定书中认为：该院冻结的系被执行人银行存款，所有权属被执行人，当地自然资源局并没有基于其他权利而对该存款享有排他性的实体权利；根据相关文件精神，作为国土资源主管部门，当地自然资源局仅对矿山企业在进行地质环境治理恢复中负有监督检查的责任，对企业设立的治理基金，企业仍具有自主使用的权利。该院的冻结、扣划存款行为与当地自然资源局履行监督检查职责之间没有必然的矛盾之处。基于此，当地自然资源局请求该院解除对相关银行存款的冻结，并将扣划的冻结款项退还被执行人，缺乏事实和法律依据，该院不予支持。（2）辽宁省铁岭市清河区人民法院在（2020）辽1204执异20号执行裁定书中认为：被执行人中基公司在铁岭银行股份有限公司清河支行设立的账户内的资金应属中基公司，但中基公司与自然资源局已经签订监管协议，该部分资金为中基公司按照相关规定所计提的矿山地质环境治理恢复基金，具有特定的用途，其使用范围中并未包含偿还企业因经营所发生的债务。因此，案外人自然资源局异议成立。撤销该院作出的（2020）辽1204执217号执行裁定书中扣划被执行人中基公司的账户存款111890元的执行行为。（3）河南省桐柏县人民法院在（2019）豫1330执异20号执行裁定书中认为：矿山地质环境治理恢复基金是落实企业矿山地质环境治理恢复责任的一种方式，且基金由企业自主使用，亦说明在有关部门的动态监管机制制约下，矿山企业的矿山地质环境治理恢复责任是务必可以落到实处的。同时并没有法律规定，该基金属于人民法院不得强制执行的范围。因此，执行法院冻结该基金的行为并无不当。

概括而言，对此有两种不同的认识和做法：

第一种观点认为，可以对环境治理恢复基金采取诉讼保全措施（包含执行中的查封、扣押、冻结措施），待条件成就时执行，具体理由如下：第一，环境治理恢复基金设立的目的、功能和保证金是一致的。取消环境治理恢复保证金，代之以环境治理恢复基金，其目的是落实企业的矿山环境治理恢复责任，更好地恢复和保护环境，更好地实现经济发展和环境保护的统一，这与设立环境治理恢复保证金的目的是一致的。《财政部、国土资源部、环境保护部关于取消矿山地质环境治理恢复保证金建立矿山地质环境治理恢复基金的指导意见》（财建〔2017〕683号）第3条要求治理恢复基金专项用于环境治理恢复，明确了基金的专项职能，与之前治理恢复保证金的职能是一致的。第二，基金的设立方式和保证金相同，均设立专户。按照新的要求，矿山企业要在银行设立账户，单独反映基金的提取情况。通过设立专户，对基金进行有效的监管，保证专款专用，用于矿山环境的治理恢复。第三，从事前审批变为事后监督，并非削弱监管力度。《财政部、国土资源部、环境保护部关于取消矿山环境治理恢复保证金建立矿山地质环境治理恢复基金的指导意见》（财建〔2017〕683号）第4条规定，地方各级国土资源主管部门会同环境保护主管部门应建立动态化的监管机制，对该基金进行更全面、更严格的监管。保证金变为基金后，相关职能部门对该基金的监管力度并未削弱，矿山企业并非可以自由使用该资金。只是改变了监督方式，让监管的措施更全面，监管的惩戒力度更大，确保其治理恢复环境的职能得到切实发挥，有效保护自然环境。第四，慎重执行有利于法律效果和社会效果的统一。从法律效果看，财政部、国土资源部、环境保护部联合发布的《关于取消矿山地质环境治理恢复保证金建立矿山地质环境治理恢复基金的指导意见》（财建〔2017〕683号）要求环境治理恢复基金专款专用，保障环境治理恢复的资金。如果执行环境治理恢复基金，就会出现执行行为和上述规定相冲突的情形。从社会效果看，执行该基金将导致环境治理恢复资金流失，影响对环境的恢复治理。执行行为虽属司法行为，但普通债权的执行最终维护的是个体的权益，环境保护则体现社会公共利益。当个体权益与社会公共利益相冲突时，应慎重处理。如执行该基金，将可能导致环境治理资金的缺位，环境无法得到及时的治理和恢复，损害社会公共利益。另外，也可能引发矿山企业通过虚假诉讼套取该基金的行为，使关于环境治理恢复基金的规定形同虚设。基于以上四点考虑，该基金不宜立即执行，但可采取诉讼保全措施（包含执行中的查封、扣押、冻结措施），待条件成就时执行。

第二种观点认为，治理恢复基金不宜采取诉讼保全措施，不宜执行。理由是：治理恢复基金关系环境恢复治理，有特定用途，不宜执行。并且，该基金是根据企业的环境治理恢复方案提取，一般不会有剩余，相关行政机关也未明确退还的条件，既然不宜执行，就没必要采取保全措施。

相比而言，第一种观点更有道理，即不宜直接扣划，可先采取查控措施，待条件成就时执行。矿山地质环境治理恢复基金是由矿山企业在指定的银行开设的（报财政、自然资源、生态环境部门备案）用于环境治理恢复的专项资金，矿山企业对矿山地质环境治理恢复基金账户内的资金享有所有权，只不过矿山企业对该基金的使用和处分受到了一定限制，其缴存、提取、使用等需受到政府相关部门的监管。法院可以发出协助执行通知书的方式对其采取查控措施，该行为并未损害该基金用于环境治理和保护目的的实现，且有利于申请执行人实现债权，故法院采取查控措施并无不当。目前，国土资源部等相关部门并未对采矿权人履行了矿山地质环境治理恢复义务后这一部分基金如何使用、是否退还、退还条件等作出明确规定。而且，考虑到该基金设立的目的在于保护和治理矿山环境，保护社会公共利益，为保证该类资金能够做到专款专用，人民法院不宜对该类资金采取扣划的执行措施。如相关部门明确了退还条件，待条件成就时，人民法院可以依法采取扣划措施。

依据： 最高人民法院执行局 2018 年 9 月 30 日法官会议纪要①

190. 被执行人名下的党费、工会会费能否执行？

解析： 为维护企业党组织及工会合法权益，《最高人民法院关于强制执行中不应将企业党组织的党费作为企业财产予以冻结或划拨的通知》（法〔2005〕209 号）《最高人民法院关于产业工会、基层工会是否具备社会团体法人资格和工会经费集中户可否冻结划拨问题的批复》（2020 年修正）明确规定，在企业作为被执行人时，人民法院不得冻结或划拨该企业党组织的党费，不得用党费偿还该企业的债务；在企业欠债的情况下，不应冻结、划拨工会经费及"工会经费集中户"的款项。

人民法院在执行程序中应当保障党费和工会会费的正常运转使用，但为防止个别企业通过专用账户转移资金、规避执行，维护申请执行人的合法权益，有必要掌握以被执行人名义开立的账户包括专用账户内的财产信息。在

---

① 参见最高人民法院执行局编：《执行工作指导》2020 年第 1 辑，人民法院出版社 2020 年版，第 1~7 页。

人民法院查询被执行人银行账户信息时，银行应当提供包括"党费""工会会费"专项账户在内的银行账户信息，并可向人民法院提出该专项账户中资金是否为党费、工会会费的意见。

《最高人民法院关于强制执行中不应将企业党组织的党费作为企业财产予以冻结或划拨的通知》（法〔2005〕209号）规定："如果申请执行人提供证据证明企业的资金存入党费账户，并申请人民法院对该项资金予以执行的，人民法院可以对该项资金先行冻结；被执行人提供充分证据证明该项资金属于党费的，人民法院应当解除冻结。"根据该规定精神，若申请执行人提供证据证明企业的资金存入党费、工会会费账户，则人民法院可以对上述账户中的非专用资金予以冻结。相关权利人对冻结措施不服的，可以依法向人民法院提出异议，由人民法院依法审查冻结是否正确。人民法院可以通过执行异议、复议、监督等法定程序审查纠正错误执行企业党组织党费、工会会费的行为，上级人民法院亦可在执行信访办理中督促有关人民法院及时、高效地审查有关主张，进而保障企业党组织、工会资金的正常运行，维护企业党员和职工的合法权益。

191. 被执行军队和武警部队的特种预算存款能否执行？

解析： 根据《军队银行帐户和存款管理规定》（〔1992〕后财字第205号）第6条①的规定，特种预算存款科目专门用于核算军队单位当年的预算经费存款，不计息。预算外资金则应以"特种预算外存款"科目账户进行核算。特种预算存款账户的开户由总后勤部财务部等军队部门审批。② 特种预算存款账户不得用于从事经营性收付业务。③《中国人民银行、最高人民法院、最高人民检察院、公安部关于查询、冻结、扣划企业事业单位、机关、团体银行存款的通知》（银发〔1993〕356号）第5条规定："军队、武警部队一类保密单位开设的'特种预算存款'、'特种其他存款'和连队账户的存款，原则

---

① 第6条规定："军各项存款在各银行按资金性质设置开户科目：（一）'特种预算存款'科目，用于核算军队单位当年的预算经费存款，不计息；（二）'特种预算外存款'科目，用于核算军队单位预算外经费及周转金、储备费等预算外存款，计息……"

② 第9条规定："开户审批权限：（一）'特种预算存款'、'特种预算外存款'、'特种企业存款'、'特种其他存款'账户由总后勤部财务部及各军区、军兵种、国防科工委和军区空军、三总部管理局（直工部）及总后基地指挥部后勤财力部门审查批准……"

③ 第13条规定："账户使用：（一）'特种预算存款'、'特种预算外存款'、'特种其他存款'和'特种事业存款'账户，不得用于从事经营性收付业务……"

上不采取冻结或扣划等项诉讼保全措施。但军队、武警部队的其余存款可以冻结和扣划。"2013年9月最高人民法院、最高人民检察院、公安部等15个部门共同制定的《公安机关办理刑事案件适用查封、冻结措施有关规定》（公通字〔2013〕30号）第30条规定："对下列账户和款项，不得冻结：……（十一）军队、武警部队一类保密单位开设的'特种预算存款'、'特种其他存款'和连队账户的存款……"

由于"特种预算存款"账户用于核算部队单位预算资金，执行中，一般将"特种预算存款"账户资金作为特殊账户的特殊资金性质，原则上不得采取冻结、扣划措施。虽然缺乏明确的法律、司法解释依据，但该意见已经成为各级法院执行部门形成的共识，属于办理执行案件的一般性规范。

但如果部队单位未严格按照规定使用"特种预算存款"账户、账户内资金存在预算经费与其他款项混同等情况，"特种预算存款"账户内不属于预算经费的款项应作为部队单位履行生效判决确定义务的责任财产，对此部分款项可以冻结、扣划。在认定账户内资金混同时，须采取严格的审查标准，查明的事实须能够认定账户内除预算经费外还存在其他款项，且冻结、扣划的范围应限定于其他款项金额范围内，尽量避免对军队、武警部队的正常战备训练、科研试验等国防军事工作造成影响。

192. 被执行企业名下的农民工工资专用账户资金和工资保证金能否执行？

解析：题述问题，国务院《保障农民工工资支付条例》（2020年施行）、《最高人民法院关于充分发挥司法职能作用助力中小微企业发展的指导意见》（法发〔2022〕2号）、《最高人民法院、人力资源社会保障部、中国银保监会关于做好防止农民工工资专用账户资金和工资保证金被查封、冻结或者划拨有关工作的通知》（人社部发〔2020〕93号）等作了规定。国务院《保障农民工工资支付条例》（2020年施行）第26条规定："施工总承包单位应当按照有关规定开设农民工工资专用账户，专项用于支付该工程建设项目农民工工资。""开设、使用农民工工资专用账户有关资料应当由施工总承包单位妥善保存备查。"第31条第3款规定："施工总承包单位根据分包单位编制的工资支付表，通过农民工工资专用账户直接将工资支付到农民工本人的银行账户，并向分包单位提供代发工资凭证。用于支付农民工工资的银行账户所绑定的农民工本人社会保障卡或者银行卡，用人单位或者其他人员不得以任何理由扣押或者变相扣押。"第 32 条第 1 款、第 3 款规定："施工总承包单位应当按照有关规定存储工资保证金,专项用于支付为所承包工程提供劳动的农民工被拖欠的工资。""工资保证金的存储比例、存储形式、减免措施等具体办法,由国务院人力资源社会保障行政部门会同有关部门制定。"第 33 条规定:"除法律另有规定外,农民工工资专用账户资金和工资保证金不得因支付为本项目提供劳动的农民工工资之外的原因被查封、冻结或者划拨。"国家设立农民工工资专用账户资金和工资保证金的目的是维护农民工工资报酬权益,确保两类账户资金专项用于为该工程项目提供劳动的农民工工资支付。根据上述规定,人民法院在执行中,原则上不得查封、冻结或者划拨两类账户资金。但是,在不得查封、冻结或者划拨两类账户资金的原则基础上,需要注意以下几点:

第一,支付为本项目提供劳动的农民工工资,或者是两类账户中超出支付工资和保证金功能的资金,或者法律另有规定的,可以作为例外情况予以执行。

第二,为办理案件需要,执行法院可以对前述两类账户采取预冻结措施。预冻结法律文书应当载明:"对两类账户采取的是预冻结措施,在工程完工且未拖欠农民工工资,监管部门按规定解除对两类账户监管后,预冻结措施自动转为冻结措施。"

第三,对农民工工资专用账户中明显超出工程施工合同约定并且明显超出足额支付该项目农民工工资所需全部人工费的资金,对工资保证金账户中超出工资保证金主管部门公布的资金存储规定部分的资金,执行法院经认定可依法采取冻结或者划拨措施。

第四,执行法院依法对两类账户采取预冻结措施,在工程完工且未拖欠农民工工资,监管部门按规定解除对两类账户监管后,预冻结措施自动转为冻结措施,并可依法划拨剩余资金。

第五,对执行法院采取的执行措施,当事人、利害关系人、协助机关均可依法提出异议。需要特别注意的是,如果提出异议的是两类账户监管部门,在其异议审查期间,不得查封、冻结或者划拨两类账户资金。

193. 被执行企业名下的商品房预售资金监管账户能否强制执行?

解析:商品房预售资金,是指开发商将正在建设中的商品房出售给购房者,购房者按照商品房买卖合同约定支付给开发商的购房款。对商品房预售资金施行监督是商品房预售制度的重要组成部分,监督的目的是确保预售资金用于商品房工程建设。对于商品房预售资金能否以及如何查封、扣押和冻结等，涉及商品房预售资金的监管方式、监管效果、法院审判权、执行权行使、当事人诉权保护等诸多方面，比较复杂。

一方面，货币属特殊动产，一般认为"占有即所有"。购房人将购房款存入开发商指定账户后即完成部分房款交付，该账户内资金应属开发商所有，可以此清偿其债务。从司法实践来看，开发商的自有资金或者银行贷款、建筑企业垫资等往往已经投入项目前期开发建设中，而项目楼盘通常已经出售或者存在建设工程优先权或者抵押权，不便执行，在这种情况下，商品房预售资金即成为开发商可供执行的责任财产。另一方面，为了促使房地产预售制度的平稳落实、监督开发商合理使用资金、促进在建工程如期竣工、维护购房群众的合法权益，《城市房地产管理法》（2019年修正）第45条第3款明确规定："商品房预售所得款项，必须用于有关的工程建设。"2013年3月，国务院办公厅发布《关于继续做好房地产市场调控工作的通知》（国办发〔2013〕17号），要求各地制定本地区商品房预售资金的监管办法，确保资金用于建设项目的施工。由此，对于预售资金，各地大多采取"政府＋银行"的双重监管方式。商品房预售资金在形式上为开发商所有，是人民法院保全、执行指向的重点财产，但该资金又在用途上受到严格的限制和监管，因此，在解决人民法院能否冻结、划扣该资金的问题时，应当从其双重性质出发进行研判。

2022年，最高人民法院、住房和城乡建设部、中国人民银行印发《关于规范人民法院保全执行措施确保商品房预售资金用于项目建设的通知》（法〔2022〕12号），对有关规则进行了明确和细化，具体而言：

第一，商品房预售资金监管账户原则上可以冻结。开设监管账户的商业银行接到人民法院冻结预售资金监管账户指令时，应当立即办理冻结手续。这是因为，账户设立的监管额度是为了确保项目竣工交付所需的资金额度专项用于工程建设，超出监管额度部分房企可提取使用，所以对商品房预售资金监管账户仍有必要采取冻结措施。需要注意的是，冻结商品房预售资金监管账户后，应当及时通知当地住房和城乡建设主管部门。

第二，商品房预售资金监管账户原则上不能扣划，除非商品房项目已完成房屋所有权首次登记，或者当事人申请执行因建设该商品房项目而产生的工程建设进度款、材料款、设备款等债权案件，或者是超过监管额度的款项。

第三，冻结商品房预售资金监管账户后不得影响账户内资金依法依规使用。已冻结预售资金经审核符合以下条件可使用：一是支付项目建设所需资金，包括房地产开发企业、商品房建设工程款债权人、材料款债权人、租赁设备款债权人等请求支付工程建设进度款、材料款、设备款等；二是购房人因购房合同解除申请退还购房款。

第四，提供担可以保解除预售资金的冻结。具体包括两种方式：一是释放预售资金监管账户相应额度资金的，由担保房地产开发企业提供商业银行等金融机构出具的保函，住房和城乡建设主管部门可以予以准许；二是房地产开发企业直接向人民法院申请解除预售资金监管账户冻结的，需提供担保，人民法院应当根据《民事诉讼法》（2023 年修正）第 104 条、《最高人民法院关于适用〈中华人民共和国民事诉讼法〉的解释》（2022 年修正）第 167 条的规定审查处理。

第五，住房和城乡建设主管部门认为执行法院冻结或划拨行为不当的，可作为利害关系人依法向执行法院提出异议，执行法院应依法处理。

参考案例： 在（2021）最高法执监 419 号执行裁定书中，最高人民法院认为，商品房预售资金是购房者购买商品房开发建设单位正在建设中的商品房，按照商品房买卖合同约定预先支付给商品房开发建设单位的购房款。根据《城市房地产管理法》第 45 条第 3 款的规定，"商品房预售所得款项，必须用于有关的工程建设"。对商品房预售资金通过开设商品房预售资金监管专门银行账户进行监管，具有保障开发项目顺利建设、促进在建工程如期竣工、维护购房者合法权益、促进房地产市场平稳健康发展的重要作用。在保证建设工程施工正常进行的情况下，人民法院可以对商品房开发建设单位名下的商品房预售资金专用监管账户依法采取冻结措施。在项目竣工交付后，预售资金专用监管账户中监管额度以外的部分，人民法院可以根据案件实际情况，采取扣划等执行措施。本案中，根据河南省高级人民法院和河南省洛阳市中级人民法院查明的事实，河南省洛阳市中级人民法院所扣划的资金系宏蠹公司商品房预售资金专用监管账户内的资金，在宏蠹公司开发的"塞纳河畔"项目有关建设工程仍在施工的情况下，为保障建设工程正常进行，该院据此撤销扣划裁定并无不当。

194. 碳排放配额、核证自愿减排量能否强制执行？

解析： 实践中，对于碳排放配额、核证自愿减排量能否强制执行存在争议。一种观点认为，强制执行碳排放配额、核证自愿减排量有可能导致企业无法履行清缴义务，不利于实现"双碳"目标。另一种观点则认为，既然上述配额可以由被执行人在市场上自由交易，就应当允许执行，不允许强制执行缺乏依据。配额被强制执行后，企业可以从市场上另行购买配额用于清缴。2023年2月17日，最高人民法院发布的《关于完整准确全面贯彻新发展理念为积极稳妥推进碳达峰碳中和提供司法服务的意见》第20条规定解决了这个争议，其内容为："依法办理涉碳排放配额、核证自愿减排量金钱债权执行案件。对被执行人的存款、现金、有价证券、机动车等可以执行的动产和其他方便执行的财产执行完毕后，债务仍未能得到清偿的，可依法查封、扣押、冻结被执行人的碳排放配额、核证自愿减排量。查封、扣押、冻结的财产不得超出被执行人应当履行义务部分的范围。应当向碳排放权、核证自愿减排注册登记机构、交易机构送达执行裁定书和协助执行通知书。"据此，碳排放配额、核证自愿减排量属于可供执行的财产，但执行顺位劣后。同时明确了碳排放权、核证自愿减排注册登记机构、交易机构（如上海环境能源交易所），是查询、控制、处置碳排放配额、核证自愿减排量的协助执行机构。因此，人民法院要完成相关工作时，应当向其送达执行裁定书和协助执行通知书。①

195. 第三人名下的财产能否强制执行？

解析：被执行人以其所有的财产作为承担债务的总担保，对被执行人的财产原则上均可执行，除非有法律、司法解释的明确规定。与之相对应，案外人并非案件的被执行人，原则上不能执行案外人的财产，除非有法律、司法解释的明确规定。根据法律、司法解释的规定，能够执行案外人财产的情形主要包括：（1）违反交付财物或票证义务的拒不协助执行人。依据为《最高人民法院关于人民法院执行工作若干问题的规定（试行）》（2020年修正）第42条。（2）履行到期债务第三人。依据为《最高人民法院关于人民法院执行工作若干问题的规定（试行）》（2020年修正）第49条。（3）代持产权人。依据为《最高人民法院关于人民法院民事执行中查封、扣押、冻结财产的规定》（2020年修正）第2条第3款。（4）共有权人。依据为《最高人民法院关于人民法院民事执行中查封、扣押、冻结财产的规定》（2020年修正）第

---

① 王赫：《碳排放配额、核证自愿减排量可以强制执行》，载微信公众号"赫法通言"，2023年2月17日。

12条。（5）未完成登记过户人。依据为《最高人民法院关于人民法院民事执行中查封、扣押、冻结财产的规定》（2020年修正）第17条。（6）被执行人出资的个人独资企业。依据为《最高人民法院关于民事执行中变更、追加当事人若干问题的规定》（2020年修正）第13条第1款。（7）个体工商户的经营者。依据为《最高人民法院关于民事执行中变更、追加当事人若干问题的规定》（2020年修正）第13条第2款。（8）法人分支机构。依据为《最高人民法院关于民事执行中变更、追加当事人若干问题的规定》（2020年修正）第15条。（9）执行担保人。依据为《最高人民法院关于适用〈中华人民共和国民事诉讼法〉的解释》（2022年修正）第471条等。

实践中，有的被执行人为规避执行，将财产转移至第三人名下。对此，《最高人民法院关于人民法院民事执行中查封、扣押、冻结财产的规定》（2020年修正）第2条第3款规定："对于第三人占有的动产或者登记在第三人名下的不动产、特定动产及其他财产权，第三人书面确认该财产属于被执行人的，人民法院可以查封、扣押、冻结。"也就是说，对第三人名下的财产，除非第三人确认该财产系其代被执行人持有，一般不能直接执行。此时债权人可以采取如下策略：

第一，提起撤销权之诉。关于撤销权成立后如何执行，目前法律、司法解释没有明确规定。《人民法院办理执行案件规范》（第二版）第435条规定："债权人撤销权诉讼的生效判决撤销了债务人与受让人的财产转让合同，并判令受让人向债务人返还财产，受让人未履行返还义务的，债权人可以债务人、受让人为被执行人申请强制执行。受让人未通知债权人，自行向债务人返还财产，债务人将返还的财产立即转移，致使债权人丧失申请法院采取查封、冻结等措施的机会，撤销权诉讼目的无法实现的，不能认定生效判决已经得到有效履行。债权人申请对受让人执行生效判决确定的财产返还义务的，人民法院应予支持。"① 这里需要做好审执协调，审判部门在判决撤销权成立时，还应当同时判令受让人返还财产，如此才更有利于执行。

第二，提供充分证据证明登记在案外人名下的财产属于被执行人所有，法院也可以先进行查封、扣押、冻结。案外人认为法院执行不当的，通过案外人异议和异议之诉进行救济。

---

① 最高人民法院执行局编：《人民法院办理执行案件规范》（第二版），人民法院出版社2022年版，第189页。

参考案例：在第 118 号指导性案例中，最高人民法院确定了如下裁判要点："1. 债权人撤销权诉讼的生效判决撤销了债务人与受让人的财产转让合同，并判令受让人向债务人返还财产，受让人未履行返还义务的，债权人可以债务人、受让人为被执行人申请强制执行。2. 受让人未通知债权人，自行向债务人返还财产，债务人将返还的财产立即转移，致使债权人丧失申请法院采取查封、冻结等措施的机会，撤销权诉讼目的无法实现的，不能认定生效判决已经得到有效履行。债权人申请对受让人执行生效判决确定的财产返还义务的，人民法院应予支持。"

196. 被执行人出卖但保留所有权的财产能否执行？

解析：《民法典》（2021 年施行）第 641 条对所有权保留制度作了原则性规定，《民法典》（2021 年施行）第 642 条、第 643 条分别规定了出卖人的取回权、买受人的回赎权和出卖人再出卖权以及相关清算问题。《民法典》（2021 年施行）有关所有权保留的规定，更加突出了所有权保留具有的担保功能，侧重于为出卖人的债权实现提供保障。《最高人民法院关于适用〈中华人民共和国民法典〉有关担保制度的解释》（2021 年施行）也将所有权保留制度规定于"四、非典型担保"部分。

而 2004 年施行的《最高人民法院关于人民法院民事执行中查封、扣押、冻结财产的规定》第 16 条规定："被执行人将其财产出卖给第三人，第三人已经支付部分价款并实际占有该财产，但根据合同约定被执行人保留所有权的，人民法院可以查封、扣押、冻结；第三人要求继续履行合同的，应当由第三人在合理期限内向人民法院交付全部余款后，裁定解除查封、扣押、冻结。"该条规定更加突出保护所有权保留人对财产享有的所有权，要求第三人"在合理期限内"向人民法院交付全部余款，意味着人民法院可以让第三人未到期的债务加速到期，即便第三人依照合同支付价款，也可能要承受所买财产被强制执行的后果，与《民法典》的精神不一致，因此，有必要予以调整。

根据《民法典》相关规定的精神，人民法院可以查封、扣押、冻结被执行人保留所有权的财产，但这种查封、扣押、冻结应该是"活封"，旨在保障被执行人要求第三人给付金钱债权的实现，第三人在买卖合同履行期间有权继续占有、使用该财产；第三人要求继续履行合同的，只要按合同约定支付价款、履行义务，被执行人的金钱债权就得到了实现，人民法院无须要求第三人在合理期间内支付全部余款。为此，2020 年修正的《最高人民法院关于人民法院民事执行中查封、扣押、冻结财产的规定》第 14 条规定："被执行人将其财产出卖给第三人，第三人已经支付部分价款并实际占有该财产，但根据合同约定被执行人保留所有权的，人民法院可以查封、扣押、冻结；第三人要求继续履行合同的，向人民法院交付全部余款后，裁定解除查封、扣押、冻结。"删除了原第 16 条"应当由第三人在合理期限内"的内容，以保障第三人的合法权益。第三人在按照合同约定支付全部价款后，取得完整的所有权，人民法院应解除对该标的物的查封、扣押、冻结。需要注意的是，查封、扣押、冻结被执行人保留所有权的财产，相当于查封了担保财产，为确保执行效果，人民法院有必要同时对被执行人依照合同约定享有的金钱债权采取执行措施。

如果第三人没有依照合同约定继续履行合同的，既可能涉及对被执行人享有的金钱债权的执行，比如，在第三人没有对到期履行通知依法提出异议的情况下，对第三人强制执行；也可能涉及被执行人主张取回权、第三人主张赎回权等问题。相关问题比较复杂，最高人民法院仍未明确具体规则，留待实践中进一步探索。

197. 被执行人购买的第三人保留所有权的财产能否强制执行？

解析： 根据《民法典》（2021 年施行）有关规定的精神，对于被执行人购买的第三人的财产，第三人保留所有权的主要目的是担保其债权的实现，因此，只要保障第三人依法享有的优先受偿权，该财产原则上可以作为被执行人的责任财产执行。对此，《最高人民法院关于人民法院民事执行中查封、扣押、冻结财产的规定》（2020 年修正）第 16 条规定："被执行人购买第三人的财产，已经支付部分价款并实际占有该财产，第三人依合同约定保留所有权的，人民法院可以查封、扣押、冻结。保留所有权已办理登记的，第三人的剩余价款从该财产变价款中优先支付；第三人主张取回该财产的，可以依据民事诉讼法第二百二十七条规定提出异议。"

关于出卖人的优先受偿权，根据《民法典》（2021 年施行）第 641 条第 2 款的规定，出卖人对标的物保留的所有权，未经登记，不得对抗善意第三人。《最高人民法院关于适用〈中华人民共和国民法典〉有关担保制度的解释》（2021 年施行）第 54 条和第 67 条进一步规定，在所有权保留买卖合同中，出卖人的所有权未经登记的，不得对抗人民法院的执行。此外，《民法典》（2021 年施行）第 642 条第 2 款和第 643 条第 2 款规定，在协商不成的情况下，出卖人行使取回权可以参照适用担保物权的实现程序，所得价款扣除买受人未支付的价款以及必要费用后仍有剩余的，应当返还买受人。根据上述规定，第三人对执行标的物保留的所有权已经登记的，执行法院可以参照第三人主张担保物权的程序进行处理，依法处置标的物后，从变价款中优先支付第三人的剩余价款，剩余部分再作为被执行人的责任财产，用于清偿申请执行人的债权；第三人保留的所有权未经登记的，执行法院不保护其对标的物的优先受偿权，此时可参照第三人主张普通金钱给付债权的程序进行处理。同时，为保障特殊情况下出卖人取回财产的权利，《最高人民法院关于人民法院民事执行中查封、扣押、冻结财产的规定》（2020年修正）第16条明确，第三人主张取回该财产的，可以依据《民事诉讼法》（2023年修正）第238条提出异议，并进行实体审查。

198. 被执行人名下的国有划拨土地使用权能否执行？

解析：国有划拨土地使用权是以划拨方式无偿从国家获得的土地使用权。国有划拨土地使用权能否作为被执行人的财产进行执行，以及如何对被执行人名下的国有划拨土地使用权进行执行，一直是执行中的难点问题。实践中，人民法院执行部门和国土资源管理部门对是否可以处置被执行人名下的国有划拨土地使用权理解不一致。国土资源管理部门往往以所有权不属于被执行人为理由，认为法院不能执行被执行人名下的国有划拨土地使用权，而人民法院执行部门则认为登记在被执行人名下的土地使用权理所当然属于被执行人财产，只要不属于法律规定禁止执行的财产，当然可以执行。

在制定《最高人民法院、国土资源部、建设部关于依法规范人民法院执行和国土资源房地产管理部门协助执行若干问题的通知》（法发〔2004〕5号）过程中，对这个问题曾进行了研究并取得了共识，认为人民法院在执行中涉及转移以划拨方式取得的土地使用权时，应当与国土资源管理部门取得一致意见后，再行裁定转移；对原属划拨方式取得但不再属于供地范围的，应告知权利受让人办理国有土地使用权出让手续。但这个内容最终并未写进通知当中，造成实践中仍然认识不清、把握不准。

从应然层面说，人民法院强制执行程序中可以对被执行人的划拨土地使用权进行执行。这是因为，国有划拨土地具有独立的财产价值和财产属性，被执行人对划拨土地享有占有、使用、收益、处分（尽管这种处分权受到了限制）的基本权能，具有独立的财产价值和财产属性。划拨的无偿属性只能说明出让方免除了使用权人应当支付的民事权利的对价，而不能以没有支付对价为理由否认受使用权人对划拨标的物的财产权利。同样，对转让的限制也不能证明划拨土地使用权不属于土地使用权人。而且，在出让金优先收取的前提下，将划拨土地作为被执行人财产进行执行不会损害社会公共利益。当然这里有一个例外，就是具有公益性质的划拨土地，比如机关法人的办公用地、军用设施用地、学校的教学设施用地，这些具有公益性的划拨土地使用权应免予强制执行，或者通过对买受人的资格以及用途加以限制，以保证其公益性。

但是实然层面，在执行无任何建筑物的国有划拨土地使用权时，应与有关国土资源管理部门取得一致意见时予以执行。但以下两种情况无须取得国土资源管理部门同意：

第一，执行已经设定抵押的国有划拨土地使用权。按照有关规定，抵押人在抵押国有土地使用权时，应当经过批准。既然批准部门同意抵押，也就意味着其同意进行处置。

第二，执行国有划拨土地使用权上的建筑物，对其占用范围内的划拨土地使用权可以一并执行。对被执行人建筑物的处理，基于"地随房走"的法律原则，必然牵涉对其占用范围内的划拨国有土地使用权的处理，不应当再履行一道批准手续。《城市房地产管理法》关于划拨土地之上的房产转让须经批准的规定，是对平等民事主体之间交易行为的限制，而法院的强制执行是公法行为，并不属于此列。

需要注意的是，无论基于以上任何情形对被执行人名下的国有划拨土地使用权执行，都应保证国家对土地出让金的优先受偿权。

199. 国有建设用地上建造的无证房屋能否执行？

解析：国有建设用地上建造的无证房屋不属于法律及司法解释规定的法院不得查封、扣押、冻结的财产。在执行中，应就该房屋是否可转化为有证房屋向房屋登记机关征求意见，并作为确定无证房屋价值的参考。处置未办理初始登记的房屋时，具备初始登记条件的，法院处置后可以依法向房屋登记机构发出《协助执行通知书》；暂时不具备初始登记条件的，法院处置后可以向房屋登记机构发出《协助执行通知书》，并载明待房屋买受人或承受人完善相关手续具备初始登记条件后，由房屋登记机构按照《协助执行通知书》予以登记；不具备初始登记条件的，原则上进行"现状处置"，即处置前披露房屋不具备初始登记条件的现状，买受人或承受人按照房屋的权利现状取得房屋，后续的产权登记事项由买受人或承受人自行负责。

200. "烂尾楼"能否执行？

解析： "烂尾楼"即未竣工验收的工程。能否执行应区分具体情况。第一，如果"烂尾楼"占用范围内的土地为国有出让土地，该工程系合法建设，只是因资金短缺等因素无法续建，该工程及其占用范围内的土地使用权可以执行，只是不能改变土地用途和建设规划。第二，如果"烂尾楼"占用范围内的土地属于国有划拨或集体建设用地，该工程系合法建设，只是因资金短缺等因素无法续建，对该土地使用权的执行受到限制，参照划拨土地及集体所有土地方法处理。第三，如果"烂尾楼"占用范围内的土地属于国有出让土地，该工程虽符合该区域的整体规划，但未经建设主管部门审批而被勒令停建。这种情况，只有受让人能补办该工程建设相关审批手续，该工程及其占用范围内的土地使用权才能执行。

201. 被执行人购买的预售商品房能否执行？

解析： 对于被执行人购买的登记在开发商名下、办理了商品房预售合同登记备案手续的房屋，人民法院可以对该房屋采取预查封措施。《最高人民法院、国土资源部、建设部关于依法规范人民法院执行和国土资源房地产管理部门协助执行若干问题的通知》（法发〔2004〕5号）第16条规定："……土地、房屋权属在预查封期间登记在被执行人名下的，预查封登记自动转为查封登记，预查封转为正式查封后，查封期限从预查封之日起开始计算。"可见，预查封不同于正式查封，预查封的被执行人对未登记在其名下的房屋仅享有所有权期待利益，对能否成为真正的权利主体，尚处于不确定状态。[1] 人民法院需要待房屋登记在被执行人名下，预查封转为正式查封后，再对房屋进行处置。

---

[1] 预查封与正式查封均是旨在将特定财产置于执行法院控制之下的控制性执行措施，二者基于控制财产的目的具有共通性的效力。但因预查封的标的是案外人的财产，故预查封还具有禁止案外人处分预查封标的和不禁止案外人提出抗辩事由的特别效力。在不动产物权期待缺位的背景下，符合《最高人民法院关于办理执行异议和复议案件若干问题的规定》（2020年修正）第28条规定的条件时，预查封禁止案外人处分预查封标的的效力，可以有效规避案外人再次处分预查封标的的风险，预查封也因而具有独立于对被执行人享有的物之交付或移转请求权执行的方法的程序价值。参见庄诗岳：《中国式可期待财产的控制：预查封的效力分析》，载《河北法院》2023年第6期。

但是，在特殊情形下也可以进行评估、拍卖。被执行人作为买受人购买开发商的预售商品房屋，如被执行人符合《最高人民法院关于人民法院办理执行异议和复议案件若干问题的规定》（2020 年修正）第 28 条或第 29 条规定的情形，那么，此时被执行人对房屋享有的权利已经可以排除针对出卖人的执行程序，这种专属权利一定程度上已经具有了物权的排他性效力，必要时，人民法院也可以对该房屋进行评估、拍卖。①

202. 集体土地能否执行?

解析： 能执行，但需要注意集体土地的执行方法：

第一种是不改变集体土地的性质。《土地管理法》（2019 年修正）第 63 条第 3 款规定："通过出让等方式取得的集体经营性建设用地使用权可以转让、互换、出资、赠与或者抵押，但法律、行政法规另有规定或者土地所有权人、土地使用权人签订的书面合同另有约定的除外。"对于可以依法转让的集体土地，人民法院可以在不改变其土地性质的情况下进行变价处置，受让人取得的仍是集体土地。

第二种是改变集体土地的性质。对于转让受限或者转让不能的集体土地，将集体土地作为欠缺手续的国有土地进行变价处置，受让人履行相关手续后取得的土地是国有土地。

第二种执行方法涉及将集体土地收归国有土地的征收问题，实质上属于行政权的范畴。人民法院在执行集体土地过程中，如果涉及变更土地性质的，不能代替行政机关就征收问题作出判断。为此，《最高人民法院、国土资源部、建设部关于依法规范人民法院执行和国土资源房地产管理部门协助执行若干问题的通知》（法发〔2004〕5 号）第 24 条规定，人民法院应当与国土资源管理部门协商并取得一致意见后进行处置，即在国土资源管理部门依法行使职权并同意征收土地的情况下，人民法院按照变更土地性质的执行方法对集体土地进行执行。

203. 集体土地上的房屋能否执行?

解析： 集体土地上房屋主要包括宅基地上房屋和村集体建设的安置房，

---

① 薛圣海、何东奇：《执行审查部分问题解答》，载最高人民法院执行局编：《执行工作指导》2020 年第 3 辑，人民法院出版社 2021 年版，第 159~165 页。

执行中涉及的问题主要是如何定价、可否过户、能够参与拍卖的人员范围？集体经济内部是以村还是以组为单位？是否可以扩大范围？

对于宅基地上房屋的执行，主要受制于宅基地使用权的流转问题。宅基地使用权是法律上对农民的基本保障，旨在解决农村集体经济组织内部成员的基本居住问题。目前，保障功能仍然是宅基地使用权制度的首要功能，收益和流转还在其次。人民法院在执行中，首先应注意保障被执行人基本的生活住房，宅基地上的房屋为被执行人及其扶养家属生活所必需的，人民法院不得对此强制执行。从现有法律规定来看，宅基地使用权受让主体的范围非常有限。国家禁止城镇居民在农村购买宅基地，宅基地使用权不能向城镇居民转让。法人或其他组织不具备宅基地使用权人的主体资格，也不能取得宅基地使用权。在当前法律框架下，一般认为，宅基地使用权也不能向本集体经济组织之外的农村村民转让；即使是本集体经济组织内部成员，由于受《土地管理法》（2019年修正）第62条"一户一宅"原则的限制，也不能向本集体经济组织的有房村民以及不符合宅基地分配条件的村民转让。因此，宅基地使用权的受让主体范围极其有限，对于宅基地上房屋的执行也困难较大。实践中，对于农村房产这种特殊的执行对象，强制管理是一种比较理想的执行方式。宅基地使用权作为一种用益物权，将宅基地使用权用于租赁，无论租赁给本集体经济组织的成员，还是租赁给本集体经济组织以外的农民，无论农业用途还是非农用途，只要不是用于非农开发，都符合《民法典》的物尽其用原则。执行法院可以尝试在保障被执行人及其扶养家属基本生活的前提下，就宅基地使用权的强制管理问题进行探索实践。当然，如果宅基地及其地上房屋被征收的，可依法执行征收补偿收益，但应保障被执行人及其扶养家属的基本生活。

对于村集体在集体土地上开发建设的房屋，可以参照《最高人民法院关于转发住房和城乡建设部〈关于无证房产依据协助执行通知书办理产权登记有关问题的函〉的通知》（法〔2012〕151号）执行。虽然《住房和城乡建设部关于无证房产依据协助执行文书办理产权登记有关问题的函》（建法函〔2012〕102号）已经被《住房和城乡建设部关于废止部分文件的决定》（建法〔2019〕58号）废止，但废止原因主要是住房和城乡建设部不再负责房屋登记事项，故最高人民法院上述通知的精神仍可参照适用。具体而言，在执行程序中既要保证执行工作的顺利开展，也要防止"违法建筑"等不符合法律、行政法规规定的房屋通过协助执行行为合法化。对于不具备初始登记条件的房屋，原则上进行"现状处置"，即处置前披露房屋不具备初始登记条件的现状，买受人或承受人按照房屋的权利现状取得房屋，后续的产权登记事项由买受人或承受人自行负责。对于无法办证甚至被行政执法强制拆除的风险，均由买受人或承受人自行承担。对于"现状处置"及其风险承担，应当在拍卖公告中明确载明。

204. 生效判决确定未登记担保人承担赔偿责任的，能执行其哪些财产？

解析： 关于以登记作为设立要件的担保物权，如不动产抵押权、股权质权等，在未办理登记时抵押人或质押人是否仍承担责任，该项责任的性质及具体范围如何界定，在理论和实践中一直存在较大争议。为统一裁判尺度，《全国法院民商事审判工作会议纪要》（法〔2019〕254号）第60条规定："不动产抵押合同依法成立，但未办理抵押登记手续，债权人请求抵押人办理抵押登记手续的，人民法院依法予以支持。因抵押物灭失以及抵押物转让他人等原因不能办理抵押登记，债权人请求抵押人以抵押物的价值为限承担责任的，人民法院依法予以支持，但其范围不得超过抵押权有效设立时抵押人所应当承担的责任。"该条在适用《民法典》（2021年施行）第215条规定的区分原则的基础上，一方面，肯定未登记不动产抵押合同的效力，赋予债权人请求抵押人办理抵押登记的权利；另一方面，规定在抵押人不能履行登记义务时应向债权人承担有限赔偿责任，对此以登记为设立要件的担保物权均应参照适用。在裁判规则逐步明晰的同时，如何在强制执行程序中保障上述责任精准落实，尤其是有限赔偿责任如何执行的问题，也在实践中凸显出来。

未登记担保人赔偿责任的强制执行规则可归纳如下：以登记作为设立要件的担保物权虽未办理登记，但担保合同依法成立的，法院可判决担保人在担保物价值范围内承担违约损害赔偿责任。因该项责任并非物的担保责任，属于一般金钱债务，法院在强制执行时可对担保人的所有责任财产查封和变价，而不限于担保物，但同时又因担保人的赔偿范围原则上以担保物变价款为限，若执行法院首先查封担保物且无其他优先权人，再执行其他财产就可能构成超标的执行；相反，若担保物已被其他债权人首先查封或其他债权人享有优先受偿权，则担保物变价款将不能全部用来承担赔偿责任，执行法院可再执行其他财产。①

参考案例：重庆融海实业有限公司执行复议案，二审判决判令合成化工公司在抵押房产、质押股权价值范围内，融海公司在质押股权价值范围内对主债务人重大高科公司付款义务不能清偿部分承担赔偿责任，在执行程序中重庆市高级人民法院冻结了融海公司质押股权之外的财产，由此产生以下争议问题：第一，执行标的层面，执行法院能否不执行担保物而直接执行其他财产；第二，执行范围层面，担保人的责任范围即担保物的价值如何判断，尤其在时间节点上是以担保合同订立时为准还是以担保物变现时为准，这也决定了上述案例中的查封是否构成超标的查封；第三，执行顺位层面，担保人对不能清偿部分承担赔偿责任，是否需要经强制执行主债务人仍然不能清偿后才能执行担保人，这涉及其是否享有先执行抗辩权的问题。

在（2020）最高法执复140号执行裁定书中，最高人民法院对此予以明确：第一，在执行标的上，因违约损害赔偿责任并非物的担保责任，属于金钱债务，债务人应当以其现在及将来的一切责任财产来承担偿还责任。② 因此，其虽然在范围上要受到担保物价值的限制，但该限制只是抽象价值的限制而非特定物的限制，故融海公司等全部责任财产均可作为执行标的，但从方便执行的角度，若担保物仍由融海公司持有，则可在征求债权人意见的基础上，直接执行担保物并就其变价款清偿。第二，在执行范围上，因融海公司的赔偿范围原则上以担保物变价款为限，若执行法院首先查封担保物且无其他优先权人，债权人对担保物变价款在执行程序中将享有优先受偿的地位，若法院再执行其他财产，应构成超标的执行；相反，若担保物已被其他债权人首先查封或其他债权人享有优先受偿权，则担保物变价款将不能全部用来承担赔偿责任，执行法院可再执行其他财产。第三，在执行顺位上，在采取补充责任解释路径的前提下，应在对主债务人财产依法强制执行后仍不能履行债务时，再执行融海公司。

---

① 孙超：《未登记担保人赔偿责任的强制执行问题——重庆融海实业有限公司执行复议案》，载最高人民法院执行局编《执行工作指导》2020年第3辑，人民法院出版社2021年版，第35~46页。

② 参见史尚宽：《债法总论》，中国政法大学出版社2000年版，第378页。

（七）对动产、不动产的执行

※查 封

205. 如何把握"禁止超额查封"？

解析：债务人的全部财产是全体债权的总担保，这是执行法上的一个基本理念。但这个理念并不意味着，一旦进入执行程序，可以毫无限度地控制和处置被执行人的财产。

查封被执行人财产时，需要确定被执行人财产的价额，目的在于避免超额查封。"禁止超额查封"是比例原则在查封环节的体现，旨在维护申请执行人权益的同时兼顾被执行人的利益，其法律依据为《民事诉讼法》（2023 年修正）第 253 条和《最高人民法院关于人民法院民事执行中查封、扣押、冻结财产的规定》（2020 年修正）第 19 条。《民事诉讼法》（2023 年修正）第 253 条第 1 款规定："……人民法院查询、扣押、冻结、划拨、变价的财产不得超出被执行人应当履行义务的范围。"《最高人民法院关于人民法院民事执行中查封、扣押、冻结财产的规定》（2020 年修正）第 19 条规定："查封、扣押、冻结被执行人的财产，以其价额足以清偿法律文书确定的债权额及执行费用为限，不得明显超标的额查封、扣押、冻结。""发现超标的额查封、扣押、冻结的，人民法院应当根据被执行人的申请或者依职权，及时解除对超标的额部分财产的查封、扣押、冻结，但该财产为不可分物且被执行人无其他可供执行的财产或者其他财产不足以清偿债务的除外。"据此，我国"禁止超额查封"规则可以表述为：金钱债权执行中，人民法院查封被执行人财产的价额，不得明显超出其应当清偿的执行债务及执行费用金额，但该财产为不可分物且被执行人无其他可供执行财产的除外。

从《民事诉讼法》（2023 年修正）第 253 条"人民法院……不得……"的表述可知，"禁止超额查封"是对执行权的限制，执行程序应当遵守的规则。所以，人民法院查封时，应依职权探知查封财产的价额。依职权探知财产价额，并不等于在查封前必须委托评估。如果查封前必须经过评估机构的评估，不仅会增加执行成本，也不利于及时有效控制财产。比较法上，德国、日本、我国台湾地区也均认可由执行人员对查封财产未来可以获得的价额予以估算，只有对于比较贵重且价值难以判断的财产，才需要委托鉴定人。且对估算的价格，当事人不得提出异议。

对不同查封财产价额的估算可以采用不同方法，但总体上应当与执行程序的审查标准相符合，并有助于提高执行效率。具体而言：①

（1）对现金、银行存款、公积金以及其他无需变价可以直接全额提取兑付的货币类财产，根据实际查封金额确定价额。

（2）对有公开交易价格的财产，如上市公司股票、房地产交易活跃城市的房产、金银制品、银行汇票、全新电子产品等，可以参照其公开交易价格进行估算。其中，上市公司股票，一般应当以冻结前一交易日收盘价为基准，结合股票市场行情，一般在不超过20%的幅度内合理确定，但限制流通股除外。房产可以参照同地带、同条件的房产交易价格估算。

（3）对没有公开交易价格的财产，在查封前进行评估不是必需的。因为效率是执行程序的重要价值，查封前就请评估机构进行评估，不仅会增加执行成本，也不利于及时有效控制财产。此外，委托评估也不是确定财产价额的唯一方法。

应当注意的是，查封标的为在建工程的，应当区分是否已经取得预售许可证。已经取得预售许可证的，能够对外销售，可以参照同地段同类不动产价格确定，不能仅计算建安成本。查封标的为债务人对第三人金钱债权的，不能仅仅根据该债权的金额确定其价额。因为到期债权的价额，很大程度上取决于第三人的清偿能力。查封标的为有限公司股权的，也不宜简单根据认缴出资额确定其价额。公司股权的价值，与股东的认缴出资额并无必然联系，而是取决于公司的资产负债情况以及未来的盈利能力。

（4）经人民法院依法委托形成的评估报告，通常可以作为认定查封财产价值的参考；但单方委托形成的评估报告对方不认可的、评估报告超出有效期的、评估报告所基于的事实发生变化的、已有其他证据证明评估报告不可靠的，该评估报告不足以单独作为确定查封财产价额的依据。

（5）估算查封财产价额时，可以考虑执行变价的难度及降价幅度。如前所述，财产价额是财产经过法院执行程序可以变价取得的价款金额，因此必须兼顾司法拍卖变价过程中的降价情况。

---

① 最高人民法院执行裁判规则研究小组：《禁止超额查封》，载最高人民法院执行局编：《执行工作指导》2020年第2辑，人民法院出版社2021年版，第51~70页。

关于保全查封，是否考虑流拍降价问题存在不同观点。有观点认为，保全查封中确定被查封财产的价值可以评估净值为准，对是否会流拍降价不予考虑。但这种观点是否妥当颇值商榷。财产保全的目的是避免判决难以执行，因此财产保全时就必须考虑后续执行中存在的变价问题。至于保全查封时原被告"胜负未分"的问题，已经通过保全阶段审查保全必要性和要求申请人提供担保解决。

（6）查封财产上存在抵押权等优先受偿权或者有其他法院在先查封的，在估算财产价额时，应当将其他债权人可以优先受偿的金额予以扣除。因为这部分财产价值并不能用于清偿本案债权人的债务。已有案外人就执行标的提出案外人异议的，可以根据实际情况，确定是否将该财产纳入计算范畴。

（7）担保物权人未申请查封担保物，而是申请查封其他财产。此时，对于担保物的价额应否计入查封财产价额存在不同观点。有观点认为，我国现行法律和司法解释对担保财产以及查控财产的流转作了极其严格的限制，担保财产与查控财产的总值明显超过执行债权以及执行费用总额的，实际上具有与"超额查封"类似的效果，涉嫌违反比例原则。但目前实践多数观点认为，法律、司法解释目前限制的是"超额查封"，将抵押等担保物权解释为查封存在一定障碍。并且，如果此时将担保物的价额计入查封财产价额，就意味着担保物权人必须先就担保物受偿，或者必须放弃担保物权才能执行其他一般责任财产。也与《民法典》（2021年施行）第392条中关于第三人提供物的担保的，债权人可以就物的担保实现债权，也可以请求保证人承担保证责任相冲突。

参考案例：在（2018）最高法执监486号执行裁定书中，最高人民法院认为，判断法院是否存在明显超标的额查封的情形，需要综合考虑多方面因素。对全部查封财产进行评估是确定查封财产价值，进而判断是否超标的额查封的重要方法，但并非唯一方法。本案中，山西省太原市中级人民法院为确定查封的72套房屋是否存在超标的额查封的情形，于2017年3月8日召集东泰公司副经理张某进、信达山西分公司代理人杨某进行了询问，双方达成一致意见，选择其中1601号房屋进行房地产市场价值评估，根据评估价格确定查封数量。该做法充分尊重了双方当事人的意见，没有违反法律和司法解释强制性规定。

206. 查封房屋、土地等不可分物时，如何适用"禁止超额查封"规则？

解析：之所以在超额查封问题上把房屋、土地单独拿出来说，是因为房屋、土地容易被认为是不可分物。根据《最高人民法院关于人民法院民事执行中查封、扣押、冻结财产的规定》（2020 年修正）第 21 条第 1 款的规定，查封地上建筑物的效力及于该地上建筑物使用范围内的土地使用权，查封土地使用权的效力及于地上建筑物，但土地使用权与地上建筑物的所有权分属被执行人与他人的除外。因此，即便在执行中，土地使用权或者房屋所有权任何一个的价值都明显超出执行债务金额，也不能仅查封土地使用权或者房屋所有权。这里就需要结合《最高人民法院关于人民法院民事执行中查封、扣押、冻结财产的规定》（2020 年修正）第 19 条规定的规定来把握这个问题。该条规定："查封、扣押、冻结被执行人的财产，以其价额足以清偿法律文书确定的债权额及执行费用为限，不得明显超标的额查封、扣押、冻结。""发现超标的额查封、扣押、冻结的，人民法院应当根据被执行人的申请或者依职权，及时解除对超标的额部分财产的查封、扣押、冻结，但该财产为不可分物且被执行人无其他可供执行的财产或者其他财产不足以清偿债务的除外。"该条规定了"禁止明显超标的额查封"的除外情形——即便查封财产价额明显超出了执行债务金额，但如果查封标的不可分且被执行人无其他财产可供执行，则该执行行为依然是合法。这是因为虽然查封财产的价额明显高于执行债务金额，但由于被执行人没有其他财产可以执行，如果不允许对该财产予以查封，则债权人将无法受偿，这显然也不符合比例原则的初衷。比较法上，德国、日本等也均将其作为"禁止超额查封"的除外情形。

但是，不能把土地、房屋等不动产一律作为不可分物。所谓不可分财产，是指部分财产从整体分离后，其整体的自然或者经济效能无法保持的财产。[①]例如一辆完整的汽车，其零件成千上万，但依然属于不可分财产。对于不动产，《不动产登记暂行条例实施细则》（2019 年修正）第 5 条第 4 款规定："前款所称房屋，包括独立成幢、权属界线封闭的空间，以及区分套、层、间等可以独立使用、权属界线封闭的空间。"《不动产登记操作规范（试行）》

---

① 参见孙宪忠：《中国物权法总论》（第二版），法律出版社 2009 年版，第 105 页。

（2021年修订）第1.3.1条则规定："不动产登记应当以不动产单元为基本单位进行登记。不动产单元是指权属界线封闭且具有独立使用价值的空间。独立使用价值的空间应当足以实现相应的用途，并可以独立利用。"也就是说，如果不动产分割之后的部分，无权属界限封闭或者没有独立使用价值的，则在使用上不可分。因此，一个公寓化住宅中一套两室一厅的房子，属于不可分财产。需要注意的是，如果不动产使用上可分且符合分割登记的条件，只是目前登记在一个登记簿上，则仍属于可分割财产。

为了解决土地、房屋等不动产执行环节经常会出现的超额查封问题，2016年，最高人民法院在《关于在执行工作中规范执行行为切实保护各方当事人财产权益的通知》（法〔2016〕401号）中，要求下级法院"对土地、房屋等不动产保全查封时，如果登记在一个权利证书下的不动产价值超过应保全的数额，则应加强与国土部门的沟通、协商，尽量仅对该不动产的相应价值部分采取保全措施，避免影响其他部分财产权益的正常行使"。该内容进一步明确了登记在一个权利证书下的不动产，未必就是不可分的。对于可以分割的不动产，人民法院应当与登记主管部门积极协调，依法分割登记后对相应价值部分的不动产采取保全措施。2019年《最高人民法院关于在执行工作中进一步强化善意文明执行理念的意见》（法发〔2019〕35号）第4条对"加强与国土部门的沟通、协商"如何具体操作予以明确，即要求"人民法院在对不动产进行整体查封后，经被执行人申请，应当及时协调相关部门办理分割登记并解除对超标的部分的查封。相关部门无正当理由拒不协助办理分割登记和查封的，依照民事诉讼法第一百一十四条采取相应的处罚措施"。据此，人民法院在进行整体查封后，经被执行人申请，应当及时协调相关部门办理分割登记并解除对超标的部分的查封。[①]

207. 房地未同时查封时查封顺序如何确定？

解析： 不同法院分别查封房产和土地时，因我国遵循严格的房地一体原则，查封顺位、处置权法院以及变价款分配顺序等往往会产生争议。处理争议的规则为：两个以上人民法院对同一宗土地使用权、房屋进行查封的，不动产登记管理部门为首先送达协助执行通知书的人民法院办理查封登记手续

---

① 参见最高人民法院执行裁判规则研究小组：《禁止超额查封》，载最高人民法院执行局编：《执行工作指导》2020年第2辑，人民法院出版社2021年版，第51~70页。

后，对后来办理查封登记的人民法院作轮候查封登记，并书面告知该土地使用权、房屋已被其他人民法院查封的事实及查封的有关情况。查封地上建筑物前建筑占用范围内的土地使用权已被其他机关查封的，执行法院对该建筑物及该建筑物占用范围内的土地使用权的查封均系轮候查封。

参考案例： 在第 122 号指导性案例中，最高人民法院认为，贾某强虽申请执行法院对案涉土地 B29 地块运营商总部办公楼采取了查封措施，但该建筑占用范围内的土地使用权此前已被查封。根据《最高人民法院关于人民法院民事执行中查封、扣押、冻结财产的规定》第 23 条第 1 款有关查封土地使用权的效力及于地上建筑物的规定精神，贾某强对该建筑物及该建筑物占用范围内的土地使用权均系轮候查封。

208. 甲法院办理了土地使用权查封登记，其后乙法院办理了地上建筑物查封登记，对地上建筑物而言乙法院是否为首查封？

解析：《最高人民法院关于人民法院民事执行中查封、扣押、冻结财产的规定》（2020 年修正）第 21 条第 1 款规定："查封地上建筑物的效力及于该地上建筑物使用范围内的土地使用权，查封土地使用权的效力及于地上建筑物，但土地使用权与地上建筑物的所有权分属被执行人与他人的除外。"该条是房地一体原则在执行程序查封、扣押、冻结措施中的明确体现。按照该条规定，对于已登记的地上建筑物及该地上建筑物使用范围内的土地使用权，只要在登记机关办理了地上建筑物的查封，其查封效力便可及于该地上建筑物使用范围内的土地使用权；在登记机关办理了土地使用权的查封，其查封效力便可及于该土地使用权上的地上建筑物。当然，该条第 2 款也规定，地上建筑物和土地使用权的登记机关不是同一机关的，应当分别办理查封登记；但该规定的理解应与《最高人民法院关于人民法院民事执行中查封、扣押、冻结财产的规定》（2020 年修正）第 24 条第 3 款所确定的"人民法院的查封、扣押、冻结没有公示的，其效力不得对抗善意第三人"的规定相结合理解。也即第 21 条第 2 款设立的主旨在于保护善意第三人，确立了不动产查封的登记对抗效力。也就是在地上建筑物与土地使用权的登记机关非同一机关时，仅对房屋或者土地使用权进行了查封登记，对二者未全部进行查封登记时，未进行查封登记的内容并不是说不具有查封的效力，因为此时完全可以适用《最高人民法院关于人民法院民事执行中查封、扣押、冻结财产的规定》（2020 年修正）第 21 条第 1 款的规定，而是指未进行查封登记的内容不具有对抗善意第三人的效力。因此，此时区分善意第三人的范围便具有重要意义。

而就强制执行而言，债权人（申请执行人）向法院申请查封是基于其与债务人（被执行人）的债权而发生，其对执行标的物申请查封，不同于善意第三人，因为执行法院应当对土地和房屋的权属状况及查封情况进行全面调查，不能仅仅依靠土地或者房屋二者之一的查封登记情况进行判断，由此，债权人也不能主张其具有善意第三人的法律地位。所以，按照《最高人民法院关于人民法院民事执行中查封、扣押、冻结财产的规定》（2020 年修正）第 21 条第 1 款的规定，在对房屋或者土地使用权二者其一进行了查封登记后，房屋和土地使用权的查封就已经完全生效。即便其后有法院对未进行查封登记的房屋或土地使用权进行了查封登记，但由于其并不属于不得对抗的善意第三人，因此该行为为轮候查封，并不具有首查封的效力。

《民法典》坚持了房地一体原则。基于房地一体原则所规定的查封房屋的效力及于土地，其目的实际上是保证房屋拍卖的整体性，确保法院在拍卖房屋和土地使用权时能够一并处分，保证房屋与土地的买受人是同一主体，也即实现房屋和土地使用权权利转移和处置能够保持权利归属上的一体性，防止由于分别拍卖处置导致房地产的交易秩序混乱，确保市场经济秩序的稳定。因此，从这一目的出发，在对《最高人民法院关于人民法院民事执行中查封、扣押、冻结财产的规定》（2020 年修正）第 21 条进行理解时，应理解为即便房屋及土地使用权分属不同登记机关，只要对房屋或者土地使用权二者之一进行了查封，其效力便应及于对方。这样理解，可以确保房屋和土地使用权查封主体的一致性，进而在拍卖处置时也能够一并处置，最终确保权利归属的一致性。同时，也有效避免了房屋或者土地使用权分别由不同法院查封而产生的拍卖处置、权利转移的分离性，更加契合房地一体原则真正的规则目的导向。

209. "地上建筑物使用范围内的土地使用权" 的 "使用范围" 如何确定?

解析:《最高人民法院关于人民法院民事执行中查封、扣押、冻结财产的规定》（2020 年修正）第 21 条第 1 款规定:"查封地上建筑物的效力及于该地上建筑物使用范围内的土地使用权，查封土地使用权的效力及于地上建筑物，但土地使用权与地上建筑物的所有权分属被执行人与他人的除外。"此处的 "使用范围" 如何确定，存在不同观点。

一种观点认为，"使用范围"指地上建筑物的坐落范围，即效力只及于案涉房产（投影）占用的土地范围，但是在处置的过程中可以房地一并处置，地上建筑物的优先受偿的范围仅为建筑物的实际占用范围。

另一种观点认为，"使用范围"指依据规划，建筑物所占用土地之上的建设用地使用权，即规划土地就属于该地上建筑物的规划占地。我国建设用地使用权的客体为"宗地"，一块宗地即为一个物权客体，应作为整体看待。如果地上建筑物不存在区分所有权，那么，效力及于规划内整个宗地，可就整个宗地优先受偿。

研析认为，"使用范围"应以地上建筑物合理的实际占用范围为限，除应包括地上建筑的投影面积，还应包括该建筑区划内道路、土地、公共设施等属于建筑物的正常合理使用的范围，对于规划所占用大于部分具有独立使用价值的范围不属于合理的部分，效力不应及于该范围。

参考案例： 在（2020）最高法民申2308号民事裁定书中，最高人民法院认为，根据我国地籍管理规定，建设用地使用权的登记以宗地为单位。换言之，建设用地使用权的客体为宗地，一块宗地即为一个物权客体。原审已查明抵押房产系案涉宗地面积范围内唯一合法建筑物，且该抵押房产原由被执行人刘某单独所有，在没有证据证明案涉建设用地使用权存在其他共有人的情况下，杨某泰有权就案涉全部土地拍卖款优先受偿。

210. 轮候查封的，是否需要明确期限？

解析： 轮候查封"不需要"明确期限，但"可以"明确期限。

之所以不需要明确期限，是因为：第一，从轮候查封制度的创设目的看，不需要设定期限。轮候查封最早见于《最高人民法院、国土资源部、建设部关于依法规范人民法院执行和国土资源、房地产管理部门协助执行若干问题的通知》（法发〔2004〕5号），后来《最高人民法院关于人民法院民事执行中查封、扣押、冻结财产的规定》对其作了明确规定。主要考虑是，诉讼和执行过程中，在前后两个案件分别由两个法院管辖的情况下，因法律禁止重复查封，又无其他相应的信息沟通机制，在第一次查封被解除后，其他法院往往不可能立即获悉在先查封被解除的信息，从而导致在后的查封不可能立即实施，债务人往往会借机转移财产，其他债权人的利益因此而遭受不应有的损失。可见，轮候查封制度是在民事诉讼法禁止重复查封的情况下，为其他法院可以在第一次查封解除后立即实施第二次查封而创设的制度，其核心作用在于轮候等待、避免两次查封之间出现空档期。从这个角度考虑，轮候查封不设期限，有利于避免出现查封上的空档期。第二，从司法解释规定查封期限的目的看，轮候查封制度不需要期限。在《最高人民法院关于人民法院民事执行中查封、扣押、冻结财产的规定》出台之前，查封是不设期限的。但实践中，有些法院在对被执行人的财产查封后，未再采取进一步的执行措施，导致该财产被长期查封。这种状况，既不利于债权人实现债权，也不利于充分发挥财产的效用和实现财产的流转，造成了社会财富的浪费。鉴于此，《最高人民法院关于人民法院民事执行中查封、扣押、冻结财产的规定》以司法解释形式统一规定了各类财产的查封期限。可见，规定查封期限的目的，是督促采取查封措施的法院积极采取进一步执行措施。对于轮候查封法院而言，通常情况下对财产没有处置权，不需要通过规定查封期限督促其进一步采取执行措施。第三，从现行司法解释的规定看，轮候查封没有期限。《最高人民法院关于适用〈中华人民共和国民事诉讼法〉的解释》（2022 年施行）第 485 条，明确规定了查封、扣押、冻结财产的最长期限，没有规定轮候查封期限。《人民法院办理执行案件规范》（第二版）第 467 条规定："轮候查封、扣押、冻结不产生正式查封、扣押、冻结的效力，不需要续行轮候查封、扣押、冻结。""轮候查封、扣押、冻结自转为正式查封、扣押、冻结之日起开始计算查封、扣押、冻结期限。""人民法院在办理轮候查封、扣押、冻结措施时，可以在协助执行通知书中载明轮候查封、扣押、冻结转为正式查封、扣押、冻结后的查封、扣押、冻结期限。"① 综上，在法律规则层面，现行法律和司法解释没有规定轮候查封的最长期限；从轮候查封制度和查封期限的立法目的看，轮候查封可以不要期限。

而之所以也可以明确期限，是因为最长期限确定了边界，边界之内属于自由裁量权的范围。司法解释规定了查封财产的最长期限，虽然实践中法院通常按照最长期限采取查封措施，但理论上具体多长期限，法院有自由裁量权，法院可以对不动产采取两年或者一年期限的查封。同样，轮候查封最长可以没有期限，执行法院仍然可以根据案件需要在查封手续中明确具体期限。

211. 轮候查封明确期限的，期限从何时开始计算？

解析： 查封分为首查封和轮候查封。轮候查封制度的构建，是由于在诉

---

① 最高人民法院执行局编：《人民法院办理执行案件规范》（第二版），人民法院出版社 2022 年版，第 207 页。

讼和执行过程中，在前后两个案件分别由两个法院管辖的情况下，因法律禁止重复查封，又无其他相应的信息沟通机制，在第一次查封被解除后，其他法院往往不可能立即获悉在先查封被解除的信息，从而导致在后的查封不可能立即实施，债务人可能会借机转移财产，其他债权人的利益难以得到保障。为此，司法解释设立了轮候查封制度。根据2007年《最高人民法院关于查封法院全部处分标的物后轮候查封的效力问题的批复》（法函〔2007〕100号），人民法院对已查封、扣押、冻结的全部财产进行处分后，该财产上的轮候查封自始未产生查封、扣押、冻结的效力。因轮候查封、扣押、冻结不产生正式查封、扣押、冻结的效力，轮候查封裁定书及其协助执行通知书无需记载期限，不需要续行轮候查封、扣押、冻结。

但司法实践中，人民法院在向银行、不动产登记部门发送协助执行通知书时，经常会应这些部门要求，在通知书上载明一个起止时间。当为在先查封时，这一起止时间就即时生效；但为轮候查封时，这一起止时间是否生效，实务中存在两种明显不同的认识。

第一种观点认为，轮候查封时，协助执行通知书载明的起止时间具有法律约束力。截止时间前轮候查封转为在先查封的，生效后的查封截止时间只能计算至协助执行通知书载明的截止时间；截止时间后未续封的，在先查封解除后，轮候查封因已过期而不再自动生效。主要理由为：首先，依据《最高人民法院关于人民法院民事执行中查封、扣押、冻结财产的规定》（2020年修正）第26条规定轮候查封是转为查封时自动生效。其次，从实际操作层面看，被查封的财产可能有多重的轮候查封，至于什么时间能转为查封是不确定的。只有严格按照法律文书上记载的时间适时续封，才能保证不脱封。所以，从轮候查封转为查封这段时间不应扣除，亦即不自动顺延。

第二种观点认为，由于轮候查封并不发生效力，对其起止时间的界定相应不发生效力。无论协助执行通知书载明的截止时间是否已经届满，只要在先查封解除，该轮候查封仍然自动生效，其起算时间从自动生效之日起计，查封期限按照协助执行通知书载明的时间长短而顺延计算。主要理由为：轮候查封只有"预期"效力，所以没有"到期"问题。当存在多个轮候查封时，轮候查封中的排位只是表明次序先后，而没有期限。通常法院会在协助执行通知书中明确查封期限，但轮候查封并未产生查封效力，故轮候查封文书上如何表述都不影响从查封实际生效之日起算。轮候查封只会因为在先查封法院对查封的全部财产进行处分而失去效力，不存在到期失效的问题，故不存在轮候查封要办理续封的问题，亦即轮候查封成为在先查封时时间自动顺延。

研析认为，第一种观点更有说服力，即人民法院采取轮候查封措施，在协助执行通知书中明确起止时间，具有法律约束力。逾期未办理续期手续的，轮候查封不再具有轮候效力；已经转为正式查封的，查封效力消灭。理由如下：法院发出的协助执行书，承载着国家意志和权威，具有权威性和严肃性，对于法院、协助执行机关和其他查封机关而言，都具有相应效力。从法律规则层面分析，轮候查封可以不需要期限，但法律同样也没有禁止轮候查封有期限。实践中，关于轮候查封的期限，大致有三种做法：一是不明确期限，二是明确转为正式查封后的期限，三是明确轮候查封具体的起止时间。如果查封协助执行通知书中明确记载了查封的起止日期，即便该查封为轮候查封，也应受其载明的期限约束，期间届满时，如需要继续轮候查封或者查封的，人民法院应及时办理续行查封手续。如果查封协助执行通知书载明查封期限为自转为正式查封之日起三年或两年，在协助执行机关接受后，对双方都有约束力，轮候查封期间没有期限，只有转为正式查封之后才开始计算期限。也有观点认为，通知书载明的期限系"查封"期限，由于轮候查封不是正式查封，所以该期限起算时间点应该从转为正式查封之日起计算。这种观点会导致通知书载明的期限与实际期限不一致的问题，造成协助机关和法院之间、不同法院之间的误解和歧义，引发不必要的争议，影响查封秩序。

参考案例：在（2020）最高法执监 312 号执行裁定书中，最高人民法院认为，轮候冻结裁定书及其协助执行通知书自送达之日起发生轮候冻结的法律效力，协助执行通知书载明的冻结日期或期间具有公示效力，对协助执行的单位具有拘束力；期间届满时如需要继续冻结，人民法院应当及时办理续行冻结手续。本案中，（2015）白山执恢字第 47－5 号协助执行通知书载明冻结期间为一年，但并未明确"自在先冻结解除之日起计算"，应当按照通常理解，从送达之日起开始计算轮候冻结的一年期间。根据该案例的意见，轮候查封是否有期限，主要取决于协助执行通知书载明的内容。协助执行通知书载明查封期限为一年的，自通知书送达之日起开始计算轮候查封期限。

212. 轮候查封对首封案件执行标的物变价款剩余部分是否有效？

解析：我国创设轮候查封制度的目的，主要是与《民事诉讼法》"禁止重复查封"规则相适应，解决随之带来的如何保障对执行标的物控制权在首封法院和轮候法院之间有序流转的问题。关于首封法院处置执行标的物变价清偿首封债权后仍有剩余，变价款的控制权如何流转这个具体问题，《最高人民法院关于查封法院全部处分标的物后轮候查封的效力问题的批复》（法函〔2007〕100号）明确："轮候查封、扣押、冻结自在先的查封、扣押、冻结解除时自动生效，故人民法院对已查封、扣押、冻结的全部财产进行处分后，该财产上的轮候查封自始未产生查封、扣押、冻结的效力。……人民法院对已查封、扣押、冻结的财产进行拍卖、变卖或抵债的，原查封、扣押、冻结的效力消灭，人民法院无需先行解除该财产上的查封、扣押、冻结，可直接进行处分，有关单位应当协助办理有关财产权证照转移手续。"

但是，关于轮候查封对首封案件执行标的物变价款剩余部分是否有效这个问题并不明确，实践中存在争议和不同做法。为了解决这个问题，《最高人民法院关于正确处理轮候查封效力相关问题的通知》（法〔2022〕107号）确立了三条规则：一是明确了轮候查封具有确保轮候查封债权人能够取得首封债权人从查封物变价款受偿后剩余部分的作用。首封法院对查封物处置变现后，首封债权人受偿后变价款有剩余的，该剩余价款属于轮候查封物的替代物，轮候查封的效力应当及于该替代物，即对于查封物变价款中多于首封债权人应得数额部分有正式查封的效力。轮候查封债权人对该剩余价款有权主张相应权利。二是明确了轮候查封对于首封处置法院有约束力。首封法院在所处置的查封物有轮候查封的情况下，对于查封物变价款清偿首封债权人后的剩余部分，不能径行返还被执行人，首封债权人和被执行人也无权自行或协商处理。首封法院有义务将相关处置情况告知变价款处置前已知的轮候查封法院，并将剩余变价款移交给轮候查封法院，由轮候查封法院依法处理；轮候查封法院案件尚在诉讼程序中的，应由首封处置法院予以留存，待审判确定后依法处理。三是明确了首封处置法院在明知拍卖标的物有轮候查封的情况下，违反上述义务，径行将剩余变价款退还被执行人的，构成执行错误。

《最高人民法院关于审理涉执行司法赔偿案件适用法律若干问题的解释》（2022年施行）第2条第11项是关于"错误执行"的兜底条款，《最高人民法院关于正确处理轮候查封效力相关问题的通知》（法〔2022〕107号）将这种情形概括为"执行错误"，系衔接性和引致性规定。

213. 财产查封后被执行人能否为转让、抵押等行为？

解析：该问题的实质是查封具有绝对性效力还是相对性效力。

甲说为绝对效。查封效力的绝对性，是指查封的效果能使被执行人绝对丧失对查封物的处分权，被执行人就查封物所为的处分行为，不仅对申请执行人无效，而且对任何第三人均为无效。[1] 这种观点认为，查封为公法上的行为，查封后，被执行人对查封物就丧失处分权，为贯彻禁止被执行人处分的目的，其处分行为属于绝对无效及确定无效，不得对执行债权人及任何人主张有效，即便事后申请执行人撤回执行申请或查封被撤销，也不能使其变为有效。[2] 查封效力绝对性观点，更注重对债权人利益的保护，有利于维护司法秩序的稳定，但不利于财产流通，不利于财产价值的充分体现。法国立法例主要采这种观点。《法国民事执行程序法典》第 L141－2 条规定，扣押行为，即引起受到扣押的财产为不得处分的财产。第 L321－2 条第 1 款规定，扣押文书使不动产即成为不得处分的财产，并限制受扣押的债务人的使用权、收益与管理权。第 L321－2 条第 2 款规定，债务人既不得转让受到扣押的不动产，也不得用其设置物权，但保留适用本法典第 L322－1 条的规定。L322－1 条规定，受到扣押的财产，或者经法院批准自愿协商出卖，或者公开竞价拍卖。根据上述规定，在法国，除非经法院批准，被执行人不得处分查封财产。当然，法国法也有例外情形。《法国民事执行程序法典》第 R321－1 条规定，为适用本法典法律第 L321－1 条第 1 款规定，不动产执行程序由司法执达员，应追偿债务的债权人的申请，（向债务人）送达"具有扣押效力的支付催告令"开始。第 R321－3 条第 1 款第 6 项规定，除司法执达员文书应当载明的法定事项之外，"具有扣押效力的支付催告令"还应写明以下内容：指明支付催告令本身具有实施不动产扣押之效力，由此受到扣押的财产，对于债务人，自催告令送达之日，对于第三人，自催告令在抵押权登记处进行公告之日，为不得处分的财产。第 R321－13 条第 3 款规定，财产受到扣押的债务人在"具有扣押效力的支付催告令"公示之前，违反已经向其送达的支付催告令所产生的效力而订立某种协议，应合同对方当事人的请求，由法官宣告该协议无效。[3] 根据上述规定，在法国，对被执行人而言，查封不动产自向其送达具有查封效力的支付催告令时生效，对第三人而言，自催告令在抵押权登记处

---

① 王飞鸿：《〈关于人民法院民事执行中查封、扣押、冻结财产的规定〉理解与适用》，载《人民司法》2004 年第 12 期。

② 参见杨与龄编著：《强制执行法论》，中国政法大学出版社 2002 年版，第 337 页。

③ 参见罗结珍译：《法国民事执行程序法典》，载最高人民法院执行局编：《执行工作指导》2014 年第 3 辑，人民法院出版社 2014 年版，第 165～221 页。

进行登记时生效。在具有查封效力的催告令送达被执行人之后、公示之前，查封对被执行人产生效力，对第三人没有产生效力。这种情况下，被执行人处分查封财产，并非绝对无效，是否无效取决于签订协议的合同相对方是否提出请求。

乙说为相对效。查封效力的相对性，是指被执行人就查封物所为的处分行为并非绝对无效，而只是相对无效，只是不得对抗申请执行人，在被执行人与处分行为的相对人之间仍属有效。[①] 此种观点认为，查封的目的是限制被执行人的处分权，让法院取得处分权，以便变价财产清偿申请执行人的债权。查封仅使被执行人在查封目的范围内丧失对于查封财产的处分权，因此，被执行人对于查封财产的处分，仅仅对于申请执行人不发生法律效力，在被执行人与第三人之间仍属有效。申请执行人撤回执行申请或者查封被撤销后，该处分完全有效，这样有助于兼顾保护被执行人和第三人的利益。[②] 查封效力相对性的观点，更注重对被执行人权益的保护，有利于充分发挥财产的价值。日本法中虽然没有明确规定相关内容，但日本学界通说认为查封对被执行人处分权的禁止具有相对性，被执行人违反查封禁止处分效力而处分了查封财产，仅不能对抗参与执行程序的债权人。我国台湾地区"强制执行法"采此种观点。第51条第2款规定，实施查封后，债务人就查封物所为移转、设定负担或其他有碍执行效果之行为，对于债权人不生效力。

我国对这个问题的认识有一个深化的过程。在过去很长一个时期，一般认为，被执行人处分查封财产的行为违法无效。比如，2004年3月1日起实施的《最高人民法院、国土资源部、建设部关于依法规范人民法院执行和国土资源房地产管理部门协助执行若干问题的通知》（法发〔2004〕5号）第22条第1款规定："国土资源、房地产管理部门对被人民法院依法查封、预查封的土地使用权、房屋，在查封、预查封期间不得办理抵押、转让等权属变更、转移登记手续。"第2款规定："国土资源、房地产管理部门明知土地使用权、房屋已被人民法院查封、预查封，仍然办理抵押、转让等权属变更、转移登记手续的，对有关的国土资源、房地产管理部门和直接责任人可以依照民事诉讼法第一百零二条[③]的规定处理。"根据该规定，不动产查封后即不

---

① 王飞鸿：《〈关于人民法院民事执行中查封、扣押、冻结财产的规定〉理解与适用》，载《人民司法》2004年第12期。

② 参见杨与龄编著：《强制执行法论》，中国政法大学出版社2002年版，第337页。

③ 2023年修正后为第114条。

得办理抵押、转让等，查封具有绝对效力。

这种情况在 2005 年发生了变化。是年施行的《最高人民法院关于人民法院民事执行中查封、扣押、冻结财产的规定》第 26 条（2020 年修正后为第 24 条）第 1 款规定："被执行人就已经查封、扣押、冻结的财产所作的移转、设定权利负担或者其他有碍执行的行为，不得对抗申请执行人。"据此，财产查封后的转让、抵押等行为并不当然无效，只是不能对抗申请执行人，查封具有相对效力。该规定改变了《最高人民法院、国土资源部、建设部关于依法规范人民法院执行和国土资源房地产管理部门协助执行若干问题的通知》（法发〔2004〕5 号）确立的查封具有绝对效力的意见。

目前，该理论已经成为通说，实践中的做法也普遍遵循该理论。具体而言：（1）关于查封财产是否允许抵押的问题。《民法典》（2021 年施行）第 399 条第 5 项规定，依法被查封、扣押的财产不得抵押。但要注意的是，查封后签订的抵押合同并不当然无效，只是不得对抗申请执行人，在查封已解除的情况下，抵押权人仍然可以行使抵押权。对此，《最高人民法院关于适用〈中华人民共和国民法典〉有关担保制度的解释》（2021 年施行）第 37 条第 2 款予以明确。（2）关于查封财产的租赁问题。根据同样的原理和逻辑，被执行人擅自处分查封物，与第三人签订的租赁合同，并不当然无效，只是不得对抗申请执行人。第三人依据租赁合同占有查封物的，人民法院可以解除其占有，但不应当在裁定中直接宣布租赁合同无效或解除租赁合同，而仅应指出租赁合同不能对抗申请执行人。（3）关于冻结股权的质押问题。《最高人民法院关于人民法院强制执行股权若干问题的规定》（2022 年施行）第 7 条明确，被执行人就被冻结股权所作的转让、出质或者其他有碍执行的行为，不得对抗申请执行人。这也是查封相对效力的具体体现。①

214. 查封效力相对性是程序相对效还是个别相对效？

解析：设例如下：A 法院在执行甲申请执行乙的案件中，冻结了乙名下的股权，冻结期间，乙将股权质押给了丙；之后，乙的另一个普通债权人丁申请参与分配到 A 法院的这个案件中，乙的另一个普通债权人戊在 B 法院对乙提出强制执行申请，在质押之后轮候冻结了股权，也申请参与分配到 A 法

---

① 最高人民法院执行局编著：《〈最高人民法院关于人民法院强制执行股权若干问题的规定〉理解与适用》，人民法院出版社 2023 年版，第 133～161 页。

院的这个案件中。A 法院对冻结股权变现后，丙并没有取得执行依据、未申请参与分配到该程序中，这种情况下，丙的质押权对于甲、丁和戊的债权是否有效？

甲说为程序相对效说，认为只要执行程序存续，对冻结股权的处分行为就不得对抗执行程序的所有债权人，视同该处分行为不存在一样。在设例中，丙的质押权对于甲、丁和戊的债权都无效，不得影响 A 法院对甲、丁和戊的债权予以清偿。日本在强制执行法出台之前，个别相对效说占支配地位，强制执行法出台后，该法第 59 条第 2 款等明确规定了不动产查封的程序相对效，程序相对效说占据主导地位，其目的在于回避分配程序上产生的困难，迅速推进执行程序。在我国台湾地区，程序相对效说也是主流观点，认为个别相对无效说有违平等主义之精神。[①]

乙说为个别相对效，认为被执行人对冻结股权所采取的转让、设定质押等处分行为的效力，应该依据该处分行为与个别债权人的关系区别对待。具体而言，人民法院冻结股权后，被执行人对冻结股权所采取的转让、设定质押等处分行为，对于在该处分行为之前就已经采取冻结措施的债权人或者已经申请参与分配到在先采取冻结措施执行程序中的债权人都无效，对于在后申请参与分配或者采取冻结措施的普通债权人，则将产生效力。比如，在设例中，丙的质押权对于甲无效，但对于丁和戊都是有效的，意味着丙将优先于丁和戊获得受偿。

在我国现行法律规定之下分析这个问题，需要区分企业法人和非企业法人。对企业法人而言，普通债权按照查封先后顺序受偿，相当于赋予在先查封债权人对查封财产享有优先受偿权，在财产分配原则上，奉行"优先主义"；对于自然人和非法人组织而言，普通债权原则上按照债权比例受偿，在先查封债权人对查封财产并不享有优先受偿权，在财产分配原则上，主要奉行"平等主义"。当被执行人为自然人或非法人组织时，程序相对效说更为合理；当被执行人为企业法人时，个别相对效说更为合理。[②]

215. 拍卖、变卖不成的财产是否解封？

解析：关于拍卖或者变卖不成的财产是否应当解除查封的问题，《最高人

---

① 参见杨与龄编著：《强制执行法论》，中国政法大学出版社 2002 年版，第 338 页。

② 最高人民法院执行局编著：《〈最高人民法院关于人民法院强制执行股权若干问题的规定〉理解与适用》，人民法院出版社 2023 年版，第 133~161 页。

民法院关于人民法院民事执行中拍卖、变卖财产的规定》（2020 年修正）第 24 条、第 25 条区分动产和不动产、其他财产权，作出了不同规定。对于动产，第 24 条规定，二次拍卖流拍后，"申请执行人或者其他执行债权人拒绝接受或者依法不能交付其抵债的，人民法院应当解除查封、扣押，并将该动产退还被执行人"。对于不动产或者其他财产权，第 25 条第 2 款规定，第三次流拍后又变卖不成，且申请执行人或者其他执行债权人仍不表示接受该财产抵债的，应当解除查封、冻结，将该财产退还被执行人，但对该财产可以采取其他执行措施的除外。从实践情况看，有关不动产或者其他财产权的解封规则更加合理，更有利于保护债权人合法权益。为保持规则的统一，2020 年修正后的《最高人民法院关于人民法院民事执行中查封、扣押、冻结财产的规定》第 28 条第 1 款第 3 项新增"且对该财产又无法采取其他执行措施"作为解封条件。需要注意的是，这里的"其他执行措施"，包括强制管理措施，也包括市场行情发生变化后启动新一轮财产处置程序，还包括准许第三人以流拍价购买。

需要注意的是，2020 年修正后的《最高人民法院关于人民法院民事执行中查封、扣押、冻结财产的规定》第 28 条第 1 款第 3 项的规则，适用于所有财产，包括动产。但是在 2020 年修改时，《最高人民法院关于人民法院民事执行中拍卖、变卖财产的规定》原第 27 条（2020 年修正后为第 24 条，下同）仅作了适应性修改，并没有增加关于采取其他执行措施的内容，与《最高人民法院关于人民法院民事执行中拍卖、变卖财产的规定》原第 28 条（2020 年修正后为第 25 条，下同）和修改后的《最高人民法院关于人民法院民事执行中查封、扣押、冻结财产的规定》第 28 条的表述不同。研析认为，动产和不动产、其他财产权仍然存在区别，原则上，因为动产的价值往往较低、保管成本较高，出现拍卖变卖不成和申请执行人不接受抵债的情形时，应当解除查封、扣押，并将动产退还被执行人。这是处置动产的一般性规则，因此，仍有必要保留《最高人民法院关于人民法院民事执行中拍卖、变卖财产的规定》原第 27 条的表述，而不宜将其按照原第 28 条的表述进行调整。在一些特殊情况下，如船舶、航空器等特殊动产的价值较大的，在出现拍卖不成和申请执行人不接受抵债的情形时，仍有必要采取强制管理等其他执行措施而不解除查封、扣押，需要适用修改后的《最高人民法院关于人民法院民事执行中拍卖、变卖财产的规定》第 28 条的规则。正是基于上述特殊考虑，2020 年修改时仅对《最高人民法院关于人民法院民事执行中查封、扣押、冻结财产的规定》原第31条（2020年修正后为第28条）第1款第3项进行了调整，而没有同时对《最高人民法院关于人民法院民事执行中拍卖、变卖财产的规定》原第27条的规定进行调整。

216. 案外人针对特定查封债权人提起的异议之诉胜诉后，其他查封是否当然解除？

解析： 执行标的涉及多个执行案件而被多个法院查封，案外人向首封法院提出异议后，首封法院予以支持并解除查封。案外人持首封法院解封裁定向在后查封法院请求解除查封的，在后查封法院应如何处理？这里涉及对案外人异议之诉功能的确定。不论案外人异议之诉的诉讼标的如何界定，案外人异议之诉审查的核心内容都是：案外人是否享有足以排除强制执行的实体权利。此处排除的"强制执行"只可能是特定执行债权人所启动的执行程序，而非全部对该执行标的的强制执行。

从实体法上看，不同案件中申请执行人享有的权利类型、权利优先性存在不同，案外人对执行标的享有的实体权利是否能对抗各案申请执行人的理由不同，各案申请执行人可能选择的救济途径也不同。案外人所享有的权利也许可以排除一个债权人的执行，但并不代表就可以排除其他债权人的执行。比如，在第一手保全查封之后承租房屋的承租人，可以排除第二手执行查封不带租拍卖（经协商第一手保全同意第二手查封处置但要为其预留份额），但不可能排除第一手保全查封进入执行程序后的不带租拍卖。又如，享有期待权的普通购房者买受人根据《最高人民法院关于人民法院办理执行异议和复议案件若干问题的规定》（2020年修正）第28条可以排除一般金钱债权人的执行，但不能排除抵押权人的强制执行。

从程序法上看，即便不考虑各查封债权的属性差异——假设多个查封债权均为普通金钱债权且不因查封顺位而有效力区别，判决的效力也不得拘束未参加诉讼的当事人。换言之，其他查封债权人在未参加案外人对特定查封债权人提起案外人异议之诉的情况下，该判决的效力就不能约束这些查封债权人，否则不仅将损害其程序权利，还可能导致案外人与个别债权人的恶意串通。根据现有规定，《最高人民法院关于适用〈中华人民共和国民事诉讼法〉的解释》（2022年修正）第247条从正面肯定了裁判既判力的相对性规则，《最高人民法院关于适用〈中华人民共和国民事诉讼法〉的解释》（2022年修正）第477条以及《最高人民法院关于人民法院办理执行异议和复议案件若干问题的规定》（2020 年修正）第 26 条从反面明确了另案文书并不当然具有排除执行的效力。这些规定也不支持案外人针对特定查封债权人提起的异议之诉胜诉后，其他查封当然解除。

※确定参考价

217. 如何确定司法拍卖的保留价？

解析：《最高人民法院关于人民法院民事执行中拍卖、变卖财产的规定》（2020 年修正）第 5 条第 2 款规定："拍卖财产经过评估的，评估价即为第一次拍卖的保留价；未作评估的，保留价由人民法院参照市价确定，并应当征询有关当事人的意见。"这个规定改变了原司法解释第 8 条"保留价由人民法院参照评估价确定"，"人民法院确定的保留价，第一次拍卖时，不得低于评估价或者市价的百分之八十"的规定。目的是与 2009 年《最高人民法院关于人民法院委托评估、拍卖和变卖工作的若干规定》第 13 条确定的规则保持一致。

需要特别注意的是，《最高人民法院关于人民法院网络司法拍卖若干问题的规定》（2017 年施行）第 10 条规定："网络司法拍卖应当确定保留价，拍卖保留价即为起拍价。""起拍价由人民法院参照评估价确定；未作评估的，参照市价确定，并征询当事人意见。起拍价不得低于评估价或者市价的百分之七十。"《最高人民法院关于人民法院民事执行中拍卖、变卖财产的规定》（2020 年修正）第 5 条第 2 款规定与该规定存在冲突。关于解决冲突的处理规则，存在两种观点：第一种观点认为，依据新法优于旧法的处理规则，应该统一适用 2021 年 1 月施行的《最高人民法院关于人民法院民事执行中拍卖、变卖财产的规定》（2020 年修正）第 5 条第 2 款的规定，2017 年 1 月施行的《最高人民法院关于人民法院网络司法拍卖若干问题的规定》第 10 条不再适用；第二种观点认为，《最高人民法院关于人民法院民事执行中拍卖、变卖财产的规定》（2020 年修正）第 5 条第 2 款是司法拍卖的一般规则，《最高人民法院关于人民法院网络司法拍卖若干问题的规定》第 10 条是适用于网络司法拍卖的特别规则，应当依据特别法优于一般法的处理规则，在网络司法拍卖中适用《最高人民法院关于人民法院网络司法拍卖若干问题的规定》第 10 条，在其他司法拍卖中，适用《最高人民法院关于人民法院民事执行中拍卖、变卖财产的规定》（2020 年修正）第 5 条第 2 款。最高人民法院采纳了第二种观点。

218. 被执行人下落不明，评估报告是否必须公告送达？

解析：2018 年以前，解决这个问题的依据是《最高人民法院关于案件执行中涉及有关财产评估、变卖等问题的请示的复函》（〔2002〕执他字第 14 号）。在该复函中，最高人民法院明确："评估报告未送达给有关当事人，并不影响依据评估报告确定拍卖、变卖的价格。鉴于目前被执行人借逃避送达拖延执行的情况非常普遍，为了提高执行效率，维护申请执行人的合法权益，对评估报告可以采取请被执行人的近亲属转交、张贴在被执行人所在的自然村或小区公共活动场所、邮寄至生效法律文书载明的被执行人住所地等方式送达，无须公告送达。"

2018 年 9 月 1 日，《最高人民法院关于人民法院确定财产处置参考价若干问题的规定》施行，该司法解释第 21 条规定："人民法院收到定向询价、网络询价、委托评估、说明补正等报告后，应当在三日内发送给当事人及利害关系人。""当事人、利害关系人已提供有效送达地址的，人民法院应当将报告以直接送达、留置送达、委托送达、邮寄送达或者电子送达的方式送达；当事人、利害关系人下落不明或者无法获取其有效送达地址，人民法院无法按照前述规定送达的，应当在中国执行信息公开网上予以公示，公示满十五日即视为收到。"据此，定向询价、网络询价、委托评估、说明补正等报告有两种送达方式：第一种是一般的送达。即当事人、利害关系人提供有效送达地址的，人民法院以直接送达、留置送达、委托送达、邮寄送达或者电子送达的方式送达。第二种是拟制的送达。即当事人、利害关系人下落不明或者无法获取其有效送达地址，人民法院无法采取直接送达、留置送达、委托送达、邮寄送达或者电子送达的方式送达的，应当在中国执行信息公开网上予以公示，公示满 15 日即视为收到。可见，最主要的是取消了公告送达方式，既规范了人民法院的发送行为，又解决了被执行人难寻导致公告送达期过长的问题。

219. 执行当事人对鉴定机构的鉴定有异议的，如何处理？

解析：根据《最高人民法院关于人民法院确定财产处置参考价若干问题的规定》（2018 年施行）第 3 条第 1 款、第 3 款规定："人民法院确定参考价前，应当查明财产的权属、权利负担、占有使用、欠缴税费、质量瑕疵等事项。""查明本条第一款规定事项需要审计、鉴定的，人民法院可以先行审计、鉴定。"根据《最高人民法院对外委托鉴定、评估、拍卖等工作管理规定》（2007 年施行）第 5 条规定，对外委托鉴定、评估、拍卖等工作实行名册制度。可见，鉴定是确定财产处置参考价过程中用到的一种手段。那么，对于鉴定，法院是否可以依职权或者依申请进行审查呢？关于该问题，有两种观点：

一种观点认为，鉴定与评估类似，均属于法院确定参考价过程中采取的手段之一。对于鉴定过程中产生的争议，可以比照评估的相关处理方式。《最高人民法院关于人民法院确定财产处置参考价若干问题的规定》（2018 年施行）第 23 条第 1 款①对评估报告异议进行了规定，因此，如当事人对鉴定机构采取的评定方法、手段有异议的，可以由法院转交鉴定机构予以书面说明。

另一种观点认为，《民事诉讼法》（2023 年修正）第 81 条、第 82 条②对鉴定意见的质证程序有明确的规定，执行程序中的鉴定也应当参照这一规定。即由执行法院组织通知鉴定机构到庭说明情况，当事人、利害关系人也可以申请人民法院通知有鉴定知识的人出庭提出意见。

研析认为，在实践中，执行法院可以灵活掌握上述两种方式。但应当注意的是，只要不存在"鉴定机构和鉴定人员不存在相应资质"或"委托鉴定程序违法"等问题的，法院不应主动对鉴定机构的鉴定手段和方式等进行审查。

※ 变 价

220. 被执行财产上存在多个查封的，由哪个法院负责处置？

解析：根据法律与司法解释的规定，首先查封法院负责处分查封财产。查封是查封机关取得处分权的前提与依据，是划分国家公权力与个人私权利界限的标志。《最高人民法院关于适用〈中华人民共和国民事诉讼法〉的解

---

① 《最高人民法院关于人民法院确定财产处置参考价若干问题的规定》（2018 年施行）第 23 条第 1 款规定："当事人、利害关系人收到评估报告后五日内对评估报告的参照标准、计算方法或者评估结果等提出书面异议的，人民法院应当在三日内交评估机构予以书面说明。评估机构在五日内未作说明或者当事人、利害关系人对作出的说明仍有异议的，人民法院应当交由相关行业协会在指定期限内组织专业技术评审，并根据专业技术评审出具的结论认定评估结果或者责令原评估机构予以补正。"

② 《最高人民法院关于人民法院确定财产处置参考价若干问题的规定》（2018 年施行）第 81 条规定："当事人对鉴定意见有异议或者人民法院认为鉴定人有必要出庭的，鉴定人应当出庭作证。经人民法院通知，鉴定人拒不出庭作证的，鉴定意见不得作为认定事实的根据；支付鉴定费用的当事人可以要求返还鉴定费用。"第 82 条规定："当事人可以申请人民法院通知有专门知识的人出庭，就鉴定人作出的鉴定意见或者专业问题提出意见。"

释》（2022 年修正）第 484 条规定："对被执行的财产，人民法院非经查封、扣押、冻结不得处分。对银行存款等各类可以直接扣划的财产，人民法院的扣划裁定同时具有冻结的法律效力。"《民事诉讼法》（2023 年修正）第 106 条第 2 款规定："财产已被查封、冻结的，不得重复查封、冻结。"为了解决实践中多个债权人对特定财产申请查封的问题，最高人民法院通过司法解释建立了轮候查封制度。但轮候查封并不产生查封的效力，只有在先查封被解除后，排列在先的轮候查封才能转为查封。即只有首先查封才是严格意义上的查封，只有首先查封法院才具有对查封财产的处分权。"首先查封法院负责处分查封财产"规则可以调动申请执行人的积极性，及时控制财产并实现生效法律文书确定的债权，有利于债权人权利的维护与执行程序的推进，是执行程序中一项重要制度。①

但当该查封财产上存在其他担保物权或优先保障的债权时，如果首先查封法院迟延处分财产，会损害优先债权人的利益。从根本上讲，"首先查封法院负责处分查封财产"是执行制度中的程序性规则，解决的是由哪个法院处分财产的问题；优先债权制度是实体性制度，规定的是哪个债权应当就处分财产所得优先受偿的问题，两者在逻辑上并无冲突。实践中，导致首先查封法院迟延处分查封财产的主要原因有以下几点：第一，首先查封是保全程序中的查封，处分财产要等到案件审理结束；第二，首先查封法院所涉案件复杂，当事人多、财产情况不清，或者存在暂缓执行、中止执行的情形；第三，查封财产的价值小于或相当于优先债权的数额，处分并清偿优先债权后，对于首先查封的普通债权意义不大，首先查封法院缺乏处分动力；第四，一些首封法院为保护作为被执行人的当地企业，拖延执行程序，甚至借机与优先债权人就财产分配讨价还价。总之，导致首先查封法院迟延处分查封财产的原因较为复杂，有制度不协调因素，也有地方保护主义因素。为解决这一问题，最高人民法院在总结地方经验的基础上，于 2016 年 4 月 12 日作出《关于首先查封法院与优先债权执行法院处分查封财产有关问题的批复》，基本思路是保障实体法上优先债权制度的实现，兼顾执行程序法上首先查封制度的价值。该批复属于司法解释，各级法院在执行中均须作为依据。根据该批复，

---

① 参见刘贵祥、赵晋山、葛洪涛：《〈关于首先查封法院与优先债权执行法院处分查封财产有关问题的批复〉理解与适用》，载最高人民法院执行局编：《执行工作指导》2016 年第 2 辑，国家行政学院出版社 2016 年版，第 95 页。

只要优先债权已经进入执行程序，首封法院自首先查封之日起超过 60 日，尚未就该查封财产发布拍卖公告或者进入变卖程序的，优先债权执行法院可以要求将该查封财产移送执行，不再区分首封债权是否进入执行程序。对于首先查封法院与优先债权执行法院就移送查封财产发生争议的，可以逐级报请双方共同的上级法院指定该财产的执行法院。共同的上级法院根据首先查封债权所处的诉讼阶段、查封财产的种类及所在地、各债权数额与查封财产价值之间的关系等案件具体情况，认为由首先查封法院执行更为妥当的，也可以决定由首先查封法院继续执行，但应当督促其在指定期限内处分查封财产。①

221. 处置被执行人财产，能否不经拍卖直接变卖？

解析： 人民法院处置被执行人财产，能否不经拍卖直接变卖，实践中存在不同看法。第一种观点认为，网络司法拍卖具有程序公开、便捷高效、成本低廉等特点，经过拍卖流拍后再进行变卖，既可以避免暗箱操作的风险，又不会对执行程序造成大的影响，因此不应当再允许不经拍卖的直接变卖。第二种观点认为，即使在网拍背景下，直接变卖仍有适用的空间，比如可以更快地兑现胜诉当事人的利益，或者可以体现善意文明执行的理念。

《人民法院办理执行案件规范》（第二版）第 606 条采纳了第二种观点，明确了直接变卖的三种情形。该条规定："对查封、扣押、冻结的财产，当事人双方及有关权利人同意变卖的，可以变卖。被执行人申请对查封财产不经拍卖直接变卖的，变卖款足以清偿所有执行债务的，人民法院可以不经拍卖直接变卖。金银及其制品、当地市场有公开交易价格的动产、易腐烂变质的物品、季节性商品、保管困难或者保管费用过高的物品，人民法院可以决定变卖。"② 当然，不经拍卖直接变卖存在一定的弊端和风险，故新规范也明确了相对严格的适用条件。

---

① 参见刘贵祥、赵晋山、葛洪涛：《〈关于首先查封法院与优先债权执行法院处分查封财产有关问题的批复〉理解与适用》，载最高人民法院执行局编：《执行工作指导》2016 年第 2 期，国家行政学院出版社 2016 年版，第 95 页。

② 最高人民法院执行局编：《人民法院办理执行案件规范》（第二版），人民法院出版社 2022 年版，第 259 页。

222. 司法拍卖是否遵循《拍卖法》的规定?

解析：题述问题，实践中曾有过一些争议。根据《拍卖法》（2015 年修正）第 2 条的规定，《拍卖法》适用于中华人民共和国境内拍卖企业进行的拍卖活动，调整的是拍卖人、委托人、竞买人、买受人等平等主体之间的权利义务关系。拍卖人接受委托人委托对拍卖标的进行拍卖，是拍卖人和委托人之间"合意"的结果，该委托拍卖系合同关系，属于私法范畴。人民法院司法拍卖是人民法院依法行使强制执行权，就查封、扣押、冻结的财产强制进行拍卖变价进而清偿债务的强制执行行为，其本质上属于司法行为，具有公法性质。该强制执行权并非来自当事人的授权，无须征得当事人的同意，也不以当事人的意志为转移，而是基于法律赋予的人民法院的强制执行权，即来源于《民事诉讼法》及相关司法解释的规定。即便是在传统的司法拍卖中，人民法院委托拍卖企业进行拍卖活动，该拍卖企业与人民法院之间也不是平等关系，该拍卖企业的拍卖活动只能在人民法院的授权范围内进行。因此，人民法院在司法拍卖中应适用《民事诉讼法》及相关司法解释对人民法院强制执行的规定。网络司法拍卖是人民法院司法拍卖的一种优选方式，亦应适用《民事诉讼法》及相关司法解释对人民法院强制执行的规定。

参考案例：在第 125 号指导性案例中，最高人民法院明确了如下裁判要点："网络司法拍卖是人民法院通过互联网拍卖平台进行的司法拍卖，属于强制执行措施。人民法院对网络司法拍卖中产生的争议，应当适用民事诉讼法及相关司法解释的规定处理。"

223. 参拍人对委托拍卖行为不认可产生争议，能否提起民事诉讼?

解析：题述问题存在争议。一种意见认为，人民法院应当受理执行拍卖过程中发生的民事纠纷。执行程序中的拍卖合同，虽然有法院公权力的参与，但合同的主体仍然是债权人和买受人，执行法院并非合同主体。因此，当因拍卖合同出现纠纷时，当事人有权提起民事诉讼，人民法院应当受理，并按照民事法律规范审理。

另一种意见认为，司法拍卖行为不属于平等主体之间的纠纷，不应纳入人民法院民事诉讼主管的范围。《最高人民法院关于人民法院民事执行中拍卖、变卖财产的规定》（2020 年修正）第 3 条规定："人民法院拍卖被执行人财产，应当委托具有相应资质的拍卖机构进行，并对拍卖机构的拍卖进行监督，但法律、司法解释另有规定的除外。"执行拍卖程序是人民法院在强制执行过程中的司法处分行为，拍卖机构只是法院的辅助人。执行法院与当事人的关系不是平等的权利义务主体，执行拍卖行为与一般的民事拍卖不同。执行拍卖是执行程序中的一部分，拍卖程序的启动并非基于债权人的要求，而是法院为保护债权人债权的实现而采取的一种司法行为，评估机构、拍卖机构仅仅是司法行为辅助人，评估机构、拍卖机构的行为后果仍应由法院承担，至于承担的途径则应通过国家赔偿解决。因此，对于买受人基于执行拍卖合同提起的民事诉讼，人民法院不应受理。

研析认为，执行拍卖行为不属于平等主体之间的纠纷，不应纳入人民法院民事诉讼主管的范围。司法拍卖是人民法院对被执行人的财产采取执行措施的处分行为，人民法院委托拍卖机构拍卖被执行人的财产，既非基于申请执行人的授权，也无需获得被执行人的同意，是人民法院作为司法机关根据法律规定履行法定职责的行为。因此，司法拍卖不同于普通拍卖，具有鲜明的公法性质。在此过程中，拍卖机构根据司法机关的委托授权进行拍卖活动，是司法拍卖辅助人的角色，拍卖活动中的当事人无论与拍卖机构还是与人民法院之间都不是平等的权利义务关系。可见，司法拍卖的公法性特点决定了关于拍卖效力的纠纷不应纳入人民法院民事诉讼主管范围。但是，不纳入民事诉讼范围不意味着没有救济途径。法院委托拍卖与公民、法人和其他组织自行委托拍卖机构进行的拍卖不同，其特殊性在于拍卖的法律后果由委托法院承受，故法院有权对该拍卖程序、结果的合法性进行审查，即该拍卖不是传统观念中的"一锤定音"。依照《最高人民法院关于适用〈中华人民共和国民事诉讼法〉的解释》（2022 年修正）第 486 条及《最高人民法院关于人民法院民事执行中拍卖、变卖财产的规定》（2020 年修正）第 3 条的规定，司法拍卖中，人民法院依法对拍卖机构的拍卖活动进行监督。认定拍卖效力的主体应是人民法院的执行部门，当事人可依法提出执行异议、复议及申请执行监督寻求救济。实际上，对司法拍卖效力的审查是执行审查类案件中的常见类型。若将此类诉讼作为民事案件进行审理，不但不符合民事案件受理平等主体间的财产权、人身权纠纷的范围条件，还会造成民事审判权与执行审查权的重叠甚至冲突。

参考案例：在（2012）民提字第 170 号民事裁定书中，最高人民法院认为，当事人针对法院通过执行拍卖程序处理完毕的房产有异议而重新提起的民事诉讼，对此类案件的处理，要考虑到司法拍卖程序的特殊属性，坚持审执分离的原则，应先通过执行救济程序撤销执行裁定，而不宜直接对重新提起的民事诉讼进行审理，故对民事诉讼案件作驳回起诉处理。

224. 网络司法拍卖时，除在拍卖平台发布以外，是否还需要通过报纸等法定途径发布?

解析： 关于司法拍卖公告的发布途径，《最高人民法院关于人民法院民事执行中拍卖、变卖财产的规定》和《最高人民法院关于人民法院网络司法拍卖若干问题的规定》均有涉及。《最高人民法院关于人民法院民事执行中拍卖、变卖财产的规定》（2020年修正）第9条规定："拍卖公告的范围及媒体由当事人双方协商确定；协商不成的，由人民法院确定。拍卖财产具有专业属性的，应当同时在专业性报纸上进行公告。""当事人申请在其他新闻媒体上公告或者要求扩大公告范围的，应当准许，但该部分的公告费用由其自行承担。"《最高人民法院关于人民法院网络司法拍卖若干问题的规定》（2016年施行）第12条第1款规定："网络司法拍卖应当先期公告，拍卖公告除通过法定途径发布外，还应同时在网络司法拍卖平台发布。拍卖动产的，应当在拍卖十五日前公告；拍卖不动产或者其他财产权的，应当在拍卖三十日前公告。"这里的"法定途径"，一般是指报纸等新闻媒介。实践中存有争议的是，在网络司法拍卖中，人民法院通过网络司法拍卖平台发布拍卖公告后，是否仍须同时通过"法定途径"发布拍卖公告?

从《最高人民法院关于人民法院网络司法拍卖若干问题的规定》（2016年施行）第12条第1款字面规定上看，二者是并存关系，即在网络司法拍卖中，人民法院通过网络司法拍卖平台发布拍卖公告后，仍须同时另行通过"法定途径"发布拍卖公告。但从立法原意看，《最高人民法院关于人民法院网络司法拍卖若干问题的规定》（2016年施行）第12条第1款之所以在网络司法拍卖中对"法定途径"发布作出规定，主要考虑股权等特殊财产的拍卖，亦即对股权等特殊财产的拍卖，人民法院除通过网络司法拍卖平台发布拍卖公告外，还需通过报纸等"法定途径"发布拍卖公告；如拍卖标的并非股权等特殊财产，则拍卖公告除通过网络司法拍卖平台发布外，人民法院无须同时另行通过报纸等"法定途径"发布。而且，随着现代信息技术在执行各环节的深度运用、充分运用，包括网络司法拍卖在内的执行机制和模式发生深刻变革，以现代信息技术为支撑的执行工作模式基本实现常态化。目前，人民法院通过某一纳入网络服务提供者名单库的司法拍卖平台发布拍卖公告的同时，人民法院诉讼资产网等其他入库司法拍卖平台及中国执行信息公开网亦会同时发布拍卖公告。且入库网络司法拍卖平台一般具有较高社会知名度和广泛社会参与度，可以实现使更多人知悉拍卖信息，尽可能吸引更多潜在竞买人参与竞买的目的，保障既定拍卖活动的如期开展和拍卖得以成交，从而维护各方当事人合法权益。简言之，在不涉及股权等特殊财产的网络司法拍卖中，人民法院通过网络司法拍卖平台发布拍卖公告，可尽到拍卖前的信息披露义务。[①]

当然，需要注意的是，通过传统司法拍卖方式进行的，仍须按照《最高人民法院关于人民法院民事执行中拍卖、变卖财产的规定》（2020年修正）第9条执行。

依据： 最高人民法院执行局2020年4月7日法官会议纪要：[②]

（1）法律问题。网络司法拍卖中拍卖公告发布途径的认定。

（2）基本案情。A法院在执行甲银行与乙公司等借款合同纠纷一案中，委托评估机构对乙公司名下土地使用权及房产进行了评估。在乙公司以评估价格过低为由对评估报告提出异议，并由评估机构作出答复后，A法院在网络司法拍卖平台发布拍卖公告，对乙公司名下土地使用权和房产组织拍卖，丙以最高价竞得。A法院出具拍卖裁定，裁定乙公司名下土地使用权及房产相应权利归丙所有，丙可持拍卖裁定到登记机构办理产权过户登记手续等。此后，因乙公司对A法院网络司法拍卖及相关行为提出异议，案经三级法院执行异议、复议和监督程序审查，最终C法院作出执行监督裁定，认为A法院网络司法拍卖公告发布程序不违反法律规定，遂裁定撤销B法院复议裁定，维持A法院异议裁定和拍卖裁定。乙公司不服C法院执行监督裁定，向最高人民法院申请执行监督。

（3）不同观点。第一种意见：根据《最高人民法院关于人民法院网络司法拍卖若干问题的规定》（2016年施行）第12条第1款的规定，网络司法拍卖应当先期公告，拍卖公告除通过法定途径发布外，还应同时在网络司法拍卖平台发布。本案中，A法院在拍卖乙公司名下土地使用权和房产前，仅通过网络司法拍卖平台发布拍卖公告，未同时通过其他法定途径发布，违反法

---

① 薛贵忠、盛强：《网络司法拍卖中拍卖公告发布途径的认定》，载最高人民法院执行局编：《执行工作指导》2020年第3辑，人民法院出版社2021年版，第28~34页。

② 薛贵忠、盛强：《网络司法拍卖中拍卖公告发布途径的认定》，载最高人民法院执行局编：《执行工作指导》2020年第3辑，人民法院出版社2021年版，第28~34页。

律规定，影响意向竞买人参与竞买，拍卖行为应予撤销。

第二种意见：结合《最高人民法院关于人民法院网络司法拍卖若干问题的规定》（2016 年施行）第 12 条第 1 款和《最高人民法院关于人民法院民事执行中拍卖、变卖财产的规定》（2020 年修正）第 9 条第 1 款等相关规定，《最高人民法院关于人民法院网络司法拍卖若干问题的规定》（2016 年施行）第 12 条第 1 款规定拍卖公告除通过法定途径发布外，还应同时在网络司法拍卖平台发布，此处规定"法定途径"发布，主要考虑股权等特殊财产的拍卖。本案拍卖标的为土地使用权和房产，并非特殊财产，且目前技术上已实现人民法院通过某一入库司法拍卖平台发布拍卖公告的同时，人民法院诉讼资产网等其他入库司法拍卖平台及中国执行信息公开网亦会同时发布拍卖公告，由此能够实现使更多人知悉拍卖信息，尽可能吸引更多潜在竞买人参与竞买的目的。因此，A 法院网络司法拍卖公告发布途径并无不当，拍卖行为不应撤销。

（4）法官会议意见，采第二种意见。《最高人民法院关于人民法院网络司法拍卖若干问题的规定》（2016 年施行）第 12 条第 1 款规定"法定途径"发布，主要考虑股权等特殊财产的拍卖，对此类财产拍卖前，人民法院除通过网络司法拍卖平台发布拍卖公告外，还应通过报纸等"法定途径"发布。如拍卖标的并非股权等特殊财产，则人民法院除通过网络司法拍卖平台发布拍卖公告外，无须同时另行通过报纸等"法定途径"发布。

225. 竞买人迟延缴纳部分保证金，是否影响竞拍资格或拍卖效力？

解析：竞买人迟延缴纳部分保证金是否影响拍卖效力这一问题，涉及部分竞拍保证金缴纳迟延是否当然丧失竞买资格，以及执行法院允许部分竞拍保证金迟延缴纳的民事主体参与竞买是否属于对不同竞买人规定不同竞买条件两个具体问题。

第一，关于是否影响竞拍资格问题。《最高人民法院关于人民法院办理执行异议和复议案件若干问题的规定》（2020 年修正）第 21 条第 1 款第 2 项规定的"买受人不具备法律规定的竞买资格"是指竞买人不符合法律法规对于特殊财产的竞买人设定的资格要求。这种资格限制，体现的是国家基于政治经济安全需要所进行的管控，属于公共秩序的一部分，例如，购买某些医疗生产设备或者材料，应当具备医药生产资质；购买商业银行股份，应当具备《商业银行法》规定的有关条件。对于部分保证金迟延缴纳的情况，不宜作扩大解释成为竞买人不具备竞买资格。

第二，如允许竞买人迟延缴纳部分保证金，是否构成《最高人民法院关于人民法院办理执行异议和复议案件若干问题的规定》（2020 年修正）第 21 条第 1 款第 3 项规定的"违法限制竞买人参加竞买或者对不同的竞买人规定不同竞买条件"？"违法限制竞买人参加竞买或者对不同的竞买人规定不同竞买条件"是指人民法院或者拍卖机构通过设定不同的竞买条件而限制参加拍卖的竞买人范围，进而限制不特定主体成为竞买人，实现限制竞价，导致竞价过低而损害债权人和债务人的利益。最高人民法院在对该条解读中举例："还有一类情形是对不同的竞买人情况规定不同的竞买条件，尤其是在保证金的缴纳上，有的对不同企业规定不同的缴纳比例，或者规定不同的缴纳期限。这些做法都违反了公平、公正的原则，理应撤销。"① 部分保证金迟延缴纳并非因为法院为其设定特殊规则，而是竞买人自身原因导致，且迟延时间非常短，并未明显影响竞买公平性。因此，这种情形并不符合第 21 条第 1 款第 3 项规定。

依据： 最高人民法院执行局 2020 年 3 月 25 日法官会议纪要：②

（1）法律问题。竞买人迟延交付部分保证金是否影响拍卖效力。

（2）不同观点。第一种意见：竞买人违反拍卖公告规定的保证金交纳时间却参与竞买，不仅违反拍卖公告的要求，也损害了他人权益，执行法院允许甲参加竞买违反法律规定，应予以撤销。理由：一是拍卖机构是受人民法院委托而协助进行拍卖的，其在受托协助司法拍卖范围内从事的行为本质上应视为公法行为的一部分，拍卖机构发布的竞拍规则也是受人民法院委托的公法行为，执行法院允许甲参与竞拍违反上述规则。二是执行法院发布拍卖公告中已经明确了拍卖保证金的缴纳截止时间，拍卖公告是司法行为，所有竞买人均应严格按照拍卖公告要求参加竞买，违反拍卖公告的，都不应参加竞买。三是甲在拍卖公告规定的时间之后缴纳拍卖保证金，然后要求参加竞拍，执行法院同意让甲参加竞买，实际上就是对不同竞买主体规定了不同的缴纳期限，该种情形属于《最高人民法院关于人民法院办理执行异议和复议案件若干问题的规定》（2020 年修正）第 21 条第 3 项中对不同竞买人规定不

---

① 最高人民法院执行局编著：《最高人民法院关于人民法院办理执行异议和复议案件若干问题规定理解与适用》，人民法院出版社 2015 年版，第 272 页。

② 向国慧、王宝道：《竞买人迟延交付部分保证金后又悔拍的，拍卖效力如何认定的问题》，载最高人民法院执行局编：《执行工作指导》2020 年第 2 辑，人民法院出版社 2021 年版，第 46~50 页。

同条件。

第二种意见：甲以缴纳保证金时间超过拍卖公告规定的截止时间为由，主张其不具备竞买资格并据此请求撤销拍卖的主张，于法无据，不应支持。理由：一是《最高人民法院关于人民法院办理执行异议和复议案件若干问题的规定》（2020年修正）第21条规定了撤销拍卖的法定情形，其中买受人不具备法律规定的竞买资格，当事人、利害关系人提出异议请求撤销拍卖的，人民法院应予支持。该条基本精神是，只有在拍卖活动严重违反有关程序规定并损害了当事人或者相关利害关系人利益的情形下才可撤销。竞买人资格问题，一般涉及法律法规对于特殊资产的竞买人有一定的资格限制的拍卖活动，如拍卖商业银行股权时，拍卖股权的数额超过了规定比例则应审查竞买人是否经过国务院银行业监督管理机构批准，否则该竞买人就不具备竞买资格。一般情况下，只要是具备完全民事行为能力，能够独立承担民事责任的民事主体都可以成为竞买人参与竞买。二是竞买保证金作为竞买人参与竞买并遵守各种竞买规则而向拍卖人提供的担保，是拍卖人为保证拍卖合同的全面履行而施行的保护措施，目的是防止竞买人恶意竞买或者竞买成功后违约。本案中虽然甲缴纳第二笔保证金的时间稍晚于拍卖公告规定时间，但第二笔保证金的缴纳是第一笔保证金的连续，充分反映其参与竞买的意思表示，第二笔保证金的缴纳迟延也并不影响保证金的担保作用，不能认定部分保证金迟延缴纳即丧失竞买资格。三是从司法拍卖的严肃性考虑，竞买人在迟延缴纳竞拍保证金后坚持要求执行法院准予其参与竞拍，在竞拍成功后又以其迟延缴纳竞拍保证金、不具备竞拍资格为由请求撤销拍卖，违背诚信原则，冲击司法拍卖，损害司法公信力。

（3）法官会议意见。执行程序中竞买人迟延交付部分保证金的，并不能当然否定拍卖效力。相关法院应当围绕竞买人迟延缴纳部分竞买保证金是否损害当事人、其他竞买人利益，是否明显影响公平竞价及充分竞价等因素综合来判断本案第一次拍卖效力。

参考案例：在〔2019〕最高法执他5号案件中，最高人民法院函复湖北省高级人民法院："关于竞买人迟延交付部分保证金后又悔拍的，拍卖的效力如何确定的问题。执行程序中竞买人迟延交付部分保证金的，并不能当然否定竞拍资格及拍卖效力。你院应当围绕竞买人迟延缴纳部分竞买保证金是否损害当事人、其他竞买人合法权益，是否明显影响公平竞价及充分竞价等因素综合判断本案第一次拍卖效力。"

226. 执行法院在拍卖公告中明确表示"不负责腾退或交付"的，能否免除其交付义务？

解析：《最高人民法院关于人民法院民事执行中拍卖、变卖财产的规定》（2020 年）第 27 条规定："人民法院裁定拍卖成交或者以流拍的财产抵债后，除有依法不能移交的情形外，应当于裁定送达后十五日内，将拍卖的财产移交买受人或者承受人。被执行人或者第三人占有拍卖财产应当移交而拒不移交的，强制执行。""移交"指"将标的物实际交由买受人控制"，意味着将标的物的占有转移给买受人，即为"交付"。《最高人民法院关于人民法院网络司法拍卖若干问题的规定》（2017 年施行）第 6 条第 7 项进一步明确执行法院应当履行"办理财产交付"的"职责"。可见，执行法院拍卖不动产的，腾退交付为其法定义务。

不动产与动产不同，通常以"活封"为原则，查封时往往不会解除被执行人或第三人对不动产的占有，也因此产生了拍卖后的腾退问题。而由于腾退不动产确实有现实困难，实践中，有的执行法院出现了规避不动产交付责任的倾向。为了解决这个问题，最高人民法院在《关于进一步完善执行权制约机制加强执行监督的意见》（2021 年施行）第 18 条专门要求，拍卖财产为不动产且被执行人或者他人无权占用的，人民法院应当依法负责腾退，不得在公示信息中载明"不负责腾退交付"等信息。载明"不负责腾退交付"等信息的，亦不能免除其法定义务。

227. 抵押权人申请执行抵押财产，拍卖前是否除去财产上的租赁权？

解析：订立抵押合同前抵押财产已出租的，原租赁关系不受该抵押权的影响。抵押权设立后抵押财产出租的，该租赁关系不得对抗已登记的抵押权。拍卖财产上原有的租赁权及其他用益物权，不因拍卖而消灭，但该权利继续存在于拍卖财产上，对在先的担保物权或者其他优先受偿权的实现有影响的，人民法院应当依法将其除去后进行拍卖。因此，抵押权设立后抵押财产出租，且对抵押权的实现有影响的，执行法院依法有权将租赁权除去后进行拍卖。

参考案例：在（2021）最高法执监 39 号执行裁定书中，最高人民法院认为，本案中，案涉租赁合同签订时间是 2015 年 9 月 25 日，而抵押权设立时间是 2015 年 8 月 25 日，该租赁关系不得对抗已登记的抵押权，且对抵押权实现已产生影响，江苏省扬州市中级人民法院除去租赁拍卖案涉房地产并无不当。

228. 拍卖时未通知房屋承租人侵害其优先购买权的，应否撤销司法拍卖？

解析：不应撤销。《民法典》（2021 年施行）明确规定了买卖不破租赁规则及承租人优先购买权。第 725 条规定："租赁物在承租人按照租赁合同占有期限内发生所有权变动的，不影响租赁合同的效力。"第 726 条第 1 款规定："出租人出卖租赁房屋的，应当在出卖之前的合理期限内通知承租人，承租人享有以同等条件优先购买的权利；但是，房屋按份共有人行使优先购买权或者出租人将房屋出卖给近亲属的除外。"

一般认为，优先购买权可以分为物权性质的优先购买权和债权性质的优先购买权。共有人的优先购买权是典型的物权性质的优先购买权，而房屋承租人的优先购买权则是典型的债权性质的优先购买权。正因为房屋承租人享有的是债权性质的优先购买权，当房屋所有人与第三人签订房屋买卖合同、侵害其优先购买权时，其并不能主张该买卖合同无效，但可以主张相应的损害赔偿。对此，《民法典》（2021 年施行）第 728 条明确规定："出租人未通知承租人或者有其他妨害承租人行使优先购买权情形的，承租人可以请求出租人承担赔偿责任。但是，出租人与第三人订立的房屋买卖合同的效力不受影响。"所以，出租人未通知承租人或者有其他妨害承租人行使优先购买权情形的，承租人可以请求赔偿，但不影响房屋买卖合同的效力。

需要注意的是，《民法典》（2021 年施行）第 728 条系因出租人未通知承租人而导致其丧失优先购买权时的法律后果和救济方式，并不影响承租人主张仍然合法有效的租赁合同效力，也即并非破除了买卖不破租赁规则，导致承租人亦丧失了合法有效的租赁权。因此，《民法典》（2021 年施行）第 728 条属于法律规定的一般情形，承租人可以主张继续履行合法有效的租赁合同并受到法律保护。

参考案例：在（2018）最高法执监 394 号执行裁定书中，最高人民法院认为，关于未通知房屋承租人可否成为撤销司法拍卖事由的问题。一般法理认为，优先购买权可以分为物权性质的优先购买权和债权性质的优先购买权两种。共有人的优先购买权是典型的物权性质的优先购买权，而房屋承租人的优先购买权则是典型的债权性质的优先购买权。正是因为房屋承租人享有的是债权性质的优先购买权，当房屋所有人与第三人签订房屋买卖合同、侵害其优先购买权时，其并不能主张该买卖合同无效，但可以主张相应的损害赔偿。《最高人民法院关于审理城镇房屋租赁合同纠纷案件具体应用法律若干问题的解释》第21条即规定："出租人出卖租赁房屋未在合理期限内通知承租人或者存在其他侵害承租人优先购买权情形，承租人请求出租人承担赔偿责任的，人民法院应予支持。但请求确认出租人与第三人签订的房屋买卖合同无效的，人民法院不予支持。"参照该条规定精神，在执行程序中，房屋承租人仅以没有接到司法拍卖通知导致其优先购买权受侵害为由，主张拍卖程序无效或要求撤销拍卖的，亦不应予以支持。因此，在本案中，即使梁某胜确实享有案涉房屋的优先购买权，其也不能以法院未作专门通知、损害其优先购买权为由，主张司法拍卖无效或要求撤销拍卖。

在（2021）最高法执监424号执行裁定书中，最高人民法院认为，优先购买权可以分为物权性质的优先购买权和债权性质的优先购买权两种。共有人的优先购买权是典型的物权性质的优先购买权，而房屋承租人的优先购买权则是典型的债权性质的优先购买权。正是因为房屋承租人享有的是债权性质的优先购买权，当房屋所有人与第三人签订房屋买卖合同、侵害其优先购买权时，其并不能主张该买卖合同无效，但可以主张相应的损害赔偿。《最高人民法院关于审理城镇房屋租赁合同纠纷案件具体应用法律若干问题的解释》第21条规定："出租人出卖租赁房屋未在合理期限内通知承租人或者存在其他侵害承租人优先购买权情形，承租人请求出租人承担赔偿责任的，人民法院应予支持。但请求确认出租人与第三人签订的房屋买卖合同无效的，人民法院不予支持。"参照该条规定精神，在执行程序中，房屋承租人仅以没有接到司法拍卖通知导致其优先购买权受侵害为由，主张拍卖程序无效或要求撤销拍卖的，亦不应予以支持。因此，在本案中，即使郑某宇确实享有案涉房屋的优先购买权，其也不能以法院未作专门通知、损害其优先购买权为由，主张司法拍卖无效或要求撤销拍卖。故郑某宇关于没有通知其行使优先购买权，拍卖应予撤销的申诉理由不能成立，本院不予支持。

229. 能否在拍卖公告中确定由买受人概括承担所有税费？

解析：《税收征收管理法》（2015年修正）第4条第1款规定："法律、行政法规规定负有纳税义务的单位和个人为纳税人。"《最高人民法院关于人民法院网络司法拍卖若干问题的规定》（2017年施行）第30条规定："因网络司法拍卖本身形成的税费，应当依照相关法律、行政法规的规定，由相应主体承担；没有规定或者规定不明的，人民法院可以根据法律原则和案件实际情况确定税费承担的相关主体、数额。"关于在拍卖公告中确定由买受人概括承担所有税费问题，最高人民法院执行局在第30条的理解与适用部分指出："该载明事项是否具有法律效力呢？我们认为该载明事项无效。理由是：第一，根据税收法定原则，纳税义务人的身份不能因拍卖公告的载明条款而发生转移；第二，《国家税务总局关于人民法院强制执行被执行人财产有关税收问题的复函》（国税函〔2005〕869号）也要求，对拍卖财产的全部收入，纳税人均应依法申报缴纳税款；人民法院应当协助税务机关依法优先从拍卖收入中征收税款。"① 2022年5月，最高人民法院在《关于进一步规范网络司法拍卖房产有关问题的通知》（法明传〔2022〕297号）中再次明确提出，"切实将交易税费依法各自承担落实到位"，"禁止在拍卖公告中载明'当次交易税费由买受人概括承担'或类似内容"。可见，对于这个问题，法律和司法解释均要求税费各自负担，最高人民法院的意见也是明确的。

当然，由买受人概括承担所有税费的做法，确实具有一定的合理性。实践中，被执行人不配合主动缴纳税费，以及无能力缴税等情况，成为严重影响买受人办理过户登记手续的现实难题。部分法院在拍卖公告中载明由买受人概括承担所有税费，可以防止出现因被执行人不交或无能力缴税进而影响办理产权过户手续所衍生的问题。究其原因，主要是司法拍卖标的物类型众多，税收类型也种类繁多，查清写明的难度比较大。以不动产为例，交易过程中需要缴纳的税费多达八种，可能涉及买方的税费包括契税、印花税；可能涉及卖方的税费有土地增值税、企业所得税、个人所得税、印花税、城建税、（地方）教育费附加。各税种之间还存在递进关系以及税种项目间的扣除关系。由于税费的复杂性和不确定性，导致法院在财产上拍时很难明确欠缴税费情况，一定程度上也阻碍了部分有意向购买却又担心可能承担高额税费的买受人参与竞拍，进而影响了成交价和成交率的进一步提升。如果按照法律、行政法规的规定，网拍税费要出卖人承担，也就是被执行人承担的话，执行程序就会很麻烦。一方面，很多被执行人下落不明，不主动履行纳税义务；另一方面，就出现应缴纳税费是否要从拍卖款中预先扣除的问题。

---

① 最高人民法院执行局编：《最高人民法院关于人民法院网络司法拍卖若干问题的规定理解与适用》，人民法院出版社2017年版，第398页。

为了解决这个问题，不少地方（浙江、湖南、海南、山东等地）结合实际，积极与当地税务部门等沟通协调，联合下发规范性文件，建立不动产处置产生的税费查询与征缴协作机制，明确执行法院可在拍卖或抵债前向相关税务机关调查不动产涉税情况，税务机关有义务提供所涉税费种类、计算方法和承担主体及方式等，执行法院在拍卖公告中予以披露，再根据最终成交或抵债的金额确定具体税费数额并由相应主体依法缴纳。有些法院还与税务部门建立了不动产司法处置的涉税数据交换系统，利用信息化手段不断提高联动效果和执行效率。

执行中，人民法院应与税务部门和不动产主管部门协作，建立和完善不动产司法处置中税款调查与征缴联动的常态化工作机制，做到缴税金额和纳税责任、义务的公开透明。要最大可能完善拍卖公告内容，充分、全面向买受人披露标的物瑕疵等各方面情况，包括以显著提示方式明确税费的种类、税率、金额等；要严格落实司法解释关于税费依法由相应主体承担的规定，严格禁止在拍卖公告中要求买受人概括承担全部税费，以提升网拍实效，更好地维护各方当事人合法权益。

依据：《国家税务总局办公厅对十三届全国人大三次会议第 8471 号建议的答复》（2020 年 9 月 2 日）

参考案例：在（2020）最高法执监 421 号执行裁定书中，最高人民法院认为，《最高人民法院关于人民法院网络司法拍卖若干问题的规定》第 30 条规定，因网络司法拍卖本身形成的税费，应当依照相关法律、行政法规的规定，由相应主体承担；没有规定或者规定不明的，人民法院可以根据法律原则和案件实际情况确定税费承担的相关主体、数额。根据上述法律规定，通过网络司法拍卖处置财产时，涉及因拍卖本身形成的税费，相应主体应分别承担各自部分税费。执行法院在进行网络司法拍卖时，就税费承担问题，理应按照上述法律规定进行公告公示。本案中，根据查明的事实，广西壮族自治区河池市中级人民法院（以下简称河池中院）在对案涉土地使用权拍卖时，通过《拍卖公告》《拍卖须知》《标的物介绍》等向社会公示，拍卖成交后办理产权登记过户所涉及的一切相关税费均由买受人承担。由此可见，在涉案土地使用权拍卖过程中，河池中院公示的税费承担表述与上述法律规定不符，应予纠正。但广西壮族自治区高级人民法院、河池中院并未对税费的具体承担等内容进行严格审查即作出认定，并未明确指出应由被执行人承担的税费内容，存在认定事实不清的情况，河池中院应当重新审查处理。

230. 拍卖划拨土地，土地出让金应由谁负担？

解析：《城市房地产管理法》（2019年修正）第40条第1款规定，以划拨方式取得土地使用权的，转让房地产时，应当按照国务院规定，报有批准权的人民政府审批。有批准权的人民政府准予转让的，应当由受让方办理土地使用权出让手续，并依照国家有关规定缴纳土地使用权出让金。据此，在划拨土地转让的情况下，应当由划拨土地的受让人承担补缴划拨用地土地出让金的义务。第51条规定，设定房地产抵押权的土地使用权是以划拨方式取得的，依法拍卖该房地产后，应当从拍卖所得的价款中缴纳相当于应缴纳的土地使用权出让金的款额后，抵押权人方可优先受偿。根据该条规定，划拨土地办理抵押的情况下，抵押权人优先受偿权的范围仅限于扣除土地出让金之后的划拨土地使用权本身的价值。该条并未明确规定，要由抵押权人缴纳土地出让金。因此，《城市房地产管理法》（2019年修正）第51条规定与第40条规定并不冲突。人民法院拍卖办理了抵押登记的划拨土地，关于土地出让金的承担主体，应该综合以上两个条文确定。如果将办理了抵押登记的划拨土地作为已经办理了出让手续的土地进行司法拍卖，买受人竞买所得的，应该也是已经办理了土地出让手续的土地，其所支付的价款中包含了土地出让金，人民法院应当从所得款中扣除土地出让金，将剩余部分扣除执行费等必要费用后支付给抵押权人。如果将办理了抵押登记的划拨土地作为尚未办理出让手续的划拨土地进行司法拍卖，买受人竞买所得的，也应该是尚未办理出让手续的划拨土地，其所支付的价款中亦不包含土地出让金，人民法院可以将所得款扣除执行费等必要费用后直接支付给抵押权人。

参考案例：在（2021）最高法执监398号执行裁定书中，最高人民法院认为，本案中，通过拍卖平台公布的评估报告和拍卖公告，均明确本案评估拍卖的标的物的土地性质为划拨土地。拍卖公告还明确，拍卖标的物以现状进行拍卖，标的物转让登记手续由买受人自行办理。根据评估公司提交的说明，评估拍卖标的物的价格明显低于周边出让土地上的写字楼价格。因此，申诉人通过竞买所得的，应该是尚未办理土地出让手续的划拨土地，其支付的价款中，亦不包括土地出让金。申诉人关于应该适用《城市房地产管理法》第51条规定由抵押权人承担缴纳土地出让金义务的主张，缺乏事实和法律依据，本院不予支持。

231. 拍卖机动车，能否在拍卖公告中要求由竞买人概括承担机动车违章罚款和记分？

解析：不能。一些法院在司法拍卖公告中将违章罚款、扣分情况作为拍卖物瑕疵进行标注，并概括由竞买人承担的问题，加重了竞买人责任，不利于拍卖的成交，也不符合有关法律规定。

首先，机动车违章罚款及记分信息不属于应当予以公告的信息。《最高人民法院关于人民法院网络司法拍卖若干问题的规定》（2017 年施行）第 12 条、第 13 条、第 14 条对网络司法拍卖公告的形式、内容及特别提示的内容进行了规范。拍卖车辆的违章信息不属于司法解释规定的应当予以公告的信息。

其次，违章处理与否，不应影响竞买成功后的车辆变更登记办理。《道路交通安全法》（2021 年修正）第 114 条规定："公安机关交通管理部门根据交通技术监控记录资料，可以对违法的机动车所有人或者管理人依法予以处罚。对能够确定驾驶人的，可以依照本法的规定依法予以处罚。"依上述规定，在涉机动车网络司法拍卖中，竞买人不应成为行政处罚的承受人。对于拍卖机动车的违章和记分的处理，公安交管部门应按照《道路交通安全法》（2021 年修正）相关规定确定责任主体，不应以已拍卖车辆上有未处理的违章信息为由，拒绝为竞买人办理车辆登记变更。相应记分的处理，公安交管部门应依照《道路交通安全法》（2021 年修正）进行处理；对于相应罚款的处理，因对相应主体的罚款属于行政处罚，公安交管部门可依照法定程序，向有关法院移送材料，依法进入案款分配执行程序。

232. 不动产流拍后以物抵债的，能否突破不动产交易"先税后证"规则办理过户手续？

解析：执行中，需要对被执行人财产进行变价后偿还其债务时，一般优先采取拍卖、变卖方式。无人接手时，人民法院会询问申请执行人是否按流拍价接受该财产用以抵偿债务。"以物抵债"从本质上讲是将财产"卖给"了案件的申请执行人。无论是拍卖、变卖成交，抑或是以物抵债，人民法院都会作出裁定，买受人或申请执行人可持裁定到产权部门办理过户登记。在"办证"过程中，即出现所谓的"先税后证"还是"先证后税"的问题。

关于本次交易税费的负担，《最高人民法院关于人民法院网络司法拍卖若干问题的规定》（2017 年施行）第 30 条规定："因网络司法拍卖本身形成的税费，应当依照相关法律、行政法规的规定，由相应主体承担；没有规定或者规定不明的，人民法院可以根据法律原则和案件实际情况确定税费承担的相关主体、数额。"实践中，已经进入执行程序的案件，无论是拍卖、变卖还是以物抵债，作为出卖方的被执行人，几乎不可能主动履行法律规定的纳税义务。如果此时严格实行"先税后证"制度，势必需要由买方垫付税款后再从变价款中支付或由申请执行人先行垫付再从抵债额中予以扣减。若变价款或抵债额足以清偿债务及税款，则不存在问题。但实践中，往往是大量被执行人除了涉案财产外已无其他财产可供执行，变价款或抵债额也不足以清偿其全部债务。此种情况下，如果仍必须先完税后办证，会产生先纳税再偿债、税款债权优先于民事债务的问题。但如果不坚持先完税后办证，则涉及强制执行能否突破《个人所得税法》《土地增值税暂行条例》等规定的不动产交易"先税后证"规则，以及如何在维护债权人利益、提高执行效率与防止税款流失、保障税收优先权之间寻求平衡等问题。

研析认为，在现行制度框架下，接受抵债的债权人可看作是抵债不动产的"买受人"，原则上不应负担"出卖人"即被执行人应缴纳的税款。但在法律有明确规定买受人负有代扣代缴义务的情况下，如根据《个人所得税法》（2018 年修正）第 9 条的规定，债权人作为不动产受让人和实质支付方，负有代扣代缴个人所得税的义务，则可由接受抵债的债权人代为支付税款。另外，债权人也可依法自愿垫付被执行人应缴纳的交易税款。在上述两种情况下，对债权人支付的税款，执行法院要从抵债的债权数额中予以相应扣减，防止损害债权人利益。在民事债权与税款债权可能产生冲突时，建议结合具体情况具体分析。一是在被执行人有其他财产时，执行法院可与税务部门、不动产登记部门进行沟通，争取在债权人缴纳契税等依法由其承担的税款后即可先行办理移转登记，税款债权可由税务部门自行依法征缴或在法院后续执行中申请分配；二是在抵债不动产的价值不足以清偿全部民事债权和被执行人税款，又无其他财产可供执行的情况下，则面临着何者应优先受偿的问题，此时可能要结合《税收征收管理法》关于税收优先权的规定以及《民事诉讼法》及《企业破产法》中关于参与分配和破产的程序性规定等进一步研究论证，以更好地平衡民事债权人利益和国家税收利益；三是在当事人已缴纳本次司法处置产生的交易税款后，税务机关似不宜以当事人尚有历史欠税为由拒绝开具完税凭证而导致不动产无法过户。

233. 拍卖房产是否需要遵循当地的限购政策？

解析：人民法院开展执行工作，以《民事诉讼法》及其他相关法律、法规、司法解释为依据。《民事诉讼法》（2023 年修正）第 255 条第 1 款规定："被执行人未按执行通知履行法律文书确定的义务，人民法院有权查封、扣押、冻结、拍卖、变卖被执行人应当履行义务部分的财产……"第 262 条规定："在执行中，需要办理有关财产权证照转移手续的，人民法院可以向有关单位发出协助执行通知书，有关单位必须办理。"《民法典》（2021 年施行）第 229 条规定："因人民法院、仲裁机构的法律文书或者人民政府的征收决定等，导致物权设立、变更、转让或者消灭的，自法律文书或者征收决定等生效时发生效力。"

根据上述法律规定，人民法院有权拍卖被执行人的财产以偿还其债务。拍卖成交后，人民法院应当及时出具拍卖成交裁定书。裁定书载明拍卖标的物归买受人所有的，该标的物的物权自裁定书生效之时起产生变动效力，也即买受人自裁定书生效之时起对该标的物享有物权。人民法院将拍卖成交裁定以及协助办理过户登记手续的协助执行通知书送达登记机关后，登记机关应当依法配合办理过户登记手续。

2021 年 12 月，最高人民法院发布《关于人民法院司法拍卖房产竞买人资格若干问题的规定》（2022 年施行），确立了竞买人参与人民法院组织的司法拍卖房产活动要受当地限购政策约束的规则。人民法院应当对竞买人是否符合地方政府基于本地实际情况出台的房产限购政策、是否向买受人出具拍卖成交裁定进而产生物权变动效力负责。按要求，人民法院要在拍卖成交后、作出拍卖成交裁定前，审查竞买人提交的符合限购政策的证明材料。符合政策的，出具成交裁定，完成物权变动；不符合的，则依法不予出具成交裁定。对于登记机关而言，其权责并无变化，依法按照人民法院送达的裁定书、协助执行通知书办理有关手续。

234. 买受人悔拍的，除没收保证金外，应否补足重新拍卖价款与原价款之间的差价？

解析：在司法拍卖中，出价最高的买受人应在拍卖公告确定的期限内缴足价款，否则构成悔拍，应重新进行拍卖。在悔拍的情况下，其预交的保证金如何处理，尤其是保证金不足以弥补两次拍卖差价的情况下还能否要求悔拍人补足，涉及最高人民法院的两个司法解释条文：一是《最高人民法院关于人民法院民事执行中拍卖、变卖财产的规定》（2020年修正）第22条第2款规定，重新拍卖的价款低于原拍卖价款造成的差价、费用损失及原拍卖中的佣金，由原买受人承担。人民法院可以直接从其预交的保证金中扣除。扣除后保证金有剩余的，应当退还原买受人；保证金数额不足的，可以责令原买受人补交；拒不补交的，强制执行。二是《最高人民法院关于人民法院网络司法拍卖若干问题的规定》（2017年施行）第24条第1款规定，拍卖成交后买受人悔拍的，交纳的保证金不予退还，依次用于支付拍卖产生的费用损失、弥补重新拍卖价款低于原拍卖价款的差价、冲抵本案被执行人的债务以及与拍卖财产相关的被执行人的债务。对比两个条文可知，《最高人民法院关于人民法院网络司法拍卖若干问题的规定》（2017年施行）第24条对悔拍人预交的保证金明确了"不退"的原则，但对保证金数额不足以支付拍卖产生的费用损失、弥补重新拍卖价款低于原拍卖价款的差价时是否可以责令原买受人补交的问题未作明确规定，由此导致执行实务中对原买受人悔拍后保证金的处理原则问题产生了分歧。

第一种观点认为，不应该补足差价。首先，上述两个规定属于特别法和一般法的关系，新的特别法网络司法拍卖规则，改变了原有悔拍规则。[①] 两个规则的相同点在于，悔拍以后可以重新拍卖，而且原买受人不得参与竞买。不同点在于竞买人的责任大小，前者以实际损失为限，保证金多退少补；后者则是不论损失大小，原竞买人的责任是以保证金为限，多不退、少不补。因此，这是完全不同的两种悔拍规则，不能混同适用。如果混合适用，则可能会产生"多不退、少还要补"的结果，有失公平。[②] 其次，网络司法拍卖与传统拍卖不同，没有拍卖人的善意提醒，容易产生天价极端拍卖的情况。如果此时要求悔拍竞买人补差价，对其不公平，也惩罚过重。至于威慑悔拍行为，可以通过罚款、拘留乃至追究刑事责任解决。[③] 而且，不论是采取司法拍卖公法说还是私法说的学说，竞买人悔拍所应该承担的责任都应该受到限制。从公法说角度来看，应该遵循比例原则，不能施加过重责任；从私法说

[①] 参见王飞：《竞买人悔拍后保证金的处理》，载《人民司法》2021年第5期。

[②] 王赫：《网络司法拍卖保证金不能弥补差价的，悔拍人应否补交？》，载微信公众号"赫法通言"，2016年9月20日。

[③] 参见夏从杰：《强制执行立法应规范司法拍卖悔拍差价补交问题——强制执行法（草案）系列评析之二》，载微信公众号"金陵灜语"，2022年7月14日。

角度来看，应该遵循公平原则，在责任超出损失的情况下，应该予以调整。

第二种观点则认为，应该补足差价。首先，应该运用体系解释来妥善处理悔拍问题。《最高人民法院关于人民法院网络司法拍卖若干问题的规定》（2017年施行）中没有规定补足差价，只是单纯性的空白，并不能解释为否定。在存在空白的情况下，就需要继续适用《最高人民法院关于人民法院民事执行中拍卖、变卖财产的规定》（2020年修正）。况且不退和不补之间，并没有必然的因果关系。仅仅在退还方面存在规则变化，无法推出补交方面也应该有所区别的结论。实际上，"多不退、少要补"的规则并不罕见，例如民法中违约定金问题，如果定金超出损失，不需要退还；如果定金不足以弥补损失，则要填补。多不退，强调惩罚；少要补，侧重补偿。① 其次，根据《民法典》规定的可得利益赔偿规则，悔拍人补交差价才能弥补债权人的全部损失。鉴于差价损失较为容易认定和判断，为减轻当事人的讼累，可以不通过诉讼，直接裁定执行。② 再次，从比较法来看，补差价基本是大陆法系国家和地区的普遍做法。德国、法国均在其诉讼法或者执行法中明确悔拍的买受人有义务负担两次拍卖之间的差额。日本和韩国的执行法虽然没有明确规定这一点，但由于其对强制拍卖采用"私法说"，可适用实体法的规定，故亦未排除买受人补差价的责任。③ 复次，从维护司法拍卖的严肃性、防止悔拍的随意性来看，补足差价可以对买受人悔拍形成"威慑"，从买受人应对自己行为负责的角度，应当明确悔拍买受人的"补差价"责任。最后，在补差价观点基础上，有人提出了区分故意和过失悔拍，对于过失悔拍的，由法院酌定差价数额。④ 还有人认为，故意悔拍，应当补差价；非故意悔拍，可以补差价。⑤

最高人民法院对此持第二种意见。最高人民法院执行局编著的《最高人民法院执行司法解释条文适用编注》中明确提出：《最高人民法院关于人民法

---

① 参见王赫：《网络司法拍卖保证金不能弥补差价的，悔拍人应否补交?》，载微信公众号"赫法通言"，2016年9月20日。

② 参见孙超：《民事执行中财产变价程序的立法理念与规则设计》，载《山东法官培训学院学报》2021年第2期。

③ 参见百晓锋：《论司法拍卖中"悔拍"的法律后果》，载《法律适用》2020年第7期。

④ 参见陈景善：《司法网络拍卖法律适用问题——苹果天价手机事件为中心》，载《法律适用》2017年第22期。

⑤ 参见朱跃星：《对悔拍后提起的网拍撤销权异议申请应严格审查》，载《人民司法》2021年第5期。

院民事执行中拍卖、变卖财产的规定》（2004 年施行）第 25 条（2020 年修正后为第 22 条）"保证金数额不足的，可以责令原买受人补交；拒不补交的，强制执行"的规定，继续适用于网络拍卖。① 2021 年，最高人民法院在《对第十三届全国人大四次会议第 2777 号建议的答复》中明确表示："您在建议中分析了网络司法拍卖发生原买受人悔拍的法律后果较轻的问题，提出应明确网络司法拍卖悔拍规则，提高悔拍成本，对于原买受人悔拍的，人民法院没收保证金的同时，可以责令原买受人补足重新拍卖价款与原价款之间的差价，维护网络司法拍卖秩序的稳定与良性发展。对此，我们非常赞同，并在积极推动统一规则的立法工作。"2022 年施行的《最高人民法院关于人民法院强制执行股权若干问题的规定》第 15 条第 3 款再次明确，保证金不足以支付拍卖产生的费用损失、弥补重新拍卖价款低于原拍卖价款差价的，人民法院可以裁定原买受人补交；拒不补交的，强制执行，以重申最高人民法院对于悔拍问题一贯的态度。②

当然，本问题仅涉及应否补足重新拍卖价款与原价款之间的差价的问题，实际上，根据保证金是否足够补差价，与最终成交价之和是否足以清偿全部执行债务，可以分为四种情形。对此已有学者分不同情形作了分析。③

235. 拍卖、变卖、抵债不成的，能否启动二轮拍卖程序？

解析： 最高人民法院相关负责人就《最高人民法院关于人民法院民事执行中拍卖、变卖财产的规定》答记者问及撰写的理解适用均明确："在动产、不动产或其他财产权退还给被执行人后，如果将来该项财产升值的，可以考虑重新启动拍卖程序进行拍卖。申请人也可以申请执行被执行人的其他财产。"④ 据此，拍卖、变卖、抵债不成的，重新拍卖和变卖符合《最高人民法院关于人民法院民事执行中拍卖、变卖财产的规定》有关规定精神。

实践中，被执行人经常会主张，根据《最高人民法院关于人民法院民事执行中拍卖、变卖财产的规定》（2020 年修正）第 25 条第 2 款、《最高人民

---

① 最高人民法院执行局编著：《最高人民法院执行司法解释条文适用编注》，人民法院出版社 2019 年版，第 486 页。

② 何东宁、邵长茂、刘海伟、王赫：《〈最高人民法院关于人民法院强制执行股权若干问题的规定〉的理解与适用》，载《中国应用法学》2022 年第 2 期。

③ 王赫：《补差价后，剩余保证金的归属》，载微信公众号"赫法通言"，2022 年 8 月 20 日。

④ 赵晋山：《〈关于人民法院民事执行中拍卖、变卖财产的规定〉理解与适用》，载《人民司法》2005 年第 2 期。

法院关于适用〈中华人民共和国民事诉讼法〉的解释》（2022 年修正）第 490 条，查封财产拍卖、变卖不成的，申请执行人、其他执行债权人又不接受抵债的，应当解除查封，退还给被执行人。此时，问题的关键就聚焦到《最高人民法院关于人民法院民事执行中拍卖、变卖财产的规定》（2020 年修正）第 25 条第 2 款的最后一句话"但对该财产可以采取其他执行措施的除外"上。也就是说，是否允许再次启动拍卖程序？因为只有允许启动，才属于"可以采取其他执行措施"，否则只能退回给被执行人。而回答这个问题，首先要分析执行程序中为什么要限制拍卖的次数。一般认为，执行程序之所以要限制拍卖的次数，是因为：第一，是避免保留价格过低，对债务人造成损害。当然，这个论点成立的前提还是评估价格具有一定的参考价值。第二，已经降价到参考价的 50% 左右还没人买，说明市场非常不好，继续降价也很难处置，继续拍卖无端消耗司法资源。第三，如果一直拍卖一直降价，恐怕有些人会一直等降价，导致前几次拍卖都空转。而在网络司法拍卖的情况下，至少就不动产而言，前述这些问题是不突出的：首先，对不动产的查封，通常是活封，没有影响被执行人使用，继续查封并拍卖不会造成社会资源的浪费。其次，由于是活封，一般也不存在保管问题，加之网络司法拍卖本身相比传统拍卖成本就低，因此也不存在过分消耗司法资源的问题。再次，网络司法拍卖具有较好的价值发现功能，只要价格合适，竞买人一般不会等最后一次再出手。目前的统计数据表明，不动产的一拍成交率相当可观。最后，同样是基于网络拍卖的价值发现功能，不动产流拍往往是因为参考价过高且第一轮拍卖中降价不充分，因此启动二轮拍卖损害债务人利益的可能性比较低。因此，允许启动第二轮拍卖相对是合理的。当然为避免市场不好导致土地等大额不动产被低价处置，人民法院在实际操作过程中可以将"市场条件发生变化"作为调解阀门。

至于动产，如生鲜产品，一旦卖不掉就要腐烂；又如机器设备，随着技术迭代，价格迅速跳水；再如机动车，保管费用很高，且容易报废。确实可以考虑在无法变价的情况下解除查封并退还被执行人。这些内容在《民事强制执行法（草案）》相关条文中也有所规定。

236. 拍卖成交后原有的权利负担如何处理？

解析： 关于拍卖成交后原有的权利负担包括担保物权和用益物权如何处理，有消灭主义（涂销主义）和承受主义两种立法例，并各有优缺点。其中，消灭主义的优势主要在于买受人可以确定获得不附带担保物权或用益物权等权利负担的财产，能够提高其竞买意愿，增进拍卖效果。缺点是抵押权所担保之债权未定清偿期或其清偿期尚未届至，抵押权人将被迫提前受偿，且与民事实体法中确立的抵押权追及效力等存在一定矛盾；用益物权人则被迫提前丧失占有、使用或收益的权利。承受主义的优势在于充分保障了他物权人的利益不因强制拍卖而受到影响，但缺点在于买受人须承受财产上的负担，可能会降低其竞买意愿，不利于拍卖成交，且该财产可能被抵押权人等再次拍卖，增加不必要的成本。

研析认为，担保物权原则上应采取涂销主义。第一，担保物权主要目的在于通过对财产变价款的优先受偿来保障其债权实现，而不在于财产的占有、使用和收益，故在变价后保障担保物权人优先受偿的前提下消灭担保物权，一方面，可使买受人获得无权利负担的财产，也避免了计算承受担保权后应缴纳具体价款的麻烦，大大提高竞买人的积极性，促进财产顺利变价；另一方面，也并不会实质性损害担保物权人利益。第二，在我国，债权人更多关注的是债权安全，而非被迫提前收回债权的不利感觉，而且司法解释及执行实践一直采取的是担保物权因司法拍卖而消灭，变价款优先支付给担保权人的模式，并未出现太多问题，若突然转向，恐给司法拍卖带来较大冲击，不利于维护司法拍卖的公定力和公信力。第三，虽然《民法典》（2021 年施行）第 406 条明确了抵押权的追及效力，但该条主要是针对抵押人自行转让抵押财产时，抵押权不受影响的规定，但在进入强制执行程序尤其是强制变价程序之后，抵押权的效力可以及于变价款，即抵押权人在变价款中获得优先清偿即足以保障其利益，如此也能平衡抵押权人之外的一般债权人、竞买人的利益，并提高了执行效率，防止抵押物被再次拍卖带来的拖延和司法资源浪费。正因如此，法国、日本、韩国及我国台湾地区虽然也规定了抵押权的追及力，但在强制执行规定中均采消灭主义。这也体现了强制执行法在价值追求与具体制度设计上的特殊性，不必与民事实体法完全一致。

而用益物权等原则上应采取承受主义。财产查封前设立的用益物权及租赁权，因其目的在于对财产使用、收益，其性质难以用价金补偿，故采取承受主义，即权利不因拍卖而消灭，于买受人取得所有权后移转给买受人，以此保护用益物权人和承租人。需要注意的是，《民法典》（2021 年施行）第725 条规定买卖不破租赁的前提是承租人已按照租赁合同占有租赁物，故如果被执行人与承租人在查封前已签订租赁合同但尚未移交占有的，不能采取承受主义，应由执行法院涤除租赁后进行拍卖。当然，当权利设立在担保物权之后，如仍采承受主义，将使得拍卖的财产因有用益物权负担而降低拍卖价格，造成担保物权人无法足额受偿。在这种情况下，应由执行法院以裁定方式将上述权利涤除后再行拍卖，以确保担保物权人的优先地位。[①]

237. 自然人竞得采矿权，被执行人能否以其不具备竞买资格为由主张撤销司法拍卖？

解析： 一种意见认为，不能撤销司法拍卖。理由是：《国土资源部关于完善矿产资源开采审批登记管理有关事项的通知》（国土资规〔2017〕16号）第19条规定："人民法院将采矿权拍卖或裁定给他人，受让人应当依法向登记管理机关申请变更登记。申请变更登记的受让人应当具备本通知第（七）条规定的条件，登记管理机关凭申请人提交的采矿权变更申请文件和人民法院协助执行通知书，予以办理采矿权变更登记。"由此可知，第一，采矿权申请人或受让人并非必须为营利法人，相关政策并未完全排除其他类主体作为采矿权申请人或受让人；第二，人民法院将采矿权拍卖或裁定给他人的，受让人应当向登记机关申请变更登记。而能否成功取得变更登记，则要看该受让人是否具备前述第7条规定的条件。故采矿权受让人的相关资质问题，将主要决定该受让人能否成功在国土资源主管部门取得变更登记，而非决定其是否有资格参加司法拍卖的竞买。综上，被执行人以竞得人不具备法律、行政法规和司法解释规定的竞买资格为由，要求撤销案涉司法拍卖，理据不足，不予支持。

另一种意见认为，可以撤销。理由是：采矿权作为拍卖标的时，竞买人资格应依据《矿产资源法》及其相应的行政法规、部门规章等予以认定。《矿产资源法》《探矿权采矿权转让管理办法》《矿产资源开采登记管理办法》《矿业权出让转让管理暂行规定》等相关法律、行政法规已将采矿权的主体限缩为矿山企业，采矿权竞买人的资质条件应为营利法人。

研析认为，虽然采矿权具有其特殊性，《自然资源部关于进一步完善矿产资源勘查开采登记管理的通知》（自然资规〔2023〕4号）第4条第2款第1项规定"采矿权申请人原则上应当为营利法人"，该通知第5条第8款规定

---

① 孙超：《民事执行中财产变价程序的立法理念与规则设计》，载最高人民法院执行局编：《执行工作指导》2021年第1辑，人民法院出版社2021年版，第23~37页。

"申请变更登记的受让人应当具备本通知规定的采矿权申请人条件"，但采矿权受让人与竞买人并非同一法律概念，受让资格与竞买资格亦不应混为一谈。在人民法院将采矿权拍卖或者裁定给他人后，相关法律法规和司法解释并非限制该"他人"再行转让采矿权或者以其他主体依法向登记管理机关申请采矿权变更登记。即便竞得人作为自然人不具备申请采矿权变更登记的条件，但不能以此认定其必然不具有参与司法拍卖的竞买人资格，进而认定司法拍卖应予撤销。换言之，竞得人是否具备采矿权受让人资格，并不影响对其竞买人资格的审查认定，亦不影响司法拍卖的效力。至于在竞得人参与竞买并成功竞得案涉采矿权后，其是否具备采矿权受让人条件、能否成功取得登记管理机关的采矿权变更登记，属于行政机关行政审批范围，应由行政机关根据矿权管理的相关规定作出判断，不属于人民法院的审查范围，相应风险应由竞得人自行承担。

参考案例：在（2019）最高法执监179号执行裁定书中，最高人民法院认为，第一，采矿权申请人或受让人并非必须为营利法人，相关政策并未完全排除其他类主体作为采矿权申请人或受让人；第二，人民法院将采矿权拍卖或裁定给他人的，受让人应当向登记机关申请变更登记。而能否成功取得变更登记，则要看该受让人是否具备前述《国土资源部关于完善矿产资源开采审批登记管理有关事项的通知》［国土资规（〔2017〕16号）］第7条规定的条件。故采矿权受让人的相关资质问题，将主要决定该受让人能否成功在国土资源主管部门取得变更登记，而非决定其是否有资格参加司法拍卖的竞买。综上，白云泉矿业公司以穆某焕不具备采矿权受让人资质为由，否认穆某焕参加司法拍卖的资格，并进而要求撤销案涉司法拍卖，理据不足，本院不予支持。

238. 优先受偿权人不接受以物抵债，是否意味着放弃了优先受偿权？

解析：实践中有一种观点认为，优先受偿权人不接受以物抵债，后果是放弃了这一轮的受偿。否则，后序债权人接受以物抵债，就要把前位受偿债权人的钱先行偿还。这种方式违背了以物抵债制度设计的初衷，也不利于财产的最终变现。

这种观点失之偏颇。具体而言：

第一，《民法典》（2021年施行）规定了担保物权的消灭方式，其第393条明确的四种消灭情形，并不包含债权人不接受以物抵债这种情形。优先受偿权人放弃以物抵债，只是放弃接受以物抵债的变价方式，并不等于放弃对物变现后价值优先受偿的权利。放弃抵押权等优先受偿权，必须采取明示的方式。执行程序是实现权利义务的程序而非确认权利义务的程序，要避免在执行程序中变更实体规则。

第二，《最高人民法院关于人民法院民事执行中拍卖、变卖财产的规定》（2020年修正）第16条规定："拍卖时无人竞买或者竞买人的最高应价低于保留价，到场的申请执行人或者其他执行债权人申请或者同意以该次拍卖所定的保留价接受拍卖财产的，应当将该财产交其抵债。""有两个以上执行债权人申请以拍卖财产抵债的，由法定受偿顺位在先的债权人优先承受；受偿顺位相同的，以抽签方式决定承受人。承受人应受清偿的债权额低于抵债财产的价额的，人民法院应当责令其在指定的期间内补交差额。"从条文内容上看，这里的"应受清偿的债权金额"，实际上就是考虑优先权问题。

第三，执行债权人接受流拍财产抵债，相当于以流拍的财产保留价购买执行标的，与司法拍卖、变卖同属于对被执行人财产强制变价的执行措施，只不过作为申请执行人可以在应受清偿的债权范围内与流拍的保留价进行抵销。因此，执行财产强制变价后，在存在多个债权人的情形下，执行法院仍然应当计算多个债权各自应受清偿金额，并非将流拍财产直接交由接受抵债的执行债权人受偿自身债权。

那么，执行中，拍卖的财产流拍后，具有优先受偿权的债权人放弃以物抵债，受偿顺序在后的普通债权人以物抵债时，如何计算应缴纳款项？在优先受偿权人未明示放弃其优先权的情况下，接受抵债的债权人即承受人不会因接受以物抵债获得优先于其他债权人就抵债财产变现后的价值受偿的地位。因以物抵债相当于以流拍的财产保留价购买执行标的，只不过作为申请执行人可以在应受清偿的债权范围内与流拍的保留价进行抵销。因此，在多个债权人存在的情形下，执行法院仍然应当按照法定顺位计算多个债权各自应受清偿金额，并非将流拍财产直接交由接受抵债的执行债权人受偿自身债权。

参考案例： 在（2021）最高法执监414号执行裁定书中，最高人民法院认为，根据《最高人民法院关于适用〈中华人民共和国民事诉讼法〉的解释》第516条的规定，强制执行变价措施并不对多个执行债权的清偿顺序产生影响。前位债权人放弃接受财产抵债，只是放弃这一变价措施，并不意味着其放弃对流拍财产变价所得优先受偿的权利，事实上，对抵押权或者其他法定优先权的放弃必然需要权利人通过明示方式作出。在优先受偿权人未明示放弃其优先权的情况下，接受抵债的债权人即承受人不会因接受以物抵债获得优先于其他债权人就抵债财产变现后的价值受偿的地位。因此，申诉人关于优先权人在放弃接受财产抵债的情况下，其应受清偿的优先权亦随之消灭的理由，本院不予支持。

（八）对债权的执行

239. 工程款、租金收入、资产转让款（如股权转让款）、合作办学收益、项目利润款等是被执行人的收入还是债权？

解析：《民事诉讼法》（2023年修正）第254条规定了收入的执行方法，即扣留、提取裁定和协助执行通知的方式；对此提出异议的，通过《民事诉讼法》（2023年修正）第236条规定的程序解决。而一般债权则应按照冻结裁定和履行通知书的方式执行，对被执行人负有债务的次债务人，在收到履行通知之日起15日内提出异议的，人民法院对其异议不进行审查，也不得对其强制执行。

由于执行方法和救济措施均不同，需要对二者进行区分。但是，由于收入本质上就是债权，法律、司法解释并没有明确界定哪些债权属于收入，这就导致实践中，有的执行人员为推进执行，往往倾向于对收入作较为宽松的解释；同时，次债务人则为保护自身利益，往往要求严格界定收入。

要解决这个问题，就是要弄清楚为什么在执行程序中区分收入和债权，并规定不同的执行规则。简单说，债权执行中，之所以次债务人提出异议就不予审查也不予强制执行，主要基于两方面的原因：一是被执行人对次债务人是否存在债权、债权数额及次债务人是否存在抗辩，均未经生效法律文书确认，应当赋予其充分的权利保障；二是根据审执分离原则，执行机构不能审查实体问题。前者决定了"异议要保护"，后者决定了"执行不审查"。而就收入而言，工资、奖金、劳动报酬这些债权，次债务人存在异议的可能性比较小，加上1991年《民事诉讼法》以及1998年的《最高人民法院关于人民法院执行工作若干问题的规定（试行）》当初规定收入执行时，我国的经济生活还比较简单，谁有多少收入通常都有比较明显的，给用人单位异议权的必要性就不大。也就是说，收入和到期债权之间不存在质的差别（都是债权），而是量的差异（复杂性不同）。由此可见，收入执行，实际上就是从债权执行中划分中一块特殊的债权，给一个更加简便的执行方法。作为收入执行时，对次债务人程序权利实际上是有一定限制的，因此对收入的范围，应该进行严格界定。

近年来，最高人民法院在多个案例中对收入的范围从正反两方面都进行了阐释。一方面，收入被界定为"公民基于劳务等非经营性原因所得和应得的财物，主要包括个人的工资、奖金、劳务报酬等"。[①] 另一方面，工程款[②]、租金债权[③]、资产转让款[④]、合作办学收益[⑤]、项目利润款[⑥]等则明确被认定属于到期债权而非收入。实践中，遇到难以确定属于债权还是收入时，可以从两个层面去考虑：第一，收入应当是自然人基于劳务等非经营性原因所得和应得的财物，主要包括个人的工资、奖金、劳务报酬等。因此，在区分时首先要看被执行人是不是自然人，其次要看这个债权是不是因其劳动产生的工资、奖金等。第二，这个债权是不是存在相对比较明显的证据证明，且不易产生争议。据此，工程款、租金债权、资产转让款、合作办学收益等均非收入，而属于一般债权。在同时符合这两个条件时，作为收入执行是比较恰当的，否则应当作为债权来执行。

参考案例：在（2021）最高法执监 434 号执行裁定书中，最高人民法院认为，现行法律和司法解释对被执行人到期债权和被执行人收入的执行，作出了不同的规定。本案中，申诉人与王国某、王广某之间存在股权转让合同法律关系，股权转让款为依据该合同所应支付的合同对价，与工资、奖金、劳务报酬等不同，不属于上述规定中的"收入"。山西省阳泉市中级人民法院向申诉人送达协助通知书时，亦明确引用《最高人民法院关于适用〈中华人民共和国民事诉讼法〉的解释》第 501 条为法律依据，并明确系冻结王国某对申诉人享有的"债权"。申诉人主张股权转让款为到期债权，本院予以支

---

① （2016）最高法执监 354 号执行裁定书、（2017）最高法执监 215 号执行裁定书。

② （2016）最高法执监 25 号执行裁定书、（2016）最高法执监 286 号执行裁定书、（2017）最高法执监 215 号执行裁定书、（2020）最高法执监 28 号执行裁定书。

③ （2018）最高法执监 664 号执行裁定书、（2018）最高法执监 487 号执行裁定书。在《最高人民法院关于依法妥善办理涉新冠肺炎疫情执行案件若干问题的指导意见》（法发〔2020〕16 号）第 5 条中，最高人民法院明确："依法执行疫情期间减免租金的政策规定。人民法院对被执行人的租金债权，可以强制执行。冻结被执行人的租金债权后，承租人在法定期限内提出异议，依照有关司法解释的规定，人民法院不得对异议部分的租金强制执行。"进一步印证了租金属于到期债权。

④ （2016）最高法执监 354 号执行裁定书。

⑤ 最高人民法院（2015）执申字第 46 号执行裁定书。

⑥ （2021）最高法执监 458 号执行裁定书。

持。山西省阳泉市中级人民法院依据当时施行的《最高人民法院关于人民法院执行工作若干问题的规定（试行）》第37条有关收入执行的规定，作出责令追回通知书，系适用法律错误，依法应予纠正。

在（2021）最高法执监458号执行裁定书中，最高人民法院认为，人民法院依法可支取、提取被执行人的收入或到期债权，作为执行案款转交给申请执行人。但对于被执行人的收入，不宜作扩大解释，一般为被执行人的工资、奖金、劳务报酬、稿费等。被执行人实际控制公司的项目利润款等应收账款，不属于被执行人的收入，也不属于被执行人对第三方的到期债权，执行法院不能直接提取用以清偿被执行人的债务。

240. 建设工程进度款能否按照到期债权执行？

解析：设例如下：执行法院裁定冻结被执行人（施工人）在第三人（发包人）处的债权1000万元，冻结后，第三人还能否向施工人（被执行人）支付建设工程进度款？

对此，主要有两种观点。一种观点认为，第三人不得再向被执行人给付。另一种观点认为，采取的冻结措施仅产生预冻结的效力，不影响第三人与被执行人款项的支付，需待双方最终结算后，如第三人尚欠被执行人款项，预冻结才产生冻结的效力。

研析认为，对尚未最终结算的建设工程进度款原则上不宜简单按照到期债权执行。建设工程施工合同等具有持续性给付义务的双务合同，合同双方互享权利、互负义务，而最终能够确定的到期债权应当是对互负债务经过最终结算而形成的单方债权。建设工程施工合同在履行过程中，双方资金往来频繁，一般不可能在尚未结算时准确认定到期债权的最终数额。故，对建设工程进度款的冻结仅能冻结结算后到期债权的最终数额，不宜限制在履行合同过程中的款项支付行为。

参考案例：在（2016）最高法执监240号执行裁定书中，最高人民法院认为，在建设工程施工合同等具有持续性给付义务的双务合同履行过程中，双方资金来往频繁，事实上不可能在尚未结算时准确认定到期债权的最终数额。相应地，也不能简单认定次债务人在履行合同过程中的款项支付行为属于违反法院冻结裁定的擅自支付行为。只有在一方的给付义务履行完毕，事实上已经出现了另一方实际上只欠付对方债权利益，且已进入清偿期的情况下，才能认定对债务人的支付属于擅自支付行为。

241. 错把债权当成收入执行，发生何种效力？

解析： 债权执行和收入执行适用不同的规则，在程序上也有区别。那么，一旦法院错将债权当成收入执行，会发生何种效力？次债务人提出异议又应该如何处理呢？

首先，必须肯定，错将债权当成收入执行是有瑕疵的。因此，如果次债务人提出行为异议，认为法院执行行为违法，错将债权作为收入执行，法院应当裁定异议成立。

其次，次债务人的异议权应当得到充分保护。不能说次债务人没有在收到扣留提取收入的协助执行通知书之日起 15 日内提出异议，就表明他认可了债务存在。如果法院都分不清楚债权执行和收入执行的区别，未告知次债务人异议权和异议期间，又怎么能要求次债务人准确提出异议呢？

最后，虽然人民法院的执行行为存在瑕疵，但并不意味着该执行行为不发生任何效力。从实质的角度看，人民法院无论向次债务人送达的是扣留收入的协助执行通知，还是冻结债权的裁定，其要求次债务人不要向被执行人进行支付的意思是清晰的。① 次债务人收到通知或者裁定后向被执行人支付的，应当承担擅自清偿的法律后果，不能因为法院错误采取的执行措施而豁免。② 我们处理执行程序的问题，一定要从实质保护当事人权利的角度去考虑问题，尽量避免程序空转。

参考案例： 在（2018）最高法执监 70 号执行裁定书中，最高人民法院认为，执行法院错误适用"对被执行人收入执行"的法律规定，未向次债务人发出履行到期债务通知书，是次债务人未及时提出异议的原因。因此，次债务人只要在提出行为异议（主张人民法院错将债权作为收入执行）同时提出实体异议，就应该认为该异议并未超出期限。人民法院不应再对次债务人强制执行，此前对其采取了罚款、拘留等制裁措施的，也应当撤销。

242. 将到期债权按收入执行，次债务人应如何救济？

解析： 执行法院将被执行人对次债务人的到期债权按被执行人的收入执行，向次债务人发出扣留、提取裁定和协助执行通知书，而未告知次债务人

---

① 参见（2018）最高法执监 664 号执行裁定书、（2018）最高法执监 267 号执行裁定书。
② 参见（2019）最高法执监 482 号执行裁定书。

对到期债权的异议权、异议期限的，次债务人可以以利害关系人身份，依照《民事诉讼法》（2023年修正）第236条规定提起执行异议。该执行异议在期限上，应适用《最高人民法院关于人民法院办理执行异议和复议案件若干问题的规定》（2020年修正）第6条的规定，在执行程序终结前提出。执行法院经审查执行标的确属到期债权的，裁定撤销协助执行通知书。

243. 仅向次债务人发出履行到期债权通知书，债权是否被冻结？

解析：《最高人民法院关于适用〈中华人民共和国民事诉讼法〉的解释》（2022年修正）第499条第1款规定："人民法院执行被执行人对他人的到期债权，可以作出冻结债权的裁定，并通知该他人向申请执行人履行。"据此，执行法院执行被执行人对第三人的到期债权，应当作出冻结债权的裁定和履行到期债务通知书。实践中，有的执行人员在执行债权时不作冻结裁定，仅发出履行到期债权通知书。在这种情况下，并没有实现对债权冻结。履行到期债权通知书是发给次债务人的，也只能约束次债务人，无法限制被执行人处分债权。冻结债权的，需要作出冻结裁定，并且冻结裁定应当载明两个内容：一是禁止被执行人收取或处分债权；二是禁止次债务人向被执行人清偿。禁止被执行人收取或处分债权，是对被执行人的限制，裁定一经送达被执行人，即具有拘束力，这就能有效防止被执行人为规避执行而转让债权。

244. 执行到期债权，能否以协助执行通知书替代履行到期债务通知书？

解析：不能。《最高人民法院关于适用〈中华人民共和国民事诉讼法〉的解释》（2022年修正）第499条第1款规定："人民法院执行被执行人对他人的到期债权，可以作出冻结债权的裁定，并通知该他人向申请执行人履行。"据此，不得以协助执行通知书替代履行到期债务通知书。执行法院向第三人发出冻结债权的裁定和协助执行通知书，但未向第三人发出履行到期债务通知书的，对协助执行通知书的性质应坚持实质审查标准，如其内容已明确告知第三人向申请执行人履行债务、15天的异议期和逾期不提异议且不履行债务法律后果的，可以视为与履行到期债务通知书具有同等法律效力。

当然也有例外情形。如果申请执行人申请执行的已决到期债权系已进入执行程序的到期债权，到期债权执行法院又将该到期债权列为执行标的，容易导致执行冲突。此种情况下，到期债权执行法院可以依申请执行人申请发出冻结裁定和协助执行通知书，请求生效法律文书执行法院协助扣留相应的执行案款。如不同法院分别冻结了到期债权和执行案款，冻结顺位应当以冻结到期债权的裁定或冻结执行案款的裁定生效时间先后顺序确定。

245. 执行到期债权的，能否变更、追加第三人为被执行人？

解析： 不能。变更、追加当事人是指在执行程序中变更或者追加第三人为申请执行人或被执行人的制度，系直接在执行程序中确定由生效法律文书确定的被执行人之外的第三人承担实体责任，直接关乎多方主体的切身利益，对各方当事人的实体和程序权利将产生极大影响。因此，追加当事人应严格遵循法定主义原则，即变更、追加执行当事人应当严格限定于法律、司法解释明确规定的情形。执行中，申请执行人以被执行人享有对第三人的到期债权为由，要求追加第三人为被执行人的，不予支持。一方面，对于被执行人对他人享有到期债权，申请执行人主张执行该到期债权的，司法解释规定了专门的执行程序以及救济途径。申请执行人应当依据上述规定通过向执行法院申请执行被执行人对他人到期债权的方式，而非通过申请追加该他人为被执行人的方式来实现对到期债权的执行。另一方面，司法解释中亦没有将被执行人对他人享有到期债权列为可以追加该他人为被执行人的情形。

参考案例： 在（2019）最高法执监490号执行裁定书中，最高人民法院认为，本案中，申诉人史某民以银光公司享有对同力达公司的到期债权，宣某民为担保人为由，要求追加同力达公司、宣某民为被执行人。《最高人民法院关于人民法院执行工作若干问题的规定（试行）》第61条规定，被执行人不能清偿债务，但对本案以外的第三人享有到期债权的，人民法院可以依申请执行人或被执行人的申请，向第三人发出履行到期债务的通知。《最高人民法院关于适用〈中华人民共和国民事诉讼法〉的解释》第501条规定，人民法院执行被执行人对他人的到期债权，可以作出冻结债权的裁定，并通知该他人向申请执行人履行。由此可见，对于被执行人对他人享有到期债权，申请执行人主张执行该到期债权的，司法解释规定了专门的执行程序以及救济途径。申请执行人应当依据上述规定通过向执行法院申请执行被执行人对他人到期债权的方式，而非通过申请追加该他人为被执行人的方式来实现对到期债权的执行。《最高人民法院关于民事执行中变更、追加当事人若干问题的规定》中亦没有将被执行人对他人享有到期债权列为可以追加该他人为被执行人的情形。综上，申诉人史某民以执行被执行人到期债权为由提出追加同力达公司、宣某民被执行人的请求，于法无据，本院不予支持。

246. 次债务人擅自履行后，能否以债务情况发生变化为由提出异议？

解析： 冻结债权的法律文书具有固定债务人与次债务人之间债权债务关系的法律效力，在冻结债权的法律文书生效后，对债务人及次债务人之间债权债务关系进行的变更、解除、债权转让或者其他有碍执行的行为均不能对抗申请执行人，申请执行人仍可以按法定程序向次债务人主张权利。换言之，次债务人不能以协助执行通知或履行到期债权通知生效后权利义务关系发生变化为由提出不履行债务的异议，否则无异于认可在冻结债权的法律文书生效后仍可以对债权进行处分，这将导致实质性否定冻结的法律效力。在冻结法律文书生效后，次债务人如果要清偿债务，只能根据要求向执行法院支付，向其他主体支付的行为与冻结法律文书要求相违背。一般来说，冻结的法律文书生效后另案生效法律文书改变了债权债务关系，如果不涉及优先债权等情况，不能对抗申请冻结债权的申请执行人，次债权人所提出的异议不能当然阻却执行。

247. 多个债权人申请执行同一债务人，次债务人能否受让某一债权人对债务人享有的执行债权后主张抵销？

解析： 抵销，是指二人互负债务，各以其债权充当债务之清偿，而使其债务与对方的债务在对等额内相互消灭。《民法典》（2021年施行）第568条、第569条是抵销的实体法规定。对于被执行人能否在执行程序中向申请执行人主张抵销，素有争议。

否定的观点认为，债务抵销问题比较复杂，人民法院在执行程序中对申请执行人所欠被执行人的债务决定抵销，必然涉及债务是否成立等实体判断，有以执代审之嫌。而且，允许抵销也给当事人互相串通，制造虚假的债务以损害其他债权人的利益创造了机会。

而肯定的观点一方面是出于效益与公正的价值考虑，另一方面也认为，抵销是债消灭的一种法定形式，是债务人的法定权利，在执行程序中禁止抵销没有法律依据。至于虚假抵销损害其他债权人利益的问题，在诉讼中也会存在，对此，法律上有相应的救济渠道，不能因噎废食。

基于此种考量，《最高人民法院关于人民法院办理执行异议和复议案件若干问题的规定》（2020 年修正）第 19 条对于被执行人在执行程序中提出债务抵销持肯定的态度，但考虑到以上争议，对人民法院依职权决定抵销的债务作了两点限制：一是请求抵销的债务已经生效法律文书确定或者经申请执行人认可，这两类债务不存在实体审查的问题。二是该债务的标的物种类、品质相同，否则执行机构无法对标的物的价值予以衡量，更无从抵销。但是，如果是当事人自愿抵销的，则该债务是不是经过法律确定，是不是同种类则在所不同。① 但是，《最高人民法院关于人民法院办理执行异议和复议案件若干问题的规定》（2020 年修正）第 19 条并没有回答，多个债权人申请执行同一债务人，次债务人受让某一债权人对债务人享有的执行债权后能否主张抵销的问题。

研析认为，抵销权作为《民法典》规定的一项实体权利，债务人可通过行使抵销权免除自己的债务，实现自己的债权。但抵销权的行使，不得损害第三人的合法权益。例如，我国《企业破产法》在承认抵销权的同时，又对用来抵销的主动债权进行了限制，特别是规定了债务人的债务人在破产申请受理后取得他人对债务人的债权，或者已知债务人有不能清偿的到期债务或者破产申请的事实而对债务人取得债权的，不允许抵销。该制度的主要目的在于防止债务人资不抵债时，债务人的债务人通过新取得债权主张抵销，使自己的新取得债权得到优先清偿，债务得以免除，而损害其他债权人利益。同样，在我国目前没有自然人破产法的司法现状下，在执行程序中，出现个人债务人不能清偿到期债务的情况时，为防止损害第三人特别是个人债务人的其他债权人的合法权益，抵销权的行使亦应受到一定限制。执行程序中，人民法院在对债权抵销进行审查时，除要求符合《最高人民法院关于人民法院办理执行异议和复议案件若干问题的规定》（2020 年修正）第 19 条之规定外，还应审查用于抵销的主动债权取得情况，是否损害第三人利益。

参考案例： 在（2021）最高法执监 530 号执行裁定书中，最高人民法院认为，抵销属于以意思表示为核心的法律行为，法定抵销权的性质系民事实体权利中的形成权，行使法定抵销权时，抵销的意思表示到达对方时，抵销即生效，无须对方作出同意抵销的意思表示。本案中，中青公司于 2020 年 12 月 24 日向陕西省汉中市中级人民法院提交债权债务抵销申请书，该申请书于

---

① 最高人民法院执行局编著：《最高人民法院关于人民法院办理执行异议和复议案件若干问题规定理解与适用》，人民法院出版社 2015 年版，第 241 页。

2020年12月25日送达张某，此时中青公司行使抵销权已经生效。

在（2018）最高法执监125号执行裁定书中，最高人民法院法院认为，出现个人债务人不能清偿到期债务的情况时，为防止损害第三人特别是个人债务人的其他债权人的合法权益，抵销权的行使亦应受到一定限制。执行程序中，人民法院在对债权抵销进行审查时，除要求符合《最高人民法院关于人民法院办理执行异议和复议案件若干问题的规定》第19条之规定，还应审查用于抵销的主动债权取得情况，是否损害第三人利益。

在（2016）最高法执监155号执行裁定书中，最高人民法院认为，如果债务人通过受让，取得了对债权人的债权，但该债权人作为被执行人，有其他多个债权人向其主张权利，那么，债务人受让的债权在执行程序中能否实现以及能够实现多少，要按照相关法律规定在执行程序中确定，不能直接将其债务抵销。

在（2017）最高法执监3号执行裁定书中，最高人民法院认为，抵销权是《合同法》规定的当事人的实体权利，被执行人在执行程序中可以行使。执行法院应当依照《合同法》的相关规定，对抵销权行使的条件是否具备等进行合法性审查。对于被执行人受让债权后主张抵销的，执行法院还应当审查被执行人受让债权的合法性，防止损害对方当事人、第三人的合法权益或者社会公共利益。

在（2019）最高法民终218号民事裁定书中，最高人民法院认为，陈某玲明知黄某作为多起案件被执行人缺乏可供执行财产的情形下，在一审庭审之后受让债权并主张抵销的行为，明显违反了诚实信用原则，且黄某不存在其他可用执行的财产清偿其全部债务，陈某玲并非善意的债权受让人，其受让债权进行抵销的行为，因损害黄某其他债权人利益，不具有行为期待的正当性，其抵销主张不能成立。至于其受让的执行债权，可通过执行程序参与分配制度，向人民法院申请参与分配。

248. 执行到期债权，次债务人在指定期限后提出异议，如何处理？

解析：该问题目前没有明确的法律规定。在《最高人民法院执行工作办公室关于开原市农村信用社、开原市农村信用合作社联合社申请执行辽宁华银实业开发总公司一案的复函》（〔2005〕执他字第19号）中，最高人民法院认为，第三人在收到履行到期债务通知书后，未在法定期限内提出异议，并不发生承认债务存在的实体法效力。第三人在法院开始强制执行后仍有异议的，应当得到司法救济。不过，次债务人具体应通过何种程序救济，并不明确。

《最高人民法院关于人民法院执行工作若干问题的规定（试行）》（2020年修正）第49条规定："第三人在履行通知指定的期限内没有提出异议，而又不履行的，执行法院有权裁定对其强制执行。此裁定同时送达第三人和被执行人。"据此，多数观点认为，次债务人没有在履行到期通知书指定期限内提出异议的，次债务人将成为强制执行的对象——被执行人。次债务人在超出履行到期通知书指定的期限提出的异议，就相当于被执行人在执行程序中提出的异议，理论上属于债务人异议。我国目前没有债务人异议之诉的规定，但有类似的规定。实践中，一般将《最高人民法院关于人民法院办理执行异议和复议案件若干问题的规定》（2020年修正）第7条第2款规定视为类似债务人异议的一种制度。第7条第2款规定："被执行人以债权消灭、丧失强制执行效力等执行依据生效之后的实体事由提出排除执行异议的，人民法院应当参照民事诉讼法第二百二十五条规定进行审查。"因此，可以根据该条规定，参照《民事诉讼法》（2023年修正）第236条，对次债务人提出的异议进行审查。对此，最高人民法院执行局编著的《最高人民法院执行司法解释条文适用编注》予以了明确：考虑到我国目前尚无第三人异议之诉的法律制度，次债务人可以参照《民事诉讼法》（2023年修正）第236条通过执行异议、复议程序进行救济。①

参考案例： 在（2018）最高法执监484号执行裁定书中，最高人民法院认为，按照《最高人民法院关于人民法院执行工作若干规定（试行）》第65条的规定，到期债权法律关系中的次债务人未在指定期限内提出异议而又不履行的，执行法院有权裁定对其强制执行，此时该次债务人之法律地位已近似于被执行人，故应取得不劣于被执行人的程序救济权利。被执行人可以提出执行异议，主张其已履行生效法律文书所确定债务，人民法院应当对该项异议进行审查，进而认定债务是否确已履行。按此逻辑，对于已裁定准予强制执行之到期债权次债务人，理应可以提出异议而主张其已履行向债务人即被执行人所负到期债务。否则，如不保障到期债权次债务人此项程序救济权利，将导致该次债务人难循其他明确救济途径，且较大可能在实体上也难获

---

① 参见最高人民法院执行局编著：《最高人民法院执行司法解释条文适用编注》，人民法院出版社2019年版，第55页、第97页。

公平结果。一旦如此，该次债务人因主观或客观原因而未行使到期债权异议权，其行为后果不免过于严苛。概括之，到期债权次债务人未按期提出异议而又不履行，人民法院得以对其裁定强制执行；而在对其强制执行进程中，该次债务人仍可提出债务已履行完毕的抗辩。

249. 次债务人提出的异议在哪些情形下无法阻却执行？

解析：实践中，之所以很多执行人员用执行收入的方法执行债权，往往是认为债权执行中，次债务人有所谓"绝对抗辩权"，只要不想给钱就可以不给，所以导致债权执行的效果不如收入执行。

应该说，债权执行中，次债务人的地位确实要比收入执行中的次债务人要更"优越"。根据《最高人民法院关于人民法院执行工作若干问题的规定（试行）》（2020年修正）第47条的规定，只要次债务人提出异议，人民法院即不审查也不执行。但是，也要看到，这里的异议并不是没有限制的。至少在以下三种情形下，次债务人提出的异议并不能产生阻却执行的效果：

第一，次债务人提出自己无履行能力或其与申请执行人无直接法律关系的异议。《最高人民法院关于人民法院执行工作若干问题的规定（试行）》（2020年修正）第48条第1款规定："第三人提出自己无履行能力或其与申请执行人无直接法律关系，不属于本规定所指的异议。"实际上，只有那些涉及执行程序不适宜处理的实体问题的异议，例如债权不存在、已经清偿、存在抗辩权等，才属于该条规定的异议。而如果是认为人民法院送达的文书存在问题、债权不能被强制执行、债务人有其他财产可供执行等理由，则显然与第48条规定的情形一样，不能起到阻止继续执行的法律效力。

第二，次债务人对生效法律文书确定的到期债权予以否认的。《最高人民法院关于适用〈中华人民共和国民事诉讼法〉的解释》（2022年修正）第499条第3款规定："对生效法律文书确定的到期债权，该他人予以否认的，人民法院不予支持。"在有生效法律文书的情况下，相关实体权利义务已经通过法定程序确定，直接执行具有依据和正当性。需要注意的是，这里的"生效法律文书确定的到期债权"，不限于判决主文。在（2021）最高法执监288号执行裁定书中，最高人民法院认为，案外人在另案答辩意见及上诉理由中未实质否认其对被执行人负有到期债务，且在另案中据此实现了折抵该笔债务、减轻其连带清偿责任的诉讼利益。案外人在本案执行中转而又否认该到期债务，违反禁止反言原则及诚信原则，其申诉理由，没有事实及法律依据。

第三，次债务人以履行冻结债权后生效的另案法律文书为由提出异议的。实践中，执行法院在诸如调解书等法律文书生效前发出协助执行通知或履行到期债权通知，并根据上述通知要求次债务人不得擅自支付到期债权，采取冻结债权措施。根据《最高人民法院关于人民法院民事执行中查封、扣押、冻结财产的规定》（2020年修正）第24条第1款规定，被执行人就已经查封、扣押、冻结的财产所作的移转、设定权利负担或者其他有碍执行的行为，不得对抗申请执行人。根据该规定精神，冻结债权的法律文书具有固定债务人与次债务人之间债权债务关系的法律效力，在冻结债权的法律文书生效后，对债务人及次债务人之间债权债务关系进行的变更、解除、债权转让或者其他有碍执行的行为均不能对抗申请执行人，申请执行人仍可以按法定程序向次债务人主张权利。换言之，次债务人不能以协助执行通知或履行到期债权通知生效后权利义务关系发生变化为由提出不履行债务的异议。否则无异于认可在冻结债权的法律文书生效后仍可以对债权进行处分，这将导致实质性否定冻结的法律效力。在冻结法律文书生效后，次债务人如果要清偿债务，只能根据要求向执行法院支付，向其他主体支付的行为与冻结法律文书要求相违背。一般来说，冻结的法律文书生效后另案生效法律文书改变了债权债务关系，如果不涉及优先债权等情况，不能对抗申请冻结债权的申请执行人，次债权人所提出的异议不能当然阻却执行。①

可见，次债务人只要有异议就能阻却执行的观点，并不准确。同时，人民法院在向次债务人送达冻结裁定和履行债务通知时，还应当告知次债务人虚假陈述可能要承担损害赔偿以及罚款、拘留等民事责任，尽量避免次债务人滥用异议权利。

参考案例： 在（2022）最高法执监61号执行裁定书中，最高人民法院认为，《最高人民法院关于人民法院执行工作若干问题的规定（试行）规定》第45条第2款规定："履行通知应当包含下列内容：（1）第三人直接向申请执行人履行其对被执行人所负的债务，不得向被执行人清偿；（2）第三人应当在收到履行通知后的十五日内向申请执行人履行债务；（3）第三人对履行到期债权有异议的，应当在收到履行通知后的十五日内向执行法院提出；（4）第三人违背上述义务的法律后果。"第47条规定："第三人在履行通知指

---

① 向国慧、叶欣：《执行审查部分问题解答》，载最高人民法院执行局编：《执行工作指导》2021年第1辑，人民法院出版社2021年版，第118～127页。

定的期间内提出异议的，人民法院不得对第三人强制执行，对提出的异议不进行审查。"该条规定中的第三人异议，是指第三人对其与被执行人之间是否存在到期债权、债权给付条件是否成就以及到期债权的具体数额等有异议。本案中，结合万宝公司提交的异议书和借款凭证，万宝公司提出异议的主要理由并不否认到期租金及租金数额，而是认为其与被执行人寨内村委会有其他借款纠纷，主张已经通过抵销的方式导致租金债权消灭。万宝公司与寨内村委会发生借款的事实发生在河南省漯河市中级人民法院冻结寨内村委会对万宝公司的租金债权之后，万宝公司以此为由主张租金债权消灭，其实质是在河南省漯河市中级人民法院冻结债权之后又通过抵销的方式向寨内村委会清偿了债权，违反了（2017）豫11执恢8号协助执行通知书的要求。《最高人民法院关于人民法院执行工作若干问题的规定（试行）规定》第51条规定："第三人收到人民法院要求其履行到期债务的通知后，擅自向被执行人履行，造成已向被执行人履行的财产不能追回的，除在已履行的财产范围内与被执行人承担连带清偿责任外，可以追究其妨害执行的责任。"根据该条规定，万宝公司在法院冻结债权并明确不得向被执行人清偿后仍通过以新增债权抵销方式擅自向被执行人履行，应当在已履行的121万元财产范围内与被执行人寨内村委会承担连带清偿责任。河南省高级人民法院和河南省漯河市中级人民法院认为应对万宝公司所提异议不予审查并停止执行寨内村委会对万宝公司的到期债权，缺乏法律依据，依法应予纠正。

250. 次债务人提出异议后法院不再执行的，冻结措施是否解除？

解析： 关于第三人提出异议的法律效力问题，《最高人民法院关于人民法院执行工作若干问题的规定（试行）》（2020年修正）第47条规定："第三人在履行通知指定的期间内提出异议的，人民法院不得对第三人强制执行，对提出的异议不进行审查。"《最高人民法院关于适用〈中华人民共和国民事诉讼法〉的解释》（2022年修正）第499条第2款规定，该他人对到期债权有异议，申请执行人请求对异议部分强制执行的，人民法院不予支持。这里的"人民法院不得对第三人强制执行"，是否意味着冻结措施需要解除或者自动失效？

第一种意见认为，第三人提出异议后，人民法院对到期债权可以继续冻结，但不能对次债务人的财产采取查封、变价等措施。第二种意见认为，第三人提出异议后，人民法院对到期债权不能继续冻结，冻结措施应当解除。

研析认为，第一种意见更可采。主要理由是：第一，继续冻结在多种情况下存在必要。次债务人提出异议，如果理由是债务未到期、条件未成就等，后续存在继续执行的可能，在这种情况下需要冻结该债权，等待条件成就、期限到期。第二，继续冻结是到期债权执行制度能够真正发挥作用的基础和前提。实践中经常发生的一种场景是，人民法院冻结了被执行人对次债务人的债权，次债务人一边提出异议，主张债务不存在，另一边却直接向被执行人履行了债务。此后，人民法院会要求次债务人与被执行人承担连带责任。而次债务人会抗辩，主张他提出异议后，不再执行，冻结已经解除或者自动失效，因此无需承担责任。正因为如此，保持继续冻结的状态具有必要性，否则打击虚假陈述、擅自清偿就没有来由。第三，次债务人既然不承认对被执行人负有债务，那么冻结债权、禁止其向被执行人履行，对他就没有任何不利益。

参考案例： 在（2021）最高法执复65号执行裁定书中，最高人民法院认为，需要说明的是，无论是（2020）辽执47号执行裁定还是（2020）辽执异77号执行裁定，仅是查控措施，辽宁省高级人民法院未对市政公司采取具体的执行行为，也未对益宁公司与市政公司之间是否存在债权债务、数额多少作出认定，不具有确权效力，市政公司的财产权益并未因此受损。市政公司已在收到《履行到期债务通知书》后主张了自己的权利并已实现救济，其再对（2020）辽执47号执行裁定提出异议、复议，已无必要。

在（2019）最高法执复131号执行裁定书中，最高人民法院认为，《最高人民法院执行工作若干问题的规定（试行）》第62条、第63条针对的是人民法院向作为次债务人的第三人发出的履行到期债务通知，通知内容为要求第三人直接向债权人履行。在此情况下，如果第三人对其与债务人之间的债务关系提出债务并不存在等实体异议的，人民法院不得对该第三人采取强制执行措施，其根本原因在于第三人与债务人之间的债务关系如果未经生效法律文书确认，执行程序不应对相关实体异议进行审查，亦不得强制执行，否则极有可能损害第三人合法权益。但是，对于人民法院冻结到期债权的裁定及协助执行通知书，因其仅是要求第三人不向债务人支付，相关钱款、财物仍然由第三人保有，一般并不会损害第三人的实体权益，故法律并未赋予第三人在此种情况下所提异议即可产生直接阻止冻结效力之法律效果。第三人对冻结存有异议，要求支付的，可以依据前述《最高人民法院关于适用〈中华人民共和国民事诉讼法〉的解释》第159条的规定，由人民法院提存财物或者价款；对冻结有异议，但不要求支付的，可以依据前述《民事诉讼法》第108条的规定，向人民法院申请复议。

251. 不同法院对次债务人提出相互冲突的要求，如何应对？

解析： 实践中，不同法院执行同一被执行人对次债务人的债权时，经常会出现均要求次债务人向其履行的情况，有的甚至直接向次债务人发出协助执行通知书，要求其必须协助。在这种情况下，应如何应对？

正所谓，"法律不强人所难"，在多个法院提出不同要求时，次债务人很难分辨哪个是对的，哪个是应该执行的。因此，即便是轮候冻结法院要求次债务人履行，但只要次债务人尽到报告义务，如实告知存在其他冻结，轮候冻结法院仍要求向其履行的，次债务人履行后，不能因此追究其实体法或者程序法上的责任。在这种情况下，不同法院应适用《最高人民法院关于人民法院执行工作若干问题的规定（试行）》（2020年修正）第67条的规定，通过协调程序解决争执。

252. 被执行人对次债务人的债权在另案中已进入执行程序，本案中的到期债权如何执行？

解析： 对于被执行人经生效法律文书确认的债权，执行法院可以依法强制执行该到期债权，但在履行到期债务通知书送达之前，被执行人已经就该到期债权向另案法院申请执行的，如果仍然允许执行法院以执行被执行人对他人享有到期债权的名义执行，既会损害执行基本秩序，也会使次债务人面临承担两次执行义务的不利后果，损害其合法权益。在此情况下，执行法院不应再直接执行该到期债权，但可以请求另案法院协助扣留执行款项。

如果冻结被执行人对第三人的已决到期债权后，被执行人依照生效法律文书申请执行其对第三人的债权时，第三人以生效法律文书确定的到期债权已被其他法院冻结为由提出抗辩的，生效法律文书执行法院应当对已履行部分应裁定不予执行。如果执行法院未作此种处理，第三人可以依据《最高人民法院关于人民法院办理执行异议和复议案件若干问题的规定》（2020年修正）第7条第2款提出异议。

参考案例： 在（2021）最高法执监238号执行裁定书中，最高人民法院认为，本案中，被执行人井冈山建设公司对第三人辽宁天赢公司、沈阳天赢公司的债权虽然已经辽宁省高级人民法院（2017）辽民终904号生效民事判決确认，但在江西省吉安市中级人民法院（以下简称吉安中院）于2018年11月1日向辽宁天赢公司送达履行到期债务通知书之前，辽宁省沈阳市中级人民法院（以下简称沈阳中院）已于2018年3月19日就井冈山建设公司对辽宁天赢公司、沈阳天赢公司的前述债权立案执行。在此情况下，如果仍然允许吉安中院以执行被执行人对他人享有到期债权的名义对辽宁天赢公司、沈阳天赢公司执行，既会损害执行基本秩序，也会使辽宁天赢公司、沈阳天赢公司面临承担两次执行义务的不利后果，损害其合法权益。因此，江西省高级人民法院结合《最高人民法院关于依法制裁规避执行行为的若干意见》（法〔2011〕195号）第12条之规定，认为吉安中院就井冈山建设公司对辽宁天赢公司、沈阳天赢公司到期债权的执行应当停止是正确的。当然，对沈阳中院对该债权执行到位的款项，吉安中院可以请求沈阳中院依法协助扣留。

在第36号指导性案例中，最高人民法院确定了如下裁判要点："被执行人在收到执行法院执行通知之前，收到另案执行法院要求其向申请执行人的债权人直接清偿已经法院生效法律文书确认的债务的通知，并清偿债务的，执行法院不能将该部分已清偿债务纳入执行范围。"

253. 次债务人按通知履行后，能否要求法院责令债务人开具发票?

解析：依照《民事诉讼法》及司法解释的相关规定，人民法院有权执行被执行人对次债务人的到期债权，但次债务人对到期债权提出异议的，人民法院对于异议部分不予执行。实践中，除非双方合同明确约定开具发票是付款的前提条件，否则一般将开具发票理解为履行合同的附随义务，债务人不出具发票的，不影响人民法院对到期债权的执行。当然，人民法院可以根据个案具体情况，从减轻讼累的角度出发，责令债务人开具发票，但若债务人拒绝或怠于履行，人民法院无法对其采取强制措施，"责令"的实际督促效果有限。如果在执行程序中不能解决，则应由当事人通过另诉等途径主张权利。

（九）对股权等其他财产权的执行

254. 执行股权时，如何确定"被执行的财产所在地"?

解析：《民事诉讼法》（2023年修正）第235条规定："发生法律效力的民事判决、裁定，以及刑事判决、裁定中的财产部分，由第一审人民法院或者与第一审人民法院同级的被执行的财产所在地人民法院执行。法律规定由人民法院执行的其他法律文书，由被执行人住所地或者被执行的财产所在地人民法院执行。"

在起草《最高人民法院关于人民法院强制执行股权若干问题的规定》过程中，关于如何确定"被执行的财产所在地"，主要有两种观点：一是以彰显股东资格的股东名册所在地为股权所在地；二是以公司住所地为股权所在地。研究认为，股权是股东因投资于公司而形成的权利，与公司有密切关系，应以股权所在公司的住所地作为股权所在地，而且公司住所地的法院对该公司股权进行冻结，从公司提取相关资料进行审计、评估以及司法拍卖等也更为便利，符合《民事诉讼法》将被执行财产所在地作为管辖法院之一的规范目的。而股东名册仅仅是股东享有股权的凭证，如同不能以房屋所有权证存放地确定房屋所在地一样，我们也不能以股权凭证所在地确定股权所在地。况且，实践中公司置备股东名册的也较为少见，以股东名册确定股权所在地不具有实践操作性。此外，《最高人民法院执行局关于法院能否以公司证券登记结算地为财产所在地获得管辖权问题的复函》（〔2010〕执监字第16号）中也认为，在确定上市公司的股权所在地时，证券登记结算机构是为证券交易提供集中登记、存管与结算服务的机构，但证券登记结算机构存管的仅是股权凭证，不能将股权凭证所在地视为股权所在地。由于股权与其发行公司具有密切的联系，因此，应当将股权的发行公司住所地认定为该类财产所在地。①

据此，《最高人民法院关于人民法院强制执行股权若干问题的规定》（2022年施行）第3条规定："依照民事诉讼法第二百二十四条的规定以被执行股权所在地确定管辖法院的，股权所在地是指股权所在公司的住所地。"

255. 执行股权时，如何确定"股权所在公司的住所地"？

解析： 关于如何具体判断"股权所在公司的住所地"，在《最高人民法院关于人民法院强制执行股权若干问题的规定》起草过程中曾有不同的观点：一是认为应以公司登记机关登记的公司住所地作为判断标准，这样容易审查判断也利于后续操作；二是认为应以公司主要办事机构所在地或者实际经营

---

① 最高人民法院执行局编著：《〈最高人民法院关于人民法院强制执行股权若干问题的规定〉理解与适用》，人民法院出版社2023年版，第58~70页。

地作为判断标准，理由是实践中有些情况下公司为了获得某些优惠政策，在特定地区进行登记并将住所地登记为当地，但是主要业务不在当地开展或实际经营，或者在当地根本也没有办事机构，这种情况下由主要办事机构所在地或实际经营地法院进行执行更符合客观实际情况。

在最终出台的司法解释中并未对此予以明确，而是将"公司的住所地"的判断标准引致相关实体法和程序法的规定，对此需要进一步进行体系解释和目的解释。

首先，《民法典》（2021 年施行）第 63 条规定，法人以其主要办事机构所在地为住所。依法需要办理法人登记的，应当将主要办事机构所在地登记为住所。根据该规定，公司作为最为重要的一类营利法人，应以主要办事机构，即统率和执行法人业务活动，决定和处理组织事务的机构所在地作为住所地；[1] 另一方面，考虑到法人尤其是营利法人的登记对相对人利益十分重要，商事登记具有公示公信效力，为更好地规范法人登记，维护交易安全以及保护相对人利益，该条还特别规定法人应将其主要办事机构所在地登记为住所。另外，《公司法》（2018 年修正）第 10 条虽然只规定，公司以其主要办事机构所在地为住所，但原来制度的与之相配套的《公司登记管理条例》（现已废止）第 9 条和第 12 条则进一步明确，公司的住所是公司设立时的法定登记事项。经公司登记机关登记的公司的住所只能有一个，且公司的住所应当在其公司登记机关辖区内。结合上述相关规定，公司登记机关登记的住所地、公司主要办事机构所在地、公司登记注册地等应为同一地点，否则即存在违法或违规登记的情形。故在判断股权所在地时，原则上亦应遵循上述规则，将在公司登记机关登记的住所地作为主要判断标准，这也便于执行法院与当地的公司登记机关协作联动，促进后者对股权的协助执行。

其次，除了考虑普遍规则和应然状态外，也要注意实践中因种种原因，确实存在一些公司的主要办事机构所在地或实际经营地与其登记的住所地不一致的情形，或者公司的主要办事机构所在地迁入新址但尚未来得及进行变更登记的情形，因为股权执行涉及向股权所在公司送达协助执行通知书、责令股权所在公司提供确定处置参考价的相关资料、委托审计以及其他调查询问、信用惩戒等相关事宜，这种情况下由公司实际的主要办事机构所在地法

---

[1] 最高人民法院民法典贯彻实施工作领导小组主编：《中华人民共和国民法典总则编理解与适用》（上），人民法院出版社 2020 年版，第 329～330 页。

院进行执行更有利于提高股权处置效率、方便信息沟通、降低异地执行成本等。故根据《最高人民法院关于适用〈中华人民共和国民事诉讼法〉执行程序若干问题的解释》（2020年修正）第1条关于"申请执行人向被执行的财产所在地人民法院申请执行的，应当提供该人民法院辖区有可供执行财产的证明材料"的规定，在申请执行人提交的证据足以证明公司主要办事机构所在地与登记住所地不一致时，也可以前者作为执行管辖法院，这与《最高人民法院关于适用〈中华人民共和国民事诉讼法〉的解释》（2022年修正）第3条关于"公民的住所地是指公民的户籍所在地，法人或者其他组织的住所地是指法人或者其他组织的主要办事机构所在地""法人或者其他组织的主要办事机构所在地不能确定的，法人或者其他组织的注册地或者登记地为住所地"的规定也是基本一致的。

需要注意的是，这里的"股权所在公司的住所地"是指该公司的主要办事机构所在地，应理解为"统率"法人业务的机构所在地。当法人只设一个办事机构时，该办事机构所在地即为住所，当法人设有多个办事机构时，则以其主要办事机构所在地为住所，如总公司所在地、总厂所在地、总行所在地等。需要注意，公司的主要办事机构所在地不同于公司的场所。场所是指公司从事业务活动或生产经营活动的处所，既包括公司的机关所在地，也包括生产经营场所和其他分支机构所在地。公司的住所只有一个，而场所包括营业场所、生产车间、销售网点等，可以有多个。①

参考案例：在（2021）最高法执监337号案件中，中百公司就北京市第一中级人民法院（以下简称北京一中院）执行管辖权提出异议，称中百公司住所地为浙江省宁波市海曙区，其被执行财产所在地不在北京，被执行人住所地、被执行的财产所在地均不在北京一中院所管辖的范围。对此最高人民法院认为，根据《民事诉讼法》第224条第2款规定，法律规定由人民法院执行的其他法律文书，由被执行人住所地或者被执行的财产所在地人民法院执行。被执行的财产为股权的，该股权的发行公司住所地为被执行的财产所在地。本案中，被执行人中百公司持有首创公司33.33%的股权，首创公司在工商行政管理机关登记的住所地位于北京市，在北京一中院的辖区范围内，故北京一中院受理中建四局执行申请立案符合法律关于执行管辖的规定。

---

① 最高人民法院执行局编著：《〈最高人民法院关于人民法院强制执行股权若干问题的规定〉理解与适用》，人民法院出版社2023年版，第58~70页。

256. 执行股权时，如何判断某项股权是否属于被执行人？

解析：执行法院可以冻结的股权必须是被执行人的财产，执行法院在实施冻结时首先面临的一个问题，是如何判断某项股权是否属于被执行人。在《最高人民法院关于人民法院强制执行股权若干问题的规定》起草过程中，对该问题存在一定争议，大致有三种观点。[1]

第一种为仅以外部登记为标准的狭义说。该观点认为执行法院仅能冻结公司登记机关的登记及备案信息或国家企业信用信息公示系统的公示信息中显示在被执行人名下的股权，股权所在公司章程、股东名册等资料均非可以冻结的外观依据。对此相关司法解释或规范性文件已经作出了明确规定。如《最高人民法院关于民事执行中查封、扣押、冻结财产的规定》（2020 年修正）第 2 条第 1 款规定，执行法院可以查封、扣押、冻结被执行人占有的动产、登记在被执行人名下的不动产、特定动产及其他财产权。股权作为财产权的一种，原则上应当适用上述规则。此外，《最高执行法院关于执行法院办理执行异议和复议案件若干问题的规定》（2020 年修正）第 25 条第 4 项更是明确规定，在案外人异议中，股权应按照工商行政管理机关的登记和企业信用信息公示系统公示的信息判断其是否系权利人。主要理由是：首先，根据商法公示主义与外观主义原则，公司的工商登记对社会具有公示公信效力，善意第三人有权信赖公司登记机关的登记文件，执行法官也应当以工商登记表现的权利外观作出股权权属的判断。其次，股东名册是公司的内部文件，其公示性弱于工商登记，在与工商登记不一致时，应当优先依据工商登记形成的权利表象。因此，在股权强制执行中，对有限责任公司股权的权利判断首先以工商登记为依据。[2] 本条虽然系对案外人异议程序中权属判断标准的规定，但案外人异议仍然遵循形式审查为原则、实质审查为例外的审查规则，且"举重以明轻"，执行实施机构冻结时更应遵循该标准。

第二种为以外部登记加内部记载为标准的广义说。该观点认为对股权所在公司的章程和股东名册等资料、公司登记机关的登记及备案信息、国家企业信用信息公示系统的公示信息等资料或者信息之一载明属于被执行人的股

---

[1] 最高人民法院执行局编著：《〈最高人民法院关于人民法院强制执行股权若干问题的规定〉理解与适用》，人民法院出版社 2023 年版，第 71～93 页。

[2] 最高人民法院执行局编著：《最高执行法院关于人民法院办理执行异议和复议案件若干问题规定理解与适用》，人民法院出版社 2015 年版，第 351 页。

权，执行法院均可以进行冻结。主要理由是：根据《公司法》（2018 年修正）第 32 条第 2 款关于"记载于股东名册的股东，可以依股东名册主张行使股东权利"及第 102 条第 4 款关于"无记名股票持有人出席股东大会会议的，应当于会议召开五日前至股东大会闭会时将股票交存于公司"等规定，无论有限责任公司还是股份公司的股权，均不采用登记生效主义，股东可以依据股东名册、公司章程或者股票等行使股东权利。换言之，在公司登记机关的登记之外，还存在其他可以用来判断股权权属的书面材料。将公司章程或股东名册也作为冻结依据，既符合《公司法》等实体法的规定，也有利于扩大可以执行的股权的范围，防止被执行人通过虚假转让股权或拖延办理股权变更登记等恶意规避执行，更有力地保障申请执行人的胜诉权益，并提高执行效率。此外，《最高执行法院、国家工商总局关于加强信息合作规范执行与协助执行的通知》（法〔2014〕251 号）第 10 条更明确规定，人民法院对从工商行政管理机关业务系统、企业信用信息公示系统以及公司章程中查明属于被执行人名下的股权、其他投资权益，可以冻结。可见该观点系人民法院与工商行政管理部门形成的共识，并符合目前的实践操作规程。

第三种为在广义说基础上设置例外情形的折中说。该观点认为可以依据上述四种权利外观中的任意一种冻结股权，但冻结时应结合公示或登记系统来看，如发现拟冻结的股权在公示系统或登记系统中已由被执行人变更给他人的，不得冻结。具体而言，公司登记机关的登记信息或者国家企业信用信息公示系统的公示信息载明被执行人持有的股权，执行法院可以冻结。公示信息载明被执行人持有股权，但登记信息显示该股权已经由被执行人变更给他人的，或者登记信息载明被执行人持有股权，但公示信息显示该股权已经由被执行人变更给他人的，执行法院不得冻结。对公司章程、股东名册或者出资证明书载明被执行人持有的股权，执行法院可以冻结，但公示信息或者登记信息显示该股权已经由被执行人变更给他人的，执行法院不得冻结。主要理由是：根据《公司法》（2018 年修正）第 32 条第 3 款关于"公司应当将股东的姓名或者名称向公司登记机关登记；登记事项发生变更的，应当办理变更登记。未经登记或者变更登记的，不得对抗第三人"的规定，股权的变更登记或相关信息的公示有对外公示作用，股权转让已登记或公示的，即使尚未在股东名册或公司章程中进行变更，也可以对抗申请执行人。设置该项例外可以防止被执行人已经对外转让的股权被无辜冻结，保护善意受让人的合法权益。

考虑到既不违反《公司法》等实体法的规定，也符合执行程序自身的规律和特点，又通过程序设计尽可能在申请执行人、被执行人和案外人三者之间达成利益平衡，最终采纳了广义说。据此，《最高人民法院关于人民法院强制执行股权若干问题的规定》（2022年施行）第4条规定："执行法院可以冻结下列资料或者信息之一载明的属于被执行人的股权：（一）股权所在公司的章程、股东名册等资料；（二）公司登记机关的登记、备案信息；（三）国家企业信用信息公示系统的公示信息。""案外人基于实体权利对被冻结股权提出排除执行异议的，人民法院应当依照民事诉讼法第二百二十七条的规定进行审查。"

参考案例：在（2019）最高法民再46号民事判决书中，最高人民法院认为，（2013）成仲裁字第239号裁决书虽然对案涉股份的权属作出了裁决，但并不能因此而当然排除对案涉股份的强制执行。而对度某伟就案涉股份是否享有足以排除强制执行的民事权益的评判，实际上涉及的是对作为邓某军债权人的刘某、李某芳、李某光的民事权益与作为邓某军所代持股份实际出资人的度某伟的民事权益在案涉强制执行程序中何者更应优先保护的问题，对此，尚需综合相关法律规范对于股份代持关系的规定以及相关当事人权利的形成时间、股份登记名义人与实际权利人相分离的原因乃至于法律对于市场秩序的价值追求等因素加以考量。此外，从法律制度的价值追求及司法政策的价值导向角度看，代持关系本身不是一种正常的持股关系，与公司登记制度、社会诚信体系等制度相背离，股东之间恣意创造权利外观，导致登记权利人和实际权利人不一致，在给实际出资人提供便利的同时，放任显名股东对外释放资产虚假繁荣信号，给公司的法律关系、登记信息带来混乱，增加社会的整体商业风险和成本，该风险和成本应当由实际出资人自行承担。

257. 冻结股权应向公司还是公司登记机关送达冻结手续？

解析：题述问题，先后经历了向公司送达的"一元制"、同时向公司和公司登记机关送达的"二元制"以及只向公司登记机关送达的"一元制"三个阶段。

关于股权的冻结方式及冻结的效力的规定，可追溯到1998年的《最高人民法院关于人民法院执行工作若干问题的规定（试行）》，其中第53条（2020年修正后为第38条）规定："对被执行人在有限责任公司、其他法人企业中的投资权益或股权，人民法院可以采取冻结措施。""冻结投资权益或股权的，应当通知有关企业不得办理被冻结投资权益或股权的转移手续，不得向被执行人支付股息或红利。被冻结的投资权益或股权，被执行人不得自行转让。"第56条（2020年修正后为第40条）规定："有关企业收到人民法院发出的协助冻结通知后，擅自向被执行人支付股息或红利，或擅自为被执行人办理已冻结股权的转移手续，造成已转移的财产无法追回的，应当在所支付的股息或红利或转移的股权价值范围内向申请执行人承担责任。"上述规定仅要求向有关企业送达协助冻结通知，系典型的"一元制"协助机构模式。

尽管司法解释规定冻结股权应向有关企业送达协助冻结通知，但在司法实践中，由于企业不易查找或者其配合意愿低，人民法院往往无法向企业送达冻结裁定，而是直接向企业登记主管机关送达协助冻结的手续，要求其协助冻结股权，暂停办理被冻结股权的变更登记。国家工商行政管理局对此做法亦予以接受。1999年5月27日，国家工商行政管理局针对北京市、浙江省工商行政管理局的请示，作出《关于协助人民法院执行冻结或强制转让股权问题的答复》（工商企字〔1999〕第143号，已失效），答复意见为："一、人民法院依照《中华人民共和国民事诉讼法》及《最高人民法院关于人民法院执行工作若干问题的规定（试行）》（法释〔1998〕15号），要求登记主管机关协助冻结或者转让股权的，登记主管机关应当协助执行。二、对股东或投资人在有限公司或非公司企业法人中的股权或投资，人民法院予以冻结的，登记主管机关在收到人民法院的协助执行通知书后，应暂停办理转让被冻结投资或股权的变更登记……"

在存在股权所在企业和企业登记主管机关两个协助执行主体的情况下，对于何为有效冻结产生了不同认识，一种观点认为根据司法解释的规定，只要向股权所在企业送达协助冻结通知即产生冻结的效力；第二种观点认为，向企业送达缺乏足够的公示效力，如果未向企业登记主管机关送达协助执行手续，则不能对抗已向登记机关送达协助执行通知的其他法院的冻结。对此，最高人民法院于2001年4月13日在〔2001〕执协字第16号复函中明确："根据《最高人民法院关于人民法院执行工作若干问题的规定（试行）》第53条的规定，人民法院冻结被执行人在有限责任公司、其他法人企业的投资权益或股权的，只要依法向相关有限责任公司、其他法人企业送达了冻结被执行人投资权益或股权的法律文书，即为合法有效。因此，本案中上海二中院、四川眉山中院实施的冻结重汽公司股权的措施是合法有效的。天津一中院、北京二中院关于既向联合公司送达冻结股权的法律文书，又到工商管理机关进行登记才发生冻结效力的主张，并无法律规定，故不能否定上海二中院、四川眉山中院冻结股权的效力。"该复函坚持了《最高人民法院执行工作若干问题的规定（试行）》中规定的向相关企业送达了冻结股权的法律文书即为合法有效冻结的观点。

2014 年，最高人民法院与国家工商总局出台的《关于加强信息合作规范执行与协助执行的通知》（法〔2014〕251 号）第 11 条第 1 款规定："人民法院冻结股权、其他投资权益时，应当向被执行人及其股权、其他投资权益所在市场主体送达冻结裁定，并要求工商行政管理机关协助公示。"自此，最高人民法院首次从规则层面明确了"二元制"协助执行机构模式，即既要求股权所在企业，又要求企业登记主管机关协执冻结。

股权冻结协助机构的"两元制"模式，给执行实践带来许多争议。比如，《最高人民法院、国家工商总局关于加强信息合作规范执行与协助执行的通知》（法〔2014〕251 号）第 11 条首先规定的是向被执行人及其股权、其他投资权益所在市场主体送达冻结裁定，而第 13 条又规定首先送达协助公示通知书的执行法院的冻结为生效冻结。如果法院仅向工商部门送达冻结手续的，或者仅向公司送达冻结手续的，该冻结是否生效？如，在两家法院均冻结同一股权的情况下，有的法院只向工商部门送达了冻结手续，有的法院却只向公司送达了冻结手续，哪家法院的冻结为在先冻结？或者虽然两家法院均向工商部门和公司送达了冻结手续，但由于有的法院在先向工商部门送达，有的法院在先向公司送达，在这种情况下，哪家法院的冻结为在先冻结，也存在很大争议。

而在"一元制"模式下，又有向股权所在公司送达协助冻结手续为有效冻结，还是向公司登记机关送达协助公示冻结的手续为有效冻结两种不同观点。有观点认为，向股权所在公司送达协助冻结手续构成有效冻结。其一，按照 2014 年修订后的《公司登记管理条例》（已失效），以及 2022 年 3 月 1 日起施行的《市场主体登记管理条例》，工商机关对有限责任公司只保留了股东变更登记、增加注册资本登记等少量的登记事项。股东变更登记还不包括同一公司股东之间转让部分股权的情况，此时只需进行备案登记。有限责任公司股东认缴出资额、公司实收资本不再作为公司登记机关的登记事项。其二，根据公司法的规定，记载于有限责任公司股东名册的股东，可以依股东名册行使股东权利，未经工商登记，仅为不得对抗第三人。股权所在公司掌握着股权变动的节点，通过向公司送达冻结裁定，才能真正实现对股权的控制。

经征求专家学者、地方法院、市场监管总局等部门的意见，《最高人民法院关于人民法院强制执行股权若干问题的规定》（2022 年施行）最终确定了向公司登记机关送达协助公示冻结的手续构成有效冻结的"一元制"模式，明确了冻结股权的，应当向公司登记机关送达裁定书和协助执行通知书，由公司登记机关在国家企业信用信息公示系统进行公示，股权冻结自在公示系统公示时发生法律效力。主要理由为：

第一，虽然根据公司法的规定，股权所在公司掌握着股权变动的节点。但是，财产权属变动节点和执行程序冻结节点并非完全一致。比如，根据《民法典》（2021 年施行）第 224 条，机动车的权属变动时点以交付为准，登记仅产生对抗效力。但是，人民法院查封机动车的，往往都是到车管所做查封登记，并不需要实际控制车辆。

第二，通过公司登记机关向社会公示股权冻结的方式，能够起到控制股权的目的。由于国家企业信用信息公示系统良好的公示性能和广泛的社会认可度，股权冻结情况在该系统公示后，股权所在公司不仅能够及时知晓，而且对于可能购买股权的不特定第三人来讲，也可以通过该系统适时查询拟购股权是否被法院冻结。公司登记机关公示后，冻结即产生法律效力，被执行人、公司即不得转让被冻结股权，第三人也不应受让被冻结股权。被执行人就被冻结股权所作的转让、出质等有碍执行行为，并不能对抗人民法院的冻结措施。所以，在公示系统公示，也能够起到所谓"控制"股权的目的。相比之下，很多公司并无股东名册，通过公司冻结股权很难起到冻结的公示效果。

第三，尽管公司登记机关不登记有限责任公司股东的出资额，也不登记股份有限公司的非发起人股东，但是以有限责任公司股权、股份有限公司股份出质的，仍然应当到公司登记机关办理出质登记。同理，对于公司登记机关不登记的股权，并不妨碍人民法院要求公司登记机关进行公示冻结。在征求市场监管总局意见时，其也正式回函认可这一规则。

第四，确定股权的协助冻结机构时，应当考虑执行成本。目前，我国公司治理尚不完善，很多公司并不在登记地进行经营，如果要求必须送达公司才能冻结股权，会使执行法院耗费大量精力，并且还会存在协助执行难的问题。相比之下，送达公司登记机关更加便利，这也为今后网络冻结股权预留了制度接口。

第五，在多个法院冻结同一股权的情况下，各个法院的冻结顺位在系统中也一目了然，能够有效杜绝目前实践中的各类争议。

258. 冻结股权的，控制生效、送达生效，还是公示生效？

解析：题述问题针对的是控制、送达、公示与冻结的关系。《最高人民法院关于人民法院强制执行股权若干问题的规定》（2022 年施行）第 6 条明确："股权冻结自在公示系统公示时发生法律效力。"冻结的效力不再强调通过对股权的实际控制限制其处分，而是聚焦于冻结公示产生的对抗效力，即根据《最高人民法院关于人民法院强制执行股权若干问题的规定》（2022 年施行）第 7 条规定，被执行人就被冻结股权所作的转让、出质或者其他有碍执行的行为，不得对抗申请执行人。因股权冻结在公示系统公示后，被执行人就被冻结股权所作的处分行为均不得对抗申请执行人，故在公示时自然产生了股权冻结的法律效力。

至于送达，分为送达公司登记机关、送达公司以及送达执行当事人。冻结股权应当向公司登记机关送达协助执行通知书，协助执行的内容是要求其在国家企业信用信息公示系统进行公示，而非协助冻结。协助公示的冻结方式，系延续了《最高人民法院、国家工商总局关于加强信息合作规范执行与协助执行的通知》（法〔2014〕251 号）的相关做法，主要原因是商事登记主要是服务功能，通过工商登记为社会公众提供经营者基本资料的公示服务和信息查询服务，强调工商登记的公示作用。信息公示、信用监管对市场主体而言是釜底抽薪之举，能促使市场主体诚实守信，合法经营。公司登记机关协助人民法院公示执行措施的制度，相对于传统的协助执行模式，是质的进步。从法律效果上讲，能满足执行措施应尽可能向全社会公示的需要，实现法律效果的最大化。《最高人民法院关于人民法院民事执行中查封、扣押、冻结财产的规定》（2020 年修正）第 24 条第 3 款规定，人民法院的查封、扣押、冻结没有公示的，其效力不得对抗善意第三人。执行措施公示的范围越广，效力范围越广。[①]

关于向被执行人、申请执行人送达股权冻结裁定，《最高人民法院关于人民法院民事执行中查封、扣押、冻结财产的规定》（2020 年修正）第 1 条第 1

---

① 刘贵祥、黄文艺：《〈关于加强信息合作规范执行与协助执行的通知〉的理解与适用》，载《人民司法》2015 年第 3 期。

款已有明确规定："人民法院查封、扣押、冻结被执行人的动产、不动产及其他财产权，应当作出裁定，并送达被执行人和申请执行人。"《最高人民法院关于人民法院强制执行股权若干问题的规定》（2022年施行）第6条予以重申，重在保障申请执行人、被执行人的知情权，送达本身并不影响股权冻结的效力。

关于通知股权所在公司，主要考虑是冻结股权后，在评估、处置环节需要公司配合，而且通知股权所在公司，有助于公司协助法院控制股权，停止办理股权变更手续。需要注意的是，通知股权所在公司并非效力性规定，即使未通知股权所在公司，亦不影响股权冻结的效力。股权所在公司即便未收到冻结通知，公司在为其股东办理股权变更手续时，亦应当提前到公示系统查询该股东的股权是否已被人民法院冻结，如已经冻结不得为其办理。此外，根据《最高人民法院关于人民法院强制执行股权若干问题的规定》（2022年施行）第8条规定，人民法院冻结被执行人股权的，可以向股权所在公司送达协助执行通知书，要求其在实施增资、减资、合并、分立等对被冻结股权所占比例、股权价值产生重大影响的行为前，向人民法院书面报告有关情况。

259. 冻结非上市股份有限公司股权，是否遵循公示生效规则？

解析：非上市股份有限公司的股权有其特殊性。2022年3月1日起施行的《市场主体登记管理条例》第8条规定："市场主体的一般登记事项包括：（一）名称；（二）主体类型；（三）经营范围；（四）住所或者主要经营场所；（五）注册资本或者出资额；（六）法定代表人、执行事务合伙人或者负责人姓名。""除前款规定外，还应当根据市场主体类型登记下列事项：（一）有限责任公司股东、股份有限公司发起人、非公司企业法人出资人的姓名或者名称；（二）个人独资企业的投资人姓名及居所；（三）合伙企业的合伙人名称或者姓名、住所、承担责任方式；（四）个体工商户的经营者姓名、住所、经营场所；（五）法律、行政法规规定的其他事项。"据此，股份有限公司除发起人外，公司登记机关并不登记其他股东及其持有的股份。最高人民法院与中央19部门联合会签的《关于建立和完善执行联动机制若干问题的意见》（法发〔2010〕15号）第17条规定："工商行政管理部门应当协助人民法院查询有关企业的设立、变更、注销登记等情况；依照有关规定，协助人民法院办理被执行人持有的有限责任公司股权的冻结、转让登记手续……"上述意见仅规定了工商行政管理部门有义务配合法院办理被执行人持有的有限责任公司股权的冻结，但并不承担配合法院办理非上市股份有限公司股权冻结的义务。最高人民法院与国家工商总局出台的《关于加强信息合作规范执行与协助执行的通知》（法〔2014〕251号）第11条虽然规定："人民法院冻结股权、其他投资权益时，应当向被执行人及其股权、其他投资权益所在市场主体送达冻结裁定，并要求工商行政管理机关协助公示。"但是，人民法院需要执行股权、其他投资权益的，应在工商机关权限范围内提出协助要求。①

对股份有限公司而言，设立登记在工商机关办理，但上市公司的股权登记由中国证券登记结算公司办理；未上市的股份公司没有统一规定，目前各地均委托商业或国有资产主管部门、产权交易所、行业协会等办理登记、备案事项。因此，未上市的股份公司的股权登记并非工商机关权限范围，人民法院无法按照上述规定要求工商行政管理机关协助公示。因此，有观点认为，在冻结被执行人持有的非上市公司股权时，只有向该公司送达冻结裁定及协助执行通知，才能构成有效的冻结。② 实践中，人民法院基本采取按照《最高人民法院关于人民法院执行工作若干问题的规定（试行）》第38条规定，通知股权所在公司进行协助冻结的方式。但也有观点认为，对于非上市公司股权的冻结，亦应按照《最高人民法院、国家工商总局关于加强信息合作规范执行与协助执行的通知》（法〔2014〕251号）第11条、第13条规定，要求工商行政管理机关协助公示，首先送达协助公示通知书的执行法院的冻结为生效冻结。

《最高人民法院关于人民法院强制执行股权若干问题的规定》起草过程中，对于非上市公司股权能否采取公司登记机关公示冻结的方式，亦进行了充分讨论，并与工商行政管理机关专门就此问题进行过沟通。主管机关表示，只要执行法院依法定程序送达冻结裁定及协助执行通知书等，即可按照通知内容进行协助。因此，司法解释对非上市公司股权采取了与有限责任公司股权相同的冻结方式。

---

① 刘贵祥、黄文艺：《〈关于加强信息合作规范执行与协助执行的通知〉的理解与适用》，载《人民司法》2015年第3期。

② 高明：《仅向工商登记机关送达冻结裁定不构成对股权的有效冻结》，载《人民司法》2019年第14期。

260. 2022 年之前，冻结被执行人持有的商业银行的非上市股份，向商业银行委托的股权托管机构送达冻结手续的，是否产生冻结的法律效力？

解析：《最高人民法院关于人民法院强制执行股权若干问题的规定》于 2022 年 1 月 1 日施行。在此之前，有关非上市股份冻结的规则，遵循最高人民法院与国家工商总局出台的《关于加强信息合作规范执行与协助执行的通知》（法〔2014〕251 号）第 11 条和第 13 条确定的规则，即非上市股份的有效冻结要满足两个条件：一是向目标公司送达冻结手续，产生冻结效力。二是向工商部门也就是现在的市场监管部门送达协助公示手续。在多个法院就查封存在争议时，先看哪个法院同时完成这两个动作；在同时完成的基础上，再看谁先完成在市场监管部门的公示。根据银行业监督管理委员会《商业银行股权管理暂行办法》第 31 条①和银行保险监督管理委员会《商业银行股权托管办法》第 3 条②、第 12 条③、第 13 条④规定，商业银行股权应当进行托管，而且商业银行应当将股东名册交付托管机构，并由托管机构负责办理质押、锁定、冻结。《最高人民法院、国家工商总局关于加强信息合作规范执行与协助执行的通知》（法〔2014〕251 号）之所以规定要向目标公司送达冻结手续，是要求目标公司在其掌管的股东名册上对冻结事项进行登记。但根据前述规定，商业银行应将股东名册交付托管机构并由托管机构负责股东名册的管理，负责办理股权变更、质押、锁定、冻结的登记，商业银行自身并不掌握股东名册。在这种情况下，承办人认为执行法院即便向商业银行送达冻结手续，商业银行由于没有股东名册，也应将冻结手续送交托管机构，由托管机构在股东名册上办理登记。因此，执行法院直接向掌握和管理股东名册的托管机构送达冻结手续，由托管机构在股东名册上办理登记，可能比向

---

① 《商业银行股权管理暂行办法》第 31 条规定："商业银行应当建立股权托管制度，将股权在符合要求的托管机构进行集中托管。托管的具体要求由银监会另行规定。"

② 《商业银行股权托管办法》第 3 条规定："本办法所称股权托管是指商业银行与托管机构签订服务协议，委托其管理商业银行股东名册，记载股权信息，以及代为处理相关股权管理事务。"

③ 《商业银行股权托管办法》第 12 条规定："商业银行应当在签订服务协议后，向托管机构及时提交股东名册及其他相关资料。商业银行选择的托管机构，应能够按照服务协议和本办法的要求办理商业银行股东名册的初始登记。"

④ 《商业银行股权托管办法》第 13 条第 1 款规定："商业银行选择的托管机构，应能在商业银行股权发生变更时，按照服务协议和本办法的要求办理商业银行股东名册的变更登记。商业银行股权被质押、锁定、冻结的，托管机构应当在股东名册上加以标记。"

不掌握股东名册的商业银行送达冻结手续，更加符合《最高人民法院、国家工商总局关于加强信息合作规范执行与协助执行的通知》（法〔2014〕251号）第11条的规范本意，向托管机构送达冻结手续，应当视为向目标公司送达了冻结手续，产生冻结效力。

《最高人民法院关于人民法院强制执行股权若干问题的规定》施行后，冻结自公示起生效，不涉及这个问题。

261. 被执行人转让冻结股权并办理了过户登记手续，在执行该股权时是否需要追加受让人为被执行人？

解析：这个问题，与程序相对效还是个别相对效问题息息相关。根据个别相对效说，如果冻结股权变价所得款在清偿完毕在先冻结债权后有剩余的，要退还给第三人。根据程序相对效说，如果冻结股权变价所得款在清偿完毕在先冻结债权后有剩余的，要退还给被执行人。

依据个别相对效说，被执行人转让冻结股权给第三人，第三人依法获得股权权属，依法对股权变价并清偿在先冻结债权后所剩余的价款享有权利。人民法院在处置冻结股权时，实质上是在处置第三人的财产。在第三人并非被执行人的情况下，人民法院径行对其采取强制执行措施，缺乏法律依据，有必要通过变更、追加方式，追加该第三人为被执行人。如前所述，在被执行人为企业法人的案件中，研析倾向于个别相对效说，如果要执行转让的冻结股权，需要追加受让人为被执行人。特别是，如果被执行人在转让冻结股权后进入破产程序，针对该被执行人的原执行程序将依法终结，申请执行人不能将转让的冻结股权视为被执行人的财产在原执行程序中继续强制执行。而冻结股权因已登记到第三人名下，可能不属于破产财产范围之列，申请执行人也无法通过破产程序就该冻结股权获得清偿。如果不允许通过追加第三人为被执行人的方式，启动针对第三人的强制执行程序，冻结股权对申请执行人的债权没有起到任何保障作用，冻结股权的执行行为形同虚设，明显违背了冻结制度的初衷。此外，根据《最高人民法院关于民事执行中变更、追加当事人若干问题的规定》（2020年修正）的规定，变更、追加被执行人应当奉行法定主义。第三人受让冻结股权的同时，也承受了依附于该股权上的向在先冻结申请执行人偿还债务的义务，可以将第三人的受让，理解为债务转让或者债务承担。《最高人民法院关于民事执行中变更、追加当事人若干问题的规定》（2020年修正）第24条规定："执行过程中，第三人向执行法院书面承诺自愿代被执行人履行生效法律文书确定的债务，申请执行人申请变更、追加该第三人为被执行人，在承诺范围内承担责任的，人民法院应予支持。"人民法院可以参照该条规定，追加第三人为被执行人，责令其在冻结股权范围内，对在先冻结的申请执行人承担责任。

依据程序相对效说，被执行人转让冻结股权给第三人，视同该转让没有发生，冻结股权仍然属于被执行人的财产，第三人对冻结股权不享有权属，对股权变价并清偿在先冻结申请执行人后所剩余的价款不享有权利。人民法院在处置冻结股权时，实质上仍是在处置被执行人的财产。这种情况下，没有必要追加第三人为被执行人。如前所述，当被执行人为自然人或者非法人组织时，研析倾向于程序相对效说，如果要执行转让的冻结股权，可以径行处置，无需追加受让人为被执行人。处置后有剩余价款的，退还给被执行人。①

262. 冻结股权后能否限制公司的增资、减资、合并、分立等行为？

解析：公司增资、减资、合并、分立，不仅会对公司债权人的权益产生影响，而且也会因公司股权结构变化对股东债权人的权益产生影响。冻结股权后，为规避法院执行，有的被执行股东借公司之力为不当行为，使被冻结股权的价值大幅缩水。比如，将公司名下仅有的土地使用权低价转让，掏空公司资产，使股权价值大幅缩水。又如，在一些股东资格确认和股权转让纠纷案件中，法院依债权人申请保全冻结作为诉争标的的股权后，被冻结股权的股东为争夺公司控制权，往往会通过增资扩股的方式恶意降低诉争股权的比例，使债权人的诉讼目的落空。这就引起一个问题，为预防规避执行，能否限制公司的增资、减资、合并、分立等行为。

在《最高人民法院关于人民法院强制执行股权若干问题的规定》起草过程中，对此进行了研究。一种观点认为，公司法人人格独立，是公司制度的应有之义。《公司法》（2018年修正）第3条规定，公司是企业法人，有独立的法人财产，享有法人财产权。因此，股东作为被执行人时，人民法院只能执行属于股东的财产——股权，而不能限制公司的经营发展。所以，法院冻结股权后，不得限制公司增资、减资、合并、分立等行为。另外一种观点则

---

① 最高人民法院执行局编著：《〈最高人民法院关于人民法院强制执行股权若干问题的规定〉理解与适用》，人民法院出版社2023年版，第133~161页。

认为，鉴于实践中冻结股权后通过增资、减资、合并、分立等形式恶意贬损股权价值的行为日益多见，有必要允许人民法院对公司的前述行为进行适当限制，以在保障公司正常经营发展和保障股东债权人权益之间寻求平衡。

关于冻结股权是否影响公司增、减资的问题，在认识上有一个转变的过程。原国家工商总局在《国家工商行政管理总局关于未被冻结股权的股东能否增加出资额、公司增加注册资本的答复意见》（工商法字〔2011〕188号）中认为："冻结某股东在公司的股权，并不构成对公司和其他股东增资扩股等权利的限制。公司登记法律法规、民事执行相关法律法规对部分冻结股权的公司，其他股东增加出资额、公司增加注册资本没有禁止性规定。因此，在法无禁止规定的前提下，公司登记机关应当依申请受理并核准未被冻结股权的股东增加出资额、公司增加注册资本的变更登记。"《最高人民法院研究室关于"未被冻结股权的股东能否增加出资额、公司增加注册资本"意见的复函》（法研〔2011〕121号）也称，冻结某股东在公司的股权，指向的是股权代表的财产权益，并不构成对公司和其他股东增资扩股等权利的限制。该复函与原国家工商总局的意见基本一致。但是，随着实践中冻结股权后公司通过增资扩股方式恶意稀释股权规避执行的情形愈发多见，最高人民法院对该问题的态度也开始发生转变。最高人民法院于2013年11月14日以〔2013〕执他字第12号函向山东省高级法院答复称，原则上同意你院审判委员会意见。在人民法院对股权予以冻结的情况下，公司登记机关不得为公司或其他股东办理增资扩股变更登记。

研析认为，民事强制执行作为依靠国家公权力保障债权人实现债权的程序，对于在执行过程中查封的财产，有关主体负有保障其价值不产生重大贬损之责任。《最高人民法院关于人民法院民事执行中查封、扣押、冻结财产的规定》（2020年修正）第10条规定了保管人的保管义务。虽然第10条所称"财产"主要是指有体物，因此使用了"保管"的表述。但是，被执行人的财产被查封后，被执行人或者其他受托管理该财产的主体对被查封财产负有善良管理义务这一规则，同样适用于作为无形财产的股权。由于公司的增资、减资、合并、分立等会影响公司的偿债能力，所以，《公司法》规定公司在实施这些行为时，应当通知公司债权人。同样，由于公司的这些行为，也会对公司的股权结构产生重大影响，在股权已经被冻结的情况下，法院有权对公司的这些行为予以适当关切，并采取适当的应对措施，以防止其所冻结的股权价值产生严重贬损。有鉴于此，《最高人民法院关于人民法院强制执行股权若干问题的规定》（2022 年施行）第 8 条对此作出明确规定。

需要注意的是，冻结股权并不当然限制股权所在公司实施增资、减资、合并、分立等行为。这与冻结股权后当然产生限制股权转让、设立质押的法律效力明显不同。人民法院可以根据案件具体情况，决定是否向股权所在公司送达协助执行通知书，要求其在实施增资、减资、合并、分立等行为前向人民法院报告有关情况。①

263. 如何防止被执行人的股权被冻结后通过增资扩股等手段稀释股权？

解析： 设例如下：股权转让合同纠纷中，原告保全了被告甲持有的 A 公司 100% 的股权。最终，法院判决被告甲向原告交付 100% 的股权，并协助过户。此后，A 公司增资扩股。增资后，甲持有的股权被稀释为 20%，原告通过 100% 持股控制 A 公司的目的落空。

针对这一问题，目前的法律、司法解释没有明确的规制措施。理论与实务界提出了几种观点：

第一种观点认为，冻结股权后，未经人民法院和申请执行人同意，不得增资扩股。因为冻结措施意味着被冻结权利的内容不得发生变化，而增资扩股往往意味着债务人持股比例的减少。

第二种观点认为，仅仅冻结股权，无法产生禁止公司增资扩股的效力。为实现该目的，应当向公司发出行为保全裁定，禁止公司增资扩股。

第三种观点认为，可以借鉴英美法上指定接管人制度，在必要时，指定管理人对股权强制管理，代替被执行人股东行使权利，这样也可以避免出现损害债权人利益的增资扩股情况。

第四种观点认为，冻结股权后，可以限制被执行人股东在冻结股权对应的范围内，行使同意表决权。

研析认为，第四种观点更可采。首先，第一种观点和第二种观点，都可能干涉公司的正常经营。假设冻结股权的比例只有 1%，而其他股东一致同意增资扩股的情况下，一律予以禁止，可能影响公司的正常经营，损害其他股东的合法权益。相比较而言，第四种观点限制的是被执行人的权利，并没有

---

① 最高人民法院执行局编著：《〈最高人民法院关于人民法院强制执行股权若干问题的规定〉理解与适用》，人民法院出版社 2023 年版，第 162～174 页。

干涉公司的经营。其次，第三种观点，在操作上比较复杂，涉及管理人的资质、选任、报酬、履职监督等，还有待实践探索。相比较而言，第四种观点的操作相对简便。再次，第四种观点具有较强的包容性，兼顾了被执行人作为大股东和小股东时的不同情形。在被执行人为大股东时，其无法就增资扩股等事项行使表决权，解决了实践中规避执行的问题；被执行人为小股东时，即便限制其表决权，也不会对公司正常经营造成影响，符合比例原则。最后，相比损害赔偿之诉等事后救济方式，第四种观点的方案对债权人的保护更加充分，也有助于维护司法权威。

264. 因当事人诉请交付股权而对标的股权采取冻结措施的，公司能否增资、减资？

解析：在《最高人民法院关于人民法院强制执行股权若干问题的规定》起草过程中，存在不同观点。

第一种观点认为，冻结的标的的是被执行人持有的股权，其目的是限制被执行人转让股权或者以股权设定质押等行为，从而确保申请执行人的债权实现。但冻结措施并不能限制公司的正常经营乃至增资、减资。公司增资、减资确实损害申请执行人合法权益的，股东或者申请执行人可以另行提起诉讼，依法主张增资、减资的决议无效、可撤销以及损害赔偿。例如，国家工商总局下发的《关于未被冻结股权的股东能否增加出资额、公司增加注册资本的答复意见》（工商法字〔2011〕188号）即认为："在法无禁止规定的前提下，公司登记机关应当依法受理并核准未被冻结股权的股东增加出资额、公司增加注册资本的变更登记。"

第二种观点则认为，如果申请执行人和被执行人之间并非金钱债权债务纠纷，争议的标的就是股权，那么冻结股权后，就应当禁止或者限制公司进行增资、减资，避免申请执行人的权利落空。例如，最高人民法院在《关于股权冻结情况下能否办理增资扩股变更登记的答复》（〔2013〕执他字第12号）中结论性意见是："人民法院对股权予以冻结的情况下，公司登记机关不得为公司或其他股东办理增资扩股变更登记。"

在经过征求立法机关、专家学者以及地方法院意见后，最高人民法院最终采纳了第一种观点，即不区分金钱债权执行和交付股权的执行，冻结股权后均不自动产生限制公司增资、减资的效力，而是明确申请执行人认为自己权益受损的，可以另行提起诉讼。这一规则为《最高人民法院关于人民法院强制执行股权若干问题的规定》（2022 年施行）第 8 条所明确。

需要注意的是，虽然冻结股权本身并不自动产生限制公司增资、减资的效力，但如果根据案件的具体情况，申请执行人或者保全申请人向人民法院提出限制公司增资、减资的申请，人民法院经审查认为确有必要的，即非此不足以保障申请执行人的利益，可以限制被执行人股东在公司增资、减资时表决同意。①

265. 冻结非上市公司的股权是否当然及于股息、分红等股权收益？

解析：关于冻结股权的效力是否及于股息、红利等收益这一问题，在《最高人民法院关于人民法院强制执行股权若干问题的规定》起草过中进行了研究。

第一种意见认为，根据《最高人民法院关于人民法院民事执行中查封、扣押、冻结财产的规定》（2020 年修正）第 20 条规定，查封、扣押的效力及于查封、扣押物的从物和天然孳息。收益属于法定孳息，查封的效力并不当然及于法定孳息。例如，查封房屋的效力并不当然及于房屋租金，要执行房屋租金需要向承租人发出冻结裁定和履行到期债务通知书。因此，冻结股权的效力并不当然及于收益。况且，从操作层面来看，冻结股权的效力"不及于"或者"及于"收益的区别，仅在于人民法院在冻结股权时需要或者不需要一并裁定冻结收益，即使认为冻结股权的效力不及于收益，人民法院依然可以在冻结股权时一并冻结收益。《最高人民法院关于人民法院执行工作若干问题的规定（试行）》（2020 年修正）第 38 条第 2 款规定："冻结投资权益或股权的，应当通知有关企业不得办理被冻结投资权益或股权的转移手续，不得向被执行人支付股息或红利。被冻结的投资权益或股权，被执行人不得自行转让。"该规定即采取了冻结股权时一并冻结收益的方式，并未规定冻结股权的效力当然及于收益。

第二种意见认为，从《民法典》（2021 年施行）第 430 条的规定来看，质押的效力及于质押物的法定孳息，而冻结与质押在效力上具有相通性，因此冻结股权的效力也应当及于作为法定孳息的收益。况且，从操作层面来看，与其在冻结股权时一并冻结收益，不如在司法解释中直接明确及于收益。司

---

① 最高人民法院执行局编著：《〈最高人民法院关于人民法院强制执行股权若干问题的规定〉理解与适用》，人民法院出版社 2023 年版，第 285～298 页。

法解释规定冻结股权的效力自动及于股息、红利等收益，可统一执行尺度，防止因在协助执行通知书中未注明产生争议。《最高人民法院关于冻结、拍卖上市公司国有股和社会法人股若干问题的规定》（2001 年施行）第 7 条第 2 款即明确规定："股权冻结的效力及于股权产生的股息以及红利、红股等孳息，但股权持有人或者所有权人仍可享有因上市公司增发、配售新股而产生的权利。"虽然上述规定系针对上市公司的国有股和社会法人股，并非针对有限责任公司股权和非上市且未在新三板交易的股份有限公司股份，但对于股权（股份）冻结的规则，其逻辑应当保持一致，冻结的效力应当及于股息、红利等收益。

《最高人民法院关于人民法院强制执行股权若干问题的规定》（2022 年施行）第 9 条最终采纳了第一种意见，即规定人民法院冻结股权的效力不应当然及于股息、红利等收益，应以法院的执行裁定书、协助执行通知书等执行文书中载明的冻结范围为准。主要理由是：首先，股权是一种特殊的财产权，既非物权，也非债权。而股东向公司主张的股息、红利等收益，实质上是股东基于股权而对公司的利润分配请求权。按照理论通说，股东利润分配请求权属于股东对公司的债权，其虽然因股权而产生，但同时又有别于股权。其次，根据《最高人民法院关于人民法院民事执行中查封、扣押、冻结财产的规定》（2020 年修正）第 20 条的规定，查封、扣押的效力及于查封、扣押物的从物和天然孳息，而股息、红利等收益属于股东因享有股权而产生的法定孳息。再次，《最高人民法院关于人民法院执行工作若干问题的规定（试行）》（2020 年修正）第 38 条规定，对被执行人在有限责任公司、其他法人企业中的投资权益或股权，人民法院可以采取冻结措施。冻结投资权益或股权的，应当通知有关企业不得办理被冻结投资权益或股权的转移手续，不得向被执行人支付股息或红利。即如果人民法院需要冻结股息、红利等收益的，应当在相关冻结手续中载明，以为股权所在公司明确具体的协助义务范围。最后，就冻结股息、红利等收益问题，《最高人民法院关于人民法院强制执行股权若干问题的规定》（2022 年施行）第 9 条明确了不同于冻结股权的冻结方法，即冻结被执行人基于股权享有的股息、红利等收益的，应当专门向股权所在公司送达冻结裁定书。①

---

① 最高人民法院执行局编著：《〈最高人民法院关于人民法院强制执行股权若干问题的规定〉理解与适用》，人民法院出版社 2023 年版，第 175 ~ 197 页。

266. 股权收益的执行方法是什么？

解析： 对股权的执行，除对股权本身进行变价以实现其交换价值之外，还可对股权的重要权能——股利分配请求权采取执行措施，以实现债权人的金钱债权。《最高人民法院关于人民法院执行工作若干问题的规定（试行）》（2020年修正）第36条规定："对被执行人从有关企业中应得的已到期的股息或红利等收益，人民法院有权裁定禁止被执行人提取和有关企业向被执行人支付，并要求有关企业直接向申请执行人支付。""对被执行人预期从有关企业中应得的股息或红利等收益，人民法院可以采取冻结措施，禁止到期后被执行人提取和有关企业向被执行人支付。到期后人民法院可从有关企业中提取，并出具提取收据。"其中，第1款规定了已到期的股息或红利等收益的执行，第2款规定对预期应得股息或红利等收益的执行。结合两款规定，对于被执行人从有关企业中应得的股息或红利，一是无论是否到期，均可以裁定冻结，禁止被执行人提取和有关企业向被执行人支付股息或红利等收益；二是对已到期的股息或红利，可以要求有关企业直接向申请执行人支付，或者直接从有关企业中提取。此处的"从有关企业中提取"，即是采用了类似执行自然人收入的做法。可见，基本类似于执行自然人收入的做法。在《最高人民法院关于人民法院强制执行股权若干问题的规定》起草过程中，对于股息、红利等收益是否继续沿袭《最高人民法院关于人民法院执行工作若干问题的规定（试行）》的规定，参照自然人收入采取直接提取的方式，仍然存在不同意见。

第一种意见认为，无论是自然人收入，还是股息、红利等收益，本质上都是一种债权。考虑到收入通常建立在自然人和用人单位之间，具有长期性和持续性的特点，比较明显容易判断，且一般不会产生争议，故从提高执行效率的角度，对收入这种特殊形式的债权规定了更为简便的执行方法，可以直接提取，且没有设定第三人提出异议的程序。对于股息、红利等收益，也可以参照提取收入的规定提取股权收益，公司对此提出异议的，可由执行法院参照《民事诉讼法》（2023年修正）第236条的规定进行实体审查，以保障公司权益不受侵害，如此更有利于提高执行效率。

第二种意见认为，对于股息和红利等收益，能否参照收入设定更为简便的执行方式，取决于股息、红利本身的复杂程度和第三人异议权的保护。对于股利的分配请求权，实践中的情况可能会比较复杂，即使经公司股东会决议的分配方案已届期，公司依然可能存在不予支付的抗辩事由，直接从公司提取收益可能会损害作为第三人的公司的合法权益，因此，对于股息和红利，按照债权的执行方法执行更为妥当。

经过讨论，《最高人民法院关于人民法院强制执行股权若干问题的规定》最终采纳了第二种意见，对于股息、红利等收益，应当作为被执行人的债权予以强制执行。具体而言：

第一，人民法院冻结被执行人基于股权享有的股息、红利等收益，应当向股权所在公司送达裁定书。此时，股权所在公司并非单纯的协助执行人，而是债权执行中的次债务人，次债务人可以有效控制债务的履行，因此，冻结裁定送达次债务人即可产生控制债权的作用，此时产生债权冻结的效力。同样，对股息、红利等收益的冻结，也应自冻结裁定送达股权所在公司时产生冻结的效力。

第二，对于股息、红利等收益，无论是否已经到期、公司是否已经决定分配，人民法院均可冻结，禁止到期后公司向被执行人支付。对于股东预期应得的股息、红利等收益，实质为作为被执行人的股东对公司的未到期债权。《最高人民法院关于适用〈中华人民共和国民事诉讼法〉的解释》（2022 年修正）第 499 条第 1 款规定，人民法院执行被执行人对他人的到期债权，可以作出冻结债权的裁定，并通知该他人向申请执行人履行。对于未到期债权能否采取执行措施，司法解释没有明确规定。对此，2011 年《最高人民法院关于依法制裁规避执行行为的若干意见》（法〔2011〕195 号）第 13 条规定："对被执行人的未到期债权，执行法院可以依法冻结，待债权到期后参照到期债权予以执行。第三人仅以该债务未到期为由提出异议的，不影响对该债权的保全。"2017 年《最高人民法院关于认真贯彻实施民事诉讼法及相关司法解释有关规定的通知》（法〔2017〕369 号）中亦有"对于被执行人未到期的债权，在到期之前，只能冻结，不能责令次债务人履行"的要求。上述意见虽不是司法解释，但有效解决了司法解释中的争议问题，肯定了对未到期债权可以采取冻结措施。对于未到分配期的收益，在采取冻结措施的同时，可要求股权所在公司在该收益到期时通知人民法院，以便人民法院对该股权采取执行措施。

第三，对已到期的股息、红利等收益，人民法院可以书面通知股权所在公司向申请执行人或者人民法院履行。首先，人民法院可以书面通知公司向申请执行人履行。通知公司向申请执行人履行，实质上是一种收取命令。收取命令的性质系执行法院将债务人对于第三人之金钱债权之收取权，移付于债权人，债权人依此命令行使权利，其地位与行使代位权同。但不必具备民法行使代位权之要件，即可直接收取债务人对于第三人之债权，以清偿自己之债权。[①]《最高人民法院关于人民法院执行工作若干问题的规定（试行）》（2020年修正）第45条规定："被执行人不能清偿债务，但对本案以外的第三人享有到期债权的，人民法院可以依申请执行人或被执行人的申请，向第三人发出履行到期债务的通知……履行通知必须直接送达第三人。"对于已到期的收益，人民法院应当按照该规定向公司直接送达履行到期债务通知书，该通知应当包含下列内容：一是公司直接向申请执行人履行其对被执行人所负的债务，不得向被执行人清偿；二是公司应当在收到履行通知后的15日内向申请执行人履行债务；三是公司对履行到期债权有异议的，应当在收到履行通知后的15日内向执行法院提出；四是公司违背上述义务的法律后果。其次，人民法院还可通知公司向人民法院履行，再由人民法院支付申请执行人。在债权执行中，此种方式称之为"支付转给命令"。在债务人对于第三人的债权系附有条件、期限或对待给付义务，致使第三人难以支付；或者有其他债权人申请参与分配或债权人不愿向第三人收取的情形，可以由第三人向执行法院支付，再由该法院转给债权人。[②]在股权收益执行中，亦可采取此种由公司向人民法院履行，再由人民法院支付申请执行人的方式。需要注意的是，对于已到期的股息、红利等收益，本条规定改变了《最高人民法院关于人民法院执行工作若干问题的规定（试行）》（2020年修正）第36条的规定，不得再采取从股权所在公司提取收益的执行方式。

第四，股权所在公司有权对履行债务通知书提出异议。根据《最高人民法院关于适用〈中华人民共和国民事诉讼法〉的解释》（2022年修正）第499条、《最高人民法院关于人民法院执行工作若干问题的规定（试行）》（2020年修正）第47条至第49条规定，在执行收益过程中，公司对履行通知在指定期限内提出异议的，为保障其权益不受侵害，人民法院不能继续执行，对公司提出的异议也不进行审查，申请执行人只能依据《民法典》（2021年施行）第535条，就该收益对公司提起代位权诉讼。公司在履行通知指定的期限内没有提出异议，又不履行的，执行法院有权裁定对其强制执行。为保

---

① 杨与龄编著：《强制执行法论》，中国政法大学出版社2002年版，第504页。

② 杨与龄编著：《强制执行法论》，中国政法大学出版社2002年版，第506页。

障其权益不受侵害，则人民法院不能继续执行，申请执行人只能通过代位诉讼向公司主张分配收益。[①]

267. 股权评估价值为零或负值时，执行程序如何进行？

解析：与房屋、土地等财产不同，股权的价值依赖于公司的"价值"，即公司的资产、收益和负债等情况。对于一些经营不善、资不抵债的公司而言，评估机构在评估其股东的股权价值时会认定为零甚至负值。对于这类股权，可否进行拍卖？如果可以，应如何确定其起拍价呢？

这便涉及民事执行法理论中的无益拍卖之禁止及其例外情形。所谓无益拍卖之禁止，是指司法拍卖作为一种成本较高的执行措施，其实施与否除了要考虑执行当事人的利益，还应兼顾社会成本和社会效益，尽量避免对各方当事人都没有实际利益的执行。如果拍卖所得价款，对于实现申请执行人债权没有任何裨益，这种情况下的拍卖就属于无益拍卖。但是，鉴于拍卖成交价与评估价之间往往存在差距，可以将拍卖与否的选择权交给申请执行人。换言之，申请执行人认为执行标的真实价值可能高于起拍价，并因此能为其带来利益的，可以申请继续拍卖，但要自愿承担流拍的风险，即由其承担相关费用，此即无益拍卖之例外。《最高人民法院关于人民法院民事执行中拍卖、变卖财产的规定》（2020年修正）第6条规定，保留价确定后，依据本次拍卖保留价计算，拍卖所得价款在清偿优先债权和强制执行费用后无剩余可能的，应当在实施拍卖前将有关情况通知申请执行人。申请执行人于收到通知后5日内申请继续拍卖的，人民法院应当准许，但应当重新确定保留价；重新确定的保留价应当大于该优先债权及强制执行费用的总额。依照前款规定流拍的，拍卖费用由申请执行人负担。

股权的价值结构非常复杂，其与公司的资产负债情况也并非一一对应关系。有些股权的评估价值虽然为零或负，但如果公司有良好的企业商誉或者市场发展前景或者有为公众认可的知名商标，或者其产业链、市场布局恰巧为其他公司所欠缺，有时也能拍出非常可观的价格。实践中并不乏类似的案例。比如，某法院在执行某刑事财产刑执行案件中，被执行人张某持有D公司100%的股权。因全部资产被依法裁定追缴，D公司严重资不抵债、负债经

[①] 最高人民法院执行局编著：《〈最高人民法院关于人民法院强制执行股权若干问题的规定〉理解与适用》，人民法院出版社2023年版，第175～197页。

营，其股权最终评估价值为负 170 亿元。后该刑事案件被害人申请拍卖上述股权并同意垫付相关费用，法院决定在估算委托评估价、拍卖辅助费用、执行费用等执行必要成本总额的基础上，以高于执行必要成本的 60 万元价格作为拍卖保留价启动司法网络拍卖，最终拍卖顺利成交。[①]

综上，对于评估价值为零或者为负的股权，经申请执行人申请，人民法院可以高于该优先债权及强制执行费用的总额确定起拍价进行拍卖。[②]

268. 法律、行政法规、部门规章，或者公司章程、股东协议等对股权自行转让有限制的，强制执行能否突破该限制？

解析：《最高人民法院关于人民法院强制执行股权若干问题的规定》起草过程中，对此存在争议。

第一种意见认为，法定或者约定股权在一定期限内、特定比例内或者一定条件下不得转让，对于作为股东的被执行人具有法律约束力，应当待禁止转让情形消除后再予执行，否则将会违反相关法律、行政法规、部门规章的规定或者违反公司章程、股东协议的约定，有可能为被执行人所利用借以违法转让股权。

第二种意见认为，法定或者约定股权在一定期限内、特定比例内或者一定条件下不得转让是对股东自行转让所作出的限制，不能适用于股东因未履行生效法律文书确定的义务而被人民法院强制执行的情形。

经研究，《最高人民法院关于人民法院强制执行股权若干问题的规定》采纳了第二种意见。主要基于以下三个方面的考虑：

第一，法律、行政法规和部门规章关于在一定期限内、特定比例内或者一定条件下不得转让股权的规定，其目的在于防止股份有限公司发起人、董事、监事、高级管理人员以及持股超过一定比例的控制类股东等人员投机牟利，损害其他股东利益。但是，在前述人员对外负有债务，人民法院为保护申请执行人利益，将前述人员持有的股权强制变价以清偿债务的情况下，不

---

① 汤兵生、叶煜楠：《涉有限责任公司股权执行的办理思路和执行要点》，载微信公众号"上海一中法院"，2020 年 4 月 14 日。

② 最高人民法院执行局编著：《〈最高人民法院关于人民法院强制执行股权若干问题的规定〉理解与适用》，人民法院出版社 2023 年版，第 226~236 页。

存在投机牟利问题。① 相应地，公司章程、股东协议对股权转让所作的限制，是公司股东之间的内部约定，同样也不能对抗人民法院的强制执行。第二，就被执行人利用强制执行程序借以规避法律、行政法规、部门规章的规定或者公司章程、股东协议的约定违法转让股权的顾虑而言，无论是执行依据的作出还是强制执行程序的进行都需要遵循严格的法律程序，取得执行依据和进行强制执行需要承担诉讼费用、申请执行费等必要的成本，加之进入强制执行后被执行人还有可能受到信用惩戒等制裁措施，被执行人通过强制执行违法转让股权的可能性较小。第三，从现行规定来看，尤其是部门规章关于股权转让的限制也是将涉及司法强制执行作为特殊情形而不予适用。如《商业银行股权管理暂行办法》（2018 年施行）第 17 条规定："商业银行主要股东自取得股权之日起五年内不得转让所持有的股权。""经银监会或其派出机构批准采取风险处置措施、银监会或其派出机构责令转让、涉及司法强制执行或者在同一投资人控制的不同主体之间转让股权等特殊情形除外。"《信托公司股权管理暂行办法》（2020 年施行）第 39 条也作了类似的规定。②

269. 执行中，对专利权、商标权的冻结期限是多长?

解析：《最高人民法院关于审理专利纠纷案件适用法律问题的若干规定》（2020 年修正）第 9 条第 2 款规定，对专利权保全的期限一次不得超过 6 个月，自国务院专利行政部门收到协助执行通知书之日起计算。《最高人民法院关于人民法院对注册商标权进行财产保全的解释》在 2020 年修正时将第 2 条规定的注册商标权保全的期限由 6 个月修改为 1 年，自商标局收到协助执行通知书之日起计算。上述规定与《最高人民法院关于适用〈中华人民共和国民事诉讼法〉的解释》（2022 年修正）规定的其他财产权 3 年的查封期限不一致，存在不同理解。

---

① 2000 年 1 月 10 日，《最高人民法院执行办公室关于执行股份有限公司发起人股份问题的复函》〔〔2000〕执他字第 1 号〕载明："《公司法》第一百四十七条中关于发起人股份在 3 年内不得转让的规定，是对公司创立者自主转让其股权的限制，其目的是为防止发起人借设立公司投机牟利，损害其他股东的利益。人民法院强制执行不存在这一问题。被执行人持有发起人股份的有关公司和部门应当协助人民法院办理转让股份的变更登记手续。为保护债权人的利益，该股份转让的时间应从人民法院向有关单位送达转让股份的裁定书和协助执行通知书之日起算。该股份受让人应当继受发起人的地位，承担发起人的责任。"

② 最高人民法院执行局编著：《〈最高人民法院关于人民法院强制执行股权若干问题的规定〉理解与适用》，人民法院出版社 2023 年版，第 248～260 页。

研析认为，执行中对专利权、商标权的冻结期限应为 3 年，这是因为：第一，实践中，专利行政部门、商标局认可 3 年的查封期限。第二，无论专利权 6 个月的查封期限，还是商标权 1 年的查封期限，针对的是审理阶段的财产保全。执行中的查封期限，仍应适用《最高人民法院关于适用〈中华人民共和国民事诉讼法〉的解释》（2022 年修正）的相关规定。

270. 执行中能否以"带质押过户"方式交付股票？

解析：设例如下：甲公司与自然人乙签订对赌协议，之后乙将其持有的甲公司股票质押给第三人某证券公司，生效判决认定某证券公司明知甲乙双方签订了对赌协议存在股票被 1 元回购的风险仍然愿意接受股票质押，说明某证券公司与乙已协商一致，某证券公司已同意乙提供质押的股票在乙对赌失败、达不到业绩指标时被 1 元回购，因此，某证券公司对涉案争议股票的质权不能阻却甲公司与乙对赌协议的履行，甲公司有权以 1 元价格回购涉案争议股票，遂判令乙在判决生效后 10 日内以 1 元价格向甲公司交付 2200 万股股票，并协助办理股票的过户转移登记手续。如何执行该判决？

对此存在争议。第一种意见认为，生效判决未认定质押不成立或无效，本案的执行标的是交付股票，而不是拍卖股票，因此，执行法院不能在执行程序中涤除或注销该质权，应参照《民法典》（2021 年施行）第 406 条规定，采取"带质押过户"的做法，要求中国证券登记结算有限责任公司协助将涉案股票过户到甲公司名下，股票过户后，某证券公司仍然享有质押权。

第二种意见认为，"带抵押过户"有《民法典》（2021 年施行）第 406 条的明确规定，而法律并没有规定可以"带质押过户"，质权与抵押不同，不能参照《民法典》（2021 年施行）第 406 条规定。基于本案执行依据已明确质押权的存在不能阻却对赌协议的履行，并判令乙交付股票和办理过户登记手续，因此，本案可以要求中登公司强制过户，而无需考虑某证券公司的质押权。

研析认为，第二种意见更可采。《民法典》（2021 年施行）第 406 条和第 443 条对不动产抵押和股权出质分别作了规定，不动产抵押期间原则上可以转让，而股权质押期间原则上不可以转让。不动产抵押可以"带押过户"，实践中也已比较常见。而股权"带押过户"没有法律依据，并且实践中也还没有这种做法。建议构建股票"带押不过户、过户不带押"的规则。对于已质押的证券，人民法院的扣划裁定具有解除质押登记的效力，扣划过户后的证券不再负有质押权利负担。对于设立而言，还有一个问题，公司回购股票后，这类股票应当注销，之所以暂时不注销，是还没有履行程序。既然股票都要注销，皮之不存毛将焉附，质押自然就不存在了。

271. 被执行人（投保人）不主动解除保险合同，能否执行保险单的现金价值？

解析：《民事诉讼法》（2023 年修正）第 253 条第 1 款规定："被执行人未按执行通知履行法律文书确定的义务，人民法院有权向有关单位查询被执行人的存款、债券、股票、基金份额等财产情况。人民法院有权根据不同情形扣押、冻结、划拨、变价被执行人的财产。人民法院查询、扣押、冻结、划拨、变价的财产不得超出被执行人应当履行义务的范围。"保险单现金价值是投保人享有的财产权益，且不属于被执行人及其所扶养家属的生活必需品及必需的生活费用等不得查封、扣押、冻结的财产范围，因此，保险单现金价值属于被执行人应当履行义务部分的财产，可以成为执行标的。

从法理上看，人民法院执行保险单，实际是代替作为投保人的债务人行使对保险单现金价值的处分权。在保险单现金价值可以作为被执行人（投保人）应当履行义务部分的财产，保险合同实际可由被执行人（投保人）单方解除并提取保险单现金价值的情形下，如人民法院对保险单现金价值的强制执行尚需依托于被执行人（投保人）的主观意志，即如被执行人（投保人）未主动解除保险合同并提取保险单现金价值，人民法院便无法予以强制执行，显然既不符合人民法院执行的强制性，亦将会在一定程度上鼓励甚至纵容被执行人（投保人）以此规避或者逃避债务履行，不利于生效法律文书的及时执行和债权人合法权益的及时保护，特别是在当前执行难仍然存在，在某些地区、某些领域较为突出的社会背景下，更是如此。

需要指出的是，人民法院要求保险公司协助扣划保险单现金价值，可能导致相对应的保险合同的解除，但并不意味着保险合同必然会解除。正如司法实务界人士所指出的，"为兼顾投保人债权人与受益人的利益需求，应当引入介入权制度"。[①] 根据《最高人民法院关于适用〈中华人民共和国保险法〉若干问题的解释（三）》（2020 年修正）第 17 条关于"投保人解除保险合同，当事人以其解除合同未经被保险人或者受益人同意为由主张解除行为无效的，

---

① 王静：《保单现金价值强制执行若干问题研究》，载《法律适用》2017 年第 14 期。

人民法院不予支持，但被保险人或者受益人已向投保人支付相当于保险单现金价值的款项并通知保险人的除外"的规定，如在保险公司协助扣划保险单现金价值前，被执行人（投保人）已履行生效法律文书确定的义务，或者由受益人等第三人行使介入权，向人民法院支付相当于保险单现金价值的款项，进而取得投保人资格，人民法院可不再提取保险单现金价值，保险合同亦不会因此而解除。如此，被执行人（投保人）及被保险人、受益人基于保险合同所可能获得的期待利益也可得到更好的维护，达到善意文明执行和衡平保护当事人合法权益的目的。但此种期待利益最终能否实现，主要取决于被执行人（投保人）是否已履行生效法律文书确定的义务，而非人民法院的强制执行行为。

参考案例： 在（2021）最高法执监35号执行裁定书中，最高人民法院认为，案涉保险单的现金价值分别作为被执行人王某凤、王某东的财产权，可以成为本案的执行标的。被执行人王某凤、王某东负有采取积极措施履行生效裁判的义务，在其无其他财产清偿债务的情况下，理应主动依法提取案涉保险单的现金价值履行债务。但其明显违背诚信原则，不主动提取保险单现金价值，损害申请执行人的权利。甘肃省兰州市中级人民法院在执行程序中要求保险人即中国人寿兰州分公司协助扣划王某凤、王某东名下9份保险单中的全部保费，实际是要求协助提取该9份保险单的现金价值，以偿还其所负债务，实现申请执行人的胜诉债权，符合人民法院执行行为的强制性特征，具有正当性、合理性，也利于高效实现当事人的合法权利并减少各方当事人讼累，无明显不当。

272. 被执行人的黄金交易席位能否执行以及如何执行？

解析： 设例如下：执行法院查明被执行人甲公司系上海黄金交易所的会员，持有该所黄金交易席位。那么，被执行人的黄金交易席位能否成为人民法院的强制执行标的物？如果可以，执行法院如何采取正确的执行措施？

黄金交易席位，究其本质与证券交易席位、期货交易席位类似，属于一种无形资产，是被执行人享有处分权，且具有一定经济价值并可予以转让的财产性权利，可以成为人民法院民事执行程序中适格的强制执行标的物。而且，交易席位与会员资格具有紧密的相关性，二者共同构成一项完整的执行标的物。因此，对该财产采取保全及处分措施，应当一并保全或处分被执行人名下的会员资格、全部交易席位及相关权利。

对黄金交易席位的执行，非常集中地体现出新时期民事执行工作的复杂特点。一方面，在向市场经济转轨过程中，历史遗留问题与新兴财产类型同时并存，类似上海黄金交易所的"股权"问题并非孤例，列举式的事先规定难免挂一漏万；另一方面，与此类似的高尔夫俱乐部会籍问题、合作社的社员权益等问题也很难纳入传统的实体法财产类型中，从而给执行标的的确认及变价造成新的挑战。如果不能对被执行人的新型财产采取有效措施，致使财产类型创新成为逃避执行的法外之地，这在损害申请执行人合法权益的同时，更将严重损害已初见成效的社会诚信体系。对于一项财产是否可以成为适格的执行标的物，执行法院一般应从两个方面判定应否对拟执行标的物进行执行：一是判断被执行人对拟执行标的物是否享有所有权或依法处分的权利；二是判断执行标的物是否具有处分变价的可能性，以及是否具有法律禁止流转及执行的情形。①

参考案例：陕西省西安市中级人民法院（2017）陕01执757号案件（全国首例人民法院对黄金交易席位强制执行的案件）。

（十） 对共有财产的执行

273. 如何执行被执行人按份共有的财产？

解析：一般应仅执行份额。按份共有存在明确份额，如果是个人债务，直接执行其相应份额即可。但若共有人对份额发生争议，则涉及实体争议，可以通过《民事诉讼法》（2023年修正）第238条的执行异议之诉救济，阻止财产的执行。这样既兼顾了执行效率，又有了程序救济，相比让当事人先走诉讼前置程序经济、顺畅得多。

当然，这里还涉及一个问题，对被执行人与他人按份共有的财产，能否直接处分整个财产，还是只能处分被执行人享有的份额？这个问题彰显了理论和实践的紧张关系。根据民法和执行法理论，只有被执行人的财产份额才是其责任财产。若直接处分整个按份共有财产，就涉及处分案外人财产的问题。但从实践的角度，若仅转让份额，很可能卖不掉，或者卖得价格低。解

---

① 牛晶琦：《黄金交易席位能否强制执行——张某申请执行案评析》，载最高人民法院执行局编：《执行工作指导》2020年第1辑，人民法院出版社2020年版，第49~56页。

决这个问题要动一些脑筋。一方面，不能因为实践有需求，就要处分第三人的财产，这既不合法，也不符合善意文明执行的理念；另一方面，在程序上，要给申请执行人提供直接处分整个财产的路径。根据《民法典》（2021年施行）第303条的规定，按份共有人原则上是可以随时主张分割的，而分割方式就包括以变价的方式进行分割，在被执行人除共有份额已经没有其他财产可供执行时，应当允许申请执行人代位提起请求份额，这样就可以实现直接对整个按份共有财产的变价。

274. 如何执行被执行人与他人共同共有的财产？

解析：被执行人与他人共同共有的财产，实践中最为常见的是夫妻共有财产。

关于查封。《最高人民法院关于人民法院民事执行中查封、扣押、冻结财产的规定》（2020年修正）第12条第1款规定："对被执行人与其他人共有的财产，人民法院可以查封、扣押、冻结，并及时通知共有人。"据此，对被执行人与他人共同共有的财产，可以查封。

关于处置。《最高人民法院关于人民法院民事执行中查封、扣押、冻结财产的规定》（2020年修正）第12条第2款、第3款规定："共有人协议分割共有财产，并经债权人认可的，人民法院可以认定有效。查封、扣押、冻结的效力及于协议分割后被执行人享有份额内的财产；对其他共有人享有份额内的财产的查封、扣押、冻结，人民法院应当裁定予以解除。""共有人提起析产诉讼或者申请执行人代位提起析产诉讼的，人民法院应当准许。诉讼期间中止对该财产的执行。"适用该规定时存在如下疑问：被执行人的财产存在共有情况，析产诉讼是否是前置程序？如果共有人与申请执行人都不提出析产诉讼，如何继续推进执行？执行法院能否直接确定共有份额？实践中存在不同的观点和做法。

一种意见认为，直接处置共同共有财产的做法不利于保护共有人的合法权益，对于共同共有财产的分割和执行应当通过诉讼程序完成。根据《民法典》（2021年施行）物权编第八章共有部分的规定，共同共有与按份共有的核心区别在于：共同共有基于一定的共同关系而产生，以共同关系存在为前提；在共同共有存续期间，共有财产不分份额。因此，在分割之前，共同共有财产不存在可以直接变价的共有份额。对于共同共有财产，原则上不得强制执行。案件应当先行中止执行，待共有人析产或债权人代位析产诉讼判决后，再恢复对被执行人共有财产份额的执行处分。《最高人民法院关于人民法院民事执行中查封、扣押、冻结财产的规定》（2020年修正）第12条规定："对被执行人与其他人共有的财产，人民法院可以查封、扣押、冻结……共有人提起析产诉讼或者申请执行人代位提起析产诉讼的，人民法院应当准许。诉讼期间中止对该财产的执行。"这条规定创设了债权人代位析产诉讼制度，在被执行人、其他共有人怠于分割共有财产的情况下，为债权实现提供了一条新途径，并兼顾了其他共有人的权益。

另一种意见认为，我国普遍采用夫妻婚后所得共同制，大量财产属于夫妻共同财产，因此，被执行人名下的房产、银行存款等财产，也很可能属于夫妻共同财产，如果一律不得执行，将使夫妻关系成为规避执行的"港湾"。故，应当允许执行中直接裁定对被执行人与他人共同共有财产整体拍卖，成交后再按各共有人平均份额执行或返还价款。

研析认为，《民法典》（2021年施行）第303条对什么情况下可分割共有财产有规定，也就是说，当出现重大事由导致共有的基础不复存在，可对共有财产进行分割。《民法典》（2021年施行）第1066条列举了可以在婚姻关系存续期间分割夫妻共同财产的两种情况：一是一方有隐藏、转移、变卖、毁损、挥霍夫妻共同财产或者伪造夫妻共同债务等严重损害夫妻共同财产利益的行为；二是一方负有法定扶养义务的人患重大疾病需要医治，另一方不同意支付相关医疗费用。共同共有人作为被执行人，属于"重大事由"。这种情形下共同共有的分割，救济途径是一样的，也就是《民事诉讼法》（2023年修正）第238条。所以，不需要经过析产诉讼，执行部门也可以执行共同财产。近年来最高人民法院审理的案件，基本上也都认为是可以直接处分的。也就是说，除非共有人提起析产诉讼或者申请执行人提起代位析产诉讼，否则人民法院可以直接处分共有财产。

参考案例： 在（2020）最高法民申1543号民事裁定书中，最高人民法院认为，基于案涉房产为夫妻关系存续期间所取得，诉讼中，双方也认可案涉房产为共有，原一审、二审法院认定该房产为周某与沈某景共同共有的财产并无不当。作为被执行人沈某景的原配偶周某，其以案外人身份主张该财产属于共同财产，要求执行法院停止执行，实质上是要求法院不执行自己在该房产中所享有的份额。实际执行中，执行效力只及于被执行人占有房屋的份额，对案外人享有的房屋份额应当裁定解除查封、停止执行。但是，鉴于案涉房屋为共同共有，对案涉房产的查封和强制拍卖，不宜直接区分空间、分开处置，从各方当事人权益均衡保护考虑，原二审法院认为，人民法院继续执行涉案房产，案外人周某将会从执行款中获得其应有的共有财产份额，其权益不会受到损害，理由并无不当。因案外人周某只是享有案涉房产共有的部分份额的民事权益，客观上不宜认定为其享有足以排除对整个案涉房产予以强制拍卖执行的民事权益。《最高人民法院关于人民法院民事执行中查封、扣押、冻结财产的规定》第14条规定："对被执行人与其他人共有的财产，人民法院可以查封、扣押、冻结，并及时通知共有人。""共有人协议分割共有财产，并经债权人认可的，人民法院可以认定有效。查封、扣押、冻结的效力及于协议分割后被执行人享有份额内的财产；对其他共有人享有份额内的财产的查封、扣押、冻结，人民法院应当裁定予以解除。""共有人提起析产诉讼或者申请执行人代位提起析产诉讼的，人民法院应当准许。诉讼期间中止对该财产的执行。"本案中，案外人周某及被执行人沈某景没有提起析产诉讼，申请执行人也没有代位提起析产诉讼，法院在确认被执行人享有案涉房产份额产权的前提下，可以对案涉房产采取查封、扣押、冻结，以及所延伸出的强制拍卖等执行行为，但必须及时通知共有人即本案的案外人周某，且从强制拍卖所获得的执行款中保留案外人周某的共有财产份额。因此，原二审法院判决继续执行案涉房产并无明显不当。

275. 执行中，如何保护被执行人配偶一方的合法权益？

解析：《民法典》（2021年施行）第1064条第2款规定："夫妻一方在婚姻关系存续期间以个人名义超出家庭日常生活需要所负的债务，不属于夫妻共同债务；但是，债权人能够证明该债务用于夫妻共同生活、共同生产经营或者基于夫妻双方共同意思表示的除外。"据此，不仅对于债权人就婚姻关系存续期间夫妻一方以个人名义所负债务主张权利时，不能当然按夫妻共同债务处理，而且，有关债务是否用于夫妻共同生活的证明责任，在债权人一方。执行中，应严格按照该规定的精神保护被执行人配偶一方的合法权益，具体为：

第一，执行中，严格遵循追加被执行人法定原则。哪些人可以被追加或变更为被执行人，必须有明确的法律依据。司法实践中，很多案件可能涉及夫妻共同债务，但不少债权人在起诉时，只起诉了夫或妻的一方，人民法院也仅仅判决了夫或妻的一方承担还款责任。执行过程中，债权人经常以债务为夫妻共同债务为由要求法院追加配偶为被执行人。以前确有一些法院赋予执行部门判断执行依据确定的债务是否属于共同债务的权力，通过执行程序直接追加配偶为被执行人。2016 年出台的《最高人民法院关于民事执行中变更、追加当事人若干问题的规定》以及之前出台的一些司法解释，均未规定在执行中可追加配偶为被执行人。如果债权人主张债务为夫妻共同债务，应通过另诉的途径解决。

第二，强化立、审、执协调配合，严格夫妻共同债务证据审查。首先，在立案阶段，对原告进行释明，如原告认为涉及夫妻共同债务应将夫妻同时列为被告；其次，在审判程序引导当事人就债务性质进行充分举证、质证，减少因未充分审查将夫妻共同债务仅确认为夫妻个人债务的情形，也避免将个人债务认定为夫妻共同债务的情况，关口前移，将夫妻共有财产执行的问题解决在审判阶段；最后，在执行夫妻共同财产时告知被执行人配偶相应的救济途径，同时明确统一的执行异议及执行异议之诉的审查审理标准，既防止被执行人规避执行，又保障未举债配偶的权益，使此类案件的办理实现快速、高效、公平、正义，达到三个效果的统一。

第三，加强执行和解力度，个案处理中把握利益平衡。执行实践中，存在被执行人通过将名下财产转移到配偶名下，或通过离婚将全部或大部分财产归一方所有等方式规避执行的情况。同时也存在夫妻一方在配偶不知情的前提下对外借款，导致未举债一方的夫妻共同财产甚至个人财产被执行的情况。针对以上两种相反情况，最高人民法院要求在个案处理中，一方面加大执行和解力度，借助社会力量，促进家庭和睦；另一方面，也会考虑夫妻双方名下已有资产、子女抚育、老人赡养、生活现状等情况，适用比例原则，适当平衡双方利益，善意执行。

（十一）清偿和分配

276. 首封法院向本案申请执行人发放变价款后，能否将剩余款项退还被执行人？

解析：题述问题，存在争议。一种意见认为，首封法院在执行完毕后拍卖价款仍有剩余的情况下，有义务将此信息告知轮候查封法院。首封处置法院违反上述义务，将剩余价款退还被执行人构成执行错误。理由如下：（1）《最高人民法院关于人民法院民事执行中查封、扣押、冻结财产的规定

（2020年修正）》第22条规定，查封、扣押、冻结的财产灭失或者毁损的，查封、扣押、冻结的效力及于该财产的替代物、赔偿款。可见，在满足金钱债权的执行中，查封的目的不在于取得标的物本身，而在于对标的物进行控制并以其交换价值满足债权。而拍卖价款、替代物、赔偿款均系与查封物具有同一性质的价值变形物，就其经济上的实质客体而言，与查封物并无不同，没有理由将其排除于查封效力之外。同理，对于轮候查封来说，查封标的物的代替物拍卖价款也应属于轮候查封的效力范围，对其执行完毕后剩余的部分，轮候查封自动生效。（2）从查封的实质来看。查封的实质是限制或剥夺被执行人对特定财产的处分权。因此，查封标的物的剩余替代物仍应由法院进行控制而不是交还被执行人，首封处置法院将剩余拍卖价款退还被执行人违反查封的实质要求。（3）从轮候查封的设立目的来看。轮候查封是为了保证后续查封能够及时生效，防止前后查封法院因衔接问题而出现空当，自动生效的意义即在于轮候查封法院不需要再作出新的法律行为即发生查封效力。（4）从查封的对人效力来看。轮候查封生效后，其效力不仅及于被执行人，也及于知悉查封情况的首封处置法院，其未经轮候查封法院同意，不得将剩余价款退还被执行人，否则应属于2020年修订的《最高人民法院关于人民法院执行工作若干问题的规定（试行）》第32条中的擅自处分被查封财产的行为。（5）从社会效果来看。当事人已经申请法院查封，法院也已经作出查封裁定，法律上亦有轮候查封会自动生效的原则性规定，如法院之间不主动沟通告知，仍要求当事人随时关注被查封财产的处置变现情况并及时再次申请查封扣押冻结，增加当事人负担，也不易被人民群众理解接受。而首封处置法院在明知存在轮候查封的情况下，应当认识到轮候查封已对剩余财产生效，却不采取任何通知措施而直接将剩余价款退还被执行人显然有失妥当。（6）从工作负担角度来看。不论是不动产登记机关，还是轮候查封法院，均不具备随时关注查封财产处置情况尤其是尚有剩余财产情况的便利条件，只能被动等待。而首封处置法院直接对查封标的物进行处分，由其负责通知轮候查封法院并不明显增加其工作负担。（7）从既有类似规定来看。《最高人民法院关于首先查封法院与优先债权执行法院处分查封财产有关问题的批复》（2016年施行）中已有"优先债权执行法院对移送的财产变价后，应当按照法律规定的清偿顺序分配，并将相关情况告知首先查封法院。首先查封债权尚未经生效法律文书确认的，应当按照首先查封债权的清偿顺位，预留相应份额"的规定，可资参考。

另一种意见认为，拍卖价款仍有剩余的，在轮候查封法院未向首封法院发送分配函或请求其协助冻结剩余款项的情况下，可将执行款退回被执行人。主要理由是：（1）在轮候查封法院未向首封法院发送分配函或请求其协助冻结剩余款项的情况下，若要求首封法院直接将剩余款项预留或分配，似赋予了轮候查封以"拟制分配"的效力，于法无据，也不符合目前对轮候查封的定位（轮候查封无正式查封效力且因变价而消灭）。（2）《最高人民法院关于首先查封法院与优先债权执行法院处分查封财产有关问题的批复》（2016 年施行）规定的是要为首封法院预留款项，是因为首封法院本来有处分权，为保障优先债权人利益将处分权移转给轮候的优先债权法院，这种处分权的移转不能减损首封债权人的利益和清偿顺位，保护的是首封利益，但该批复并未规定要为其他轮候债权人预留款项。（3）《最高人民法院关于人民法院民事执行中查封、扣押、冻结财产的规定》（2020 年修正）第 22 条中的"灭失或者毁损"是否包括首封法院的变价，存在争议；即使扩大解释为包括，似也不能得出必须由首封法院预留的结论，将对后续轮候的注意义务加给首封法院似有过重，只有在轮候法院通知首封法院预留、分配或当事人申请分配的情况下，首封法院预留才有依据。（4）由于首封法院往往不知悉后续查封的情况，即便知悉也不知道当事人是否申请分配（因为这是当事人自己的权利，可以行使也可以不行使），将相关责任加之于首封法院，制度上不经济，道理上讲不通。

这个争议随着《最高人民法院关于正确处理轮候查封效力相关问题的通知》（法〔2022〕107 号）印发而有了明确意见："轮候查封对于首封处置法院有约束力。首封法院在所处置的查封物有轮候查封的情况下，对于查封物变价款清偿首封债权人后的剩余部分，不能径行返还被执行人，首封债权人和被执行人也无权自行或协商处理。首封法院有义务将相关处置情况告知变价款处置前已知的轮候查封法院，并将剩余变价款移交给轮候查封法院，由轮候查封法院依法处理；轮候查封法院案件尚在诉讼程序中的，应由首封处置法院予以留存，待审判确定后依法处理。""首封处置法院在明知拍卖标的物有轮候查封的情况下，违反上述义务，径行将剩余变价款退还被执行人的，构成执行错误。"根据起草人的介绍，出台这个通知的背景和过程是：实践中，发生了一个相关案件，首封处置法院依法拍卖了被执行的房屋，拍得变价款偿付完首封债权人债权后仍有部分剩余，在明知有轮候查封的情况下，并未通知轮候查封法院，而是直接退还给被执行人，轮候查封债权人在无财产可供执行的情况下，要求确认首封法院的行为构成执行错误，进而申请国家赔偿。最高人民法院执行局法官会议经讨论多数意见认为，轮候查封的效力应当及于查封标的物的替代物，即对于标的物变价款中多于在先查封债权人应得数额部分有正式查封的效力；且该效力对于查封处置法院有约束力，查封处置法院有义务通知轮候查封法院，首封处置法院违反上述义务，径将剩余价款退还被执行人构成执行错误。为了对此问题加强指导，最高人民法院2022年4月14日专门下发《关于正确处理轮候查封效力相关问题的通知》（法〔2022〕107号）。①

研析认为，从根本来说，这是一个将相关责任分配给法院还是当事人的问题，以及是分配给首封法院还是轮候法院的问题。无所谓对错，但可以比较优劣。

277. 被执行人的财产不足以清偿全部债务时，多个普通债权之间清偿顺序如何确定？

解析： 为确保《民法典》的统一正确实施，最高人民法院在2020年底对相关司法解释和规范性文件进行了全面清理。其中，保留了《最高人民法院关于适用〈中华人民共和国民事诉讼法〉的解释》第510条（2022年修正后为第508条）的规定，即对于同一被执行人的普通债权，原则上债权人可按照其占全部申请参与分配债权数额的比例受偿。在对《最高人民法院关于人民法院执行工作若干问题的规定（试行）》进行修正时，删去了第89条、第90条、第92条至第96条的规定，保留了第88条（2020年修正后为第55条）的规定，即规定多份生效法律文书确定金钱给付内容的多个债权人分别对同一被执行人申请执行，各债权人对执行标的物均无担保物权的，按照执行法院采取执行措施的先后顺序受偿。由此产生一个问题，同一被执行人的财产不足以清偿多份生效法律文书确定金钱给付内容的多个债权人的普通债权，适用比例原则还是执行措施优先原则确定财产分配顺序？

《最高人民法院关于人民法院执行工作若干问题的规定（试行）》（2020年修正）第55条确定了关于清偿顺序的三种处理原则。《最高人民法院关于适用〈中华人民共和国民事诉讼法〉的解释》（2022年修正）对被执行人的财产不足以清偿全部债务的处理原则进一步予以明确，第506条、第508条

---

① 姚宝华：《轮候查封疏议》，载《法律适用》2022年第8期。

规定了被执行人为公民或其他组织的适用参与分配程序，按照平等主义原则，普通债权人按照债权数额比例受偿；第511条规定了被执行人为企业法人的执行转破产程序。这些规则构成了多个债权人申请执行同一被执行人的清偿顺序问题的体系化规定。

实践中，有一种观点认为，《最高人民法院关于人民法院执行工作若干问题的规定（试行）》（2020年修正）第55条第1款规定的优先主义原则与《最高人民法院关于适用〈中华人民共和国民事诉讼法〉的解释》（2022年修正）第508条规定的按债权数额比例参与分配的平等主义原则相矛盾，存在冲突。这种认识是对《最高人民法院关于人民法院执行工作若干问题的规定（试行）》（2020年修正）第55条第1款内容的误解，混淆了优先主义原则与平等主义原则的适用情形。《最高人民法院关于人民法院执行工作若干问题的规定（试行）》（2020年修正）第55条第1款确定的优先主义原则应理解为执行程序中的一般处理原则，而非适用于被执行人资不抵债、申请执行人参与分配或执行转破产的情形，该部分规定内容与《最高人民法院关于适用〈中华人民共和国民事诉讼法〉的解释》（2022年修正）第506条、第508条、第511条规定的体系和原则并无矛盾冲突。

实际上，多个普通债权人对同一被执行人申请执行，根据被执行人的主体性质和财产状况，优先主义原则与平等比例原则适用的情形有所区别。优先主义原则适用于以下情形：（1）被执行人为公民或其他组织，可供执行的财产足以清偿全部债务；（2）被执行人为企业法人。符合上述情形之一的，按照执行法院采取执行措施的先后顺序受偿。平等主义原则适用于以下情形：（1）被执行人为公民或其他组织，其可供执行的财产不足以清偿全部债务；（2）同一份生效法律文书确定的债权，且被执行人可供执行的财产不足以清偿全部债务。符合上述情形之一的，依照《最高人民法院关于适用〈中华人民共和国民事诉讼法〉的解释》（2022年修正）的相关规定，通过参与分配程序，按照普通债权数额比例分配受偿。

参考案例：在（2021）最高法执监134号执行裁定书中，最高人民法院认为，多份生效法律文书确定金钱给付内容的多个债权人分别对同一被执行人申请执行，各债权人对执行标的物均无担保物权的，按照执行法院采取执行措施的先后顺序受偿。轮候查封法院在首先查封法院未解除对被执行人财产的查封、未通知首先查封债权人的情况下，即对案涉财产进行评估拍卖并裁定将案涉财产全部抵债给轮候查封债权人，明显侵害了首先查封权利人的合法权益，该执行行为不当，应予纠正。

在第122号指导性案例中，最高人民法院认为，赵某军以以物抵债裁定损害查封顺位在先的其他债权人利益提出异议的问题是本案的争议焦点问题。河南省平顶山市中级人民法院在陈某利、郭某宾、春某峰、贾某强将债权转让给神泉之源公司后将四案合并执行，但该四案查封土地、房产的顺位情况不一，也并非全部首封案涉土地或房产。贾某强虽申请执行法院对案涉土地B29地块运营商总部办公楼采取了查封措施，但该建筑占用范围内的土地使用权此前已被查封。根据《最高人民法院关于人民法院民事执行中查封、扣押、冻结财产的规定》第23条第1款有关查封土地使用权的效力及于地上建筑物的规定精神，贾某强对该建筑物及该建筑物占用范围内的土地使用权均系轮候查封。执行法院虽将春某峰、贾某强的案件与陈某利、郭某宾的案件合并执行，但仍应按照春某峰、贾某强、陈某利、郭某宾依据相应债权申请查封的顺序确定受偿顺序。河南省平顶山市中级人民法院裁定将全部涉案财产抵债给神泉之源公司，实质上是将查封顺位在后的原贾某强、春某峰债权受偿顺序提前，影响了在先轮候的债权人的合法权益。

278. 对于被执行人为企业法人的案件，其他债权人能否申请参与分配，以及提起执行分配方案异议之诉？

解析： 该问题在实践中存在不同认识和做法。

第一种意见认为不能，主要理由是：《最高人民法院关于适用〈中华人民共和国民事诉讼法〉的解释》（2022年修正）第506条至510条规定被执行人为自然人或其他组织的，在不能清偿全部债务时，债权人可申请参与分配，并对分配方案提出异议及提起诉讼。据此，适用参与分配的被执行主体必须是公民或者其他组织。执行法院对多个债权按照财产保全和执行查封先后顺序清偿时，为体现公正透明的执行理念，也可以制作分配方案，但该分配方案不同于司法解释规定的参与分配程序中作出的财产分配方案，当事人有异议的，执行法院应根据异议的性质依照《民事诉讼法》（2023年修正）第236条或238条的规定进行审查，而不是依据《最高人民法院关于适用〈中华人民共和国民事诉讼法〉的解释》（2022年修正）第510条的规定，引导当事人进行分配方案异议之诉。[①]

---

① 参见（2019）最高法执监265号执行裁定书、（2019）最高法执监410号执行裁定书。

第二种意见认为能，主要理由是：有多个债权人对同一被执行人申请执行或者对执行财产申请参与分配的，执行法院可依照该规定制作分配方案；当事人对分配方案不服的，可以通过分配方案异议或异议之诉程序处理，并不区分被执行人是企业法人或者是公民、其他组织。事实上，参与分配有广义和狭义两种概念。广义的参与分配，是指不管被执行人是否为企业法人，只要涉及多个债权人对其财产申请分配的，执行法院均应按《最高人民法院关于适用〈中华人民共和国民事诉讼法〉执行程序若干问题的解释》（2020年修正）第17条的规定启动分配程序；而狭义的参与分配，则特指被执行人为公民或者其他组织时，在其财产不能清偿所有债权的情况下，按债权比例公平清偿的分配方式。《最高人民法院关于适用〈中华人民共和国民事诉讼法〉的解释》（2022年修正）第506条的规定针对的正是狭义参与分配，但不能据此否定《最高人民法院关于适用〈中华人民共和国民事诉讼法〉执行程序若干问题的解释》（2020年修正）第17条规定的广义参与分配程序之适用，只是根据解释的相关规定，被执行人为企业法人的，不得对其采取按债权比例清偿的狭义参与分配程序。①

研析认为，第二种意见更可采，即无论是否平等受偿，只要财产不足以清偿债务，都属于参与分配，都要制作分配方案，可以依法提起分配方案异议之诉。主要理由是：

第一，法律和司法解释未限制被执行人为企业法人的案件中适用执行分配。《最高人民法院关于适用〈中华人民共和国民事诉讼法〉的解释》（2022年修正）第506条至第510条规定被执行人为自然人或其他组织的，在不能清偿全部债务时，债权人可申请参与分配，并对分配方案提出异议及提起诉讼；第511条至第513条规定被执行人为企业法人的，在不能清偿全部债务时，可移送破产程序。上述条文对被执行人为公民（或其他组织）、企业法人的案件，规定其在"资不抵债"情形下需要分别适用"参与分配""移送破产"的债务清偿程序，但未排除法院在被执行人为企业法人的非破产案件中可以制定分配方案。而《最高人民法院关于适用〈中华人民共和国民事诉讼法〉的解释》（2022年修正）第514条规定，当事人不同意移送或法院不受理破产的，执行法院应对变价财产按规定进行清偿；另《最高人民法院关于适用〈中华人民共和国民事诉讼法〉执行程序若干问题的解释》（2020年修

---

① 参见（2019）最高法执复14号执行裁定书。

正）第 17 条也规定，多个债权人向同一被执行人申请执行或对执行财产申请财产分配的，执行法院应当制作财产分配方案，并送达各债权人和被执行人。所以在案件未能进入破产程序，或者变价财产上设定有其他优先债权等情形下，执行法院也会针对多个债权进行分配清偿。其启动情形及分配标准与第506 条、第 508 条规定不同，但对分配程序的要求应该一致，需要制作分配方案，确定各项债权优先顺序及数额，并通知债权人及案件当事人。所以《最高人民法院关于适用〈中华人民共和国民事诉讼法〉的解释》（2022 年修正）第 506 条至第 510 条关于"参与分配"的规定，并不指代执行分配的全部情形，不能据此排除执行分配在被执行人为企业法人案件中的适用。

第二，法律和司法解释未禁止对被执行人为企业法人案件提起执行分配方案异议之诉。从现有规定看，《最高人民法院关于适用〈中华人民共和国民事诉讼法〉执行程序若干问题的解释》（2020 年修正）第 17 条规定，多个债权人对同一被执行人申请执行或者对执行财产申请参与分配的，执行法院应该制作分配方案，并没有区分被执行人是企业法人还是自然人。《最高人民法院关于适用〈中华人民共和国民事诉讼法〉的解释》（2022 年修正）第 506条第 2 款规定，对人民法院查封、扣押、冻结的财产有优先权、担保物权的债权人，可以直接申请参与分配，主张优先受偿权。该条明确了存在优先受偿债权的情况下，也并不影响适用参与分配程序。

第三，允许被执行人为企业法人案件的债权人、当事人提起执行分配方案异议之诉有利于保护当事人权利且不违背法定程序。执行分配对案件当事人权利影响重大，其中涉及债权人是否具有优先权、债权位序、受偿比例等，对这些事项争议应通过异议之诉程序进行确认调整。从实质角度看，只要债务人的财产不能清偿全部债务，无论各债权人之间是平等受偿还是优先受偿，都存在着"竞争关系"。一个债权人受偿多了，其他债权人就必然受偿少了。因此，有制作分配方案，导入分配方案异议之诉，通过诉讼解决实体争议的必要。

参考案例： 在（2022）最高法执监 215 号执行裁定书中，最高人民法院认为，根据《最高人民法院关于适用〈中华人民共和国民事诉讼法〉执行程序若干问题的解释》第 17 条规定，有多个债权人对同一被执行人申请执行或者对执行财产申请参与分配的，执行法院可依照该规定制作分配方案，并不区分被执行人是自然人、法人或非法人组织。本案中，源泰公司对弘基公司的债权已经生效判决予以确认，其向山西省晋城市中级人民法院申请对弘基公司名下财产参与分配，有事实和法律依据。山西省晋城市中级人民法院以本案被执行人为法人为由，不予准许源泰公司参与分配的申请，异议审查中又以源泰公司应通过分配方案异议及异议之诉进行救济为由，驳回源泰公司的异议申请，适用法律均有不当，山西省高级人民法院对此予以纠正，符合法律规定。

279. 申请参与分配，是否须证明被执行人不能清偿所有债务？

解析：根据《最高人民法院关于适用〈中华人民共和国民事诉讼法〉的解释》（2022年修正）第506条第1款、第507条的规定，被执行人为公民或者其他组织，在执行程序开始后，被执行人的其他已经取得执行依据的债权人发现被执行人的财产不能清偿所有债权的，可以向人民法院申请参与分配；参与分配申请人应当在执行程序开始后、被执行人的财产执行终结前提交申请书，写明参与分配和被执行人不能清偿所有债权的事实、理由，并附有执行依据。

法律设定参与分配制度的目的，在于保障被执行人不具备破产资格情形下债权的平等受偿。法院审查参与分配申请时，不应苛求参与分配申请人必须证明被执行人不能清偿所有债务或给申请参与分配设置过多的障碍，只要参与分配申请人在申请书中说明原因，执行法院作形式审查后即应准许。

参考案例：在（2021）最高法执监470号执行裁定书中，最高人民法院认为，本案中，杜某已经取得对吉某俊的执行依据，并在山西省临汾市中级人民法院处置吉某俊案涉房屋前，向山西省临汾市尧都区人民法院（以下简称尧都区法院）提出了参与分配申请。同时，杜某在尧都区法院申请执行的案件因被执行人无财产可供执行而终结本次执行程序，故可以认定杜某符合申请参与分配的实体要求和程序要求。王某玲主张杜某申请执行案还有其他财产可供执行，与尧都区法院（2016）晋1002执2295号执行裁定查明事实不符。王某玲关于杜某未提供被执行人不能清偿所有债权的事实与理由，人民法院应就"被执行人已有财产不能清偿所有债权"进行全面审查的主张，没有法律依据，也与参与分配制度设立的立法本意不符。

280. 如何理解参与分配的截止时间点"被执行人的财产执行终结前"？

解析：参与分配是执行程序中的重要一环，一定程度上弥补了我国有限破产主义的不足，替代个人破产程序发挥平等清偿的功能，使债权人能够依靠参与分配保障自己的权益。在被执行人财产不足以清偿所有债务的情况下，债权人能否及时参加被执行人有限财产的分配程序尽可能降低损失，对债权人的权益保护极为重要。因此，参与分配的申请截止时间成为各债权人利益冲突的关键点。

《最高人民法院关于适用〈中华人民共和国民事诉讼法〉的解释》（2022年修正）第507条第2款规定，参与分配申请应当在执行程序开始后，被执行人的财产执行终结前提出。① 对于"被执行人的财产执行终结"的具体含义，实践中争议较大。第一种意见认为应严格按照《最高人民法院关于适用〈中华人民共和国民事诉讼法〉的解释》（2022年修正）第507条第2款对财产执行终结的规定，无论财产是何种类，是否经过拍卖变卖程序，只要案款尚未发放完毕，都视为执行程序尚未终结。第二种意见认为，应将执行标的物区别对待，如执行标的物为非货币类财产，需对该财产予以拍卖、变卖或以其他方式变价的，以拍卖裁定送达买受人之日作为执行终结之时，因为该财产物权已经发生变更。很多一线同志在办案过程中感觉第一种意见不合理，会导致程序拖延，严重影响了参与分配制度的运行，所以往往赞同第二种意见，并认为可以比照《最高人民法院关于人民法院办理执行异议和复议案件若干问题的规定》（2020年修正）第6条第2款的规定，即案外人依照《民事诉讼法》（2023年修正）第238条规定提出异议的截止时间点，财产经拍卖，成交裁定送达当事人或者过户裁定送达登记机关的，所有权已经发生变动，即构成财产执行终结。

实际上，二者不能类比，因为两种制度的目的和功能不同：案外人异议制度的目的是排除特定财产的拍卖。一旦拍卖成交，裁定送达，拍卖已无法阻止，因此，其截止时间点可设置在针对特定财产的执行终结前。而我国目

---

① 关于参与分配的申请截止时间，最高人民法院司法解释有过三种表述。1992年《最高人民法院关于适用〈中华人民共和国民事诉讼法〉若干问题的意见》（法发〔1992〕22号，已失效）第298条第2款规定："参与分配申请应当在执行程序开始后，被执行人的财产被清偿前提出。"1998年《最高人民法院关于人民法院执行工作若干问题的规定（试行）》第90条规定："……在被执行人的财产被执行完毕前……其他债权人可以申请对该被执行人的财产参与分配。"（该规定已被删除）2015年《最高人民法院关于适用〈中华人民共和国民事诉讼法〉的解释》第509条第2款规定："参与分配申请应当在执行程序开始后，被执行人的财产执行终结前提出。"（2020年、2022年两次修正，条文内容未变）可见，司法解释规定的参与分配申请截止时间分别为财产清偿前、执行完毕前和执行终结前。但现行有效的规定为《最高人民法院关于适用〈中华人民共和国民事诉讼法〉的解释》的规定。

前的狭义参与分配制度，是执行中作为自然人或非法人组织的被执行人的其他已经取得执行依据的债权人，在被执行人的财产不能清偿所有债权的情形下，申请参与到该执行程序中，按照债权比例受偿。这项制度事实上具有破产功能，为各债权人提供了一条平等受偿的路径，从而弥补了被执行人为自然人或非法人组织破产情形时无法适用《企业破产法》（2007年施行）规定的不足。债权人参与分配的目的是分得一部分价款，而非争取特定财产所有权的归属。因此，尽管该财产所有权发生了变化，但只要作为财产最终形态的价款仍在法院账户，执行程序便未终结。

当然，这里有一个例外。一般情况下，执行案款扣划至执行法院账户未向申请执行人发放时，不能认为该财产已执行完毕，但如果案款未发放给申请执行人的原因，系本案被执行人申请诉前财产保全，冻结了被申请人（本案申请执行人）的财产。即因本案与另案的保全执行衔接和协调，执行法院对执行到位的执行款，暂存于法院执行账户不向申请执行人发放。本案执行法院已向申请执行人和被执行人出具结案通知书，通知双方以执行完毕方式结案。至此，执行程序已经终结。利害关系人之后提出参与分配申请，属于已经逾期的情形。

依据：最高人民法院执行局2020年7月15日法官会议纪要：①

（1）法律问题。被执行人的房产已拍卖且过户，但拍卖案款发放给申请执行人前，其他债权人提出参与分配的申请，该申请是否属于逾期申请。

（2）基本案情。被执行人甲的房产已经拍卖并过户，但拍卖案款尚未发放。另案债权人乙向执行法院就尚未分配的拍卖案款申请参与分配。执行法院以另案债权人乙申请时间逾期，驳回乙的申请。乙提出异议。经执行异议、复议程序，乙不服复议裁定，向最高人民法院申请监督。

（3）不同观点。第一种意见：属于逾期申请。被执行财产为不动产的，申请参与分配的截止时间应为过户裁定依法送达相关权属登记机关的前一日。这样能够避免案款被实际发放前因新的债权人申请参与分配而导致分配方案不断被修改或长期处于不确定状态。第二种意见：不属于逾期申请。根据《最高人民法院关于适用〈中华人民共和国民事诉讼法〉的解释》（2022年修

---

① 邵夏虹：《被执行人财产经拍卖已处置变现情况下其他债权人申请参与分配的时间截止问题》，载最高人民法院执行局编：《执行工作指导》2021年第1辑，人民法院出版社2021年版，第1～5页。

正）第507条第2款规定，参与分配申请应当在执行程序开始后，被执行人的财产执行终结前提出。被执行人财产为不动产的，虽然已经裁定过户，但拍卖款项尚未发放，仍属于被执行人的财产，执行程序尚未终结。因此，债权人申请参与分配的截止时间，应为案款分配发放的前一日。

（4）法官会议纪要，采第二种意见。该问题应在现行法律规定下进行解释。根据《最高人民法院关于适用〈中华人民共和国民事诉讼法〉的解释》（2022年修正），被执行人的其他已经取得执行依据的债权人发现被执行人的财产不能清偿所有债权的，可以向人民法院申请参与分配，于被执行人的财产执行终结前提出。本案中，被执行人的房产虽已过户，但拍卖案款尚未发放，仍在法院账户内，属于被执行人的财产，债权未得到清偿。执行法院下一步对案款的分配仍是执行的一个阶段，执行尚未终结。因此，其他债权人在案款分配之前提出参与分配的申请，并未逾期。

参考案例：在（2019）最高法执监37号执行裁定书中，最高人民法院认为，被执行人的财产执行终结前，应当理解为完成分配，而不是拍卖成交。

在（2020）最高法执监105号执行裁定书中，最高人民法院认为，按照目前参与分配的规定，被执行人在没有其他财产的情况下，同意按比例受偿的制度设计，实际上是具有破产的功能；案涉不动产裁定过户发生所有权的转移，但并不意味着执行程序终结，变成价款后下一步清偿分配也是执行的一个阶段；分配的目的就是从价款中受偿，不能说不动产所有权转移，执行就终结了，只要执行价款还在，执行程序就不能终结，即在被执行人财产未分配处置完毕之前，债权人可以申请参与分配。就本案来看，根据查明的事实，执行法院因案涉14套商业用房拍卖成交，于2018年7月3日裁定过户，此种情形属于将不动产变为金钱，还是属于被执行人财产，只是财产形式发生了转化，并不是财产处理完毕。杨某维于2018年11月23日提出参与分配申请时，不动产变现的金钱还在执行法院账户，还未执行终结，其提出的参与分配申请应当得到支持。参与分配的具体数额由执行法院根据生效法律文书的内容依法确定，当事人对分配方案确定的具体数额不服，可以通过分配方案异议及分配方案异议之诉解决。

在（2021）最高法执监215号执行裁定书中，最高人民法院认为，根据《最高人民法院关于适用〈中华人民共和国民事诉讼法〉的解释》第509条第2款的规定，参与分配申请应当在执行程序开始后，被执行人的财产执行终结前提出。一般情况下，执行案款扣划至执行法院账户未向申请执行人发放时，不能认为该财产已执行完毕，但本案中，关于案款尚未发放给申请执行人青海三佳公司的原因，系海南州光科光伏公司 2019 年 12 月 9 日申请诉前财产保全，海南省中级人民法院（以下简称海南中院）作出（2019）青 25 财保 6 号民事裁定书，冻结被申请人青海三佳公司 11369700 元的财产。即因本案与另案的保全执行衔接和协调，海南中院对执行到位的 1010 万元执行款，暂存于法院执行账户不向申请执行人青海三佳公司发放。对此，申诉人提出，只要案款尚未发放就应属于被执行人所有，并不符合实际。海南中院于 2019 年 12 月 13 日向申请执行人青海三佳公司和被执行人海南州光科光伏公司发出（2019）青 25 执恢 5 号结案通知书，通知当事人本案执行标的 10091059.8 元，执行中从国家电网青海省电力公司扣划被执行人海南州光科光伏公司电费收益 1010 万元，8940.2 元为主张的利息金额，（2018）青 25 民初 3 号民事调解书确定的给付内容已全部执行到位，案件以执行完毕方式结案。至此，执行程序已经终结。申诉人中国华融甘肃分公司在这之后提出参与分配申请，属于已经逾期的情形。

281. 抵押权未经生效法律文书确认，直接申请参与分配的，抵押权担保的金额按照登记确定还是合同确定？

解析：抵押合同中约定的抵押担保范围为主合同项下全部债权，包括但不限于主债权、利息（包括复利和罚息）、违约金、赔偿金及抵押权人实现债权与担保权利而发生的费用，而抵押登记证书记载的抵押金额仅包括主债权。二者范围不一致时，应如何处理？

一种意见认为，应当以抵押登记证书记载的抵押金额为准。理由是，抵押权为担保物权，是对世权。根据《民法典》（2021 年施行）第 216 条第 1 款的规定，不动产登记簿是物权归属和内容的根据，故应当以登记确认优先受偿权的范围。抵押登记证书记载的抵押金额仅为主债权的情况下，抵押权人不能就抵押财产以拍卖、变卖后的所得价款优先受偿利息、罚息和复利，否则将会影响抵押登记对外的公示公信作用。

另一种意见认为，应当以抵押合同约定的担保范围为准。理由是，当事人未将利息、罚息和复利等担保债权范围和金额在抵押登记证书上予以明确登记，系因有关登记制度不接受当事人就金额不确定的担保债权办理登记，属于不能归责于抵押权人的客观原因。根据原国土资源部于 2008 年下发的《国土资源部关于印发〈土地登记表格〉（试行）的通知》（国土资发〔2008〕

153 号，已失效），其所附的"土地登记申请书"中"土地抵押金额"一栏，明确要求记载的是"土地抵押合同约定的贷款金额"。登记机构按照该通知要求，只能根据当事人填写的确定的抵押金额予以登记。另由于利息、罚息和复利是借款合同在履行过程中基于主债权和违约情形的出现才产生的，即便允许当事人将利息、罚息和复利等担保债权进行登记，客观上也无法实现登记。且从登记公示效果看，将抵押权设立的效力及于利息、罚息和复利债权，不必然造成善意第三人利益的损害。尤其是在当事人办理抵押登记时已将抵押合同备案的情况下，第三人可以通过查询备案合同得知担保范围及于主债权产生的利息、违约金、损害赔偿金等。因此，利息、罚息和复利可以就抵押财产以拍卖、变卖后的所得价款优先受偿。

研析认为，按照大陆法系的规则，物权法定，物权内容也必须法定，因此，抵押权人只在不动产登记簿上记载的担保金额范围内享有优先受偿权。正因为如此，《最高人民法院关于适用〈中华人民共和国民法典〉有关担保制度的解释》（2021 年施行）第 47 条规定，不动产登记簿就抵押财产、被担保的债权范围等所作的记载与抵押合同约定不一致的，人民法院应当根据登记簿的记载确定抵押财产、被担保债权的范围等事项。

过去很长一个时期，不动产登记部门很多不登记全部债权，只登记本金作为担保金额，这就导致如果严格按照不动产登记簿上登记的数额来确定，会损害抵押权人的利益，而且还不是基于抵押权人自己的过错。为此，《全国法院民商事审判工作会议纪要》（法〔2019〕254 号）第 58 条规定，对于登记系统未设置"担保范围"栏目，仅有"被担保主债权数额"表述的，由于此时合同约定的担保范围与登记不一致，不是当事人导致的，不应由其承担不利后果，因此应当根据合同约定认定担保范围；对于登记系统设置规范的，应当以登记的担保范围确定。

这两个条文之间表面上是冲突的，但实际上，《最高人民法院关于适用〈中华人民共和国民法典〉有关担保制度的解释》起草过程中，登记部门表示他们已经解决了相关问题，可以登记的为准。所以，目前对于这个问题，原则上以登记的为准。但是在实践中，不排除还有因为历史原因存在因登记不完善导致登记与约定不一致的情况，这种情况下，执行法院还是要坚持实事求是的态度，按照《全国法院民商事审判工作会议纪要》（法〔2019〕254号）的规定，在分配方案中确定优先受偿的金额。

282. 最高额抵押中的"最高额"是债权最高额还是本金最高额？

解析： 最高额与担保范围虽然都会影响最终优先受偿的数额，但二者并不相同。前者解决的是优先受偿数额的上限，后者解决的是哪些债权可以进入优先受偿的范围。如果说最高额抵押是一个瓶子，担保范围决定的是哪些水可以进入瓶子，最高额决定的是瓶子的容积。因此，在担保范围均为本金、利息、迟延利息、违约金的情况下，债权最高额和本金最高额的差别在于：债权最高额，以最高限额框定本金、利息、迟延利息及违约金合并计算所得受偿的债权，超出该限额的部分，无优先受偿权；本金最高额，仅以最高限额框定本金，最高限额内之本金所生的利息、迟延利息及违约金即便超出最高限额仍可获得优先受偿。这个问题此前存在不小争议，《最高人民法院关于适用〈中华人民共和国民法典〉有关担保制度的解释》（2021年施行）第15条第1款，一定程度上对此进行了明确，该条规定："最高额担保中的最高债权额，是指包括主债权及其利息、违约金、损害赔偿金、保管担保财产的费用、实现债权或者实现担保物权的费用等在内的全部债权，但是当事人另有约定的除外。"即原则上按照债权最高额计算可以优先受偿的金额，但如果当事人另有约定且该约定进行了登记的除外。

参考案例： 在（2021）最高法执监555号执行裁定书中，最高人民法院认为，依据生效的（2017）赣09民初97号民事判决主文第二项"若被告三羊公司到期未履行判决第一项所确定的给付义务，原告宜春农商行可以与被告三羊公司协议，以编号为赣（2016）宜春市不动产证明第0000317号《不动产登记证明》项下的抵押物折价，或者申请以拍卖、变卖该抵押物所得的价款，在1000万元债权最高限额内（其中房产抵押债权最高额为700万元，土地使用权抵押债权最高额为300万元）享有优先受偿权"。可见，优先受偿的债权上限为1000万元，是具体且明确的，超出1000万元部分的债权在本案中应作普通债权处理，并不具有优先受偿性。

283. 最高额抵押物被其他法院查封，在查封日和抵押权人收到查封法院通知日之间抵押权人放款的，该笔债权能否优先受偿？

解析： 题述问题存在争议主要是因为相关法律和司法解释的表述不一致。原《物权法》第206条规定，抵押财产查封、扣押的，抵押权人的债权确定。《最高人民法院关于人民法院民事执行中查封、扣押、冻结财产的规定》

（2020年修正）第25条规定："人民法院查封、扣押被执行人设定最高额抵押权的抵押物的，应当通知抵押权人。抵押权人受抵押担保的债权数额自收到人民法院通知时起不再增加。""人民法院虽然没有通知抵押权人，但有证据证明抵押权人知道或者应当知道查封、扣押事实的，受抵押担保的债权数额从其知道或者应当知道该事实时起不再增加。"一有观点认为，根据原《物权法》的规定，只要财产被查封，债权就确定；另一种观点则认为，根据《最高人民法院关于人民法院民事执行中查封、扣押、冻结财产的规定》（2020年修正）第25条，应当从抵押权人收到法院通知或者知道抵押物被查封之日确定。根据前一种观点，则查封之后放款产生的债权，都不能优先受偿了；根据后一种观点，只要抵押权人没收到通知，也不知道抵押物被查封，则所放款项还可以优先受偿。这个问题，最高人民法院执行局曾去函征求全国人大常委会法工委民法室意见，当时民法室的答复是通过民法典解决。从《民法典》（2021年施行）第423条的表述看，其采纳的是后一种观点。该条规定"抵押权人知道或者应当知道抵押财产被查封、扣押"时，抵押权人的债权确定，基本解决了该问题的争议。

据此，实践中需要注意的是，为充分保护申请执行人的合法权益，人民法院在查封、扣押最高额抵押财产后，应当以合适的方式及时通知或者告知申请执行人由其通知抵押权人，避免最高额抵押权人因不知道存在查封、扣押而再次产生新的债权，影响申请执行人的债权受偿。

284. 执行中如何保障建设工程价款优先受偿权？

解析：建设工程价款优先受偿权是法律明确规定的优先权。根据《最高人民法院关于审理建设工程施工合同纠纷案件适用法律问题的解释（一）》（2021年施行）第43条[①]等的规定，实际施工人可以向发包人主张建设工程价款的优先受偿权。承包人建设工程价款优先受偿的范围依照国务院有关行政主管部门关于建设工程价款范围的规定确定。承包人就逾期支付建设工程价款的利息、违约金、损害赔偿金等主张优先受偿的，人民法院不予支持。

---

① 《最高人民法院关于审理建设工程施工合同纠纷案件适用法律问题的解释（一）》（2021年施行）第43条规定："实际施工人以转包人、违法分包人为被告起诉的，人民法院应当依法受理。""实际施工人以发包人为被告主张权利的，人民法院应当追加转包人或者违法分包人为本案第三人，在查明发包人欠付转包人或者违法分包人建设工程价款的数额后，判决发包人在欠付建设工程价款范围内对实际施工人承担责任。"

承包人应当在合理期限内行使建设工程价款优先受偿权，但最长不得超过 18 个月，自发包人应当给付建设工程价款之日起算。

实践中，以下四种特殊情形需要注意：（1）装饰装修工程具备折价或者拍卖条件，装饰装修工程的承包人请求工程价款就该装饰装修工程折价或者拍卖的价款优先受偿的，应予支持。需要注意的是，优先受偿权的范围仅是"就该装饰装修工程"。（2）建设工程质量合格，承包人请求其承建工程的价款就工程折价或者拍卖的价款优先受偿的，应予支持。（3）未竣工的建设工程质量合格，承包人请求其承建工程的价款就其承建工程部分折价或者拍卖的价款优先受偿的，应予支持。（4）建设工程的勘察人、设计人、分包人、实际施工人、监理人以及与发包人无合同关系的装饰装修工程的施工人均不应享有价款优先受偿权。如果转包人或者违法分包人系与发包人签订合同的承包人的，在其怠于主张优先受偿权的情况下，实际施工人可以行使代位权，代承包人向发包人主张优先受偿权。

285. 建设工程价款优先受偿权未经诉讼程序确认的，能否在执行程序中直接主张？

解析： 实践中有一种观点认为，建设工程价款优先受偿权必须在诉讼程序中主张，如果在诉讼中没有主张，在执行程序中再提出的就不予支持。这种观点失之偏颇。工程价款优先受偿权是法定权利，当事人既可以诉讼请求提出，亦可以在执行阶段主张，只要能认定款项性质属于工程款且在 6 个月的除斥期间内主张，优先权即应予以保护。当然，若其他债权人或者被执行人对工程价款存在与否以及具体数额有不同意见的，仍应当通过执行分配方案异议之诉程序审理后在裁判文书中确定，作为分配的最终根据。主要理由是：依照《最高人民法院关于适用〈中华人民共和国民事诉讼法〉的解释》（2022 年修正）第 506 条第 2 款的规定，对人民法院查封、扣押、冻结的财产有优先权、担保物权的债权人，可以直接申请参与分配，主张优先受偿权。可见，有优先权、担保物权的债权人申请参与分配并主张优先受偿，不以取得执行依据为前提。因此，工程价款优先受偿权人在执行程序中直接申请参与分配，主张优先受偿权的，执行法院按照其主张制作分配方案，符合司法解释的规定。

未取得生效法律文书确认建设工程价款优先受偿权的承包人在执行程序中主张行使优先受偿权的，人民法院在执行程序中有权对优先受偿权能否成立作形式审查。但根据审执分离的基本原理，工程价款的真实性、行使优先受偿权的主体、期限以及优先受偿权范围等属于实体争议，只能由审判部门作出相关认定。若其他债权人或者被执行人对工程价款优先受偿权的存在与否以及具体数额有不同意见，提起分配方案异议之诉的，人民法院应当在分配方案异议之诉中对此进行审理并作出裁判。

参考案例：在（2021）最高法执监330号执行裁定书中，最高人民法院认为，建设工程价款优先受偿权属于法律赋予建设工程承包人的法定优先权，优于抵押权和其他债权。此项权利依据法律规定而产生，自法定条件成就时设立，只要具备了法定条件，承包人可不经审判、仲裁程序直接向人民法院主张此项权利。如因承包人在审判程序中未主张此项权利，执行依据亦未确认其享有此项权利，但并不意味着其当然丧失此项权利，其在执行程序中仍可行使此项权利，人民法院亦可结合执行依据裁判内容，并根据相关法律和司法解释的规定，判断其优先受偿权是否成立。

在（2021）最高法执监239号执行裁定书中，最高人民法院认为，未取得生效法律文书确认建设工程价款优先受偿权的承包人在执行程序中主张行使优先受偿权的，人民法院在执行程序中有权对优先受偿权能否成立作形式审查。但各方主体对于工程价款的真实性、行使优先受偿权的主体、期限以及优先受偿权范围等问题存在争议，最终应通过审判程序予以确认。

286. 法院处置发包人名下的不动产以实现承包人的工程款债权，实际施工人能否主张其对该不动产享有建设工程价款优先受偿权？

解析：人民法院执行承包人享有的工程款债权，准备处置发包人名下的不动产时，经常会碰到实际施工人主张对该不动产享有建设工程价款优先受偿权的情形。

首先，关于何为实际施工人。实际施工人不是法律规定的民事主体。已经废止的《最高人民法院关于审理建设工程施工合同纠纷案件适用法律问题的解释》（法释〔2004〕14号）第一次使用了"实际施工人"概念。该解释在多个条文中涉及"实际施工人"，通常认为，"实际施工人"一般是指建设工程施工合同被认定无效后，具体实施工程施工的建设单位和个人，如转承包方、违法分包的承包方、不具有建筑资质的承包方等，但在不同条文、不同语境下，"实际施工人"的内涵略有差异，也存在一定争议。之后，已经废止的《最高人民法院关于审理建设工程施工合同纠纷案件适用法律问题的解释（二）》（法释〔2018〕20号）以及现行的《最高人民法院关于审理建设工程施工合同纠纷案件适用法律问题的解释（一）》（法释〔2020〕25号），均继续使用"实际施工人"概念，概念内涵与原《最高人民法院关于审理建设工程施工合同纠纷案件适用法律问题的解释》（法释〔2004〕14号）基本一致。

其次，关于实际施工人是否享有建设工程价款的优先受偿权。《民法典》（2021年施行）第807条规定："发包人未按照约定支付价款的，承包人可以催告发包人在合理期限内支付价款。发包人逾期不支付的，除根据建设工程的性质不宜折价、拍卖外，承包人可以与发包人协议将该工程折价，也可以请求人民法院将该工程依法拍卖。建设工程的价款就该工程折价或者拍卖的价款优先受偿。"《最高人民法院关于审理建设工程施工合同纠纷案件适用法律问题的解释（一）》（2021年施行）第35条规定："与发包人订立建设工程施工合同的承包人，依据民法典第八百零七条的规定请求其承建工程的价款就工程折价或者拍卖的价款优先受偿的，人民法院应予支持。"第36条规定："承包人根据民法典第八百零七条规定享有的建设工程价款优先受偿权优于抵押权和其他债权。"上述法律及司法解释中均未明确规定实际施工人享有优先受偿权。《最高人民法院关于审理建设工程施工合同纠纷案件适用法律问题的解释（一）》（2021年施行）第35条是在已经废止的《最高人民法院关于审理建设工程施工合同纠纷案件适用法律问题的解释（二）》第17条规定的基础上作的修改，仅仅将该条的"根据合同法第二百八十六条规定"修改为"依据民法典第八百零七条的规定"，实际规则没有变化，有关已经废止的《最高人民法院关于审理建设工程施工合同纠纷案件适用法律问题的解释（二）》第17条规定的精神，仍可资借鉴。根据已经废止的《最高人民法院关于审理建设工程施工合同纠纷案件适用法律问题的解释（二）》第17条的规定，依法享有工程价款优先受偿权的人必须与发包人存在直接的施工合同关系，建设工程的勘察人、设计人、分包人、实际施工人、监理人以及与发包人无合同关系的装饰装修工程的施工人均不应享有此项权利。因此，《最高人民法院关于审理建设工程施工合同纠纷案件适用法律问题的解释（一）》（法释〔2020〕25号）第43条规定实际施工人可以有条件地向发包人主张工程价款，但并未赋予实际施工人直接向发包人主张工程价款优先受偿权的权利。毕竟司法解释突破债权相对性，赋予实际施工人有条件地向发包人主张工程价款的权利，是基于保护处于弱势地位的建筑工人权益的目的，与优先权并无必然联系。另外，《最高人民法院关于审理建设工程施工合同纠纷案件适用法律问题的解释（一）》（法释〔2020〕25号）第44条规定："实际施工人依据民法典第五百三十五条规定，以转包人或者违法分包人怠于向发包人行使到期债权或者与该债权有关的从权利，影响其到期债权实现，提起代位权诉讼的，人民法院应予支持。"根据《民法典》（2021年施行）第535条理解与适用观点，"与该债权有关的从权利"是指附属于主债权的权利，比如担保物权和建设工程价款优先受偿权等。因此，如果转包人或者违法分包人系与发包人签订合同的承包人的，在其怠于主张优先受偿权的情况下，实际施工人可以行使代位权，代承包人向发包人主张优先受偿权。综上，实际施工人一般不得向发包人主张优先受偿权，但在特定情形下，可以代位主张优先受偿权。

最后，关于对于实际施工人优先受偿的主张如何处理。研析认为，尽管《最高人民法院关于适用〈中华人民共和国民事诉讼法〉的解释》（2022年修正）第506条将参与分配程序的适用主体限定为被执行人为公民或者其他组织，但对于企业法人为被执行人的案件，在执行的特定财产上存在优先权、担保物权，且该财产不足以清偿全部债务的情况下，人民法院仍然需要对所得案款进行分配，并制作分配方案。因此，人民法院在对建设工程变价款进行分配的过程中，需要对所得案款进行分配，并制作分配方案。在制作分配方案时，对于承包人的优先受偿主张，人民法院可以结合施工合同履行情况、征询发包人等各方的意见确定优先受偿数额；但对实际施工人的优先受偿主张，可以引导其通过《最高人民法院关于适用〈中华人民共和国民事诉讼法〉的解释》（2022年修正）第509条、第510条规定的分配方案异议及分配方案异议之诉程序，对相关争议予以解决，确定最终的分配方案。[①]

287. 建设工程价款优先受偿权是否因债权转让而消灭？

解析： 对此存在不同看法。一种意见认为，建设工程价款优先受偿权与建设工程价款请求权具有人身依附性，承包人将建设工程价款债权转让，建设工程价款的优先受偿权消灭。

[①] 薛圣海、何东奇：《执行审查部分问题解答》，载最高人民法院执行局编：《执行工作指导》2020年第3辑，人民法院出版社2021年版，第159~165页。

另一种意见认为，建设工程价款优先受偿权为法律的明确规定，法定的优先受偿权不因转让而改变。另外，实践中承包方一般是垫资建设，该条的立法目的是保护建筑工程施工的农民工权益，确定受让人依然享有工程款优先权，才使受让人愿意受让并支付正常的权利对价，建筑工人能优先得到工程款且款项数额不受损，其利益才能得到保障。如果没有优先权，受让人无动力受让工程款，且即使受让亦可能低价，会不利于建筑工人的利益。

研析认为，建设工程价款优先受偿权不因债权转让而消灭。主要理由如下：

第一，虽然建设工程价款优先受偿权设立的初衷在于保护劳动债权，但其主债权仍是建设工程价款请求权，不具有人身依附性。既然允许工程价款债权转让，基于该债权产生的法定优先权亦应随之转让。

第二，建设工程价款优先受偿权，保护的是承包人享有的工程价款请求权，对该债权的保护，不应因债权主体的改变而改变。

第三，允许建设工程价款优先受偿权随工程价款请求权一并转让，更有利于保护施工者的劳动债权。债权受让人承继建设工程价款请求权上的优先受偿权，才有可能支付合理、充足的债权转让对价，更有利于承包者支付施工者的劳动债权；反之，如果建设工程价款优先受偿权随之消灭，债权转让的对价会打折扣，将间接损害劳动债权人的利益，而从中获益的只有其他普通债权人。

第四，允许建设工程价款优先受偿权随工程价款请求权一并转让，并非创设新的优先受偿权，对其他债权人的利益不会造成任何损害。

依据：最高人民法院民事审判第一庭在 2016 年《民事审判指导与参考》（总第 65 辑，第 252 页）信箱答复中明确：建设工程债权转让后，受让人也应享有优先受偿权。建设工程承包人转让其在施工中形成的债权，受让人基于债权的转让而取得工程款债权，因而其应当享有该工程款的优先受偿权。法定优先权属于担保物权，具有一定的追及效力，其功能是担保工程款优先支付，该权利依附于所担保的工程而存在，即使被担保的工程发生转让，也不影响承包人优先受偿权的行使。

参考案例：在《最高人民法院公报》2007 年 12 期刊载的陕西西岳山庄有限公司与中建三局建发工程有限公司、中建三局第三建设工程有限责任公司建设工程施工合同纠纷一案（最高人民法院（2007）民一终字第 10 号民事判决书）中，最高人民法院明确了如下裁判规则：根据《合同法》第 79 条的规定，债权人可以将合同的权利全部或者部分转让给第三人，但根据合同性质不得转让的、按照当事人约定不得转让的和依照法律规定不得转让的除外。法律、法规并不禁止建设工程施工合同项下的债权转让，只要建设工程施工合同的当事人没有约定合同项下的债权不得转让，债权人向第三人转让债权并通知债务人的，债权转让合法有效，债权人无须就债权转让事项征得债务人同意。

288. 被执行人为企业法人时，抵押权人能否申请参与分配？

解析：这个问题涉及对参与分配的理解。参与分配有广义和狭义两种理解。广义的参与分配是指同一被执行人有多个金钱债权，价款不足清偿又未进入破产程序的情况下，有限的价款如何在多个金钱债权之间进行分配。狭义的参与分配特指被执行人是自然人和其他组织的情况下如何分配的问题。从比较法上看，域外所讲的参与分配大多指的是广义的参与分配，而我国《最高人民法院关于人民法院执行工作若干问题的规定（试行）》（2020年修正）和《最高人民法院关于适用〈中华人民共和国民事诉讼法〉的解释》（2022年修正）中只规定了狭义的参与分配。《最高人民法院关于适用〈中华人民共和国民事诉讼法〉的解释》（2022年修正）第506条规定："被执行人为公民或者其他组织，在执行程序开始后，被执行人的其他已经取得执行依据的债权人发现被执行人的财产不能清偿所有债权的，可以向人民法院申请参与分配。""对人民法院查封、扣押、冻结的财产有优先权、担保物权的债权人，可以直接申请参与分配，主张优先受偿权。"因此，被执行人为企业法人时，利害关系人以其对被执行财产享有抵押权为由，向执行法院主张优先受偿，往往会被认为不符合参与分配的条件，将纠纷导向案外人异议和异议之诉。

但是，将抵押权人通过案外人异议和异议之诉进行保护不是一种好的选择。这是因为，抵押权是以抵押财产的交换价值为目的的权利。我国的司法拍卖，对抵押权负担实行的是涂销原则，拍卖后抵押权从拍卖财产上消灭。因此，对抵押权的保护方式应当是允许其加入分配程序，从拍卖价款中优先受偿。在狭义参与分配程序中，采取的就是这种思路和做法。在被执行人是法人的情况下，这一问题实际上没有本质不同，也应当采取相同的思路和程序设计，即允许抵押权人加入他人已经开始的执行程序中优先受偿。而案外人异议之诉的目的是排除对标的的执行，这既与我国执行程序中奉行的抵押权保护方式相悖，也与抵押权人进入执行程序的根本目的不符。因此，让抵押权人通过提起案外人异议和异议之诉的方式对其进行保护，实不足取。

实际上，这个问题在 2008 年在起草《最高人民法院关于适用〈中华人民共和国民事诉讼法〉执行程序若干问题的解释》时已进行了充分论证，结论性意见是，有多个债权人对同一被执行人申请执行或者对执行财产申请参与分配的，执行法院均应制作分配方案；当事人对分配方案不服的，可以通过分配方案异议或异议之诉程序处理，并不区分被执行人是企业法人或者是公民、其他组织。除了分配原则不同之外（被执行人为企业法人的，不得对其采取按债权比例清偿的狭义参与分配程序），在分配程序上与狭义的参与分配没有任何不同。该司法解释第 17 条、第 18 条对此已作出了明确规定，应当据此通过参与分配程序对抵押权人及相关权利人进行保护。

289. 执行中，被执行人欠缴的税款是否优先于普通债权？

解析：《税收征收管理法》（2015 年修正）第 45 条第 1 款规定："税务机关征收税款，税收优先于无担保债权，法律另有规定的除外；纳税人欠缴的税款发生在纳税人以其财产设定抵押、质押或者纳税人的财产被留置之前的，税收应当先于抵押权、质权、留置权执行。"这是在民事执行程序中处理税收与民事执行债权优先顺位的基本原则。但由于该规定仅为实体性规范，缺乏程序性规则，这就使得在民事执行中如何实现税收优先权，如何在依法保障税收优先权的同时充分维护民事执行债权人的合法权益产生了不少困惑和争议。被执行人欠税可能发生在民事执行债权（包括担保债权）发生前、确定前、申请执行前，也可能发生在执行分配前。不论是哪个发生时点，如该税款是因变价被执行财产而产生的，其性质为变价的必要费用，其在民事执行中的实现路径就是由执行法院依职权在变价所得价款中优先支付，并在完成支付后才能办理变价财产的所有权转移登记和进行财产分配。但如果并非变价过程中的税收，而是历史欠税，能否行使优先权，存在争议。

一种意见认为，不应当优先。主要理由是：（1）查封、冻结从程序上看，为采取查封、冻结的债权人设定了处置权，从实体上看，为采取查封、冻结的债权人设定了优先受偿权。因此，查封、冻结应比照"有担保的债权"来处理，在查封、冻结之后产生的税款，不能优先于已被查封、冻结的普通债权。（2）这个问题从根本上讲是优先保护国家税收还是优先保护普通民事主体的利益两种理念的争论，现阶段关于税收绝对优先的理念已经在不断弱化，倾向于应优先保护普通民事主体的利益。

另一种意见认为，应当优先。主要理由是：（1）依法纳税是纳税义务人的法定义务。根据《税收征收管理法》（2015年施行）第40条、第41条、第5条第3款规定，税务机关对不依法纳税的纳税义务人有采取保全措施和强制执行措施的权力，各有关部门和单位应当支持、协助税务机关执行职务。上述规定未将人民法院排除在协助税务机关依法执行职务的部门和单位范围之外。（2）根据《税收征收管理法》（2015年施行）第45条的规定，税收优先于无担保债权，且在一定条件下，优先于担保物权的执行。

研析认为，被执行人欠缴的税款优先于普通债权执行，是有条件的。除了基于公益性而外，欠税具有优先性还应来源于对欠税的公示和因公示而产生的公信效力。《税收征收管理法》（2015年施行）第45条第3款规定税务机关应当对纳税人欠税的情况定期予以公告，这既是一项法定义务，也是欠税优先权的基础。《欠税公告办法（试行）》（2018年修正）则详细规定了欠税的公告机关、公告范围、公告途径、公告频次、公告内容等。换言之，如果税务机关对于欠税没有按照规定进行公示，则不应享有优先权。这主要是因为：第一，未经公示的欠税优先于无担保债权不利于民事执行的稳定性。依照《最高人民法院关于人民法院民事执行中查封、扣押、冻结财产的规定》（2020年修正）第19条，查封被执行人的财产以其价额足以清偿民事执行债权及执行费用为限，不得明显超标的额查封；发现超标的额查封的，执行法院应当根据申请或者依职权及时解除对超标的额部分财产的查封。这说明申请执行人对查封财产具有一定的信赖利益，如果未经公示的欠税当然地优先于无担保债权受偿，一则将因欠税的不确定性而使得民事执行处于不稳定之中，二则在被执行财产变价所得价款不足以清偿民事执行债权和欠税的情况下，可能因被执行人转移、隐匿、毁损财产等而丧失执行时机，损害民事执行债权人的合法权益。第二，未经公示的欠税优先于后设定的担保债权不利于充分发挥担保制度的价值。虽然《税收征收管理法》（2015年施行）第46条要求纳税人有欠税情形而以其财产设定抵押、质押的，应当向抵押权人、质权人说明其欠税情况。抵押权人、质权人也可以请求税务机关提供有关的欠税情况，但一则因纳税人未说明欠税情况而由担保物权人承担不利后果有违公正，二则要求担保物权人在设定担保物权时都要查明纳税人是否欠税必然将增加交易成本、降低交易效率，严重危及担保制度。第三，未经公示的欠税优先于无担保债权与后设定的担保债权不利于税务机关依法履行法定职责。为了确保税款及时足额征收，《税收征收管理法》（2015年施行）第37

条、第 38 条、第 40 条、第 44 条对于从事生产、经营的纳税人赋予税务机关采取税收保全措施、强制执行措施以及通知出境管理机关阻止纳税人或者其法定代表人出境等权力，对于非从事生产、经营的纳税人则可以依照《行政强制法》（2012 年施行）第 13 条第 2 款申请人民法院强制执行。如果税务机关对于欠税既不依法强制执行或者申请人民法院强制执行，又不进行欠税公告，只是在民事执行到位后要求优先拨付，坐收渔翁之利，显然有违其法定职责。①

290. 人民法院在执行程序中应否协助税务机关征收被执行人的历史欠缴税费？

解析：题述问题，现行执行程序的法律、司法解释并无明确规定，实务中主要存在两种观点：

一种意见认为，人民法院在执行程序中应协助税务机关征税。对于法院在执行程序中应否协助税务机关征税的问题，《民事诉讼法》和相关司法解释并未明确规定，但《税收征收管理法》（2015 年施行）第 5 条第 3 款规定："各有关部门和单位应当支持、协助税务机关依法执行职务。"尽管《税收征收管理法》（2015 年施行）只是规范税收征收和缴纳行为的一部专门法律，但该条规定还是原则上赋予了"各有关部门和单位"协助税务机关征税的义务。法院在执行过程中，会控制被执行人的财产，因此也有协助的必要。

另一种意见认为，人民法院没有协助税务机关征税的义务。税务机关的纳税决定要经过行政或者司法程序的确认，法院在拍卖、变卖财产过程中没有协助征税的义务。法院在执行程序中直接协助税务机关征税，有可能损害当事人的合法权益。根据我国《行政强制法》的规定，当事人在法定期限内不申请复议或者提起行政诉讼，又不履行行政决定的，行政机关可以申请人民法院强制执行。对此类案件的执行仍要经行政审判庭进行司法审查，是否受理、是否具有执行效力，要以行政审判的裁定为依据。税务机关作出税务处理决定书后，就要求法院协助执行，不符合《行政强制法》的规定，该决定书本身不具备通过法院强制执行的效力；如果税务机关根据《税收征收管理法》的规定自行强制执行，行使的是行政强制执行权，但这种权力不能延伸到司法强制执行中，更不能用司法执行权代替行政执行权。

---

① 参见金殿军：《税收优先权在民事执行中的实现路径》，载《人民法院报》2021 年 9 月 8 日第 7 版。

研析认为，人民法院应当支持和协助税务机关征税，但应当依法进行，兼顾有关方面合法权益，做好征税程序和执行程序的衔接。如果数额上能够保障，经税务机关与执行法院协调，在征得有关当事人同意的前提下，执行法院可以协助税务机关扣缴税款。但在数额不够的情况下，需要具体情况具体分析，不宜机械地予以协助。

291. 执行中如何保障"税收优先"的实现？

解析：《税收征收管理法》（2015 年施行）第 45 条规定："税务机关征收税款，税收优先于无担保债权，法律另有规定的除外；纳税人欠缴的税款发生在纳税人以其财产设定抵押、质押或者纳税人的财产被留置之前的，税收应当先于抵押权、质权、留置权执行。""纳税人欠缴税款，同时又被行政机关决定处以罚款、没收违法所得的，税收优先于罚款、没收违法所得。""税务机关应当对纳税人欠缴税款的情况定期予以公告。"关于执行过程中如何保障"税收优先"的实现，实践中存在不同认识。

一种意见认为，税收优先于无担保债权，且在一定条件下，优先于担保物权的执行。人民法院亦是应当支持、协助税务机关依法执行职务的单位。

另一种意见认为，税款能否先于普通债权执行，要看具体情况，不能一概而论。优先受偿应该有一个阶段，否则执行程序就缺乏安定性。对于被执行人欠缴的税款，能否先于普通债权予以执行，各地法院存在不同的理解，并有不同的实践。

研析认为，这个问题涉及执行法、破产法、税法相关规定的衔接与适用。根据《税收征收管理法》（2015 年施行）第 45 条的规定，税收优于普通债权，这是一个实体性的排列规则，人民法院办理执行案件，需要维护这个实体规则。但这是有具体条件和场景的：第一，无竞合则无优先问题。所谓的税收是否具有优先权的问题，有一个基本的前提，有竞合才有优先，没有竞合就没有优先。执行是针对被执行人的特定财产采取措施，区别于破产程序；税收针对的不是应纳税人的特定财产，所有的财产都属于应纳税财产。税务机关要求行使优先权，应当提供证据证明符合"冲突"的前提条件，法院也应当审查是否符合这个前提条件。第二，即便是有竞合，也只是有可能优先。税收优先，并不是绝对优先，而是相对优先。参考《企业破产法》（2007 年施行）第 113 条规定，税收优先权处于受偿顺序的中间阶段，有比它更优先的权利，也有和它同等顺位的权利。因此，即便是竞合，也需要通过参与分配的方式，制定分配方案，如有实体争议，通过分配方案异议之诉解决。如果执行法院径行协助，与其同顺位以及更优顺位的权利无法得到保障。所以，法院应当支持和保障税收，但应当依法进行，兼顾有关方面合法权益，不能简单机械司法。

292. 破产申请受理前已经划扣到执行法院账户尚未支付给申请执行人的款项是否属于债务人财产？

解析： 对该问题，实践中存在争议。第一种意见认为，人民法院受理破产案件前，对债务人经强制执行程序实现的尚未发放给申请执行人的执行款，在人民法院受理破产案件后不属于债务人财产，应当发放给申请执行人。第二种意见认为，该款项尚未支付给申请执行人，属于债务人财产，不应发放给申请执行人。

对此，最高人民法院的思路有一个深化和精细化的过程。《企业破产法》（2007 年施行）第 19 条规定，人民法院受理破产后，执行程序应当中止，但对已经变现完毕尚未发放申请执行人的变价款是否作为破产财产处理，则未予明确。《最高人民法院关于执行案件移送破产审查若干问题的指导意见》（法发〔2017〕2 号）第 17 条规定，执行法院收到受移送法院受理裁定时，已通过拍卖程序处置且成交裁定已送达买受人的拍卖财产，通过以物抵债偿还债务且抵债裁定已送达债权人的抵债财产，已完成转账、汇款、现金交付的执行款，因财产所有权已经发生变动，不属于被执行人的财产，不再移交。相反，尚未完成这一所有权变动的，则应属于被执行人的责任财产，在法院受理被执行人破产案件后，可以作为破产财产处理。最高人民法院 2004 年 12 月 22 日就相关问题作出过《关于如何理解〈最高人民法院关于破产法司法解释〉第六十八条的请示的答复》（〔2003〕民二他字第 52 号，已失效），但该答复内容已与其后规定不符，不应再作为处理相关问题的法律依据。而且，后续最高人民法院处理该类问题也体现了这一思路。最高人民法院于 2017 年 12 月 12 日以〔2017〕最高法民他 72 号函文答复重庆市高级人民法院，内容为："人民法院裁定受理破产申请时已经划扣到执行法院账户但尚未支付给申请人执行的款项，仍属于债务人财产，人民法院裁定受理破产申请后，执行法院应当中止对该财产的执行。执行法院收到破产管理人发送的中止执行告知函后仍继续执行的，应当根据《最高人民法院关于适用〈中华人民共和国破产法〉若干问题的规定（二）》第五条依法予以纠正，故同意你院审判委员会的倾向性意见，由于法律、司法解释和司法政策的变化，我院2004年12月22日作出的《关于如何理解〈最高人民法院关于破产司法解释〉第六十八条的请示的答复》（〔2003〕民二他字第52号）相应废止。"

但2023年以来，最高人民法院的思路进一步调整，更加注重平衡好申请执行人和破产债权人间的利益，区分情形处理：

第一，案款已具备发还条件但在法定发还期间内未及时向申请执行人发还的。此时执行程序实质性工作已经完毕，申请执行人如果没有过错，不应由无过错的申请执行人承担不利后果，该款项不宜认定为破产财产，应清偿申请执行人。

第二，案款已具备发还条件但法定发还期间尚未届满的。此时应当结合申请执行人对发现案款工作的贡献、申请执行人有无恶意阻碍破产程序等因素综合考虑。申请执行人贡献较大且不具有可归责性的，应当保护申请执行人的利益；反之，应将该案款认定为破产财产。

293. 当事人实体债权的真实性、合法性，是否属于执行分配方案异议之诉的审理范围？

解析：当事人提起执行分配方案异议之诉的，人民法院应当就原告提出异议的执行分配方案中相关债权的清偿顺位、比例、数额等的正确性加以审查。对此是有共识的。但对于当事人实体债权本身的真实性、合法性，是否属于案件的审理范围，有不同意见。我们认为，应属于审理范围。这是因为：第一，并非所有的参与分配债权人均已取得执行依据。对人民法院查封、扣押或冻结的财产有优先权、担保物权的债权人可以申请参加参与分配程序，主张优先受偿权。换言之，参与分配程序中的抵押权人的债权的真实性和合法性本身很可能尚未经过审查，此时正应通过参与分配程序认定。第二，即便已经取得执行依据，但有些执行依据，如公证债权文书，本身并无既判力，法院并非不得对其真实性进行审查。第三，即便取得的执行依据系法院判决或仲裁裁决，该文书也仅系个别债权人与债务人之间形成的。根据既判力的相对性，仅应约束该案当事人，对其他当事人并不构成约束，否则将导致判决既判力向"与债务人没有特别依存关系的第三人"不当扩张的后果，极易导致债务人与某些债权人恶意串通，通过取得具有既判力的执行依据，阻止其他债权人提起分配方案异议之诉的结果。虽然我国法律规定有案外人申请再审及第三人撤销之诉等制度，但这并不意味第三人只能积极通过上述行为否定债权人与债务人之间的执行依据，才能获得救济。第四，从我国有关执行标的异议之诉的规定看，虽然诉讼标的系程序法上的形成权，亦不妨碍当事人同时提出确权主张，从而形成诉的客观合并。

294. 执行分配方案异议成立的，应否判决撤销分配方案？

解析：经审理认为，执行分配方案异议成立的，不需一律判决撤销分配方案。这是因为：第一，从法理上，即便按照形成之诉说，分配方案异议之诉系分配程序上的异议权，但原告的请求实际上是请求法院变更原分配表，而非单纯撤销。第二，从比较法上看，大陆法系国家均认为，法院认为原告理由全部或部分成立的，应以判决更正分配表中有争议的金额或分配次数。例如，《韩国强制执行法》第 157 条直接规定："作出分配异议之诉的判决，应对于分配额有争执的部分确定应受到分配的债权人及其数额；如果认为这样确定不适当时，则以判决命令重新制作分配表，重开分配的程序。"日本学者认为，分配方案异议之诉的主文应对分配表予以变更，无法变更时（例如分配异议之诉发生竞合的情形），为重新制作分配表，应撤销分配表。换言之，只有在无法变更分配方案的情况下，才撤销分配表。第三，在分配方案异议之诉中，审判机构得变更分配方案，系由于本诉诉讼标的即为分配程序中的异议权，并不存在审执不分的问题。否则亦难以解释案外人异议之诉中，在支持案外人请求时，判决解除特定控制措施。第四，从司法效率角度看，一律撤销的做法也值得商榷。

295. 债权人对预留租金的异议，能否适用分配方案异议之诉进行审查？

解析：根据《最高人民法院关于人民法院办理执行异议和复议案件若干问题的规定》（2020 年修正）第 20 条 1 款第 3 项的规定，金钱债权执行中，被执行人以执行标的系本人所扶养家属维持生活必需的居住房屋为由提出异议的，若申请执行人同意参照当地房屋租赁市场平均租金标准从该房屋的变价款中扣除五到八年租金，则人民法院对被执行人的异议不予支持。如果执行人的唯一住房拍卖后，执行法院为其预留一部分租金，并在分配方案中载明拍卖价款需要先扣除的租金金额，以及各债权人就剩余部分应受偿的金额。部分债权人认为租金预留过多，提出异议，要求变更分配方案。若被执行人不同意上述异议，是否可以导入分配方案异议之诉解决？

　　民事执行中，参与分配程序主要适用于债权人为数人且执行标的的变价款不足以清偿全部债权人的债权及执行费用的情形。由于执行标的的变价款已经不足以清偿全部债权，因此各债权人之间就存在"你多我少"的竞争关系。某一债权人的不当获偿就可能给其他债权人的权益造成侵害。因此，在制度层面，有必要赋予认为按照分配方案分配将遭受不利益者通过诉讼寻求实体救济的渠道，这就是分配方案异议之诉。分配方案异议之诉本身解决的主要是债权人之间的争议，这也是为什么德国的分配方案异议之诉不允许被执行人提起。我国虽然与日本一样，规定被执行人可以提起分配方案异议之诉。但这主要是考虑到，参与分配的部分债权没有执行依据，若该债权应受分配金额减少，其他债权人的分配额将会增加，由此造成被执行人的剩余债务减少，故可以认可其提起分配方案异议之诉的利益。但是，预留租金争议的实质，是关于豁免执行财产或者责任财产范围的争议。由于变价款本身就是被执行人的财产，被执行人申请预留租金是认为这部分财产具有保障其基本居住需求的功能，应当豁免执行，而不是主张对自己享有债权。豁免执行财产的范围由法律或者司法解释规定，法院执行豁免财产，被执行人可以提出执行行为异议；申请执行人认为法院认定豁免财产错误，亦应通过执行行为异议解决。这一点不应因为是否适用参与分配程序，执行法官是否在分配方案上记载了预留的租金金额而有所区别。被执行人主张预留租金并不属于分配方案异议之诉的射程范围。[①]

三、实现非金钱债权的终局执行

（十二）行为请求权的执行

296. 可替代行为的强制执行有哪些方法？

　　解析：被执行人的行为义务，分为可替代行为与不可替代行为。所谓可

---

　　① 王赫：《债权人对预留租金的异议，不适用分配方案异议之诉进行审查》，载微信公众号"赫法通言"，2023年2月3日。

替代，是指由他人代为履行与被执行人自行履行在事实及法律上的效果并无不同。所谓不可替代，是指就被执行人所负行为义务的性质而言，不能由他人代为履行。执行依据要求被执行人实施一定行为，如该行为性质上可以替代，在被执行人不履行义务时，则可由其他主体代替被执行人实施相关行为。

根据传统理论和现行执行规则，代履行是可替代行为通常的执行方法。比如，《最高人民法院关于适用〈中华人民共和国民事诉讼法〉的解释》（2022年修正）第501条第1款第1句规定："被执行人不履行生效法律文书确定的行为义务，该义务可由他人完成的，人民法院可以选定代履行人。"《民法典》（2021年施行）第581条、第1000条第2款和第1234条均涉及债务人可替代行为义务的履行或责任承担问题，但三者规定不尽相同。根据《民法典》（2021年施行）第581条的规定，所有可替代行为义务都可以在诉讼阶段直接转化为金钱债权。根据第1000条第2款的规定，"消除影响、恢复名誉、赔礼道歉"这种特殊的可替代行为，可以通过代履行的执行方法予以执行。根据第1234条和第1235条的规定，对于"修复生态环境"这种特殊的可替代行为，相关主体可以不经诉讼直接自行或委托他人替代履行，随后在诉讼中要求赔偿替代履行费用。综上，《民法典》调整和丰富了可替代行为义务的传统执行方法，既保留了传统的执行方法，又允许当事人在诉前或诉中提前寻求救济，二者如何做好衔接配合，有待进一步实践探索。

关于可替代行为的执行，还存在一个问题，即能否交由申请执行人代为履行。在执行要求被执行人完成行为的案件中，应根据生效判决确定的履行标准，责令被执行人履行义务。如被执行人不能按判决确定的标准完成行为，且该行为在性质上可以由他人替代完成的，可依法由其他主体代替被执行人履行。此时涉及替代履行的主体问题。《最高人民法院关于适用〈中华人民共和国民事诉讼法〉的解释》（2022年修正）第501条第1款第1句规定："被执行人不履行生效法律文书确定的行为义务，该义务可由他人完成的，人民法院可以选定代履行人。"从整个条文的表述方式看，并没有将申请执行人排除在外。法院确定替代履行主体，属于授权性执行行为。替代履行主体宜从与案件无利害关系的第三方主体中选定，但在有些情况下，如申请执行人提出自行履行的，法院也可以交由申请执行人自行履行。但考虑到申请执行人和案件存在利害关系，如其滥用权利，也可能导致被执行人承担过高的费用，损害被执行人利益。因此，由申请执行人替代履行应不违背公平合理的原则，并有利于案件执行。

297. 赔礼道歉判决如何执行？

解析：题述问题，主要争议在于应先采取代履行的执行方法，还是先采取其他方法。第一种意见认为，对于拒不履行赔礼道歉义务的，可以依法对被执行人采取限制高消费、纳入失信被执行人名单、罚款、拘留等措施，倒逼被执行人赔礼道歉。在采取一定执行措施后，若被执行人仍拒绝赔礼道歉，根据《民法典》等的规定，可以通过替代履行的方式执行，产生的费用应由被执行人负担。

第二种意见认为，法院应当直接采取代履行的执行方法。根据传统理论和现行执行规则，代履行是可替代行为通常的执行方法。并且对于申请执行人而言，代履行和原本履行应该是等值的，否则不能替代履行。既然是等值的，如果可以采取代履行的措施，就不宜采取罚款、拘留、失信、限消等措施。

研析认为，对赔礼道歉的强制执行，属于对特定行为的强制执行，因此不可能被直接执行，只能考虑其他执行方式。具体而言有以下两种可能：（1）间接执行。执行法院可处以罚款、拘留甚至判处刑罚。（2）替代执行。执行法院以侵权人的名义草拟道歉声明并公布于特定场合或者媒体，其费用由侵权人负担。从司法成本的角度考量，第二种意见即直接采取代履行的执行方法，成本最小。但问题在于，对申请执行人而言，被执行人赔礼道歉与法院代为赔礼道歉实际上并不等值。因此，直接采取代履行方式，尽管成本最小，但并不是效果最好的方式。一般来说，还是应当首先通过间接执行措施促使被执行人主动道歉，拒不道歉的，由于这些措施不可能无限制地使用，建议可以探索由受害人发表谴责声明，由被执行人负担费用的代执行方式，而不是法院代被执行人道歉的方式，以实现其效果与成本的平衡。

298. 人身安全保护令如何执行？

解析：人身安全保护令对于执行而言是一个较新问题，需要考虑的主要是如何启动执行以及如何执行两个方面。

关于如何执行。人身安全保护令是一个把类似于普通法系的令状制度与我国诉讼制度相结合的尝试，执行实施还需要回到现行的执行体系中。《反家庭暴力法》（2016年施行）第29条规定："人身安全保护令可以包括下列措施：（一）禁止被申请人实施家庭暴力；（二）禁止被申请人骚扰、跟踪、接触申请人及其相关近亲属；（三）责令被申请人迁出申请人住所；（四）保护申请人人身安全的其他措施。"第 32 条规定："人民法院作出人身安全保护令后，应当送达申请人、被申请人、公安机关以及居民委员会、村民委员会等有关组织。人身安全保护令由人民法院执行，公安机关以及居民委员会、村民委员会等应当协助执行。"据此，人身安全保护令的执行，本质上属于行为请求权执行的范畴，分为两类：一类是作为义务的执行，比如"被申请人迁出申请人住所"；另一类是不作为义务的执行，比如"禁止被申请人骚扰、跟踪、接触申请人及其相关近亲属"。如此就可以导入到我们现行的执行体系中。

关于启动方式。法院作出人身保护令有一个前提，即申请人正在遭受暴力或者面临现实危险。如按传统上关于执行依据程序与执行实施程序相互分离的理论和做法，申请人向法院申请人身安全保护令后，还要申请法院执行，很多时候来不及，如此设计程序更无必要。因此，需要进行制度创新，申请人向法院申请人身安全保护令，应认为同时包含了作出保护令和实施保护令的申请，法院作出人身安全保护令后，应当立即开始执行，而不必申请人另行申请。

299. 抚养权、探望权判决如何执行？

解析： 一方面要注意多做协调、沟通工作。抚养权、探望权判决的执行，首先要耐心做好各方当事人工作，全面把握双方当事人以及被抚养、被探望对象的心理，努力克服存在的障碍，实现被执行人后续自愿配合、被抚养或探望对象主动接受的最佳状态。具体处理中，应在被抚养、被探望对象真实意愿与保障抚养权、探望权之间寻找平衡点：（1）被执行人提供的材料及从未成年人生活的社区、就读学校、就医医院调查取证情况足以证明继续执行不利于被抚养、被探望对象身心健康，则应认定为不具备抚养、探望条件。（2）被抚养、被探望对象为 8 周岁以下的无民事行为能力人，原则上不考虑被抚养、被探望对象的意愿，应积极劝导被执行人做好被抚养、被探望对象的思想工作，实现正常的抚养、探望。（3）被抚养、被探望对象为 8 周岁以上的限制民事行为能力人，其已有一定程度的自主意识，应当通过适当的方式，如采取单独谈话、引入第三方心理疏导的方式探究被抚养、被探望对象真实意愿。若被抚养、被探望对象表达出对探望强烈抗拒，且可排除被执行人的干扰因素，应当尊重被抚养、被探望对象的真实意愿，不应强制。

另一方面要对严厉打击抢夺、藏匿子女导致抚养权、探望权判决无法执行的行为。《刑法》（2020 年修正）第 313 条关于拒不执行判决、裁定罪中规定的"对人民法院的判决、裁定有能力执行而拒不执行"，包括拒不履行判决、裁定中确定的特定行为义务。《民事诉讼法》（2023 年修正）第 114 条也规定："诉讼参与人或者其他人具有下列情形之一的，人民法院可以根据情节轻重予以罚款、拘留；构成犯罪的，依法追究刑事责任……（六）拒不履行人民法院已经发生法律效力的判决、裁定的。"《全国人大常委会关于〈中华人民共和国刑法〉第三百一十三条的解释》（2002 年施行）明确规定，协助执行义务人接到人民法院协助执行通知书后，拒不协助执行，致使判决、裁定无法执行的，属于拒不执行判决、裁定罪"有能力执行而拒不执行，情节严重"的情形。《最高人民法院关于审理拒不执行判决、裁定刑事案件适用法律若干问题的解释》（2020 年修正）第 1 条也规定："被执行人、协助执行义务人、担保人等负有执行义务的人对人民法院的判决、裁定有能力执行而拒不执行，情节严重的，应当依照刑法第三百一十三条的规定，以拒不执行判决、裁定罪处罚。"《最高人民法院关于适用〈中华人民共和国民事诉讼法〉的解释》（2022 年修正）第 503 条第 1 款规定："被执行人不履行法律文书指定的行为，且该项行为只能由被执行人完成的，人民法院可以依照民事诉讼法第一百一十四条第一款第六项规定处理。"可见，对于抢夺、藏匿子女导致抚养权、探望权判决无法执行的，处以拒不执行判决、裁定罪，于法有据。

总之，抚养权、探望权的执行案件，争的对象是孩子，争议双方是亲生父母及直系亲属，矛盾冲突往往表现得比较激烈又比较敏感。实践中拒绝移交抚养的情况也十分复杂，一旦处理不好，容易激化矛盾，甚至发生极端案事件。在处理此类案件时，应当强调坚持法、理、情兼顾，强制执行与说服教育相结合，注重充分发挥民事调解功能，通过多种途径和手段，如劝导教育、罚款、失信惩戒、拘留等，促进从根本上解决纠纷、化解矛盾，维护家庭和谐、社会稳定。对于少数拒不履行抚养权、探望权生效裁判，造成严重后果或者恶劣影响，或者情节十分严重，通过普通强制执行手段仍无法解决的，依照拒不执行判决、裁定罪依法惩治，不失为解决问题的方式之一。但刑事手段应当慎重适用，不到万不得已，不宜采取刑事手段。对于情节较轻的抢夺、藏匿行为，可以依法给予其他处罚。否则，可能既无助于解决纠纷，又恶化亲子关系，也不一定符合子女意愿。

四、保全执行与先予执行

（十三）保全执行

300. 公证债权文书载明的债权人能否申请执行前保全？

解析： 能。主要理由如下：第一，《最高人民法院关于适用〈中华人民共和国民事诉讼法〉的解释》（2022 年修正）第 163 条规定："法律文书生效后，进入执行程序前，债权人因对方当事人转移财产等紧急情况，不申请保全将可能导致生效法律文书不能执行或者难以执行的，可以向执行法院申请采取保全措施。债权人在法律文书指定的履行期间届满后五日内不申请执行的，人民法院应当解除保全。"该条并未把公证债权文书排除在外。第二，具有必要性。从近年来公证债权文书执行案件总体数据看，公证债权文书执行案件标的大，到位率低。这其中有大标的案件普遍存在的财产变现困难、变现率低等问题，也有赋强公证合同类型易产生违约风险、债务人资信及履行能力偏低等赋强公证业务自有的问题，同时还有程序保障缺乏等方面的原因。允许公证债权文书执行前保全，非常必要。第三，起草《最高人民法院关于公证债权文书执行若干问题的规定》过程中发现，如果公证债权文书执行前不采取保全措施，将导致该类案件无法在进入执行程序前及时对债务人的财产实施有效控制。加之债权人在公证债权文书确定的履行期限届满后，还要先取得执行证书，才能向法院申请执行，导致一些债务人恶意利用该段时间转移财产，逃避执行。为此，曾有相关条文对此明确。只不过因其他原因而没有最终保留下来。

当然，公证债权文书执行制度确实有一定的特殊性，比如判决等法律文书确定的债务履行期间一般较短，而公证债权文书确定的履行期间往往较长，甚至长达十余年。如果公证债权文书出具后即可以申请保全，将导致保全时间过长，不仅难以操作，而且会损害债务人的合法权益，所以申请保全的时间应为公证债权文书确定的履行期间届满后，公证债权文书生效后。此外，由于申请执行须持执行证书，而公证机构出具执行证书需要一定时间（通常能在 15 日内出具执行证书），所以很可能做不到《最高人民法院关于适用〈中华人民共和国民事诉讼法〉的解释》（2022 年修正）第 163 条要求的"债权人在法律文书指定的履行期间届满后五日内不申请执行的，人民法院应当解除保全"。对此，建议从该规则层面予以明确，而明确之前，实践中应从宽掌握。

301. 顺位在先的保全人能否就其债权全额优先受偿？

解析： 民事执行程序中，对于普通债权，应按照财产保全和执行中查封、扣押、冻结财产的先后顺序清偿。对于诉讼保全的案件，执行程序中在具体分配案款时，应结合财产保全的金额与顺位综合考虑。保全顺位决定了债权清偿的先后顺序，保全金额决定了顺位在先的债权人在多大范围内享有优先受偿的权利。申请执行人在各自案件诉讼过程中先后申请保全查封了案涉土地使用权，并明确了保全金额，即使后续由诉讼中的保全查封转为执行中的查封，亦不影响其保全顺位和保全金额，仍应当综合保全顺位和保全金额来分配案款。

参考案例： 在（2019）最高法执监 248 号执行裁定书中，最高人民法院认为，保全顺位决定了债权清偿的先后顺序，而保全金额决定了顺位在先的债权人在多大范围内优先受偿的权利。如果不考虑保全金额，仅考虑保全顺位，顺位在后的轮候查封债权人的利益将无法得到保障，财产保全、轮候查封等制度将失去意义。本案中，根据已查明的情况，岳某添、陈某科在各自案件的诉讼过程中先后申请保全查封了案涉土地使用权，保全金额分别为 5000 万元和 4880 万元，即使后续由诉讼中的保全查封转为执行中的查封，亦不影响其保全顺位和保全金额，故应当综合保全顺位和保全金额来分配案款。

302. 如何防止当事人滥用保全制度损害他人权益？

解析： 财产保全是民事诉讼法赋予当事人实现债权的一项重要制度安排，对于担保民事判决执行、为债权人提供预先救济具有重要价值。但是，保全是一把双刃剑，既有防止债务人转移财产的功能，也可能成为损害他人权益的手段。为防止当事人滥用保全制度损害他人权益，法律和司法解释上不断完善相应机制。

一是要求申请人提供充分的担保。《最高人民法院关于人民法院办理财产保全案件若干问题的规定》（2020 年修正）第 5 条第 3 款规定："财产保全期间，申请保全人提供的担保不足以赔偿可能给被保全人造成的损失的，人民法院可以责令其追加相应的担保；拒不追加的，可以裁定解除或者部分解除保全。"

二是规定被保全人提供担保可以请求解除保全。《最高人民法院关于人民法院办理财产保全案件若干问题的规定》（2020年修正）第22条规定："财产纠纷案件，被保全人或第三人提供充分有效担保请求解除保全，人民法院应当裁定准许。被保全人请求对作为争议标的的财产解除保全的，须经申请保全人同意。"

三是明确了保全裁定的救济途径。在诉讼中，根据《最高人民法院关于人民法院办理财产保全案件若干问题的规定》（2020年修正）第25条第1款的规定，申请保全人、被保全人对保全裁定或者驳回申请裁定不服的，可以自裁定书送达之日起5日内向作出裁定的人民法院申请复议一次。人民法院应当自收到复议申请后10日内审查。

四是明确了保全裁定执行的救济途径。根据《最高人民法院关于人民法院办理财产保全案件若干问题的规定》（2020年修正）第26条规定，申请保全人、被保全人、利害关系人认为保全裁定实施过程中的执行行为违反法律规定提出书面异议的，人民法院应当按照执行异议和复议的程序审查处理。

五明确了案外人的救济途径。案外人对诉讼争议标的以外的财产进行保全提出异议的，根据《最高人民法院关于人民法院办理财产保全案件若干问题的规定》（2020年修正）第27条规定，按照案外人异议和异议之诉的程序进行救济。

六是明确了保全错误的救济途径。根据《民事诉讼法》（2023年修正）第108条的规定，申请有错误的，申请人应当赔偿被申请人因保全所遭受的损失。

七是对诉前保全进行了特殊规制。根据《最高人民法院关于人民法院办理财产保全案件若干问题的规定》（2020年修正）第5条第2款的规定，利害关系人申请诉前财产保全的，应当提供相当于请求保全数额的担保。这有别于诉讼保全关于担保数额不超过请求保全数额的30%的规定。此外，还对诉前保全后提起诉讼的时间作出限制。《最高人民法院关于人民法院办理财产保全案件若干问题的规定》（2020年修正）第23条明确"采取诉前财产保全措施后三十日内不依法提起诉讼或者申请仲裁的"，申请保全人应当及时申请解除保全，申请保全人未及时申请人民法院解除保全，应当赔偿被保全人因财产保全所遭受的损失。

303. 申请保全后法院未支持，能否申请复议?

解析:《民事诉讼法》（2023 年修正）第 111 条规定:"当事人对保全或者先予执行的裁定不服的,可以申请复议一次。复议期间不停止裁定的执行。"从条文表述看,本条规定了对保全裁定不服,可以申请复议。但是如果申请保全后法院未支持,能否申请复议? 实践中存在争议。而且对保全申请不支持的,很多法院仅作告知,或者记入笔录。申请人救济起来往往"口说无凭"。

实际上,这个问题要结合《最高人民法院关于人民法院办理财产保全案件若干问题的规定》（2020 年修正）第 25 条的规定来看。该条第 1 款明确,"申请保全人、被保全人对保全裁定或者驳回申请裁定不服的,可以自裁定书送达之日起五日内向作出裁定的人民法院申请复议一次"。由此倒推,对于保全申请,法院经审查后不支持的,应当出具驳回申请裁定,其救济方式与保全裁定一致。

304. 金融机构以保函形式为被保全人提供担保的, 保全措施应否解除?

解析:《民事诉讼法》（2023 修正）第 107 条规定:"财产纠纷案件,被申请人提供担保的,人民法院应当裁定解除保全。"《最高人民法院关于人民法院办理财产保全案件若干问题的规定》（2020 年修正）第 22 条进一步明确:"财产纠纷案件,被保全人或第三人提供充分有效担保请求解除保全,人民法院应当裁定准许。被保全人请求对作为争议标的的财产解除保全的,须经申请保全人同意。"

《最高人民法院关于人民法院办理财产保全案件若干问题的规定》（2020 年修正）第 8 条规定:"金融监管部门批准设立的金融机构以独立保函形式为财产保全提供担保的,人民法院应当依法准许。"司法解释设立"独立保函"制度,允许金融机构以独立保函的形式提供担保,是为了切实降低保全门槛,提高财产保全效率。对于利用该种担保形式为被申请保全人提供解除保全的担保,虽然原理是相同的,但人民法院审查的责任比较重。《最高人民法院关于适用〈中华人民共和国民事诉讼法〉的解释》（2022 年修正）第 167 条规定:"财产保全的被保全人提供其他等值担保财产且有利于执行的,人民法院可以裁定变更保全标的物为被保全人提供的担保财产。"《最高人民法院关于人民法院办理财产保全案件若干问题的规定》（2020 年修正）第 22 条的规定与该条规定是基本对应的。按照上述规定，法院在审查解除保全问题时，既要对解除保全的必要条件进行审查，也要对解除保全的充分条件进行审查。因此，法院在裁定解除保全时，不仅要看被保全人是否提供了银行诉讼保函，也要审查该保函的充分性和有效性，包括保函开立银行是否具有相应资质，所提供的保函是否符合独立保函的标准，能否保障将来生效判决的执行，对解除保全错误的责任应如何承担等问题。而对这些充分性条件的审查目前还没有具体、明确的规范。因申请财产保全时一般需要提供担保，作为将来因申请保全错误对被申请保全人的损失赔偿基础，而解除错误还将涉及司法人员责任追究及国家赔偿问题，因此实践中为降低解除保全错误给申请人造成损害的风险，人民法院一般倾向于从严把握，并注意听取申请保全人的意见。对此，当事人在执行程序中可积极与相关法院沟通，充分表达意见，并可通过异议、复议、申诉途径寻求解决，上级法院可以通过监督程序纠正实践中的偏差。

305. 移送管辖后，原法院作出的诉中保全措施如何变更或者解除？

解析：《最高人民法院关于适用〈中华人民共和国民事诉讼法〉的解释》（2022 年修正）第 165 条规定："人民法院裁定采取保全措施后，除作出保全裁定的人民法院自行解除或者其上级人民法院决定解除外，在保全期限内，任何单位不得解除保全措施。"从本条的文义看，只有作出保全裁定的人民法院有权自行解除或者由其上级人民法院决定解除保全措施。

但是，对于这个问题，不能机械司法。对于采取了财产保全措施后又移送管辖的情况，有必要结合《最高人民法院关于适用〈中华人民共和国民事诉讼法〉的解释》（2022 年修正）第 160 条的规定进行体系化解读。该条规定："当事人向采取诉前保全措施以外的其他有管辖权的人民法院起诉的，采取诉前保全措施的人民法院应当将保全手续移送受理案件的人民法院。诉前保全的裁定视为受移送人民法院作出的裁定。"据此，当作出诉前保全裁定法院与受理案件法院不一致时，前者应当向后者移送保全手续，且诉前保全裁定视为受移送人民法院作出的裁定。尽管该条规定的是诉前财产保全，但该条规定精神可参照适用于诉中财产保全。原作出诉中保全裁定的人民法院移送管辖，其实质是对案件进行移送。财产保全属于当事人诉讼活动的一部分，是处理案件实体争议的附属部分，受移送人民法院在实际取得审理案件争议权后，也应一并取得与诉讼有关的附随权力。也就是说，受移送人民法院依法取得对原保全裁定予以变更或解除的权力。综合上述两条规定，可以较好地解决保全裁定的效力衔接问题，减轻当事人的诉累，更加公平地保护好各方当事人利益。

依据：《最高人民法院对十三届全国人大五次会议第7481号建议的答复》（2022年7月18日）

306. 对诉争标的的保全有异议的，案外人通过什么程序救济？

解析：设例如下：B公司向A公司借款，以房产作为抵押。逾期未还，A公司诉至法院，并对抵押房产进行了保全查封。案外人C提出异议，以其购买了房产为由请求解除对案涉房产的查封。

根据《最高人民法院关于人民法院办理财产保全案件若干问题的规定》（2020年修正）第27条第1款的规定，人民法院对诉讼争议标的以外的财产进行保全，案外人对保全裁定或者保全裁定实施过程中的执行行为不服，基于实体权利对被保全财产提出书面异议的，人民法院应当依照《民事诉讼法》（2023年修正）第238条规定审查处理并作出裁定。案外人、申请保全人对该裁定不服的，可以自裁定送达之日起15日内向人民法院提起执行异议之诉。但如果保全的就是诉讼标的，案外人如何救济？

对此，一种意见认为，对诉讼争议标的进行保全执行产生的争议应在本诉中加以解决，不属于案外人异议和执行异议之诉的审理范围。

另一种意见认为，按照第一种观点，案外人只能进入本诉中作为第三人参加诉讼，案外人所能主张的一般仅是抵押权的效力问题。如果该诉讼认定抵押权有效，与案外人的物权期待权如何排序的问题仍无法解决，案涉房产是否应当解除查封这一问题仍无法解决。另外，《最高人民法院关于人民法院办理财产保全案件若干问题的规定》（2020年修正）第27条所规定的对诉讼标的物的争议一般是对标的物所有权归属的争议，即案外人也主张其是物权权利人，此时案外人就应在本诉中解决争议，而不应到案外人执行异议之诉中解决，本案并非此种典型情形。本案的主债权是金钱债权，仅涉及抵押权问题，并非第27条规定的典型形态。

研析认为，《最高人民法院关于人民法院办理财产保全案件若干问题的规定》（2020年修正）第27条规定的落脚点是对被保全财产主张实体权利的案外人，可以最终通过诉讼进行救济。该条的设置与《民事诉讼法》（2023年修正）第238条规定的精神一致。即案外人主张的实体权利，如与原判决、裁定有关，则应该通过参加原诉讼予以解决（原诉讼审判程序已经结束的，通过审判监督程序予以纠正；原诉讼审判程序还未结束的，则作为有独立请求权第三人加入该诉讼中）。如与原判决、裁定无关，则通过执行异议之诉解决。《最高人民法院关于人民法院办理财产保全案件若干问题的规定》（2020年修正）第27条以"诉讼争议标的以外的财产"作为适用条件，意在与"案外人以有独立请求权第三人身份参与诉讼"的情形相区分。故本案C公司能否提起案外人异议以及执行异议之诉，取决于其主张的实体权利，是通过A、B公司之间的诉讼程序解决，还是通过执行异议之诉解决。

设例中，A公司申请保全查封案涉房屋是为了实现抵押权，而案外人主张的是确认其对案涉房屋享有可以排除强制执行的民事权益。从案外人的主张看，其并未否定抵押权的存在，根据最高人民法院第155号指导性案例的精神，本案案外人的主张属于"与原判决、裁定无关"的情形，即应通过执行异议之诉解决。故A公司可以提起执行异议之诉。本案虽不属于《最高人民法院关于人民法院办理财产保全案件若干问题的规定》（2020年修正）第27条的典型情形，但A公司根据指引，依照《民事诉讼法》（2023年修正）第238条规定提起异议之诉，符合《最高人民法院关于人民法院办理财产保全案件若干问题的规定》（2020年修正）第27条的立法本意。

参考案例： 在第155号指导性案例中，最高人民法院确定了如下裁判规则："在抵押权强制执行中，案外人以其在抵押登记之前购买了抵押房产，享有优先于抵押权的权利为由提起执行异议之诉，主张依据《最高人民法院关于人民法院办理执行异议和复议案件若干问题的规定》排除强制执行，但不否认抵押权人对抵押房产的优先受偿权的，属于民事诉讼法第二百二十七条规定的'与原判决、裁定无关'的情形，人民法院应予依法受理。"

307. 被保全人认为保全裁定错误的，如何救济？

解析： 财产保全措施的基本功能是防止被告恶意转移财产，减少判决难以执行或其他损害情形的发生，在制度程序设计上，兼顾平衡保护双方当事人利益。财产保全裁定前审查倾向于对申请人的及时保护，而对被保全人利益的保护主要倾向于事后救济。为了保障被保全人的合法权益，纠正错误、超标的保全甚至恶意申请保全问题，现行法律及司法解释设置了事后救济程序，主要体现在：《民事诉讼法》（2023年修正）第111条规定："当事人对保全或者先予执行的裁定不服的，可以申请复议一次。复议期间不停止裁定的执行。"第108条规定："申请有错误的，申请人应当赔偿被申请人因保全所遭受的损失。"《最高人民法院关于人民法院办理财产保全案件若干问题的规定》（2020年修正）第25条第1款进一步明确，申请保全人、被保全人对保全裁定或者驳回申请裁定不服的，可以自裁定书送达之日起5日内向作出裁定的人民法院申请复议一次。第26条规定，申请保全人、被保全人、利害关系人认为保全裁定实施过程中的执行行为违反法律规定提出书面异议的，人民法院应当依照《民事诉讼法》（2023年修正）第236条规定，按照异议、复议程序审查处理。对于经异议、复议审查认定属于超标的保全、恶意申请保全或其他错误保全情形的，人民法院将及时解除全部或部分保全措施。被保全人正确把握和及时运用这些救济程序，可以有效维护自身权益，免受损失或减少损失。

308. 被保全人认为法院超额查封，如何救济？

解析：对于保全程序中的救济方式，《最高人民法院关于人民法院办理财产保全案件若干问题的规定》（2020年修正）第25条和第26条规定了两种不同的救济方式。保全过程中往往存在两个裁定：一个是立案、审判部门作出的保全裁定，一个是执行部门作出的具体实施保全的裁定。这是因为，立案、审判部门作出裁定时缺乏被保全财产信息，无法具体化，只能作出一个概括性裁定，待进入实施程序由执行部门进行网络查控后，针对具体财产作出具体的查封裁定和协助执行通知。

立案、审判部门作出的这种裁定，由于没有指向明确、具体的财产，被称为"概括裁定"或者更通俗的"大裁定"。如果认为该裁定导致超额查封，可依据《最高人民法院关于人民法院办理财产保全案件若干问题的规定》（2020年修正）第25条进行救济。该条第1款规定："申请保全人、被保全人对保全裁定或者驳回申请裁定不服的，可以自裁定书送达之日起五日内向作出裁定的人民法院申请复议一次。"

而如果认为执行部门作出的具体实施保全的裁定造成超额查封，依据《最高人民法院关于人民法院办理财产保全案件若干问题的规定》（2020年修正）第26条进行救济。该条规定："申请保全人、被保全人、利害关系人认为保全裁定实施过程中的执行行为违反法律规定提出书面异议的，人民法院应当依照民事诉讼法第二百二十五条规定审查处理。"

总之，关于保全执行中明显超标的额查封的救济程序，在目前的规则和实践操作中，大体可以按照保全裁定主文的表述，依据《最高人民法院关于人民法院办理财产保全案件若干问题的规定》（2020 年修正）第 25 条、第 26 条进行区分。

参考案例： 在（2018）最高法执复 34 号执行裁定书中，最高人民法院认为，本案的保全存在两个裁定，一个是保全裁定，一个是具体实施保全的裁定。《民事诉讼法》第 108 条规定："当事人对保全或者先予执行的裁定不服的，可以申请复议一次。复议期间不停止裁定的执行。"上述法律规定的救济程序是针对保全裁定的规定，而非具体实施保全的裁定。本案针对的是超标的查封问题，是对人民法院保全执行行为的异议，依照《最高人民法院关于人民法院办理执行异议和复议案件若干问题的规定》第 6 条规定，该异议在执行程序终结之前都可以提出。

（十四）先予执行

309. 破产重整企业能否就其债权在二审阶段提出先予执行申请？

解析： 与一般的执行不同，先予执行指的是人民法院在诉讼过程中，为解决困难当事人的燃眉之急，维持其最基本的生活或者生产经营不至于陷入完全停顿状态所采取的特殊救济措施。先予执行存在于案件审理期间，人民法院尚未对当事人的实体争议作出裁判，故先予执行的内容很可能与最终的生效法律文书确定的内容不一致。有鉴于此，《民事诉讼法》（2023 年修正）对可以裁定先予执行的案件类型、应当符合的条件、采取时间等均作出了较为严格的限定，以防止该制度的滥用，平衡保护各方当事人合法权益，使其扶危济困的功能能够有效发挥。

就人民法院采取先予执行的期限、范围，《最高人民法院关于适用〈中华人民共和国民事诉讼法〉的解释》（2022 年修正）第 169 条明确规定："民事诉讼法规定的先予执行，人民法院应当在受理案件后终审判决作出前采取。先予执行应当限于当事人诉讼请求的范围，并以当事人的生活、生产经营的急需为限。"据此，人民法院采取先予执行的期限应严格限定在"受理案件后终审判决作出前"，范围应严格限定在当事人诉讼请求的范围，并以当事人的生活、生产经营急需为限。由此可见，人民法院在案件二审阶段仍可采取先予执行措施。因此，应允许破产重整企业在案件二审阶段提出先予执行申请。

依据：《最高人民法院对十三届全国人大二次会议第2371号建议的答复》（2022年7月18日）

310. 破产重整企业提出先予执行申请，是否需要债权人同意？

解析：根据《企业破产法》（2007年施行）的相关规定，债务人进入破产程序后，丧失对自身财产的管理和处分权，破产管理人全面接管，并依法行使管理和处分债务人财产，代表债务人参加诉讼、仲裁或者其他法律程序等权利。同时，该法也明确规定，破产管理人应勤勉尽责，忠实履行职务，并从三个方面接受监督：一是向人民法院报告工作，二是向债权人委员会报告工作，三是列席债权人会议并报告相关情况。

依据《企业破产法》（2007年施行）第69条和《最高人民法院关于适用〈中华人民共和国企业破产法〉若干问题的规定（三）》（2020年修正）第15条等相关规定，《企业破产法》（2007年施行）规定的破产管理人在实施不动产权益转让、借款、设定财产担保等行为前，应当事先制作财产管理或者变价方案并提交债权人会议进行表决，并应当在法定期限内提前书面报告债权人委员会或者人民法院，所针对的通常是破产管理人实施的财产处分行为，及可能对债务人财产设定权利负担的行为。而破产管理人代表债务人参加追索债权的诉讼，向人民法院提出先予执行申请，虽然同样会对债权人利益产生影响，但该行为可以及时增加破产财产或使破产财产价值最大化，于债权人利益保护而言是有利的。根据《民事诉讼法》（2023年修正）第110条的规定，人民法院裁定先予执行的条件是：当事人之间权利义务关系明确，不先予执行将严重影响申请人的生活或者生产经营；被申请人有履行能力。即法律并未将被申请人同意作为人民法院裁定先予执行的条件之一。换言之，只要申请人提出的先予执行申请符合法定条件，人民法院裁定先予执行，不需要征得被申请人同意。当然，在不将被申请人同意作为采取先予执行前提的情况下，人民法院可以根据案件实际情况听取被申请人关于先予执行的意见，以便作出最妥当的安排。

依据：《最高人民法院对十三届全国人大二次会议第2371号建议的答复》（2022年7月18日）

311. 申请先予执行是否需要预交执行申请费以及能否申请免交？

解析： 人民法院作出先予执行裁定后，需要通过执行实施程序实现。关于当事人申请先予执行是否需要交纳执行申请费的问题，相关法律法规并无明确规定。依照 2007 年 4 月 1 日起施行的《诉讼费用交纳办法》第 6 条第 2 项、第 20 条第 2 款的规定，当事人应当向人民法院交纳的诉讼费用包括申请费，申请费由申请人预交，但执行申请费不由申请人预交，该费用待执行后交纳。2007 年 4 月 20 日，为贯彻落实《诉讼费用交纳办法》，规范诉讼费用的交纳和管理，最高人民法院颁布《关于适用〈诉讼费用交纳办法〉的通知》，该通知第 4 条规定："《办法》第二十条规定，执行申请费和破产申请费不由申请人预交，执行申请费执行后交纳，破产申请费清算后交纳。自 2007 年 4 月 1 日起，执行申请费由人民法院在执行生效法律文书确定的内容之外直接向被执行人收取，破产申请费由人民法院在破产清算后，从破产财产中优先拨付。"结合上述规定，执行申请费由被执行人负担，不需申请人预交，当然也不存在预先交纳情况下的缓交问题。

依据：《最高人民法院对十三届全国人大二次会议第 2371 号建议的答复》（2022 年 7 月 18 日）

五、行政执行与刑事涉财产部分执行

（十五）行政执行

312. 监管机构作出的责令股东转让股权或者限制股东权利等金融业审慎监管措施，能否申请人民法院执行？

解析： 倾向于不能申请人民法院强制执行。主要理由包括：

首先，金融业审慎监管措施不适用《行政诉讼法》和《行政强制法》的规定。《行政诉讼法》（2017 年修正）第 97 条规定："公民、法人或者其他组织对行政行为在法定期限内不提起诉讼又不履行的，行政机关可以申请人民法院强制执行，或者依法强制执行。"《行政强制法》（2012年施行）第13条第2款进一步规定，法律没有规定行政机关强制执行的，作出行政决定的行政机关应当申请人民法院强制执行。从两部法律的关系上看，在这个问题上，《行政强制法》是特别法和后法，应当以《行政强制法》的规定为准。而《行政强制法》（2012年施行）第3条又明确规定，行政机关采取金融业审慎监管措施、进出境货物强制性技术监控措施，依照有关法律、行政法规的规定执行。从这几个规定综合看，关于责令转让股权或限制股东权利等金融业审慎监管措施，不适用《行政诉讼法》和《行政强制法》的规定，而应当由"有关法律、行政法规"规定。

其次，从法律规定上来看，"责令转让股权或者限制股东权利"的执行主体是监管机构本身。《银行业监督管理法》（2006年修正）第37条规定："银行业金融机构违反审慎经营规则的，国务院银行业监督管理机构或者其省一级派出机构应当责令限期改正；逾期未改正的，或者其行为严重危及该银行业金融机构的稳健运行、损害存款人和其他客户合法权益的，经国务院银行业监督管理机构或者其省一级派出机构负责人批准，可以区别情形，采取下列措施：（一）责令暂停部分业务、停止批准开办新业务；（二）限制分配红利和其他收入；（三）限制资产转让；（四）责令控股股东转让股权或者限制有关股东的权利；（五）责令调整董事、高级管理人员或者限制其权利；（六）停止批准增设分支机构。""银行业金融机构整改后，应当向国务院银行业监督管理机构或者其省一级派出机构提交报告。国务院银行业监督管理机构或者其省一级派出机构经验收，符合有关审慎经营规则的，应当自验收完毕之日起三日内解除对其采取的前款规定的有关措施。"与"责令暂停部分业务""限制分配红利和其他收入"等一样，"责令转让股权或者限制股东权利"系法律已经明确授权监管机构可以采取的措施，无需人民法院参与。

再次，从性质上看，"责令转让股权或者限制股东权利"不属于行政强制执行的范畴。《行政强制法》（2012年施行）第2条规定："本法所称行政强制，包括行政强制措施和行政强制执行。""行政强制措施，是指行政机关在行政管理过程中，为制止违法行为、防止证据损毁、避免危害发生、控制危险扩大等情形，依法对公民的人身自由实施暂时性限制，或者对公民、法人或者其他组织的财物实施暂时性控制的行为。""行政强制执行，是指行政机关或者行政机关申请人民法院，对不履行行政决定的公民、法人或者其他组织，依法强制履行义务的行为。"行政强制措施是在行政决定作出前行政机关所采取的强制手段，是暂时性的，例如查封、扣押等，而行政强制执行是在行政决定作出后，为了执行该行政决定所采取的强制手段，是终局性的，如罚款、扣划等。行政强制执行的前提是存在一个生效的行政决定，是执行行政决定的行为，目的是保障行政决定内容得到实现。行政强制执行分为行政机关自行强制执行和申请人民法院强制执行，但行政强制措施无需申请人民法院执行。从《银行业监督管理法》（2006 年修正）第 37 条规定的六项措施的内容，以及银行业金融机构整改验收合格后即可解除上述措施等规定，应当将其认定为行政机关自身可以采取的暂行性的行政强制措施或者管理措施，而非行政强制执行。

最后，从执行效果来看，由监督管理机构采取法律赋予的其他手段效果更好。《银行业监督管理法》第五章法律责任部分已经赋予了监督管理机构充分的行政处罚职能和法律救济途径，对于严重违反审慎经营规则构成犯罪的，可以依法追究刑事责任，故监管机构采取上述措施，更有利于实现银行业金融机构严格遵守审慎经营规则的目的。

313. 判决驳回原告诉讼请求后，行政机关申请强制执行的期限是 2 年还是 3 个月？

解析： 该问题在实践中争议较大。第一种意见认为，经过诉讼的行政行为，行政机关申请执行的，应当依据《最高人民法院关于适用〈中华人民共和国行政诉讼法〉的解释》（2018 年施行）第 152 条第 1 款和第 153 条第 1 款的规定，适用 2 年的申请执行期限。主要理由是：《行政强制法》（2012 年施行）第 13 条第 2 款规定："法律没有规定行政机关强制执行的，作出行政决定的行政机关应当申请人民法院强制执行。"没有强制执行权的行政机关申请人民法院执行包括非诉执行和生效判决的执行两种情形，并非必然是非诉执行。生效判决驳回原告诉讼请求之后，行政机关申请人民法院强制执行，属于生效判决的执行，而非非诉执行。执行内容没有直接体现在判决主文中而是在被诉行政行为之中，并不影响执行性质和执行内容的确定。在这一点上，行政诉讼与民事诉讼的驳回诉讼请求判决存在本质不同。民事诉讼判决驳回原告的诉讼请求，理由是原告的诉讼请求不成立，确实没有执行内容。而行政诉讼判决驳回原告诉讼请求的理由是"行政行为证据确凿，适用法律、法规正确，符合法定程序"，实质是确认被诉行政行为合法有效，被诉行政行为构成驳回原告诉讼请求判决的有机组成部分，行政行为确定的义务就是生效判决确定应当履行的义务，不存在没有执行内容的问题。驳回原告诉讼请求判决生效后，原告仍不履行行政行为确定义务，没有强制执行权的行政机关申请人民法院强制执行的，性质上属于生效判决的执行，申请期限应当按照２年期限计算，而不是非诉执行的３个月。

第二种意见认为，人民法院判决驳回原告诉讼请求的行政案件，行政机关申请强制执行期限应当是３个月。主要理由是：驳回诉讼请求的行政判决，不涉及执行问题，没有需要强制执行的判决义务内容。并且，行政机关或第三人在行政判决驳回诉讼请求后，向人民法院申请强制执行的，其实质仍是请求执行具体行政行为所确定的义务。

研析认为，第二种意见更可采。理由如下：

第一，判决驳回诉讼请求后，申请执行的不是行政判决。驳回诉讼请求的行政判决没有可执行内容。作为执行依据的生效法律文书必须具有可执行性，这种可执行性体现为法院在生效法律文书的判决主项（而非判决说理部分）中确定了权利义务主体及明确了给付内容，这是执行工作的一项基本原则。《最高人民法院关于适用〈中华人民共和国民事诉讼法〉的解释》（2022年修正）第461条第1款规定："当事人申请人民法院执行的生效法律文书应当具备下列条件：（一）权利义务主体明确；（二）给付内容明确。"《最高人民法院关于人民法院执行工作若干问题的规定（试行）》（2020年修正）第16条第1款第3项规定："人民法院受理执行案件应当符合下列条件：……（3）申请执行的法律文书有给付内容，且执行标的和被执行人明确。"《最高人民法院关于执行案件立案、结案若干问题的意见》（法发〔2014〕26号）第1条第2款规定："执行实施类案件是指人民法院因申请执行人申请、审判机构移送、受托、提级、指定和依职权，对已发生法律效力且具有可强制执行内容的法律文书所确定的事项予以执行的案件。"《最高人民法院关于适用〈中华人民共和国行政诉讼法〉的解释》（2018年施行）第152条第1款规定："对发生法律效力的行政判决书、行政裁定书、行政赔偿判决书和行政调解书，负有义务的一方当事人拒绝履行的，对方当事人可以依法申请人民法院强制执行。"该条文所述的"发生法律效力"和"负有义务"是申请强制执行行政裁判必须同时具备的并行条件，而且相关义务应是指在判决判项中明确的义务。法院在驳回诉讼请求行政判决中判项的表述为"驳回原告的诉讼请求"，此种判决只是否定了原告对具体行政行为的质疑，确认了具体行政行为的合法性，在判项中并没有责令被驳回起诉的原告人向行政机关履行义务。故此类判决虽然是"发生法律效力的行政判决",但并没有需要强制执行的判决义务内容。故不存在适用《最高人民法院关于适用〈中华人民共和国行政诉讼法〉的解释》（2018 年施行）第 153 条规定的 2 年申请执行期限问题。

第二，判决驳回诉讼请求后，申请执行的是具体行政行为所确定的义务。行政机关或第三人在行政判决书驳回诉讼请求后，向人民法院申请强制执行的，其实质仍是请求实现具体行政行为所确定的义务。该具体行政行为经法院判决驳回原告诉讼请求后，其效力得到了维持，没有变化。而相关行政判决只是其申请执行具体行政行为的前提条件。故其本质上仍是行政非诉执行程序，应由法院对具体行政行为可执行性进行审查后，裁定准予执行并明确执行内容后再进入执行程序。《最高人民法院关于判决驳回原告诉讼请求行政案件执行问题的答复》（〔2008〕行他字第 24 号）规定："被诉具体行政行为具有可执行内容的，人民法院作出驳回原告诉讼请求判决生效后，行政机关申请执行被诉具体行政行为的，人民法院应依法裁定准予执行，并明确执行的具体内容。"《最高人民法院行政审判庭关于行政机关申请法院强制执行维持或驳回诉讼请求判决应如何处理的答复》（〔2013〕行他字第 11 号）规定："人民法院判决维持被诉行政行为或者驳回原告诉讼请求后，行政机关申请人民法院强制执行的，人民法院应当依照《中华人民共和国行政强制法》第十三条第二款的规定，作出如下处理：一、法律已授予行政机关强制执行权的，人民法院不予受理，并告知由行政机关强制执行。二、法律未授予行政机关强制执行权的，人民法院对符合法定条件的申请，可以作出准予强制执行的裁定，并应明确强制执行的内容。"上述两个答复均规定了在人民法院作出驳回原告诉讼请求行政判决的前提下，行政机关申请强制执行的是仍然是具体行政行为，且其可执行性仍应接受人民法院的非诉审查，需要法院作出准许执行的裁定。当然在这种情况下，行政庭审查程序中，可以因相关行政行为已经得到了法院确认维持，而对行政行为的合法性审查方面予以简化或者当然予以确认（但对是否有明确的给付内容以及申请执行期限方面，仍应予以充分审查）。这两个答复精神，下级法院已经在贯彻落实，不宜轻易改变。例如，《湖南省高级人民法院关于进一步规范全省法院行政案件执行工作的指导意见（试行）》（湘高法发〔2020〕8 号）规定："人民法院生效行政裁判驳回公民、法人或者其他组织对行政行为的起诉或诉讼请求，或者确认行政行为违法但保留效力，公民、法人或者其他组织拒不履行被诉行政行为确定的義务的，行政机关可以自裁判文书生效之日起三个月内向人民法院申请强制执行。"

第三，从立法本意来看，行政机关申请人民法院执行其行政决定，是出于公共利益，与民事案件当事人申请法院执行系实现其私权利不同。为了提高行政效率，维护公共利益，行政机关应在一个较短的期间内向法院申请强制执行，这样也有利于行政行为保持连贯性和权威性，避免出现作出具体行政行为的行政政策在长时间的申请执行期限内发生变化。故申请执行期限确定为 3 个月时间为宜。

314. 判决行政机关履行特定职责的，如何把握执行完毕的标准？

解析：《行政诉讼法》（2017 年修正）第 72 条规定："人民法院经过审理，查明被告不履行法定职责的，判决被告在一定期限内履行。"审判实践中，履责判决有两种情形：一是经审理能够明确确定被告应当履行特定义务内容的，人民法院依法判决被告限期履行相应义务；二是经审理认为被告应当履行义务，但是不能确定义务具体内容的，判决被告就原告请求事项限期作出处理。人民法院按照第一种情形作出判决，被告履行判决行为受生效判决羁束，不可诉；人民法院按照第二种情形作出判决，被告对原告请求事项的处理具有裁量权，原告对被告作出的行政行为不服，可以依法提起行政诉讼。比如，行政判决责令被告区政府就原告申请村委会公开事项限期"作出相应处理"，这就属于第二种情形的判决。如果原告申请公开的信息并不属于村务信息公开范围，而是相关行政机关掌握的政府信息，人民法院可以协调相关机关，向原告公开有关信息。

那么，如果行政相对人对行政机关依据行政判决作出的行政行为不满意，要求人民法院执行的，如何处理？基于对行政权及审判权的尊重，执行法院对执行完毕与否的判断，既要严格，又要谦抑。具体而言，对执行完毕与否的判断，一般以形式审查为原则，不进行实质审查。就责令采取补救措施的判决执行而言，执行法院主要审查补救措施是否符合判决要求的形式。如果行政判决仅要求采取补救措施或者作出其他具体行政行为的，行政机关作出补救措施或者行政行为后，就已履行完毕。关于补救措施或者行政行为是否合理、适当，债权人应当通过另行提起行政诉讼等方式解决。

参考案例：在（2016）最高法执监 103 号执行裁定书中，最高人民法院认为，执行依据的内容是"责令债务人在收到本行政复议决定书之日起一个月内对申请人的土地登记申请依法进行确权，并核发土地使用权证书"。在债务人已经向债权人颁发土地使用权证书的情况下，执行依据确定的执行义务已经全部履行完毕。执行法院作出结案决定，不违反法律规定。债权人认为债务人所颁发的土地使用权证书存在面积不够、用途不对、手续不完整等问题的，针对的是债务人作出的新的行政行为，并非执行依据确定的执行内容，不属于执行程序所能解决的问题。

在（2019）最高法执监167号案件中，执行依据确定："责令被告因其无效行政行为对债权人权益产生的损害采取相应的补救措施。"执行过程中，被告在接到法院发出的执行通知书后，提交了履行方案并缴纳了执行费。此后，执行法院予以结案，并向当事人送达了结案通知书。债权人不服，依次提出异议、复议和申诉。最高人民法院认为，债务人已提交了履行方案，且根据生效法律文书关于"至于如何采取补偿措施、是否继续履行土地出让行为等，则属行政机关对行政事项的自由裁量权，应由被诉行政机关酌定"的认定，债务人在提交履行方案并向行政相对人作出履行意见后，即应认定已按生效判决的要求采取了相应的补救措施。至于该补救措施是否得当，申诉人可以通过其他途径予以救济。

315. 判决行政机关公开特定信息的，申请执行人能否要求"复制、复印或者拍照"？

解析： 执行实务中，对于公开信息的行政判决，由于法律上对于如何公开没有明确具体的规定，不少行政机关在公开时不允许复制、复印或拍照，由此产生争议。对此，应结合相关法律规定作出合理的解释。《国有土地上房屋征收与补偿条例》（2011年施行）第29条规定："房屋征收部门应当依法建立房屋征收补偿档案，并将分户补偿情况在房屋征收范围内向被征收人公布。""审计机关应当加强对征收补偿费用管理和使用情况的监督，并公布审计结果。"《政府信息公开条例》（2019年施行）第40条规定："行政机关依申请公开政府信息，应当根据申请人的要求及行政机关保存政府信息的实际情况，确定提供政府信息的具体形式；按照申请人要求的形式提供政府信息，可能危及政府信息载体安全或者公开成本过高的，可以通过电子数据以及其他适当形式提供，或者安排申请人查阅、抄录相关政府信息。"申请执行人要求"复制、复印或者拍照"的，并不属于"危及政府信息载体安全或者公开成本过高"的情形，应予支持。

（十六）刑事裁判涉财产部分执行

316. 能否依据刑事审判部门移送执行时所附《情况说明》，将案外人列为被执行人并扣划其名下存款？

解析： 设例如下：法院刑事审判部门将杨某合同诈骗罪一案移送执行，附生效裁判文书和《情况说明》。《情况说明》记载："在移送执行书附件所列的四份协助冻结财产通知书中的款项属于涉案赃款，应当予以追缴。"其中一份协助冻结财产通知书载明，"冻结张某在某银行的账户金额壹佰万元整"。在执行过程中，能否将张某列为被执行人，并对冻结的 100 万元予以执行？

对此，有观点认为，刑事审判部门移送执行部门执行时，《移送执行书》所附的附件和情况说明明确，《协助冻结财产通知书》中所涉的款项属于应予追缴的赃款。因此，该《移送执行书》中的相关冻结款项的附件系刑事判决的组成部分，本案所涉款项已被生效的刑事判决确认为赃款，应将其列为被执行人并予以执行。

该观点值得商榷。第一，《最高人民法院关于刑事裁判涉财产部分执行的若干规定》（2014 年施行）第 6 条第 1 款规定："……涉案财物或者被害人人数较多，不宜在判决主文中详细列明的，可以概括叙明并另附清单。"涉案《情况说明》系在判决生效后、刑事审判部门移送执行时所附，未与生效刑事判决同步送达案件当事人，不属于生效刑事判决的一部分，不能直接以此作为执行依据。第二，虽然张某涉案存款系侦查机关在侦查过程中冻结，并且刑事判决判令犯罪分子违法所得的一切财物，应当予以追缴或者责令退赔，但该刑事判决并未对张某名下涉案存款是否属于赃款作出认定，也未在判项或者另附清单中明确张某被冻结的涉案款项属于应予追缴或者责令退赔的财物范围。在此情形下，在执行过程中直接将涉案张某名下存款纳入应予追缴的财物范围，认定事实不清，证据不足。第三，《情况说明》中的内容，如果并未在刑事判决主文中写明，也没有在判决书后另附清单，而且并未向当事人送达，仅在移送执行时向法院内部执行部门出具，当事人特别是案外人对该财产被认定为赃款赃物的情况并不知悉，无法在执行程序之外行使正常的救济权利。第四，对第三人涉赃款赃物的，应直接裁定予以追缴，而非将其追加为被执行人。

参考案例：熊某春犯合同诈骗罪一案，执行依据载明：在案冻结李某琼名下的案涉房屋一套予以变卖，变价款偿还相关权利人后并入追缴项执行。执行中，北京市第二中级人民法院（以下简称北京二中院）将经拍卖流拍的案外人李某琼名下案涉房屋作价交付被害单位。李某琼提出异议，认为北京二中院执行行为不符合刑事判决主文的内容，李某琼是执行依据主文中的"相关权利人"，执行法院应将变价款偿还李某琼后予以追缴，请求执行回转房屋，自愿代被执行人熊某春支付 50 万元作为追缴款项。北京市高级人民法院及北京二中院均认为，李某琼主张其对案涉房屋享有所有权实质上是对生效刑事裁判的内容提出异议，不属于刑事裁判涉财产部分执行中案外人异议的审查范围，应当从程序上予以驳回。李某琼不服，向最高人民法院申请执行监督。最高人民法院在（2021）最高法执监 10 号执行裁定书中认为，刑事裁判涉财产部分的裁判内容，应当明确、具体。刑事裁判未明确随案移送的他人名下财物属于赃物并应予追缴，或者未明确应予追缴的权属比例或者具体金额的，应当依照执行依据不明的相关规定处理。

317. 追缴违法所得与责令退赔是什么关系？

解析：《刑法》（2020 年修正）第 64 条规定，"犯罪分子违法所得的一切财物，应当予以追缴或者责令退赔"。关于追缴违法所得与责令退赔的关系，有两种不同理解。

第一种观点认为，追缴针对的是现实存在的赃款赃物，而"责令退赔"是指在不能追缴的情况下责令行为人缴纳一定的金钱或者相应的财物。所谓不能追缴，是指在判决时，在事实上或者法律上不能追缴。事实上不能追缴，一般是指原物被犯罪人消费、毁坏、丢失等，客观上已经不存在；法律上不能追缴，是指原物虽然客观上存在，但由于法定的原因不能没收。例如，第三者已经善意取得了犯罪人违法所得的财物，对此，应责令犯罪分子从自己合法所得中缴纳相应财物。[①]

第二种观点认为，"追缴"应属于一种宏观上的概念，意味着法院代表国家对被告人的违法所得及其孳息、违禁品和犯罪工具依法加以追回和查扣。涉案财物被法院予以追缴之后，通常有两个基本流向：一是对被害人进行退赔和财产返还，这主要是从违法所得及其孳息中来赔偿被害人的财产损失；

---

① 张明楷：《论刑法中的没收》，载《法学家》2012 年第 3 期。

二是将涉案财物予以没收，收归国库，这主要是对违禁品、犯罪工具以及剩余的违法所得及其孳息所作的处置方式。① 根据这种观点，追缴与退赔的区别并不在于赃款赃物是否尚在，即使赃款赃物已不存在，为了防止犯罪人通过犯罪行为获得利益，亦应继续追缴。对追缴来的财产，应首先退赔被害人的损失，在二者的关系上，追缴是退赔的前提。

研析认为，第一种观点更有说服力。从《刑法》（2020年修正）第64条的文义表述看，"追缴"与"责令退赔"系并列关系，是剥夺犯罪人非法获益的两种不同方式。最高人民法院印发的《全国法院维护农村稳定刑事审判工作座谈会纪要》（法〔1999〕217号）明确："如赃款赃物尚在的，应一律追缴；已被用掉、毁坏或挥霍的，应责令退赔。"从《最高人民法院关于适用〈中华人民共和国刑事诉讼法〉的解释》（2021年修正）第176条的表述看，在弥补被害人损失方面，亦有"追缴"与"责令退赔"两种方式，二者是根据赃款赃物存在与否进行的划分。②

318. 刑事判决仅判处追缴，执行中发现赃款赃物已不存在，能否转为执行退赔？

解析：《刑法》（2020年修正）第64条规定："犯罪分子违法所得的一切财物，应当予以追缴或者责令退赔；对被害人的合法财产，应当及时返还；违禁品和供犯罪所用的本人财物，应当予以没收。没收的财物和罚金，一律上缴国库，不得挪用和自行处理。"所谓违法所得的一切财物，是指犯罪分子因实施犯罪活动，而取得的全部财物，包括金钱或者物品，如盗窃得到的金钱或者物品，贪污得到的金钱或者物品等。所谓追缴，是指将犯罪分子的违法所得强制收归国有。例如，在刑事诉讼过程中，对犯罪分子的违法所得进行追查、收缴；对于在办案过程中发现的犯罪分子已转移、隐藏的赃物追查下落，予以收缴。"责令退赔"，是指犯罪分子已将违法所得使用、挥霍或者毁坏的，也要责令其按违法所得财物的价值退赔。这样规定，主要是为了保护公私财产，不让犯罪分子在经济上占便宜。

可见，追缴和退赔是两个不同的概念，对于判决时赃款赃物尚在的违法

① 陈瑞华：《刑事对物之诉的初步研究》，载《中国法学》2019年第1期。
② 参见刘建伟、郑哲：《追缴等值财产，应由刑事审判部门在判决内容中予以明确——被执行人金某振、杨某平、胡某富、张某国等开设赌场罪涉财产执行案外人异议案》，载最高人民法院执行局编：《执行工作指导》2020年第3辑，人民法院出版社2021年版，第55～66页。

所得应当予以追缴，对于赃款赃物已经不在，无法通过追缴弥补被害人损失的，则可责令被告人以合法财产在违法所得数额限额内予以退赔。追缴、退赔均为刑事判决判项的内容，在刑事判决仅判处继续追缴内容的情况下，执行机构在执行追缴中如果发现赃款赃物已经被用掉、毁坏或挥霍，能否直接转为执行退赔，即执行被执行人的合法财产，实践中有不同认识。如果从防止被执行人规避执行或者逃避应承担的刑事责任方面考虑，在执行中发现被执行人已将赃款赃物用掉、毁坏或挥霍的，转而执行被执行人的合法财产，符合实体法要求。但是从审执分离原则考虑，《刑法》（2020 年修正）第 64 条规定的事项如追缴、退赔，须经刑事判决予以确认，执行机构无权在执行程序中改变判决内容，即便判决内容有问题、有缺陷，也应通过法定程序予以解决，否则构成以执代审。

319. 判决被告人对被害人退赔，执行中被害人明确放弃的，如何处理？

解析： 对此存在一定争议。一种意见认为，被害人明确放弃，执行已无必要，亦无继续执行的依据，应解除查封等执行措施，案件终结执行。另一种意见认为，根据不因犯罪而获利的原则，应继续执行，被害人放弃的应上缴国库。

研析认为，这个问题要回到刑法和刑事诉讼的功能定位来审视。《刑法》（2020 年修正）第 1 条规定："为了惩罚犯罪，保护人民……"《刑事诉讼法》（2018 年修正）第 2 条规定："中华人民共和国刑事诉讼法的任务，是保证准确、及时地查明犯罪事实，正确应用法律，惩罚犯罪分子……"功能定位决定法律关系。刑事诉讼法调整的不是私人之间的民事关系，被害人个人的意愿固然需要尊重，但并不因此改变惩罚犯罪分子的功能定位。《刑法》（2020 年修正）第 64 条规定："犯罪分子违法所得的一切财物，应当予以追缴或者责令退赔；对被害人的合法财产，应当及时返还；违禁品和供犯罪所用的本人财物，应当予以没收。没收的财物和罚金，一律上缴国库，不得挪用和自行处理。" 所谓违法所得的一切财物，是指犯罪分子因实施犯罪活动而取得的全部财物，包括金钱或者物品，如盗窃得到的金钱或者物品，贪污得到的金钱或者物品等。所谓追缴，是指将犯罪分子的违法所得强制收归国有。例如，在刑事诉讼过程中，对犯罪分子的违法所得进行追查、收缴；对于在办案过程中发现的犯罪分子已转移、隐藏的赃物追查下落，予以收缴。"责令退赔"，是指犯罪分子已将违法所得使用、挥霍或者毁坏的，也要责令其按违法所得财物的价值退赔。

因此，执行依据责令被告人对被害人退赔，被害人明确放弃退赔的，对被害人的意愿予以尊重。但是对犯罪分子的违法所得仍应追缴，并上缴国库。如果执行依据对此未予明确的，执行机构可书面征询原审判机构意见。

320. 刑事追赃与民事赔偿交叉的，两个程序如何协调？

解析： 设例如下：甲储户在乙银行的存款，因丙对乙的诈骗行为被转走。民事判决和刑事判决作出后，民事赔偿责任的承担与刑事程序追缴赃款之间的关系如何处理，特别是履行先后顺序如何确定？

一种观点认为，甲储户存款本金损失对应乙银行承担赔偿责任的范围，生效刑事判决追赃执行程序完毕之后才能确定，因此应当先进行刑事追赃程序，后进行民事赔偿程序。

另一种观点认为，参照原《侵权责任法》（2010年施行，已失效）第4条关于"侵权人因同一行为应当承担行政责任或者刑事责任的，不影响依法承担侵权责任"的规定，生效刑事判决确定的未追回赃款即为企业存款的本金损失，据此可确定银行承担赔偿责任的范围，并由银行按照责任比例先行赔偿企业；今后在刑事判决追赃程序中执行到相应款项，再由银行和企业按照民事判决的责任比例分配。

研析认为，储户与银行之间基于存款关系形成了储蓄合同法律关系。银行未尽到审慎的保管义务，致储户存款流失，银行有过错，参照原《侵权责任法》（2010年施行，已失效）第4条的规定，银行应当承担返还存款本金及利息的民事赔偿责任。自存款流失之日起，损失已经形成，损失数额确定，储户即享有返还请求权。银行赔偿了储户的损失之后，即享有对刑事追赃款的执行请求权。储户与银行之间、银行与追赃程序之间形成了两个法律关系。民事法律关系无须等待刑事追赃程序终结而可以径行判决与执行，追赃程序的进展情况并不影响民事法律关系的认定与处理。若刑事裁定判令赃款向储户退赔，民事判决判令银行向储户赔偿本息，两者的确可能形成重复给付。本着诉讼经济原则，应由人民法院在诉讼程序或执行程序中予以协调，避免形成事实上的重复给付。储户也可以采取在民事执行程序中对刑事追赃主张扣减的方式，避免形成银行的重复给付。

321. 刑事追赃程序与民事赔偿程序交叉时民事赔偿存款利息的截止时间如何确定?

解析： 在上一个问题的案例中，甲储户的利息计算至何时？一种观点认为，乙银行赔偿甲储户存款利息损失的计算截止时间至民事判决生效之日。另一种观点认为，按照《最高人民法院关于执行程序中计算迟延履行期间的债务利息适用法律若干问题的解释》（2014 年施行）第 1 条"根据民事诉讼法第二百五十三条规定加倍计算之后的迟延履行期间的债务利息，包括迟延履行期间的一般债务利息和加倍部分债务利息。""迟延履行期间的一般债务利息，根据生效法律文书确定的方法计算；生效法律文书未确定给付该利息的，不予计算。""加倍部分债务利息的计算方法为：加倍部分债务利息 = 债务人尚未清偿的生效法律文书确定的除一般债务利息之外的金钱债务 × 日万分之一点七五 × 迟延履行期间"的规定，乙银行赔偿甲储户存款利息损失的计算截止时间应至其实际给付赔偿款之日。

研析认为，生效刑事判决判处追缴的赃款不计付利息是由其法律性质决定的，流失的存款不会再产生银行保管期间发生的法定孳息。至于民事法律关系中是否计算利息的问题，争议很大，此前也有判付利息的情况，但这涉及与刑事追缴退赔程序的衔接问题，在制度设计上要避免民事诉讼程序架空刑事程序的问题。而且，通过强有力的刑事手段都实现不了的权益救济，再给予其民事救济程序，可能会引发一些执行难的新问题。因此，如果仅涉及对犯罪嫌疑人主张民事赔偿的情形，计算利息的问题应该慎重考虑；如果涉及其他民事主体承担责任的，这时本着填平损害的考虑，对于利息损失的赔付没有法理上的障碍，即应以弥补储户的实际损失为限，计算至本金实际给付之日。

322. 民事执行过程中发现案件涉刑的，是否中止执行?

解析： 题述问题时常困惑执行人员，对这个问题的回答须回到法律规定层面。《民事诉讼法》（2023 年修正）第 267 条第 1 款规定："有下列情形之一的，人民法院应当裁定中止执行：（一）申请人表示可以延期执行的；（二）案外人对执行标的提出确有理由的异议的；（三）作为一方当事人的公民死亡，需要等待继承人继承权利或者承担义务的；（四）作为一方当事人的法人或者其他组织终止，尚未确定权利义务承受人的；（五）人民法院认为应当中止执行的其他情形。"为保障执行效率，中止执行应限于法定事由，不符合法定事由的，不得中止执行。由于民刑交叉并非《民事诉讼法》（2023年修正）第267条规定的应当中止执行的法定情形，执行中发现案件涉刑的，一般并不中止执行。当然，法律、司法解释有明确规定的除外。比如，《最高人民法院、最高人民检察院、公安部关于办理非法集资刑事案件适用法律若干问题的意见》（公通字〔2014〕16号）第7条规定："对于公安机关、人民检察院、人民法院正在侦查、起诉、审理的非法集资刑事案件，有关单位或者个人就同一事实向人民法院提起民事诉讼或者申请执行涉案财物的，人民法院应当不予受理，并将有关材料移送公安机关或者检察机关。""人民法院在审理民事案件或者执行过程中，发现有非法集资犯罪嫌疑的，应当裁定驳回起诉或者中止执行，并及时将有关材料移送公安机关或者检察机关。""公安机关、人民检察院、人民法院在侦查、起诉、审理非法集资刑事案件中，发现与人民法院正在审理的民事案件属同一事实，或者被申请执行的财物属于涉案财物的，应当及时通报相关人民法院。人民法院经审查认为确属涉嫌犯罪的，依照前款规定处理。"据此，人民法院在执行过程中，发现有非法集资犯罪嫌疑的，应当中止执行。

参考案例：在（2020）最高法执复42号执行裁定书中，最高人民法院认为，为保证生效判决的及时履行，中止执行的事由应为法定事由，人民法院在执行过程中不应随意放宽中止执行事由的范围。就本案而言，本案主要涉及钮瑞西公司与荣恩公司两个法律主体之间的合同纠纷关系，双方矛盾源于合作投资，在合作协议已被最高人民法院生效判决解除，本案执行依据明确判决由钮瑞西公司返还荣恩公司相应股权转让款和利息的情况下，执行法院经荣恩公司申请，依法启动执行程序并无不当。而公安机关对荣恩公司涉嫌诈骗罪立案侦查的事由因涉及荣恩公司在经营期间与另一法律主体顶峰公司衍生的其他法律关系，与本案并不存在法律上的直接联系，可由顶峰公司通过其他途径予以解决，不应影响本案执行程序的正常推进。同时，由于对涉嫌诈骗犯罪的侦查、起诉和审判都需要一定时间，最终结果目前尚不能确定，贸然中止执行将严重影响申请执行人的合法权益。因此，成都市公安局决定对荣恩公司以涉嫌诈骗罪立案侦查并不构成本案中止执行的法定理由。

在（2019）最高法执监271号执行裁定书中，最高人民法院认为，根据本案查明的事实，案涉房屋因涉及非法吸收公众存款刑事案件被南充市公安局顺庆区分局查封或轮候查封，被执行人之一的盛源公司也因涉嫌合同诈刑事犯罪被成都市公安局郫都区分局立案侦查。在本院组织询问时，唐某、邓某金也认可犯罪资金的流向与案涉房屋有关联。据此，虽然本案涉嫌的两个犯罪行为与执行标的的所有权人府河苑公司无关，但却与执行标的本身密切相关，刑事案件的处理结果对案涉房屋的执行会产生影响。参照《最高人民法院、最高人民检察院、公安部关于办理非法集资刑事案件适用法律若干问题的意见》（公通字〔2014〕16号）第7条"对于公安机关、人民检察院、人民法院正在侦查、起诉、审理的非法集资刑事案件，有关单位或者个人就同一事实向人民法院提起民事诉讼或者申请执行涉案财物的，人民法院应当不予受理，并将有关材料移送公安机关或者检察机关。人民法院在审理民事案件或者执行过程中，发现有非法集资犯罪嫌疑的，应当裁定驳回起诉或者中止执行，并及时将有关材料移送公安机关或者检察机关"的规定，四川省成都市中级人民法院中止本案执行正确，四川省高级人民法院予以维持并无不当。

在（2020）最高法执复1号执行裁定书中，最高人民法院认为，根据《最高人民法院、最高人民检察院、公安部关于办理非法集资刑事案件适用法律若干问题的意见》（公通字〔2014〕16号）第7条第2款、第3款的规定，对于刑民交叉案件，审判阶段主要判断是否属于同一事实或同一法律关系，执行阶段则需判断是否属于刑事案件涉案财物。本案复议申请人北京二建与年丰集团之间为建设工程施工合同纠纷，与年丰集团涉嫌非法吸收公众存款犯罪被公安机关立案侦查，虽不属于同一法律事实，但是被执行的年丰集团名下的影艺大厦为相关刑事案件涉案财物。按照前述法律规定，本案应当中止执行，待刑事判决作出后一并处理。故青海省高级人民法院裁定中止执行符合前述法律规定精神，复议申请人仅以两案不属同一法律关系，即认为本案执行标的不属于刑事案件涉案财产，从而认为应继续执行，系对法律规定的片面理解，本院不予支持。

323. 刑事判决与民事判决对同一标的物作出矛盾判决时，执行案件如何处理？

解析：实践中，因刑民案件诉讼当事人、参加人不同而可能出现民事判决与刑事判决冲突。比如，刑事判决认定一房产系犯罪分子甲非法占有而追缴退赔给受害人乙，而另一民事判决判令甲向买卖合同买受人丙交付该房产。这就出现乙、丙对同一房产的权利冲突，而这种冲突是刑民两个判决不一致造成的。类似情况通过刑事、民事审判监督程序均可予以救济，关键看是刑事案件的受害人作为民事案件的案外人对民事案件申请再审，还是民事案件的当事人作为刑事案件的案外人提起申诉。但无论启动刑事还是民事审判监督程序，均应将刑事、民事案件合并审查，以判断哪个案件存在认定事实或适用法律错误，从而解决两个裁判的冲突。①

324. 在刑事追赃的执行案件中，第三人能否以善意取得为由阻却执行？

解析：善意取得制度是为保护交易安全针对无权处分作出的例外规定。《民法典》（2021 年施行）第 311 条规定："无处分权人将不动产或者动产转让给受让人的，所有权人有权追回；除法律另有规定外，符合下列情形的，受让人取得该不动产或者动产的所有权：（一）受让人受让该不动产或者动产时是善意；（二）以合理的价格转让；（三）转让的不动产或者动产依照法律规定应当登记的已经登记，不需要登记的已经交付给受让人。""受让人依据前款规定取得不动产或者动产的所有权的，原所有权人有权向无处分权人请求损害赔偿。""当事人善意取得其他物权的，参照适用前两款规定。"第 312条规定："所有权人或者其他权利人有权追回遗失物。该遗失物通过转让被他人占有的，权利人有权向无处分权人请求损害赔偿，或者自知道或者应当知道受让人之日起二年内向受让人请求返还原物；但是，受让人通过拍卖或者向具有经营资格的经营者购得该遗失物的，权利人请求返还原物时应当支付受让人所付的费用。权利人向受让人支付所付费用后，有权向无处分权人追偿。"

可见，在善意取得问题上，法律上对遗失物作了特别规定，《民法典》（2021 年施行）第 311 条规定的善意取得不能适用于遗失物无权处分的情况。举轻以明重，原则上也不应适用于犯罪分子违法所得，即赃物无权处分的情况。比较《民法典》（2021 年施行）第 311 条与第 312 条规定可知，善意取得所适用的是有权占有情况下的无权处分，而第 312 条适用的是无权占有情况下的无权处分，犯罪分子违法所得转让显然也是无权占有情况下的无权处分，与遗失物转让相类似。在《民法典》（2021 年施行）未对赃物无权处分问题作专门规定的情况下，可类推《民法典》（2021 年施行）第 312 条规定，

① 刘贵祥：《当前民商事审判中几个方面的法律适用问题》，载王利明主编：《判解研究》2022年第 2 辑，人民法院出版社 2023 年版，第 1 ~ 51 页。

解决被害人与第三人的权利冲突。具体而言，在被害人请求第三人返还标的物的情况下，应向第三人支付其购买此标的物时所支付的等额价款；如被害人只是请求退赔损失或被害人无法向第三人支付相应价款，只能对标的物溢价部分款项受偿。应强调的是，按第 312 条处理赃物追缴问题，必须符合第 312 条规定的其他适用条件，即案外人必须是通过拍卖或者向具有经营资格的经营者购得标的物。第 312 条的这一限定条件旨在判断第三人取得标的物是否符合正常的市场交易，进而判断其是否明知或应当知道该标的物是赃物。也就是说，即便是适用第 312 条，也对第三人有善意的要求，非善意第三人无适用第 312 条保护之余地；而即使是善意，也有别于第 311 条的善意取得制度。

从以上分析可以认为：第一，在追缴犯罪分子违法所得上缴国库的情况下，对第三人合法受让的财产不应追缴；第二，在追缴犯罪分子违法所得只是用于赔偿被害人损失而不是被害人享有物权的特定物的情况下，不应追缴；第三，在追缴犯罪分子违法所得属于被害人享有物权的特定物的情况下，类推适用《民法典》（2021 年施行）第 312 条的规定。上述三种情形都建立在第三人善意基础上，即不知道或不应当知道所受让的财产是犯罪分子违法所得，而在第三人善意的情况下，要么是不得追缴，要么是以被害人支付对价为条件追缴。因此，有关司法解释关于"善意取得的财物不得追缴"的规定虽不能与《民法典》（2021 年施行）第 311 条规定的善意取得制度相提并论，但在第三人善意情况下不得追缴的结论总体上符合刑事、民事法律规定精神，也是可行的，只是具体适用时要做到"心中有数"，区别不同情况，更加精准适用。总之，如何平衡好刑事追赃与保护案外人合法权益的关系问题，错综复杂，必须从细处入手，理论与实际相联系，刑法与民法相贯通，进行系统研究探讨，形成相应的司法规则。大而化之、顾此失彼，难以真正达到政治效果、社会效果与法律效果的有机统一，难以让人民群众感受到公平正义。①

325. 设定质押的财产系合同诈骗罪的赃物的，质押权人能否善意取得？

解析： 能。主要理由是：第一，《民法典》（2021 年施行）第 311 条第 3 款明确规定其他物权（包括担保物权）可以适用善意取得。第二，《最高人民

---

① 刘贵祥：《当前民商事审判中几个方面的法律适用问题》，载王利明主编：《判解研究》2022 年第 2 辑，人民法院出版社 2023 年版，第 1～51 页。

法院关于适用〈中华人民共和国刑事诉讼法〉的解释》（2021 年施行）第528 条规定，执行刑事裁判涉财产部分、附带民事诉讼裁判过程中，案外人对被执行标的书面提出异议的，人民法院应当参照《民事诉讼法》的有关规定处理。据此，案外人可以善意取得为由在刑事涉案财产执行过程中提出执行异议。第三，作为刑事涉案财产执行依据的《最高人民法院关于刑事裁判涉财产部分执行的若干规定》（2014 年施行）第 11 条明确规定，第三人善意取得涉案财物的，执行程序中不予追缴。第四，相关司法解释对于善意取得的处理已有明确规定，如《最高人民法院、最高人民检察院关于办理诈骗刑事案件具体应用法律若干问题的解释》（法释〔2011〕7 号）第 10 条规定，他人善意取得诈骗财物的，不予追缴，只有对方明知是诈骗财物，或者无偿、以明显低于市场的价格取得诈骗财物，以及取得诈骗财物系源于非法债务或者违法犯罪活动等情形的，才可予以追缴。综合上述规定，涉及合同诈骗罪的赃物被设定质押的，质押权的取得不排除适用善意取得。

326. 犯罪分子用赃款还债，能否向受清偿的债权人追缴？

解析：仅在特定情形下可以。根据 2011 年发布的《最高人民法院、最高人民检察院关于办理诈骗刑事案件具体适用法律若干问题的规定》（2011 年施行）第 10 条，2016 年发布的《最高人民法院、最高人民检察院、公安部关于办理电信网络诈骗等刑事案件适用法律若干问题的意见》（法发〔2016〕32 号）第 7 条第 3 项，以及 2019 年发布的《最高人民法院、最高人民检察院、公安部、司法部关于办理黑恶势力刑事案件中财产处置若干问题的规定》第 16 条等规定，应当追缴、没收的财产用于清偿债务，只有四种情况下可以追缴：案外人明知是违法犯罪所得；无偿或者明显低于市场价格；源于非法债务或犯罪行为形成的债务；案外人以其他方式恶意受偿。这意味着只要债权人系合法债务且不明知所偿还款项系诈骗所得，属于善意债权人，则不应追缴。近十余年来相关司法解释及司法文件中对犯罪分子以违法所得清偿债务问题有一系列的规定，司法实践中一般应当严格遵守。

有观点认为，以犯罪所得赃款清偿债务，即便债权人属于善意，也不能绝对化，而应区分情况。如果作为非法所得追缴归国库，基于《民法典》关于民事债权优于公债权之规定，不应追缴；如追缴的目的是用于退赔被害人，则关系两个民事债权冲突如何平衡问题。犯罪分子本已无清偿能力，债权人面临不能清偿的风险，而以赃款清偿债务不予追缴相当于以被害人不应有的损失去承担债权人本应承担的债权不能清偿的风险，对被害人实属不公。此观点有一定的合理性，实践中确实存在犯罪分子"拆东墙补西墙"，在短时间内通过资金连续倒账偿还债务等情况，让前手被害人完全承担犯罪行为所产生的损失，确有违一般人的公平观念。事实上，有关司法解释关于债权人不具善意性的情况下（所规定的可以追缴的几种情况）应予追缴的规定，可以说已对可能出现的不公平情况进行了考量。但从进一步完善制度的角度考虑，规定对特定期限内以赃款偿还债务的可以追缴退赔，或者按一定比例退赔，可能更具合理性。①

327. 刑事裁判涉财产部分执行引起的案外人异议、复议案件，可否书面审查？

解析：《最高人民法院关于人民法院办理执行异议和复议案件若干问题的规定》（2020 年修正）第 12 条规定："人民法院对执行异议和复议案件实行书面审查。案情复杂、争议较大的，应当进行听证。"执行行为的公法性显著，其合法与否往往根据卷宗记载即可判明。案外人异议系异议之诉前的程序审查，一般情况下根据当事人提交的证据材料进行审查也可满足要求。所以，为了避免拖延审查，书面审查是办理执行异议和复议案件的主要方式，仅在案情复杂、争议较大的案件中进行听证。

与之不同，《最高人民法院关于刑事裁判涉财产部分执行的若干规定》（2014 年施行）第 14 条第 2 款明确规定："人民法院审查案外人异议、复议，应当公开听证。"这是因为，刑事裁判涉财产部分执行引起的案外人异议、复议案件，实际上是一个本应由诉讼程序解决的实体性争议。在民事执行中，如果案外人对执行标的提出异议，应当适用《民事诉讼法》（2023 年修正）第 238 条的规定，先由执行机构审查并作出裁定，申请执行人或案外人对裁定不服的，可以向执行法院提起债权人异议之诉或者案外人异议之诉。因此，异议之诉必须由申请执行人作为原告或者被告参加诉讼。由于大多数刑事涉财执行案件无申请执行人，如果进入异议之诉，也缺乏相应的诉讼当事人。对该问题适用《民事诉讼法》（2023 年修正）第 236 条的规定，一律通过异议、复议程序审查处理，程序简便、统一。有鉴于此，《最高人民法院关于刑

---

① 刘贵祥：《当前民商事审判中几个方面的法律适用问题》，载王利明主编：《判解研究》2022年第 2 辑，人民法院出版社 2023 年版，第 1～51 页。

事裁判涉财产部分执行的若干规定》（2014 年施行）对刑事裁判涉财产部分执行案件中的案外人异议，设计了不同于民事执行案件的处理程序。这是在现行法律框架之下相对较为合理的选择。由于没有异议之诉救济渠道，同时鉴于案外人异议涉及较为复杂的事实，关系当事人重大实体权利，为确保程序公正，为各方当事人提供充分的程序保障，《最高人民法院关于刑事裁判涉财产部分执行的若干规定》（2014 年施行）要求人民法院审查处理案外人异议、复议，应当公开听证。对于没有听证的案件，属于重大程序违法，应发回重新审查。①

参考案例： 在（2019）最高法执监 468 号执行裁定书中，最高人民法院认为，从程序角度看，《最高人民法院关于刑事裁判涉财产部分执行的若干规定》第 14 条第 2 款明确规定，人民法院审查案外人异议、复议，应当公开听证。这一规定明显不同于普通民事执行案件，虽与《最高人民法院关于人民法院办理执行异议和复议案件若干问题的规定》不一致，但根据特别规定优先适用的法理，本案是对刑事案件执行中的财产提出案外人异议，应优先适用《最高人民法院关于刑事裁判涉财产部分执行的若干规定》。在民事执行中，如果案外人对执行标的提出异议的，应当适用《民事诉讼法》第 227 条的规定，先由执行机构审查并作出裁定，申请执行人或案外人对裁定不服的，可以向执行法院提起债权人异议之诉或者案外人异议之诉。因此，异议之诉必须有申请执行人作为原告或者被告参加诉讼。由于大多数刑事涉财执行案件无申请执行人，如果进入异议之诉，也缺乏相应的诉讼当事人。而对该问题适用《民事诉讼法》第 225 条的规定，一律通过异议、复议程序审查处理，程序简便、统一。鉴于此，《最高人民法院关于刑事裁判涉财产部分执行的若干规定》对刑事裁判涉财产部分执行案件中的案外人异议，设计了不同于民事执行案件的处理程序，是在现行法律框架之下，相对较为合理的选择。由于没有异议之诉救济渠道，同时鉴于案外人异议涉及较为复杂的事实，关系当事人重大实体权利，为确保程序公正，为各方当事人提供充分的程序保障，《最高人民法院关于刑事裁判涉财产部分执行的若干规定》要求人民法院审查处理案外人异议、复议，应当公开听证。对于没有听证的案件，属于重大程序违法，应发回重新审查。

---

① 参见向国慧、叶欣：《执行审查部分问题解答》，载最高人民法院执行局编：《执行工作指导》2021 年第 1 辑，人民法院出版社 2021 年版，第 118～121 页。